教育部人文社会科学百所重点研究基地
内蒙古大学蒙古学研究中心学术著作系列
TOMUS 21

内蒙古大学蒙古学研究中心资助出版

清代蒙古志

金海　齐木德道尔吉　胡日查　哈斯巴根　著

内蒙古人民出版社

图书在版编目(CIP)数据

清代蒙古志/金海等著. —呼和浩特:内蒙古人民出版社,2009.11

ISBN 978—7—204—10226—6

Ⅰ.清… Ⅱ.金… Ⅲ.内蒙古—地方志—清代 Ⅳ.K292.6

中国版本图书馆 CIP 数据核字(2009)第 207836 号

清代蒙古志

作　者	金海　齐木德道尔吉　胡日查　哈斯巴根
责任编辑	贵　荣
封面设计	徐敬东
出版发行	内蒙古人民出版社
地　址	呼和浩特市新城区新华大街祥泰大厦
网　址	http://www.nmgrmcbs.com
印　刷	呼市欣欣彩虹包装印刷有限责任公司
开　本	880×1230　1/32
印　张	18.75
字　数	488 千
版　次	2009 年 12 月第 1 版
印　次	2013 年 6 月第 2 次印刷
印　数	2001—5000 册
书　号	ISBN 978—7—204—10226—6/K·568
定　价	58.00 元

如出现印装质量问题,请与我社联系。联系电话:(0471)4971562　4971659

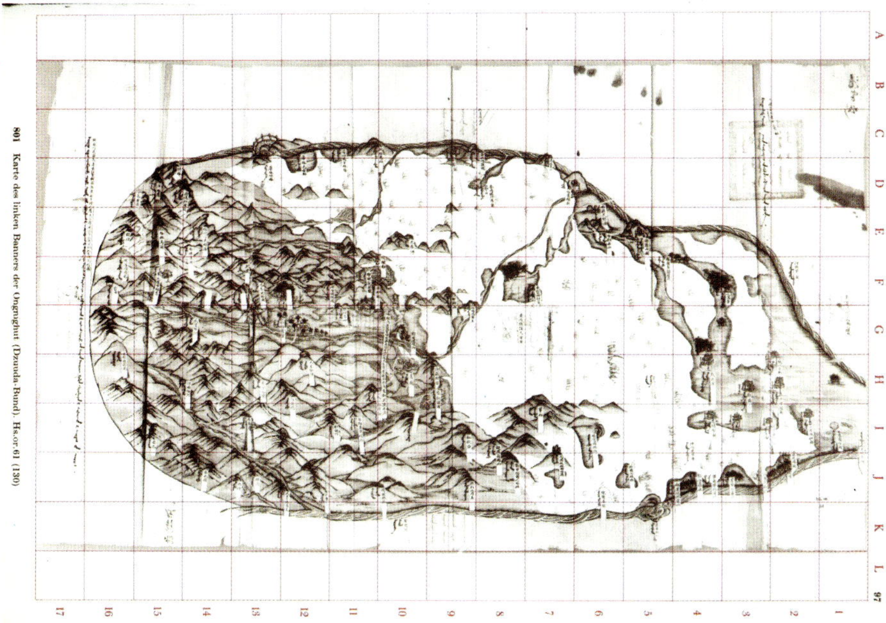

光绪三十三年昭乌达盟之翁牛特旗游牧图

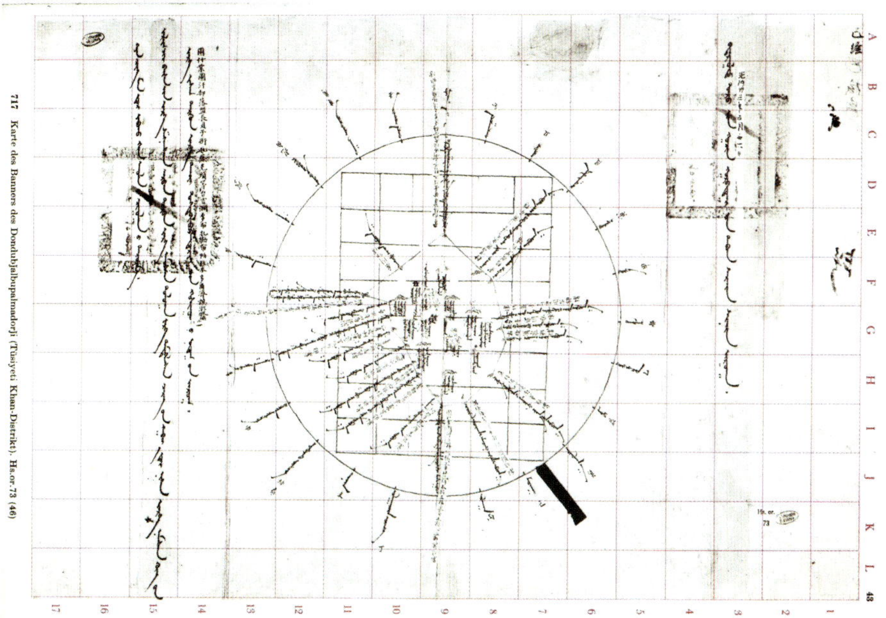

光绪三十三年图什业图汗部落盟长贝子衔扎萨克台吉洞多布扎勒布帕拉木多尔济旗游牧图

康熙25年“管辖阿巴哈纳尔左旗扎萨克之印”

阿巴哈纳尔左旗印底部

乾隆十三年颁发“昭乌达盟盟长印”

昭乌达盟盟长印文

鄂尔多斯右翼中旗扎萨克令牌

乌盟盟长乘马牌

锡盟蒙古王公红宝石顶暖帽

康熙十七年葬
固伦雍穆长公主庙
宇型银骨灰盒

蒙古王公石青缎龙袍

蒙古王公朝褂

蒙古骑兵铁锁甲

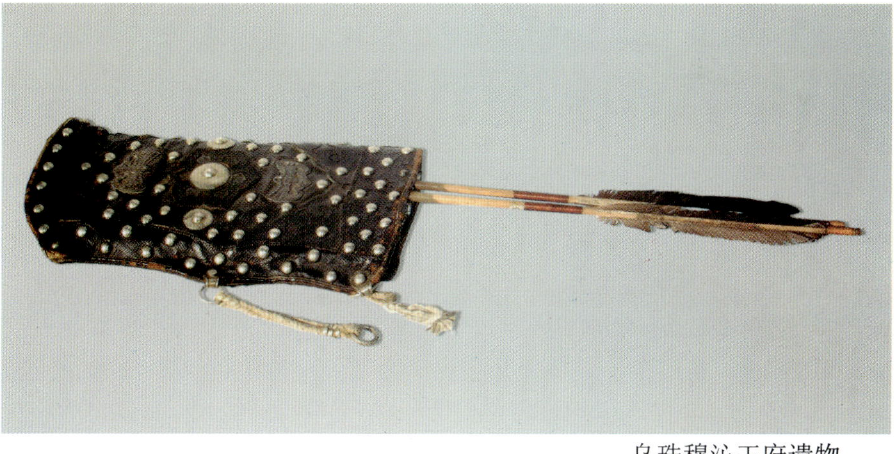

乌珠穆沁王府遗物

科尔沁蒙古妇女服饰

绣花褡裢

鄂尔多斯头饰

奶桶

蒙古象棋

大威德金刚像

巴林右旗荟福寺

萨满服

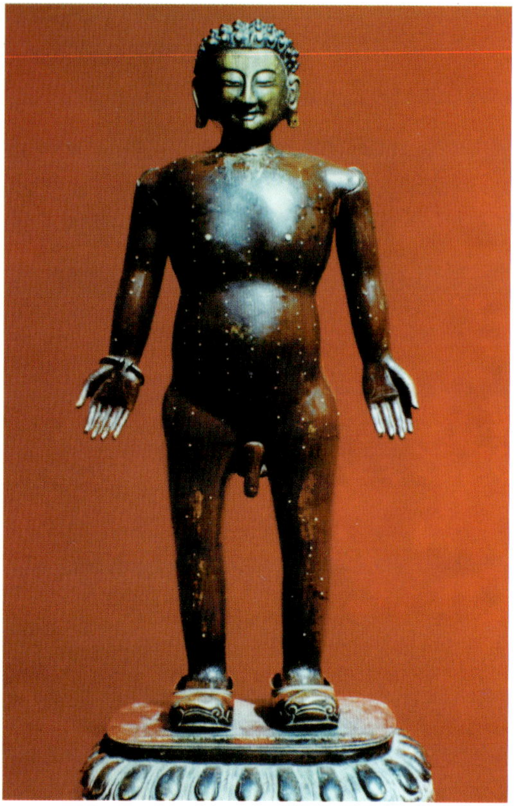

蒙医用针灸铜像

“世守漠南”印纹

喀拉沁王“世守漠南”寿山石印

草原生活图

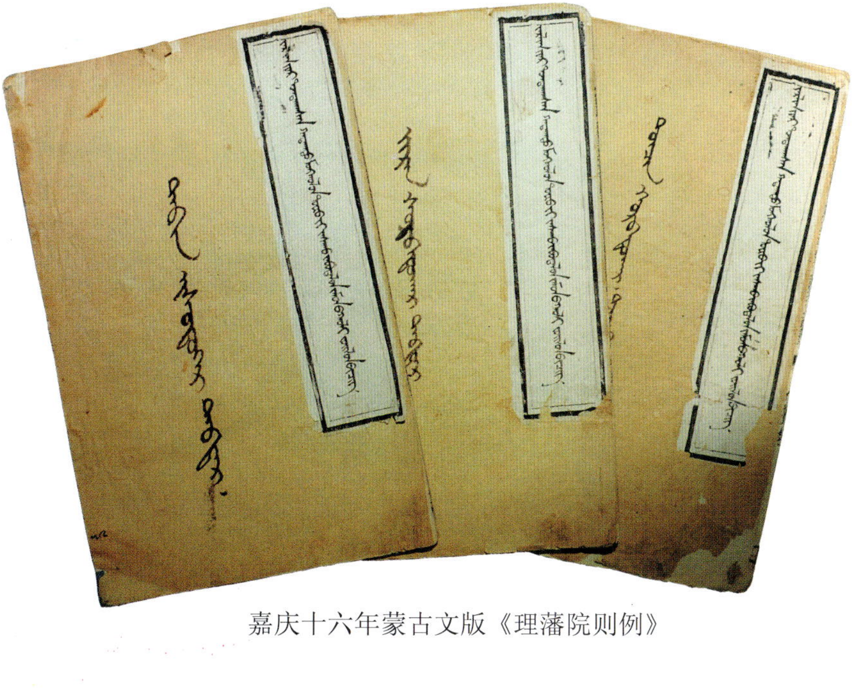

嘉庆十六年蒙古文版《理藩院则例》

雍正绥远城金刚座舍利宝塔寺蒙古文天文图拓片

归化城北门楼

避暑山庄万树园

木兰秋狝图

绥远城将军衙署

清光绪二十四年库伦喇嘛旗蒙古文地图

前　言

2004年，国家清史工程委托内蒙古大学的蒙古史研究人员承担《清史·典志·民族志》下的《蒙古族篇》。课题组由齐木德道尔吉负责，金海、胡日查为主要成员，在撰写的过程中哈斯巴根加入。经过三年的努力，课题组向清史编委会提交了史料长编，部分考异文章和34万字的最终成果《清代蒙古志》。经过清史编委会专家审阅，认为这本志书基本符合清史工程质量要求，同时提出压缩字数，改动结构以及增减内容等要求。根据这些要求，课题组对原稿进行彻底的改写与压缩，最后提交的成果与原来的稿件形成很大的差别。金海教授作为课题组主要成员，在身患重病的情况下，为这本志书的完成做出了重要贡献。内蒙古党委宣传部决定拨出专款由内蒙古人民出版社出版这本《清代蒙古志》，以奖励金海教授，激励课题组成员。此举激起课题组全体成员的热情，在对原稿进行了认真的修改和完善后，送达内蒙古人民出版社，这样，这本《清代蒙古志》终于可以付梓出版了。

“史志不分家”，说明历史体例与专门典志体相结合的必要性。这本“志书”就是在对清以前的蒙古民族历史做了大体的回顾后，以清代形成的外藩蒙古的内外札萨克各部以盟旗为单位，内属蒙古以察哈尔八旗，归化城土默特二旗，呼伦贝尔陈巴尔虎、新巴尔虎、额鲁特部诸旗，伊犁察哈尔八旗与额鲁特八旗，扎哈沁部与明阿特部，唐努乌梁海、阿尔泰乌梁海、阿尔泰诺尔乌梁海部，达木蒙古八旗，牧厂，驻防八旗蒙古，喇嘛旗蒙古为顺序，对其历史沿革逐一做出了清晰的描述。这样就形成了这部著作的历史部分的内容与特色。然后根据志书的特点，对清代蒙古的政治制度，从管理机构，盟旗制度，等级制度，军府制度，年班与围班制度，卡伦、鄂博制度，台站制度，法律制度和满蒙联姻制度等九大内容分别做了详尽的归纳与叙述。在社会经济一章，对人口与城镇，畜牧业，农业，工商业和寺院经济做了专门的研究。文化教育一章对清代蒙古的语言文字，文学艺术，史学，教育和科学技术做了系统的陈述。第五章是对宗教信仰与社会风俗习惯的总体概述。为了做到图文并茂，还精心挑选了清代图片近40幅；为了达到学术著作的整体水平要求，还做了人名、地名、部落以及其他专有名词的索引。该书的出版，可以说填补了清代蒙古志的空白，为广大读者、学者提供了较为完整的清代蒙古历史、政治、社会、经济、文化方面的知识，可以满足不同人群的阅读和知识补充之需求。

这是一部在前人研究基础上经过认真编撰而成的清代蒙古诸部历史以及社会、经济、文化的志书。清代蒙古史研究是清史研究的重要组成部分，现已取得了丰硕的成果。

清道光年间，祁韵士编《皇朝藩部要略》，利用清廷内阁大库和理藩院档案，对清朝藩部，尤其对蒙古诸部的历史以编年体形式作了研究。咸丰年间何秋涛书《朔方备乘》，对中国边疆地区历史地理和中俄关系作了详细的研究。其后，张穆致力于清代边疆地区的研究，著《蒙古游牧记》，开创了清代蒙古历史地理研究的先河。清末光绪年间直到民国时期，出现了不少地方志书，如《蒙古志》、《土默特旗志》、《奉天通志》、《归绥道志》、《口北三厅志》、《河套图志》等，为内蒙古地区史研究奠定了基础。

新中国成立后，余元盦先生编《内蒙古历史概要》，开创了内蒙古历史研究的先例。上世纪八十年代，中国社会科学院民族研究所以及内蒙古自治区的有关研究部门合作编写了《蒙古族简史》，其中的清代蒙古史部分代表了当时的研究水平。进入九十年代，内蒙古大学以及中国人民大学的学者合著《蒙古民族通史》第四卷和第五卷，全面地叙述了有清一代蒙古历史，是一部集大成之作。郝维民等著《内蒙古近代简史》，对鸦片战争以后内蒙古地区历史与社会变迁作了研究。周清澍先生主编《内蒙古历史地理》，其清代部分的内容代表着当时清代内蒙古历史地理和行政沿革研究的最新成果。

在国内外卫拉特蒙古史研究的基础上，国内学者于上世纪九十年代初合著《卫拉特蒙古简史》，填补了卫拉特历史研究的空白。围绕准噶尔汗国与清朝关系，国内学者于上世纪八十年代至九十年代初，发表了许多文章。《准噶尔史略》是当时研究成果的集中反映。

随着清代历史档案的进一步开发研究，大量新的研究成果问世。达力扎布的《明清蒙古史论稿》，集中发表了他的关于清初察哈尔部西迁、清初内札萨克旗的建立、清初外藩蒙古、清初察哈尔设旗、清代八旗察哈尔问题等方面的考证文章。张永江的《清代藩部研究——以政治变迁为中心》，对清代藩部的形成和政治变迁作了科学的探讨。王玉海出版了《发展与变革》一书，以清代喀喇沁地区的社会变迁为研究对象，阐述了内蒙古东部区蒙古族从游牧转为农耕的历史过程。利用满文档案，齐木德道尔吉在国外用德文撰写专著《1696～1697年间康熙皇帝与皇太子胤禛之间的谕奏往来》，对第一次准噶尔战争作了独特的观察和叙述。乌云毕力格也在国外用德文发表《关于康熙皇帝亲征噶尔丹史实》的著作，对清代官修史书的史料来源以及编纂中篡改史实的情况作了揭示。还有许多有关清准关系的文章问世，不同程度地对卫拉特历史研究作出了贡献。杜家骥撰写的《清朝满蒙联姻研究》一书，利用大量的谱牒材料，对清朝满蒙联姻的历史作了全面准确的研究。胡日查系统研究了科尔沁部落的历史文化，著有《科尔沁蒙古史略》。他还对清代寺院经济作了初步研究，发表了系列论文。

赵云田的《中国边疆民族管理机构沿革史》,对理藩院等机构作了深入的研究。他还发表《清代蒙古政教制度研究》,对清朝蒙古政教制度作了较为系统的研究。马汝珩、马大正主编《清代边疆开发研究》,对清代蒙古地区的经济发展作了较好的研究。他们的《清代的边疆政策》一书,集中探讨了清朝对蒙古的政策。有关清代蒙古地区台站研究,金峰先生有系列研究成果。近年来,人民大学博士学位论文中又增加了宝音朝克图有关清代蒙古地区卡伦制度研究的成果。清代城镇研究方面乌云格日勒作了不少工作。清代法制研究有那仁朝克图和乌力吉套格套的成果。

清代蒙古史资料的整理研究有了重大突破。人民大学清史研究所编辑出版了大量的清代历史研究资料,而且汉译了《哲布尊丹巴传》和《内齐托音二世传》等重要蒙古文文献。陈庆英等汉译《五世达赖喇嘛传》,为研究16世纪蒙藏、清藏关系提供了重要史料。继台湾故宫博物院影印出版《旧满洲档》十册、《宫中档康熙朝奏折》九册以及其它一系列档案资料后,中国第一历史档案馆等单位汉译发表了《满文老档》、《内国史院档》,并由李保文影印出版了《十七世纪蒙古文文书档案》,为清代蒙古史研究提供了较为丰富可靠的史料。台湾学者庄吉发翻译台湾故宫博物院所藏有关康熙年间满文档案,富有成效。内蒙古大学与中国第一历史档案馆影印出版《清内秘书院蒙古文档案汇编》和《清内阁堂档汇编》。内蒙古大学蒙古学研究中心还编辑出版清历朝实录蒙古史史料摘抄系列。卫拉特文的史料也得到整理研究,如巴岱、金峰、额尔德尼等编的《卫拉特史迹》等。金峰还整理出版了《呼和浩特史蒙古文献资料汇编》(6册),其中绝大部分为有关清代内蒙古西部地区的档案史料。萨·那日松、奇·旺楚克整理出版了《成吉思汗八白室》,集中公布了有关成吉思汗八白室的一千多件蒙古文历史档案。陈春华翻译出版了大量在俄国收藏的中俄、蒙俄关系方面的档案资料。

国外学者研究清代蒙古历史也有突出的表现。19世纪中叶开始,俄罗斯开展对蒙古地区的研究,以配合其扩张政策。受聘于俄罗斯科学院的德国学者帕拉斯著《蒙古民族的历史信息》,对卡尔梅克蒙古地区的历史文化作了考察和记录。上世纪初,俄国学者波兹德涅耶夫撰有《蒙古及蒙古人》,对内外蒙古的历史文化作了详尽的考察。英国历史学家巴德利于1919年出版了《俄国·蒙古·中国》,研究了17世纪至18世纪中亚和俄国、蒙古与中国之间的关系,公开了大量的俄国使者的报告以及其它有价值的文献。法国著名学者伯希和的《卡尔梅克史评注》是有关卫拉特以及蒙古历史研究的经典之作。苏联学者兹拉特金写了《准噶尔汗国史》,利用俄文、蒙古文以及汉文史料,第一次对准噶尔汗国的历史作了较为全面的研究。日本学者在清代蒙古史研究领域取得的成果最为丰富。田山茂撰《清代蒙古社会制度》一书,试图对清代蒙古的社会制度进行科学的阐述。冈田英弘参加了日译《满文老档》的工作,并对满文档案文献的整理研究作出了贡献。他发表大量的论文,对察哈尔部的起源、四卫拉特联盟、准噶尔与清朝的战争作了杰出的研究。宫胁淳子出版《最后的游牧帝国》一书,对准噶尔汗国的历史作了总结。若松宽的《清代蒙古的历史与宗教》一书,集中了他有关卫拉特史、清代蒙古族宗教文化方面的研究成果。德国学者海涅什及其弟子利用上世纪初西方人在北京收集到的满文档案,开展了准噶尔汗国与西藏、与清朝关系方面的研究。魏弥贤善于利用满文档案资料,对清初满蒙关系有一系列研究成果。蒙古国学者宫果尔著有《喀尔喀简史》,对喀尔喀部落的历史有较为系统的描述。

在资料整理研究方面,兹拉特金主编的《俄蒙关系史料(1607～1636)》(1959年)和戈利曼、斯列萨尔丘克主编的《俄蒙关系史料(1636～1654)》(1974年)中公布了271件有关清代蒙古史的俄文档案。俄国学者谢缅尼科夫于1925年整理出版了《在沙皇制度幕后》,公布了有关沙皇的御医布里亚特蒙古人巴德玛耶夫的档案资料。蒙古国学者阿·敖其尔还整理出版了《蒙古人民为1911年民族自由独立所进行的的斗争文献汇编(1900～1914)》,公布了收藏在蒙古国历史档案馆的一百五十多件蒙古文历史档案。除此之外,蒙古国学者沙·那楚克道尔吉等汇集出版了清朝车臣汗部陶王旗的文献资料,为研究当时游牧经济以及社会关系提供了第一手资料。蒙古国近年开始用复印形式出版请代蒙古文档案资料。札萨克图汗部的部分资料于2002年正式影印出版。

内蒙古以及新疆、青海、甘肃、辽宁、吉林、黑龙江等地蒙古族聚居区都有数量可观的相关风俗习惯、语言特点、宗教信仰、寺庙建筑等方面的著述问世。

近几年来,内蒙古的学者广泛开展清代蒙古历史的研究,在清初满蒙关系、清初外喀尔喀历史、清代蒙古地区社会变迁、清代蒙古地区畜牧经济、清代内蒙古地区灾荒、清朝与卫拉特蒙古关系、清代内蒙古地区历史、清代蒙古历史文献资料的整理研究等方面取得了一大批成果,推动了清代蒙古史研究的发展。除此之外,内蒙古以及兰州、广州、北京、天津、上海、吉林、辽宁、黑龙江等地产出大量博士学位论文,不断刷新清代蒙古历史文化研究的成果。所有这些成果,是我们编写《民族志·蒙古族篇》的学术基础。

本书的撰写,有如下的分工:

齐木德道尔吉负责完成引言、第一章历史沿革下第一节内札萨克蒙古的(六)乌兰察布盟;第三节外札萨克额鲁特蒙古以及(一)青海额鲁特蒙古部、(二)套西额鲁特蒙古;第四节内属蒙古下(四)伊犁察哈尔八旗、伊犁额鲁特八旗以及(七)达木蒙古八旗;第六节喇嘛旗下(二)哲布尊丹巴呼图克图旗、(三)额尔德尼班第达呼图克图旗、(四)札雅班第达呼图克图旗、(五)青苏珠克图诺门罕旗、(六)那鲁班禅呼图克图旗;第二章政治制度下第一节管理机构、第二节盟旗制度、第四节军府制度、第五节年班与围班制度,与哈斯巴根一同完成第六节卡伦、鄂博制度和第七节台站制度、第九节(五)蒙古地方法规;第四章文化教育下第一节语言文字(语言部分在照日格图协助下完成)、第二节文学艺术、第三节史学、第四节教育下(一)传统口承教育、第五章宗教与社会风俗下第二节风俗习惯(二)生产习俗、(五)丧葬习俗、(六)象征与禁忌。

金海完成第一章历史沿革下第四节内属蒙古(一)察哈尔八旗、(二)归化城土默特都统旗、(八)牧厂;第二章政治制度下第三节等级制度;第三章社会经济下第三节农业与工商业(二)商业、(三)手工业;第四章文化教育下第五节科学技术;第六章宗教信仰与社会风俗下第一节宗教信仰(二)其他宗教之基督教与伊斯兰教、第二节风俗习惯下(一)祭祀习俗、(七)生活礼节。

胡日查负责完成第一章历史沿革下第一节内札萨克蒙古的(一)哲里木盟、(二)卓索图盟、(三)昭乌达盟、(四)锡林郭勒盟;第三节外札萨克额鲁特蒙古下(三)乌讷恩素珠克图南路盟乌讷恩素珠克图东路盟、(四)乌讷恩素珠克图北路盟、(五)乌讷恩素珠克图东路盟、(六)乌讷恩素珠克图西路盟、(七)巴图色特启勒图盟、(八)青色特启勒图盟、(九)赛因济雅哈图左右翼盟、(十)新和硕特旗、(十一)依克明安旗;第四节内属蒙古下(三)呼伦贝尔都统旗(五)扎哈沁部与明阿特总管旗、(六)唐努乌梁海、阿尔泰乌梁海、阿尔泰诺尔乌梁海总管旗、(八)牧厂下养息牧牧厂;第六节喇嘛旗下(一)锡勒图库伦札萨克喇嘛旗、(七)察汉诺们罕旗;第三章社会经济下第二节畜牧业,第四节寺院经济;第四章文化教育下第四节(三)寺院教育;第五章宗教信仰与社会风俗下第一节宗教信仰与社会风俗(一)喇嘛教(二)其他宗教之萨满教和基督教。

哈斯巴根负责完成第一章历史沿革下第一节内札萨克蒙古(五)伊克昭盟;第二节外札萨克喀尔喀蒙古;第五节蒙古八旗;第二章政治制度下与齐木德道尔吉一同完成第六节卡伦、鄂博制度和第七节台站制度、第八节法律制度(一)蒙古律例、(二)理藩院则例、(三)理藩部则例、(四)大清会典以及第九节满蒙联姻制度;第三章社会经济下第一节人口、城镇、第三节农业与工商业(一)农业;第四章文化教育下第四节教育(二)八旗教育、(四)新式教育;第五章宗教信仰与社会风俗下第二节(四)婚嫁习俗、(八)节日娱乐。

齐木德道尔吉对全书稿进行了统稿。

硕士研究生特木尔巴根在最终审定本书稿时,对内札萨克蒙古以及外札萨克喀尔喀蒙古的历史沿革、地理位置做了细致的考订,并对政治制度下的满蒙联姻制度进行了重要的修订。同时还对全部书稿做了认真的校读,对本书的质量提供了保障。

硕士研究生青松也参加了本书稿的修订与校正工作。他认真负责,及时发现了在纪年转换过程中出现的问题并做了正确的订正。他还付出极大的努力与劳动,完成了本书的索引编制工作。在与出版社具体接洽、联系与定稿过程中不畏困难,做了大量的具体工作。

蒙古国立大学沙·乔玛教授为撰写外喀尔喀五个喇嘛旗提供了资料与帮助。蒙古国立大学巴图赛罕教授为清代外喀尔喀畜牧业经济的研究提供了自己的研究成果和相关资料。

在本书即将付梓之时,我们衷心感谢内蒙古自治区党委宣传部乌兰部长,在她的关怀下,本书得以顺利出版。感谢内蒙古党委宣传部,为本书的出版提供了专项拨款。感谢内蒙古人民出版社,以高度责任感,精心组织,精心编辑,使这本著作顺利出版。特别感谢本书的责任编辑贵荣先生,在他的具体细致的编辑过程中,我们的这本书逐渐成型,最后与读者见面。

齐木德道尔吉

2009 年 11 月 21 日

目录

引 言

蒙古，即明时鞑靼，大元之后裔。居地东起兴安岭，西越阿尔泰山，北抵贝加尔湖，南以万里长城为界，操蒙古语，其语系属阿尔泰语系蒙古语族。蒙古源于东胡之鲜卑，《旧唐书》始称其族名为“蒙兀室韦”。“蒙兀”者，“蒙古”之音转，“室韦”者，“鲜卑”之另音也，盖元魏君主，以此区别入主中原之鲜卑。“蒙兀室韦”以及其他室韦部落，南倚俱轮泊，北傍望建河而居，或称“室韦—鞑靼”，是为原蒙古人。唐开成年间，回鹘汗国灭于黠戛斯，不久，黠戛斯又被契丹逐回叶尼塞河故地。“室韦—鞑靼”人便利用群雄无首之机向西发展，进入蒙古高原，与留居蒙古高原的突厥语族居民相融合，成为真正的草原民族，始称“蒙古”。在经历这种突厥化的过程中，其语言受突厥语影响，由原蒙古语向古蒙古语过渡；其经济生活也在突厥居民的影响下，从游猎向游牧过渡。辽、宋、金时代，部落繁衍，以萌古、毛褐、蒙古里、盲骨子、朦骨、朦辅等译名见于记载，或被辽金泛称为“阻卜”。其时，由尼鲁温蒙古和迭列列斤蒙古两大支组成合木合蒙古（全体蒙古）。他们对辽金王朝，时附时叛，经常遭受其残酷的镇压和杀戮。金正隆年间，蒙古由盛转衰，被其他部落兼并攻杀。蒙古乞颜部博尔只斤氏贵族铁木真，历经艰辛，统一蒙古诸部，兼并其他蒙古化突厥部落，于金泰和六年（1206 年）建立大蒙古国，被拥戴为蒙古大汗，号成吉思汗。成吉思汗为蒙古国制定军事、政治和法律制度，发展和完善北方游牧民族的万户、千户、百户划分制度，创立大汗直接掌握的护卫军，实行按等级身份分配牧地与人口的分封制，颁行《大札撒》法典，创制畏兀体蒙古文字，将“黄金家族”的统治确立起来。大蒙古国的建立，标志着一个具有共同语言、共同地域、共同文化的蒙古民族的最终形成。

成吉思汗建立蒙古国后，开始了大规模的对外扩张的军事活动。蒙古成吉思汗六年(1211 年)至十年间，几次南下攻金，占领金中都。成吉思汗十三年至十八年(1218～1223 年)间，率兵西征，灭西辽和花剌子模，并西越高加索，大败斡罗斯和钦察突厥，把蒙古国领土扩展到中亚和南斡罗斯。成吉思汗二十一年至二十二年(1226～1227 年)，率兵南下灭西夏，病逝军中，三子窝阔台继承汗位。窝阔台汗六年(1234 年)灭金国。翌年再次西侵，窝阔台汗十三年(1241 年)，征服斡罗斯，军锋直达波兰、德意志境，攻下马札儿首都布达佩斯。蒙哥汗三年(1253 年)至八年，蒙古军第三次西侵，灭亡木剌夷国，攻下黑衣大食都城报答，将蒙古国领土扩展到西南亚。至此，大蒙古国成为横跨欧亚的大国，将首都建立在蒙古本土鄂尔浑河谷地的哈喇和林。蒙哥汗三年，忽必烈攻入云南，灭大理，同时招降吐蕃。忽必烈汗中统元年(1260 年)，忽必烈自立为蒙古大汗，建都开平。至元八年(1271 年)，定都大都，建立大元王朝。至元十六年(1279 年)灭南宋，统一全中国，结束了唐末以来长期分裂的局面，奠定了中国统一多民族国家的基础。

在长期的征战过程中蒙古统治集团内部的矛盾冲突也日益加剧，致使大蒙古国逐渐进入分裂阶段。成吉思汗子孙各自在分封的领地上建立大小诸汗国，忽必烈时期，蒙古本土以外已形成四大汗国。既：

1. 钦察汗国，亦称金帐汗国或术赤兀鲁思。系成吉思汗长子术赤之次子拔都继承其父领地，扩建而成。疆域东起额尔齐斯河，西至斡罗斯，南起巴尔喀什湖、里海、黑海，北至北极圈附近。斡罗斯公国均为其藩属。拔都在伏尔加河下游建萨莱城为都城。中统元年开始脱离元朝，与埃及马穆鲁克王朝建立紧密的关系，与拜占廷、威尼斯和蒙古伊利汗国经常发生冲突。统治阶层很快突厥化，宗教全面伊斯兰化。元末，开始衰落，大片土地被中亚帖木儿汗国占领。明初，汗国分裂，明成化间(1465～1487 年)斡罗斯彻底摆脱其统治，进而被克里木汗击溃，弘治十五年(1502 年)钦察汗国灭亡。

2. 伊利汗国(伊儿汗国)，蒙哥汗二年(1252 年)，蒙哥汗派同母弟旭烈兀出征波斯，统兵攻灭木剌夷及报答哈里发等国，于蒙哥汗六年(1256 年)建立伊利汗国。都城桃李寺，奉大元帝为宗主。第七代伊利汗合赞改奉逊尼派伊斯兰教。元至正十五年(1355 年)，伊利汗国被钦察汗国扎尼别汗灭亡。后蒙古扎剌亦儿贵族哈散据有报答，元末明初被中亚帖木儿汗国灭亡。

3. 察哈台汗国，成吉思汗次子察哈台所建，最盛时疆域东至吐鲁番，西至阿母河，北至塔尔巴哈台山，南越兴都库什山，汗帐设在阿力麻里附近的虎牙思。听命于蒙古大汗，汗位继承亦须由大汗认可。曾经与元廷对抗，几经分裂与统一。元末明初，河中地区被中亚帖木儿占领，东部仍在察哈台后裔统治之下一直到明中叶，治所在别失八里。

4. 窝阔台汗国，由成吉思汗三子窝阔台子孙在其封地金山之西及叶密立、霍博地区所建立。元朝初年，窝阔台孙海都与忽必烈对立，夺取察哈台汗国部分地区建立汗国，屡与元朝征战。元大德五年(1301 年)，海都死后，汗国被元军征灭。

1271 年，忽必烈将大蒙古国统治中心由漠北南移到中原，建立年号，改国号为“大元”，设立汉式官僚机构，定都汉地，实行中央集权的行省制度和宗教信仰自由政策，发展生产，尊崇儒学，使元朝成为繁荣发达的世界强国，为东西方的经济文化交流作出了巨大的贡献。由于统治民族与被统治民族之间巨大文化差异，元朝的统治在中原地区未能长久持续下去，不久便呈现衰退之势。元朝中后期，朝廷腐败，权臣专权，民族矛盾激化，于元顺帝至正二十八年(1368年),明军逼近大都,元顺帝北走开平,蒙古中心势力退居草原,继续以“大元”称国,史称“北元”。

大蒙古国从建立到元朝灭亡仅仅延续了一百六十多年,但它在世界历史中写下了光辉的一页。蒙元时代所创造的历史,成为人类历史的奇迹流传于世。蒙古铁骑打破了欧亚之间的铁壁界限,使东西文化的交流畅通无阻;蒙古帝国横跨欧亚,使东西方生产方式得以互通,极大地促进了人类生产力的发展;随着军事技术的交流,火药、大炮的使用真正成为可能。13～14世纪的蒙元帝国,代表着世界最先进的科学技术和生产力,代表着世界文明的主流。蒙元时代所创造的文化,更是人类文明宝库中的经典。多种族、多民族,多元文化竟相争嫣;多语言,多文化,多宗教平等存在。蒙元时代创造的物质和精神财富,至今仍影响着人类。

北元与明朝对峙,形成新的南北朝。明太祖、成祖两朝,多次深入草原征伐北元势力,却始终未能将其就范。明朝修长城防御蒙古的南侵,同时想隔断南北经济联系。双方时战时和,长达三百多年。北元政权长期处于内部纷争之中,后又形成西蒙古瓦剌部与东蒙古之间的矛盾冲突。明正统年间西蒙古瓦剌部曾经短暂统一东西蒙古,并俘虏明英宗。明成化年间,属于成吉思汗黄金家族正统的达延汗统一东蒙古,将蒙古分为左右翼各三万户。既:左翼三万户为察哈尔、乌梁哈、喀尔喀;右翼三万户为鄂尔多斯、土默特、永谢部。明嘉靖年间,土默特部俺答汗强盛,西逐西蒙古瓦剌部于杭爱山以西,占领青海。隆庆年间与明朝修好,接受明廷“顺义王”封号,在丰州滩筑板升,营库库和屯城,引进藏传佛教格鲁派。从此,喇嘛教在蒙古广为传播,古老的萨满教被强势排斥。

明朝末年,以瀚海为界,蒙古分为三部:漠南蒙古、漠北蒙古和漠西蒙古。漠南蒙古,亦称东蒙古。大兴安岭以北、以西山阴地带,包括呼伦贝尔草原直到克鲁伦河下游一带地区分布着阿鲁(蒙古语,“山阴”之意)蒙古各部,包括成吉思汗诸弟后裔所统阿鲁科尔沁、乌喇特、茂明安、四子、翁牛特、喀喇车里克、伊苏特、阿巴嘎、阿巴哈纳尔等部落。嫩江流域是长期独立于蒙古六万户之外的科尔沁部。相邻而牧的则是分布于西辽河和辽河流域的内喀尔喀五部。控制西部山西、大同边外归化城和土默川地区的是俺答汗后裔所属土默特部。处于察哈尔和土默特中间的是喀喇沁万户，包括喀喇沁、东土默特和原来辽东地区的兀良哈三卫所属部落，即原“山阳万户”。占据黄河河套地区的是鄂尔多斯部。其实力最强为蒙古大汗直属的察哈尔部，分布于老哈河以东，广宁以北的辽河河套地区。明万历三十二年(1604 年)，年少的林丹汗继蒙古正统大汗位，称呼图克图汗。在位期间，他致力于强化汗权，试图用武力与强权统一蒙古。长期的割据助长了蒙古各部的离心倾向，各部封建主纷纷称汗，蒙古汗权更加衰微，林丹汗实际上成为只能驾驭察哈尔部的蒙古大汗。

此时的漠北蒙古高原是外喀尔喀部的世界，其地东自黑龙江，西至阿尔泰金山，南接瀚海，北壤俄罗斯，分三部：土谢图汗部居中、车臣汗部居东，札萨克图汗部居西，与额鲁特部为邻，亦称外喀尔喀。西蒙古亦称额鲁特蒙古，在明中期分为四部：和硕特、准噶尔、杜尔伯特和土尔扈特，统称四额鲁特。在达延汗以及土默特部俺答汗的打击下，退居杭爱山以西，游牧于巴尔喀什湖以东和以南地区。后和硕特一部移牧青海、西套，是为青海和漠西蒙古各部的起源。天聪年间，土尔扈特部西迁至伏尔加河流域，乾隆年间，部分返回原牧地外，其余成为俄罗斯境内的卡尔梅克人。大蒙古国时期的“林木中百姓”的一部，此时还居住在贝加尔湖周围，成为俄罗斯境内的布里雅特人。

明末，明建州女真首领努尔哈赤统一女真各部，建立爱新国。邻近蒙古诸部如科尔沁、内喀尔喀五部、喀喇沁、阿鲁蒙古以及部分察哈尔部纷纷投附。爱新国天聪八年(1634 年)，蒙古末代大汗林丹呼图克图病死青海大草滩，林丹汗子额哲被爱新国军俘获。

至大清崇德元年(1636年)漠南蒙古全部被降服。清廷在蒙古强大兵力和大量物资的支援下完成了入关灭明,统一全国的大业。卫拉特准噶尔汗国噶尔丹汗于康熙中叶进攻外喀尔喀诸部,清廷出兵干预,噶尔丹败亡,外喀尔喀投附清朝。乾隆年间,清廷武力征服准噶尔汗国,蒙古诸部全部进入清朝统治。

清朝逐步征服、统一蒙古各部后,蒙古原有的鄂托克、爱马克等众多封建贵族领属集团之绝大部分被整编为由札萨克世袭统治的旗。其中,漠南即内蒙古地区的称为内札萨克蒙古,漠北、漠西等其他地区的称为外札萨克蒙古,统称为外藩蒙古或藩部。每个旗的所辖地域被固定下来,不允许越界游牧。若干札萨克旗组成盟,形成会盟制度,并且以固定的会盟地点命名。这种札萨克旗制,也称为盟旗制度。盟旗制度成为清代蒙古的最基本的政治和社会制度。外藩蒙古盟旗,内蒙古有6盟49旗;喀尔喀4部各为1盟,共有86个旗。新疆旧土尔扈特蒙古分为东、西、南、北4路10个旗,组成4个盟;青海额鲁特等部29个旗组成2个盟。此外还有内属都统旗和喇嘛旗。旗是清代蒙古最基本的社会组织单位。清朝对蒙古王公札萨克实行优待收买政策,封爵定级,联姻赏赐,使其成为清廷忠实的臣仆。蒙古王公台吉虽然身份地位高下悬殊,但只要是一旗札萨克,均直隶皇帝,互不统属。清朝还在中央设立理藩院,在各地设立驻防将军、都统、大臣,对蒙古实施严格有效的统治管辖。清朝的各种治蒙政策和制度,使蒙古族为清朝统治者起到了"屏藩朔漠"的历史作用。但另一方面,蒙古落后的封建领主性统治制度也因此得以延续以至强化,由于互不统属的分割统治和民族隔离性蒙禁政策,消蚀了蒙古民族的凝聚力,人为阻滞了社会经济结构和生产力,以及社会的发展和提高。特别是优待、扶植喇嘛教的政策,使蒙古民族精神愚钝,不事种族繁衍和社会生产的喇嘛越来越多,人口和劳动力递减。所有这些,成为晚清以来蒙古民族在政治、经济、社会、文化和民族精神等方面全面衰颓的重要历史原因。晚清时期，随着清朝的衰弱，蒙古民族盟旗失去以往的特权，大片土地被开垦，大量的府厅州县等管理汉族移民事务的机构在蒙地成立，蒙古民族的生存受到极大威胁。

明末清初，满蒙建立政治联盟，进而建立了清王朝；嗣后蒙古民族协助清朝建立了对全国的统治；终清一代，蒙古族又为大清王朝屏藩朔漠，保证了国家的安全与统一。蒙古族在清朝的统治下，其社会、经济、文化发生了重大的转变；随着清朝统治体系的建立，形成了全新的部落和地域布局。从清初到清末，满蒙关系、蒙汉关系，多有变化，内容极其丰富。本志以完整准确地记述有清一代蒙古族的历史、文化、社会及其变迁为宗旨，以展现蒙古民族一代之风范。

第一章 历史沿革

一、内札萨克蒙古

(一)哲里木盟

地理位置:哲里木盟位于内札萨克蒙古东部,大约在东经120°到126°,北纬42°30′到47°之间,东南与盛京、吉林交界,北与呼伦贝尔相接,西部与昭乌达盟和锡林郭勒盟接壤,西南之一小部分与卓索图盟东北端的锡勒图库伦喇嘛旗毗连。由科尔沁右翼前、中、后旗、科尔沁左翼前、中、后旗、郭尔罗斯前、后旗、杜尔伯特旗、扎赉特旗等十个札萨克旗组成,因会盟于科尔沁右翼中旗的哲里木山,故称为哲里木盟。

诸部源流:哲里木盟所属科尔沁六旗、扎赉特、杜尔伯特、郭尔罗斯两旗札萨克及王公贵族均为成吉思汗长弟哈布图哈撒儿的后裔,是以哈撒儿封地及其后裔为统治核心而形成的蒙古强部——科尔沁部演变而来。科尔沁一词,明译好儿趁、火耳趁、火儿慎,清又译廓尔沁,来源于蒙元时期的火儿赤(箭筒士),是汗廷卫士的一种职务名称。因善射著称的哈撒儿及其子移相哥曾统领蒙古汗廷卫士中的箭筒士,其后裔所属部落便得名为"科尔沁"。1206年,成吉思汗建立大蒙古国后,哈撒儿家族分得4,000户属民,驻牧于额尔古纳河流域、海拉尔河和呼伦湖一带。[①] 有元一代，哈撒儿后裔从八不沙始被封为齐王，成为元代东道诸王之中最有活力的一支。

北元时期，驻牧于额尔古纳河流域及斡难河中下游一带的科尔沁部逐渐强大。哈撒儿后裔锡古锡台巴图尔王（明译小失的王）、勃罗乃齐王、乌讷博罗特王、鄂尔多古海王（明译阿儿脱歹王）等坚决支持蒙古汗庭，对巩固延续蒙古黄金家族的正统统治起了重要作用。达延汗时期，科尔沁部于蒙古大汗直辖的六万户之外形成万户，由左翼新明安塔奔、茂明安、乌喇特、塔塔噶勒沁、布达沁、阿勒塔沁、郭尔罗斯等七鄂托克科尔沁兀鲁思和右翼克烈亦特（元译克烈）、主亦特、伊克明安、葛衮合什克、推伯根（元译土别燕）、撒哈亦特等六鄂托克克列亦特兀鲁思组成。[②] 16 世纪 30 年代始，科尔沁部牧地逐渐南移，并以哈撒儿十三世孙鄂尔多固海王和图美扎雅哈齐诸子家族统治为核心分成诸多部落。其中，阿噜科尔沁、乌喇特、茂明安等部驻牧于呼伦贝尔及鄂嫩河下游尼布楚一带以外，一部分由哈撒儿十四世孙奎猛克塔斯哈喇（明译魁猛可）带领，南下至嫩江流域，因同族有阿噜（意为山阴，即兴安岭山阴）科尔沁，号所部为嫩（嫩江）科尔沁（或称"乌吉叶特科尔沁"、"博罗科尔沁"、"嫩阿巴噶"）。[③] 明嘉靖三十四年（1555 年），奎猛克塔斯哈喇与蒙古打来孙汗及内喀尔喀部首领虎喇哈赤一同侵扰明辽西一带。[④] 16 世纪 70、80 年代，嫩科尔沁部归属于蒙古察哈尔部图门札萨克图汗，驻牧于明开原西北边外，经新安关或庆云堡与明朝贸易，或向明朝讨索赏金。[⑤] 明万历丁亥、戊子（1587～

① 拉施特：《史集》，第一卷，第一分册，商务印书馆，1986 年，第 67 页。

② 答哩麻固什：《金轮千辐》，内蒙古人民出版社，1987 年，第 345 页。

③ 《钦定外藩蒙古回部王公表传》，卷十七，《国朝耆献类征初编》本。

④ 《明世宗实录》，嘉靖三十四年四月，台湾影印本。

⑤ 冯瑗：《开原图说》，卷下，玄览堂丛书本。

1588)间，奎猛克塔斯哈喇嫡孙瓮阿岱（明译恍忽大，全称为“翁古岱呼拉齐洪巴图尔”）、图梅（明译土门儿）向南扩张，受内喀尔喀五部阻挠后，嫩科尔沁部退居混同江江口一带，[①]吞并郭尔罗斯、杜尔伯特、扎赉特、土默特、卦尔察、锡伯等蒙古和女真诸部，成为盘踞于东北腹地的人口众多的蒙古部落，其牧地也逐渐固定下来，内分左右翼游牧。

奎猛克塔斯哈喇有子二，长博第达喇，号卓尔郭勒诺颜，次诺们达喇，号噶勒济皋诺颜。博第达喇伊克哈屯（大夫人）吉格伦生三子，长齐齐格，号巴图尔，为科尔沁右翼中旗、科尔沁右翼前旗二旗札萨克祖。次纳穆赛，号都喇勒诺颜，为科尔沁左翼中旗、科尔沁左翼前旗、科尔沁左翼后旗三旗札萨克祖。季乌巴什，号鄂特欢诺颜，为左翼郭尔罗斯前旗、郭尔罗斯后旗札萨克祖。博第达喇诺颜巴嘎哈屯（小夫人）生三子，长乌延岱科托果尔，次托多巴图尔哈喇，季拜新，为科尔沁右翼前旗诸巴嘎诺颜（众小台吉）祖。博第达喇西室哈屯吉鲁根生额勒济格卓里格图，为噶尔珠赛特尔等七子父。博第达喇东室哈屯哈喇尼敦生二子，长爱纳噶，号车臣楚库尔，为右翼杜尔伯特旗札萨克祖，次阿敏，号巴噶诺颜，为右翼扎赉特旗札萨克祖。诺们达喇子一，曰者格尔德（明译者儿得），其子图梅卫徵，号岱达尔汉，为右翼札萨克镇国公喇嘛什希一旗札萨克祖。[②]

明万历二十一年（1593 年）科尔沁部首领瓮阿岱、莽古斯、明安等纠合叶赫、哈达、乌拉、辉发、锡伯、卦尔察、珠舍哩、讷殷等九部三万兵，分三路攻打努尔哈赤。[③] 在古埒山之役中，九部联军败北，明年始科尔沁部纳穆赛次子明安等与努尔哈赤遣使通好，联姻

① 张鼐：《辽夷略》，玄览堂丛书本。

② 答哩麻固什：《金轮千辐》，内蒙古人民出版社，1987 年，第 279 页 。

③ 《清太祖努尔哈赤实录》，卷一，上海书店，1987。

不断。天命九年(1624 年),科尔沁部首领奥巴(瓮阿岱子)与爱新国主努尔哈赤盟誓和好、建立军事联盟,以共同抗衡察哈尔林丹汗。翌年,林丹汗攻打奥巴所驻格勒珠尔根城,久攻不克,努尔哈赤派兵援助,遂得解围。[①] 天命十一年(1626 年),努尔哈赤视奥巴为“一国之始主”而授予土谢图汗称号,妻以贝勒舒尔哈齐女孙,授和硕额驸。天聪年间,皇太极针对奥巴等人的彷徨情绪,通过多次与科尔沁部贵族联姻、盟誓等手段拉拢其心,还用立法、武力威胁等强硬措施不断从科尔沁部征兵,联合攻打察哈尔林丹汗或明朝辽东地区。天聪五年(1631 年),皇太极令科尔沁诸部牧地西移。新划定的科尔沁部牧地东北邻达斡尔人据地,东面以松花江为界,西接兴安岭山阴的阿鲁蒙古。天聪八年(1634 年),噶尔珠赛特尔等科尔沁部贵族反抗爱新国兵役的事件被镇压后,科尔沁部基本上投附了爱新国。

天聪十年(1636 年)四月,漠南蒙古 16 部 49 名贵族同满汉臣僚一道大会盛京,承认皇太极为“满蒙汉共主”,共推其为“博格达彻辰汗”,改元“崇德”,建国号为大清。时,科尔沁部右翼土谢图济农巴达礼、札萨克图都棱布达齐、喇嘛什希、扎赉特部达尔汉和硕齐蒙衮、昂安伊勒都齐、杜尔伯特部达尔汉台吉色棱、科尔沁部左翼卓里克图台吉乌克善、冰图台吉洪果尔、达尔汉巴图鲁满珠习礼、伊勒都齐栋克尔、穆斋、郭尔罗斯部哈坦巴图鲁固穆、伊勒登布木巴等 13 人前来参加,[②]接受大清国的正式分封。其总数占到当时到会的漠南蒙古 16 部 49 名封建主的四分之一以上,且位高权重。有清一代,“科尔沁以列朝外戚,荷国恩独厚,列内札萨克二十四部之首”,[③]就是当时最好写照。崇德元年(1636 年),嫩科尔沁

① 《满文老档》,天命十年十一月初六日。中华书局。

② 《清内秘书院蒙古文档案汇编》,内蒙古人民出版社,2003 年,第 5～6 页。

③ 中国第一历史档案馆《蒙文老档》,全宗号 1,蒙 60,第 66～70 页。

部共有 447 鄂托克(牛录),22,350 户[1],分成五个旗。至顺治年间,清朝陆续把原科尔沁左右翼诸部编为十个札萨克旗,并对其原有牧地重新作了调整。

扎赉特部系蒙古古老的部落扎剌亦儿(又译押剌伊而、札剌儿、札剌)部之后民,辽代该部曾是人数众多的部落,有十个分支,游牧在斡难河、怯绿连河一带。他们的部落组成为七十"古列延"(圈子,属民),每个古列延由一千个车子组成,共有七万辆车。蒙古海都汗始,该部沦为乞颜部博尔只斤氏族的"孛斡勒"。被成吉思汗封为国王,掌大蒙古国左翼各千户的木华黎即出此部。蒙元时期,扎剌亦儿与兀鲁兀、忙兀、弘吉剌、亦乞列思等部组成五投下探马赤军,充当先锋,颇立战功。有元一代,扎剌亦儿与兀鲁兀一同驻牧上都路。北元时,扎剌亦儿部成为蒙古左翼三万户之一喀尔喀万户的重要组成部分,游牧于喀尔喀河流域。科尔沁所属扎赉特部即源于扎剌亦儿。

杜尔伯特部系蒙古古老的部落朵儿边部之后民,其祖先为成吉思汗第十一世祖都蛙锁豁儿之四子。[2] 杜尔伯特即朵儿边(数词"四"之意)之复数。12 世纪末 13 世纪初,朵儿边部游牧于呼伦贝尔一带。元朝初年,迁居嫩江流域,并入斡赤斤后裔辽王管辖。16 世纪中叶,哈撒儿第十四世孙奎猛克塔斯哈喇所属科尔沁部迁至嫩江流域后,杜尔伯特人才成为嫩科尔沁部的属部。[3]

郭尔罗斯部系蒙古古老的豁罗剌思(又译火鲁剌思、郭尔罗特)部之后民,与弘吉剌、亦乞列思、斡勒忽讷惕等部同出一族,为迭列列斤蒙古诸部的组成部分。游牧于呼伦贝尔一带,与蒙古乞颜部持有世代姻亲关系。成吉思汗第十一世祖朵奔蔑儿干之妻阿

① 《钦定外藩蒙古回部王公表传》,卷十七,《国朝耆献类征初编》本。

② 《元朝秘史》,卷一,四部丛刊三编本。

③ 波·少布、何日莫奇《黑龙江蒙古部落史》,哈尔滨出版社,2001 年,第 12 页。

阑豁阿、曾祖父哈布勒汗之妻蔑台、长弟哈撒儿之妻阿勒坦等均出豁罗剌思部。成吉思汗建国时，将 3000 户豁罗剌思人分给其母月伦太后，[①]有元一代，这部分人归斡赤斤后裔辽王管辖。北元时期，豁罗剌思部分别成为兀良哈万户和科尔沁万户的主要鄂托克之一。

1. **科尔沁右翼中旗** 哲里木盟右翼五旗之一，是清廷实行“备指额驸”制的蒙古十三旗之一。土谢图汗奥巴及其长子巴达礼系奎猛克塔斯哈喇嫡系，在嫩科尔沁贵族中，世代拥有洪台吉（“皇太子”音译）称号，地位显赫，统领嫩科尔沁、扎赉特、杜尔伯特、郭尔罗斯、锡伯、卦尔察等部众。天聪六年（1632 年），奥巴死，翌年，皇太极授予巴达礼土谢图济农号。天聪八年（1634 年），巴达礼在皇太极指使下，率兵镇压同族之噶尔珠赛特尔等人的抗兵役事件。崇德元年（1636 年），以土谢图济农巴达礼所属 2,900 户，936 名壮丁，58 牛录编为一旗。巴达礼受封和硕土谢图亲王，诏世袭罔替，获该旗札萨克，故该旗也被俗称为土谢图旗。科尔沁右翼中旗是哲里木盟第一旗，掌管嫩科尔沁右翼五旗事。巴达礼先后参加攻克明大同、松山之战和追击苏尼特部腾机思等战事。康熙十年（1671 年），巴达礼卒，次年长子巴雅斯呼朗额驸袭职，为第二任札萨克，寻卒。康熙十三年，长子阿喇善袭职 。康熙二十七年（1688 年），以不称职革职削爵，其叔父沙津（巴达礼次子，康熙十四年以军功封多罗贝勒，诏世袭罔替）袭职进爵，成为和硕土谢图亲王。先后参加迎击噶尔丹的乌兰布通之战和多伦诺尔会盟。康熙四十一年（1702 年），以罪革职削爵，降为多罗贝勒，由阿喇善再袭札萨克职，复亲王爵，为第五任札萨克。康熙五十年（1711 年），卒，翌年长子鄂勒齐图袭职。康熙五十九年（1720 年），卒，长子阿喇布

① 拉施特：《史集》，第一卷，第二分册，余大均等汉译，商务印书馆，1983 年，第 257 页。

坦袭职。乾隆二十四年(1759年),卒,长子垂扎布袭职。乾隆三十二年(1767年),卒,长子纳旺袭职,寻卒。其明年,纳旺弟喇什纳木扎勒袭职。乾隆四十七年(1782年),卒,同年长子诺尔布林沁袭职,道光二十年(1840年),子色登端鲁布袭职。咸丰六年(1856年),子巴布道尔济袭职。光绪十六年(1890年),色旺诺尔卜桑宝袭职,二十七年(1901年)遇害。次年,色旺诺尔卜桑宝嗣子耶喜海顺袭札萨克,成为末代土谢图亲王。旗贵族中除札萨克土谢图亲王爵诏世袭罔替之外,另有从沙津开始的多罗贝勒爵世袭到清末。

科尔沁右翼中旗位于哲里木盟西部,西北一带是由兴安岭支脉构成的重叠山地,东南部属平原地带。阿鲁坤都伦河和额伯尔坤都伦河在科尔沁左翼中旗汇合后,流入本旗西北,会哈古勒河,折向东南流。阿尔达尔河经旗北东北流,入贵勒尔河。哲里木河在旗西北部,曾为哲里木盟十个札萨克旗会盟之所。旗地东接科尔沁右翼前旗,南、西两面接科尔沁左翼中旗,北接索伦。札萨克驻巴音和硕之南的塔克禅,在喜峰口东北1,200里。旗佐领数22,额存谷12,480石4斗。[①] 光绪三十年(1904年),随着开垦蒙荒的延伸,内地民人之大量涌入,清廷把该旗东南一部分划出,设靖安县,[②]县境东西约80里,南北约120里,县治白城子。宣统元年(1909年),又把该旗北部的一部分地区划出,设醴泉县,[③]县治醴泉镇。清朝末年,本旗境内的蒙古人口为26,000余,其中自卓索图盟喀喇沁、土默特、敖汉等旗和科尔沁左翼三旗迁来居住的蒙古人几乎占全旗蒙古族总人口的一半以上,从事农业生产。

2. **科尔沁右翼前旗** 是哲里木盟右翼五旗之一,也是清廷实

① 张穆:《蒙古游牧记》,卷一,同治祁氏刊本。

② 《光绪三十年五月二十一日朱批曾祺奏折》。

③ 《宣统政纪》,卷十一,中华书局影印本。

行“备指额驸”制的蒙古十三旗之一。该旗札萨克始于布达齐，布达齐系土谢图汗奥巴亲弟弟，属民众多、地位显赫，是嫩科尔沁著名首领。天命十一年(1626年)觐见努尔哈赤获札萨克图杜棱号，曾参加击退林丹汗围攻格勒珠尔根城之战和镇压同族之噶尔珠赛特尔等人的抗后金兵役事件、跟随皇太极参加远征大同、义州之役和征伐瓦尔喀等战役，多建军功。崇德元年(1636年)以其所属2,050户，743名壮丁，41牛录[①]部众外加博第达喇诺颜巴嘎哈屯(小夫人)所生乌延岱科托果尔、托多巴图尔哈喇、拜新等兄弟三人子孙及其属众编为一旗，建立科尔沁右翼前旗。布达齐获该旗札萨克职，封札萨克多罗札萨克图郡王爵，诏世袭罔替，因此该旗也被俗称为札萨克图旗。布达齐十一子及其后裔分别占有该旗十一努托克。乌延岱科托果尔三兄弟的子孙成为该旗“巴嘎诺颜”(小台吉)。顺治元年(1644年)，布达齐卒。其明年长子拜斯噶勒袭职，为该旗第二任札萨克。先后参加征明大凌河、山东、锦州之役，收复察哈尔部众，追剿苏尼特部腾机思王。顺治十四年(1657年)，卒。长子鄂齐尔袭职。康熙五十七年(1718年)，卒。同年，其六子萨祜拉克袭职 。雍正九年(1731年)，卒。同年，其长子沙津德勒格尔袭职。乾隆十四年(1749年)，卒。长子纳旺色布腾袭职。乾隆四十九年(1784年)纳旺色布腾去世后其长子喇什端罗布袭职 ，嘉庆三年(1798年)，卒。同年其长子敏珠尔道尔济袭职。道光十四年(1834年)，卒。同年，子索诺那木伦布木袭职。同治六年(1867年)，其子达德巴扎木苏袭职。同治十二年(1873年)，嗣子根敦占散袭职。光绪四年(1878年)，嗣子乌泰袭札萨克，成为末代札萨克图郡王。

科尔沁右翼前旗位于哲里木盟中部，索岳尔济山之南，西北部属兴安岭主脉和支脉的山岭地带，中部洮儿河横流其间，形成广袤

① 《旧满州档》，第十册，台湾故宫博物院，1969年，第5252页。

的平原。贵勒尔河经旗北流向东南，会洮儿河，再折向东北，经右翼后旗南，流入扎赉特旗界。榆河（今海勒斯台郭勒）经旗西北，东南流入贵勒尔河。索岳尔济山耸立旗北，清前期做为军事要地，深为清廷重视。旗地域东界科尔沁右翼后旗，南至郭尔罗斯前旗，西接科尔沁右翼中旗，北至科尔沁右翼后旗。札萨克驻西喇布尔哈苏（后移到翁衮山），在喜峰口东北 1,350 里。旗佐领数 16，额存谷 3,804 石 5 升。[①] 光绪三十年（1904 年），随着开垦蒙荒的延伸，内地民人之大量涌入，清廷把该旗东南部划出，设开通县，县境东西约 60 里，南北约 150 里，县治初在喀拉乌苏，后移至七井子。[②] 清朝末年，迁居该旗境内的喀喇沁、土默特、敖汉等外旗蒙古族人口逐年增多，在全旗总人口中占有很大比例。

3. **科尔沁右翼后旗** 崇德元年设旗，第一任札萨克为喇嘛什希。嫩科尔沁始祖奎猛克塔斯哈喇诺颜次子诺们达喇噶勒济皋诺颜及其子者格尔德、其孙图梅卫徵在 16 世纪末 17 世纪初的嫩科尔沁部贵族中独树一帜、独当一面。者格尔德曾与察哈尔部图门札萨克图汗相抗衡，图梅卫徵与瓮阿岱一同成为嫩科尔沁部两大首领，曾为明开原西北边患。天命十年（1625 年），林丹汗围攻格勒珠尔根城时，图梅卫徵又与奥巴和布达齐一同坚守城池，抗击察哈尔。天命十一年（1626 年）觐见努尔哈赤因战功显赫而获岱达尔汉号，其后又率部参加征明遵化、大凌河之役，并随征察哈尔。天聪六年，因年老而归牧，寻卒。崇德元年，其子喇嘛什希被封为札萨克镇国公，诏世袭罔替。属众 1,800 户，633 名壮丁，36 牛录[③]编为一旗，喇嘛什希成为第一任札萨克。他手里拥有八个鄂托克，其弟布达什哩袭父亲的"卫徵"称号，领有该旗的近 30 个鄂

① 张穆：《蒙古游牧记》，卷一，同治祁氏刊本。

② 《光绪三十年五月二十一日朱批曾祺奏折》；《清史稿》卷 55，《地理志》。

③ 《旧满州档》，第十册，台湾故宫博物院，1969 年，第 5252 页。

托克,后裔世代任协理旗务台吉。[1] 顺治四年(1647 年),喇嘛什希卒。翌年,长子色棱袭职,为第二任札萨克。顺治十八年(1661年),卒。同年,长子都什格尔袭职。康熙三十六年(1697 年),卒。同年,次子图努玛勒袭职 ,雍正三年(1725 年),卒。长子喇嘛扎布袭职 ,乾隆十九年(1754 年),卒。同年,三子布延德勒格尔袭职 。翌年,以罪削爵革职,从子敏珠尔多尔济袭职爵,成为第七任札萨克。乾隆三十三年(1768 年),卒。同年,长子萨木丕勒扎木素袭职,嘉庆七年(1806 年),卒 。同年,长子色旺多尔济袭职,道光十三年(1833 年),革职。其子多布沁旺丹袭职,二十年(1840年),卒。同年,其弟乌里吉济尔噶喇袭职。同治十一年,子特古斯毕里克图袭职,光绪十四年(1888 年),卒。十五年,其子喇什敏珠尔袭职,成为末代镇国公。有清一代,镇国公爵诏世袭罔替,因此也俗称该旗为公爷旗或苏鄂公旗。

科尔沁右翼后旗位于哲里木盟北部偏西,西北部是兴安岭余脉构成的起伏山地,从中部到东南部是平原地带,洮儿河由旗西北向东南屈曲横流。旗地域东界扎赉特旗,南接郭尔罗斯前旗,西接科尔沁右翼前旗,北抵索伦界。札萨克驻额木图锡哩,在喜峰口东北 1,450 里。旗佐领数 16,分四个努托克,由四个扎兰统领,额存谷 14 石 3 斗。[2] 光绪三十一年(1905 年),随着开垦蒙荒的延伸,内地民人之大量涌入,清廷把该旗南部划出,设安广县,县境东西约 160 里,南北约 200 里,县治解家窝铺。[3] 宣统二年(1910 年),清廷又把该旗南部放垦,设镇东县,县境东西约 90 里,南北约 80 里,县治在南叉干挠。[4] 清朝末年的放垦、招垦过程中,迁居该旗

① 《旧满州档》,第十册,台湾故宫博物院,1969 年;内蒙古社会科学院图书馆馆藏《奎猛克塔斯哈喇家谱》,第 5252 页。

② 张穆:《蒙古游牧记》,卷一,同治祁氏刊本。

③ 《清德宗实录》,卷 548;《清史稿》,卷 55,《地理志》。

④ 《宣统政纪》,卷四十,中华书局影印。

境内的喀喇沁、土默特、敖汉、奈曼、翁牛特、科尔沁左翼三旗等外旗蒙古族人口逐年增多,在全旗蒙古族总人口中几乎占一半以上,从事农业生产。

4. **科尔沁左翼中旗** 哲里木盟左翼五旗之一,掌左翼五旗事,也是清廷实行"备指额驸"制的蒙古十三旗之一,崇德元年(1636 年)设治。是以科尔沁部扎尔古齐诺颜(意为大法官)莽古斯(后被追封为和硕福亲王)所属领地属民演变而来。莽古斯诺颜有俩子一女,长曰宰桑(后被追封为和硕忠亲王),次为敖勒布,女嫁后金皇太极,即后来大清第一后孝端文皇后是也。宰桑有四子二女,长子吴克善,崇德元年(1636 年)封和硕卓哩克图亲王,诏世袭罔替,共传 15 代次。次子察罕,其子绰尔济在顺治十八年(1661 年)封多罗贝勒,诏世袭罔替,共传 12 代次。宰桑三子索诺木随大军攻打大明首都,身死军中,其子祁塔特尚固伦端贞长公主,顺治六年(1649 年)封多罗郡王,诏世袭罔替,共传 10 代次。宰桑四子满珠习礼在崇德元年(1636 年)封多罗巴图鲁郡王(后晋封为亲王),诏世袭罔替,共传 12 代次。宰桑大女儿嫁与后金皇太极,成为崇德五宫之一的"关雎宫"宸妃,二女儿为"崇德五宫"之一的"永福宫"庄妃,即后来的孝庄文皇后。崇德元年,以莽古斯诺颜子孙所属部众 1,950 户,587 名壮丁,39 牛录 编为一旗,建立科尔沁左翼中旗。乌克善成为该旗第一任札萨克。其弟巴图鲁郡王满珠习礼官居吏部蒙古承政,主管吏部蒙古事宜。顺治九年(1652 年)满珠习礼以军功获达尔罕号。顺治十六年(1659 年)乌克善以"奉召不即至" 而获罪革职,留亲王爵。同年满珠习礼晋封和硕达尔罕巴图鲁亲王,授科尔沁左翼中旗札萨克职。从此该旗也被俗称为达尔罕旗。康熙四年(1665 年),满珠习礼,卒。长子和塔袭职,停袭巴图鲁号,为该旗第三任札萨克。康熙八年(1669 年),卒。康熙十年(1671 年),长子班第袭职,尚固伦端敏长公主,授固伦额附,随征噶尔丹。康熙四十九年(1770 年),卒。同年长子罗卜藏衮布袭职，尚和硕公主，授和硕额附，成为哲里木盟第一任盟长，命御前行走。乾隆十七年(1752 年)，卒。同年，三子色布腾巴勒珠尔袭职，尚固伦和敬长公主，授固伦额附。乾隆二十年(1747年)，随征达瓦齐建功，赐双俸，又因未察觉阿睦尔撒纳动机，致使参赞大臣鄂容安等遇害而削爵革职。乾隆二十年(1747 年)，其次兄色旺诺尔布袭职，系该旗第七任札萨克。尚县主，授多罗额附、盟长。乾隆三十八年(1773 年)，卒，次年，长子旺扎勒多尔济袭职。嘉庆三年(1798 年)卒。同年，其长子丹曾旺布袭职。嘉庆十三年(1808 年)，卒。同年，其长子布音温都尔瑚袭职、期间，道光元年(1821 年)，宝音温都尔呼因“久不朝”而获罪革札萨克，由乌克善第八世孙卓哩克图亲王噶喇桑栋罗布任札萨克，道光六年(1826 年)，卒。其子巴图袭职。道光十八年(1838 年)宝音温都尔呼子索特纳木朋素克袭达尔罕亲王爵。道光二十八年(1848年)，赐还札萨克。同治十三年(1874 年)，其子棍布旺济勒袭职。光绪十年(1884 年)，其子那木济勒色楞袭札萨克职。成为该旗末代达尔罕亲王。有清一代，科尔沁左翼中旗贵族与清朝皇室关系密切，联姻不断，档次和规格在外藩盟旗中独树一帜。清初有四位皇后出自该旗，即清太宗时的孝端文皇后、孝庄文皇后和清世祖第一任皇后(后降为静妃)、第二任皇后孝惠章皇后。此外还有六位皇室公主下嫁该旗。旗贵族中除上述两个亲王，一个郡王、一个贝勒以外还有固山贝子一，辅国公二，共七家王公诏世袭罔替传到清末。莽古斯诺颜次子敖勒布及其子孙世代领有“姻亲俸禄”。成为该旗巴嘎诺颜(小台吉)。

科尔沁左翼中旗位于哲里木盟西部，跨东、西辽河。阿噜坤都伦河和额伯尔坤都伦河自扎鲁特左旗流入境，在旗西北合流后，东北流入科尔沁右翼中旗。卓索河自柳条边内流入旗东南，西北流，入科尔沁左翼后旗。旗地东接郭尔罗斯前旗，南接科尔沁左翼后旗，西接昭乌达盟的奈曼旗和扎鲁特左旗，北接科尔沁右翼中旗，地域辽阔。札萨克驻伊克唐噶里克坡，在喜峰口东北1,065里。旗佐领数46，额存谷18,465石。乾隆末年(1795年)始，由于汉民逐年增多，清廷在该旗境内陆续设置府、厅、州、县。光绪三年(1877年)，该旗东南部垦地划出，设奉化县，县境东西约170里，南北约110里。同年，又把该旗东北部东南向西北斜伸的狭长垦地划出，设怀德县，县境长约100里，宽约70里，县治在八家子。光绪二十八年(1902年)，在科尔沁左翼中旗闲散多罗郡王领地内的辽源(后改称郑家屯)设辽源州。州治郑家屯原为法库门至齐齐哈尔驿路上的一小站，由于地理位置优越，渐从牛马市场发展为一大贸易市镇。清乾隆、嘉庆以来，由于卓索图盟境内的汉族农民人口逐年增多，又因招垦等原因，至清末年间，迁居科尔沁左翼中旗境内的喀喇沁、土默特人在全旗蒙古族总人口中占有一定比例。

5. **科尔沁左翼前旗** 哲里木盟左翼五旗之一，也是清廷实行“备指额驸”制的蒙古十三旗之一。崇德元年(1636年)设治，以莽古斯诺颜三弟洪果尔及其长子穆寨所属600户、240名壮丁、12牛录编为一旗，建立科尔沁左翼前旗。洪果尔早年跟随土谢图汗奥巴率所部参加征明遵化、锦州、大同之役，战果颇丰。后随土谢图济农巴达礼用武力镇压同族之噶尔珠赛特尔等人的抗爱新国兵役事件，表现积极。因此崇德元年(1636年)，洪果尔受封札萨克多罗冰图郡王，诏世袭罔替，成为该旗第一任札萨克。故俗称该旗为冰图旗。崇德三年(1638年)，年时已高的洪果尔又与皇室公主结姻，授多罗额附。崇德六年(1641年)，卒。顺治三年(1646年)，次子额森袭职，为该旗第二任札萨克。康熙四年(1665年)，卒。次年长子额济音袭职，随军助剿吴三桂，康熙二十九年(1690年)又与土谢图亲王沙津一同征战噶尔丹，康熙三十五年(1696年)，卒。同年，长子达达布袭职，康熙四十六年(1707年)，卒。同年，长子宜什班第袭职，尚县君，授固山额附，乾隆十二年(1747年)，卒。同年，长子喇特纳扎木素袭职，乾隆四十一年(1776年)，卒。同年，长子桑对扎布袭职，乾隆四十七年(1782年)，卒。同年，长子罗卜藏占散袭职，嘉庆十九年(1824年)，卒。同年，孙林沁扎勒散袭职，咸丰八年(1858年)，子锡里巴咱尔袭职。光绪三年(1877年)，子敏鲁普扎布袭职。光绪三十年(1904年)，子棍楚克苏隆袭职，成为该旗末代多罗冰图郡王。

科尔沁左翼前旗位于哲里木盟最南端，东与科尔沁左翼后旗交接，西与养息木牧厂接壤，南到柳条边墙，北与科尔沁左翼中旗相接。札萨克驻伊克岳里泊(后到鄂勒济布里特)，在喜峰口东北870里。旗佐领数3，额存谷2,302石6斗。有清一代，该旗在哲里木盟各札萨克旗中，属开垦最早的旗分。顺治年间，就有皇室公主随嫁民人开始耕种。光绪六年(1880年)，清廷把该旗东南部垦地和科尔沁左翼后旗西南部划出，设康平县，县境东西约90里，南北约280里，县治在康家屯。光绪二十九年(1903年)增设的彰武县境，原为该旗地，后献为三陵牧养地(即养息木牧厂)，清中叶以后渐被开垦。县面积中大部分属养息木牧场，一小部分属该旗，隶新民府。光绪三十二年(1905年)，又把该旗南部的一部分垦地划出，并入法库厅。清乾隆、嘉庆以来，由于卓索图盟境内耕种的汉族农民人口逐年增多，失去土地而逃荒的喀喇沁、土默特人陆续迁居到该旗境内。至清末年间，迁居科尔沁左翼前旗境内的喀喇沁、土默特人已在全旗蒙古族总人口中占有一定比例。

6. **科尔沁左翼后旗** 哲里木盟左翼五旗之一，也是清廷实行“备指额驸”制的蒙古十三旗之一，顺治六年(1649年)设。是以科尔沁左翼中旗札萨克祖莽古斯诺颜次弟明安所属部众演变而来。明万历二十一年(1593年)明安与莽古斯诺颜一起参加“九部联军伐满洲”战役，在古埒山上九部联军惨败，明安等逃回科尔沁。次年，明安在科尔沁部台吉中率先遣使与建州努尔哈赤通好，1612年又嫁女努尔哈赤，这是延绵几百年之久的“满蒙联姻”之开端。其后不久明安，卒。崇德元年(1636年)，查科尔沁部户口、壮丁，以 50 户编为一牛录时，明安长子栋克尔（号伊勒都齐）属众 2,930 户，706 名壮丁，58 牛录编为一旗，栋克儿虽封镇国公却因他们兄弟几个在天聪年间屡与爱新国作对而未获札萨克一职。崇德二年（1637 年）栋克儿随大军攻入朝鲜，占领平壤等城市，立战功。崇德八年（1643 年），卒。顺治五年以军功追封多罗贝勒。顺治七年（1650 年）长子彰吉伦晋多罗郡王爵，领札萨克职，诏世袭罔替，成为该旗第一任札萨克。康熙三年（1664 年），卒。长子布达礼袭职，康熙二十三年（1684 年），卒。长子扎噶尔袭职，翌年，卒。长子岱布袭职，康熙二十九年（1690 年），随东路军出征噶尔丹，康熙四十九年（1710 年），卒。长子阿喇布坦袭职，康熙五十五年（1716 年），卒。长弟罗布藏喇什袭职，随军剿噶勒丹策凌，在额尔德尼召战役中建功。乾隆三年（1738 年），卒，长子齐默特多尔济袭职，尚和硕端柔公主，授和硕额附、盟长。乾隆四十七年（1782 年），卒，弟巴勒珠尔袭职，翌年，卒。长子索特纳木多布斋袭职。其后，第十任札萨克僧格林沁（索特纳木多布斋嗣子）因镇压太平天国有功，咸丰五年（1855 年）晋封为博多勒噶台亲王，诏世袭罔替，从此俗称该旗为博王旗。同治四年（1865 年），僧格林沁与捻军作战中阵亡。同年，子伯彦讷谟祜袭职，光绪十七年（1891 年），卒。同年，其孙阿穆尔灵圭袭爵，成为该旗末代札萨克亲王。旗贵族中除札萨克亲王职爵世袭之外，另有多罗贝勒一、辅国公三，诏世袭罔替到清末。

科尔沁左翼后旗位于哲里木盟正南端，法库边门北。东西二辽河在旗内汇合，东南有卓索河流过。旗地西接科尔沁左翼前旗，南到柳条边墙，北界和东界与科尔沁左翼中旗犬牙交错。札萨克驻双和尔山（后移到济尔哈朗），在喜峰口东北 1,500 里。旗佐领数 3，额存谷 18,372 石 7 斗。该旗是哲里木盟各札萨克旗中，属开垦较早的旗分。嘉庆七年（1802 年），该旗招汉民垦种，不到四年，垦民即达四万余。嘉庆十一年（1806 年），清政府在该旗南端昌图额勒克地设昌图厅,管理该处满汉商民,隶奉天府。嘉庆十七年(1812年),划出该旗昌图额勒克地方东西长120里,南北宽52里为其开垦区域。光绪六年(1880年),清又把该旗西南部垦地和科尔沁左翼前旗东南部划出,设康平县,县境东西约90里,南北约280里,县治在康家屯。清乾隆、嘉庆以来,由于卓索图盟境内耕种的汉族农民人口逐年增多,失去土地而逃亡的喀喇沁、土默特人陆续迁居到该旗境内。至清末年间,迁居科尔沁左翼后旗境内的喀喇沁、土默特人已在全旗蒙古族总人口中占有一定比例。

7. **扎赉特旗**　哲里木盟右翼五旗之一,顺治五年(1648年)设治。该旗札萨克祖阿敏(号巴噶诺颜),是博第达喇末子,系东室哈屯哈喇尼敦所生 。16世纪末,博第达喇给诸子分家时,阿敏巴噶诺颜以幼子身份分得扎赉特部众为主的属民(包括部分土默特人),游牧于嫩科尔沁部右翼。阿敏巴噶诺颜有子十四,第八子蒙衮于天命九年(1635年)随奥巴遣使爱新国,授达尔汉和硕齐号。天聪八年(1634年),随土谢图济农巴达礼镇压同族之噶尔珠赛特尔等人的抗爱新国兵役事件,继而又参加征明大同、义州之役。崇德元年(1636年),查扎赉特部户口、壮丁、牛录时,以蒙衮达尔汉和硕齐属众2,750户,645名壮丁,55牛录,编为一旗。其中11牛录直属蒙衮之外,阿敏巴噶诺颜其他子孙各拥有部分牛录(鄂托克)。崇德八年(1643年),蒙衮从征黑龙江,未几,卒。顺治五年(1648年),以军功追封固山贝子,其长子色棱袭爵,诏世袭罔替,领札萨克,成为该旗第一任札萨克。从征明锦州、塔山,追击苏尼特部腾机思。康熙三年(1664年),卒。长子毕里克袭职,成为第二任札萨克。康熙十六年(1677年),卒。明年,长子纳逊袭职,康熙四十二年(1701年),卒。长子特古斯袭职,因击败策旺喇布丹、噶勒丹策凌有功,雍正十年(1732年)晋封多罗贝勒。乾隆五年(1740年),卒。长子乌察喇勒图袭职袭爵,乾隆二十一年,卒。同年,长子罗卜藏锡喇布袭职袭爵,乾隆三十八年(1773年),卒。

长子阿穆祜朗袭职袭爵，诏世袭罔替，成为第七任札萨克，乾隆五十一年(1786年)，卒。长子玛什巴图袭职，道光十四年，卒。同年，罗卜藏锡喇布第五子巴图孟克(旗协理台吉)之长子拉木棍布扎布袭职，咸丰四年(1854年)，随征战败太平天国北伐军获“绰克图巴图鲁”号，咸丰五年，赐郡王衔，咸丰十一年，晋封为多罗郡王(诏袭三世)，寻卒。同年，三子阿勒坦鄂绰尔袭职，道光十一年(1831年)，卒。同年，长子旺喇克帕勒齐袭职，领哲里木盟盟长，光绪三十一(1905年)年，卒。光绪三十三(1907年)年，嗣子巴特玛喇布坦袭职，成为该旗末代札萨克多罗郡王。有清一代，本旗蒙古人中，有博尔只斤、米鲁特、朱扎特、喀拉绰特、蒙古勒绰特、乌兰哈达、塔拉朱特等姓氏。

扎赉特旗位于哲里木盟正北部，齐齐哈尔城西南。北部兴安岭支脉蜿蜒连亘，绰尔河从旗北流入，汇合从西北流来的特默河(又称骆驼河)，折而东流，横贯旗中部。哈达汉河(又称哈代汉、罕达罕)流经旗东北。旗地东接杜尔伯特旗，西邻科尔沁右翼后旗，南与郭尔罗斯前旗西北部交界，北与索伦相界，东北沿雅尔河与今黑龙江省龙江县为界。札萨克驻图卜新察罕锡里(后到音德尔、呼和格勒等地)，在喜峰口东北1,600里。有佐领16，额存谷10,786石5斗。随着开垦蒙荒的延伸，内地民人之大量涌入，光绪三十年(1904年)，清政府把该旗东南部划出，设大赉厅，管理该旗垦地及满汉商民事务，隶黑龙江省。所辖地区东西40～100里不等，南北约500余里，厅治在该旗东南端的莫勒红冈子。光绪三十一年(1905年)，把该旗北部垦地划出，设景星镇分防经历，治在定兴营子。后定兴营子改称景星镇，遂为景星分防经历，隶黑龙江省。光绪三十二年(1906年)，清廷把该旗东部的垦地泰赉溪划出，设泰赉设治局，管理该处垦地及商民事务，隶大赉直隶厅。清朝末年，由于卓索图盟境内耕种的汉族农民人口逐年增多或因战乱，失去土地而逃亡的喀喇沁、土默特人趁招垦之遇陆续迁居到该旗境内，从事农业生产，并在全旗蒙古族总人口中占有一定比例。

8. **杜尔伯特旗**　哲里木盟右翼五旗之一，顺治五年（1648 年）设。该旗札萨克祖爱纳噶（号车臣楚库尔），是博第达喇第八子，系东室哈屯哈喇尼敦所生。16 世纪末，博第达喇给诸子分家时，爱纳噶分得杜尔伯特部众为主的属民，游牧于嫩科尔沁部右翼。有子四，长子阿都齐（号达尔汉诺颜）于天命九年（1624 年）随奥巴遣使爱新国，从征明遵化、锦州。天聪三年（1629 年），卒。长子色棱随土谢图济农巴达礼镇压同族之噶尔珠赛特尔等人的抗爱新国兵役事件，继而又参加征明大同、义州之役。崇德元年（1636 年），封为辅国公。同年，查杜尔伯特部户口、壮丁、牛录时，色棱属众共有 3,200 户，947 名壮丁，64 牛录，编为一旗。其中 9 牛录直属色棱之外，阿都齐其他子孙各拥有部分鄂托克。崇德八年（1643 年），因出征黑龙江时，向导有功，赐号达尔汉。顺治五年（1648 年），晋封札萨克固山贝子，诏世袭罔替，领札萨克，成为该旗第一任札萨克。康熙八年（1669 年），卒。明年，长子诺尔布袭职，康熙十年（1671 年），卒。同年，孙沙津袭职，从征噶尔丹于克鲁伦。康熙五十八年（1719 年），卒。长子巴图袭职，雍正七年（1729 年），卒。长子班珠尔袭职，乾隆四年（1739 年），卒，长子色布腾栋啰布袭职，乾隆八年（1743 年），卒。其叔父丹珠尔袭职，乾隆十九年（1754 年），卒。同年，其嗣子纳木扎勒多尔济袭职，乾隆二十四年（1759 年），卒。其叔父罗布彰袭职，乾隆三十年（1765 年），卒。其弟博第袭职，乾隆五十五年（1790 年），卒。长子赛音毕里格袭职，乾隆五十七年（1792 年），卒。长子喇特纳巴拉袭职，嘉庆十五年（1810 年），卒。同年，其次弟鄂齐尔呼雅克图袭职，道光二十七年（1847 年），卒。同年，子贡噶朝克坦袭职。同治九年（1870 年），子格里克巴拉珠尔袭职。同治十年，子喇什朋稣克袭职，光绪二十三年（1897 年），卒。二十六年（1900 年），什哷布劳丕勒袭职成为该旗末代札萨克固山贝子。杜尔伯特旗位于哲里木盟东北部，嫩江东岸。地势平坦，属嫩江平原的一部分。呼雨里河（胡裕尔河）自东北而南流经本旗西北注入嫩江。旗地南接郭尔罗斯后旗，从西至东与齐齐哈尔城等交界。札萨克驻托克托尔锡里（一说图布森锡贵图），在喜峰口东北 1,640 里。有佐领 25，额存谷 13,095 石 4 斗。随着开垦蒙荒的延伸，内地民人大量涌入，光绪三十二年（1906 年），清廷把该旗东北部的垦地安达划出，设安达直隶厅，管理该处垦地及商民事务，隶黑龙江省。

9. **郭尔罗斯前旗**　哲里木盟左翼五旗之一，崇德元年（1636 年）设。该旗札萨克祖乌巴什系博第达喇诺颜伊克哈屯（大夫人）所生第三子。16 世纪末，博第达喇给诸子分家时，乌巴什分得以郭尔罗斯部部众为主的属民，游牧于嫩科尔沁部左翼。有子二，长内齐博音图诺颜，次莽果莫尔根诺颜。内齐博音图诺颜有子四，次子固穆（号哈丹巴图尔）于天聪七年（1633 年）见皇太极，从征明朔州、义州，进征瓦尔喀。崇德元年（1636 年），封辅国公，诏世袭罔替 。同年，查郭尔罗斯部户口、壮丁，牛录时，固穆四兄弟所属 2,050 户，505 名壮丁，41 牛录编为一旗，固穆成为第一任札萨克。顺治五年（1648 年），固穆卒，同年其四弟桑噶尔斋袭职，为第二任札萨克。顺治七年（1650 年），卒。固穆长子昂哈袭职，康熙十八年（1679 年），卒。长子莽塞袭职，二十六年，以不缉贼罪革札萨克，留爵，康熙五十八年（1719 年），卒。札萨克职由二等台吉武尔图纳素图鄂齐尔（固穆三弟色棱岱青孙）代领之。康熙四十七年（1708 年）因病罢职，其兄一等台吉毕里棍鄂齐尔（康熙三十五年授一等台吉）袭职，成为第五任札萨克，康熙五十三年（1714 年），卒。同年次子察衮袭职爵，乾隆十一年（1746 年）因病罢职。四子都噶尔扎布袭职爵，乾隆十九年（1754 年），因溺职而被革职罢爵，其从弟阿喇布坦袭职爵，乾隆六十年休职。同年，辅国公恭格喇布坦（莽塞后人，乾隆二十二年（1757 年）袭辅国公爵）袭札萨克职，成为第九任札萨克，嘉庆三年（1798 年），卒。其子绰克温都尔恩克巴拜袭职，嘉庆十三年(1808 年)，卒。其弟恩克套托琥袭职，道光二年(1822 年)，卒。同年，其子阿拉坦鄂齐尔袭职，同治九年(1870 年)，卒。子图普乌勒济图袭职，光绪二十三年(1897 年)，卒。二十五年，其子齐默特色木丕勒袭职，成为该旗末代辅国公，光绪三十三年，晋封镇国公。旗贵族中另有一等台吉爵传到清末。

郭尔罗斯前旗位于哲里木盟东端，松花江西岸，属松嫩平原的一部分。旗地东部从嫩江和松花江合流处沿西岸到柳条边墙终点法特哈门，北与扎赉特旗及科尔沁右翼后旗相连，西南接科尔沁左翼中旗，西北连科尔沁右翼前旗东南部，地域极广。札萨克驻古尔班插罕(又说固尔班笃洛噶)，在喜峰口东北 1,480 里。有佐领 23，额存谷 18,188 石 9 斗。由于旗地大部分属平原地带，土地肥沃，适于耕种，自乾隆末年以来，内地民人大量涌入其境。至嘉庆五年(1800 年)该旗境内已有民户 2,330 户，熟地 265,468 亩。同年，清在该旗垦地长春堡设长春直隶厅，管理该旗已开垦的地区和商民事务。道光五年(1825 年)，移治宽城子(今长春市)。光绪十五年(1889 年)，升为府。道咸以降，该旗境内的垦地增加到六、七十万垧。光绪八年(1882 年)，清政府把该旗南部的垦地划出，置长春厅农安分防照磨，管理该旗南部垦区及商民事务。光绪十五年(1882 年)，升为县。县境南北约 90 里，东西约 200 余里。光绪三十四年(1908 年)，又把该县西北部划出，另设长岭县，管理该旗西南部垦地 。县境东西约 100 余里，南北约 200 余里。县治长岭子。宣统二年(1910 年)，把该旗东南部，即长春府东北境的怀德、沐惠二乡划出，置德惠县。

10. **郭尔罗斯后旗** 哲里木盟左翼五旗之一，顺治五年(1648 年)设。乌巴什次子莽果莫尔根诺颜有子三。长子布木巴(号伊勒登)于天命九年(1624 年)随奥巴遣使爱新国，从征明遵化、义州、锦州，进征瓦尔喀。崇德元年(1636 年)，查郭尔罗斯部户口、壮丁，牛录时，布木巴属众共有 1700 户，518 名壮丁，34 牛录。顺治五年布木巴封为札萨克镇国公，诏世袭罔替，所部编为一旗，布木巴成为该旗第一任札萨克。顺治十一(1654年)年，卒。长子扎尔布袭职，康熙四年(1665年)，卒。长子安达什哩袭职，康熙四十一年(1702年)，卒。其明年长子巴图袭职，乾隆五年(1740年)，卒。同年，长子多尔济袭职，乾隆二十年(1755年)，卒。同年，长子索诺木扎木素袭职，乾隆二十四年(1759年)，卒。同年，长子锡喇博第袭职，乾隆四十二年(1777年)，卒。同年，长子固噜扎布袭职，道光九年(1829年)，卒。同年，子杨赞巴拉袭职。同治二年(1863年)，杨赞巴拉次孙噶尔玛锡第袭职，光绪九年(1883年)，因事革职留爵。同年，由同族一等台吉巴雅斯呼朗袭札萨克。光绪二十年(1894年)，子勒苏隆扎布袭职。光绪三十一年(1905年)，子布彦楚克袭职，成为该旗末代札萨克一等台吉。光绪二十八年(1902年)，噶尔玛锡第子达木林扎布袭镇国公爵，成为该旗末代镇国公。

郭尔罗斯后旗位于哲里木盟北部，嫩江东岸，松花江北岸，属松嫩平原的一部分。旗地东接黑龙江省，北交杜尔伯特旗，西南接科尔沁右翼前旗，西和西北交扎赉特旗。札萨克驻嘉朱温都尔(汉译榛子岭)，在喜峰口东北1,570里。有佐领34，额存谷9,157石。光绪二十八年(1902年)，清政府放垦蒙旗之后，郭尔罗斯后旗大部分地区相继被开垦。光绪三十二年(1906年)，旗东部划出，设肇州厅，管理该旗东部垦地及商民事务。隶黑龙江省。同年，又把该旗东北部划出，设肇东分防经历，管理该处垦务及商民事务。治在昌五城，隶于肇州厅。

(二)卓索图盟

地理位置：卓索图盟位于内札萨克蒙古东南部，大约在东经117°到123°，北纬40°到43°。东与养息木牧厂及锡勒图库伦喇嘛旗接壤，西与热河驻防地交错相接，北连昭乌达盟南部诸旗。天聪九年(1635年)至康熙年间，陆续把投附的蒙古喀喇沁部和东土默特部编为5个札萨克旗,即喀喇沁左、中、右旗、土默特左、右旗。5旗会盟于土默特右旗境内的卓索图河畔,故称卓索图盟。

诸部源流:喀喇沁一名来源于元代"捅黑马乳"之职业名称一哈剌赤,即为皇室制作黑马奶酒者。当时哈剌赤牧户分别隶属于太仆寺下属成吉思汗大斡尔朵各牧厂,主要集中在上都、大都和阿剌忽马乞(今内蒙古西乌珠穆沁旗一带)。后从事这一职业的钦察人为核心形成的钦察军或钦察卫也被称作哈剌赤。有明一代,阿速、喀喇沁(明译哈剌陈、哈剌慎)、锡喇努特(明译舍奴郎)、当喇噶尔(明译当剌儿罕)、失巴古沁(明译失保嗔)、巴尔虎(明译叭儿廒)、鸿呼坦(明译荒花旦)、奴木沁(明译奴母嗔)、塔本爱马克(明译塔不乃麻)等部成为蒙古右翼三万户之一永谢布万户的主要部众。其中,喀喇沁部为最强,由七个鄂托克构成。明后期由达延汗孙巴雅斯哈勒(明译老把都、把都儿)管领,嘉靖初年驻牧于明宣府之北。嘉靖中期,巴雅斯哈勒与土默特部俺答汗及察哈尔部打来孙汗等一起向明朝求贡,并瓜分了明蓟镇边外的朵颜卫。巴雅斯哈勒所属喀喇沁部获得了朵颜卫都督长昂为首的主要部分。

朵颜卫系明代兀良哈三卫之一,来源于元代朵因温都儿兀良哈千户所。其首领兀良哈氏,为蒙古开国功臣折里麦(清译济拉玛)的后裔。成吉思汗时期迁至额克朵因温都儿、绰儿河一带,世代守护月伦太后(成吉思汗之母)斡尔朵。明初的朵颜卫主要由折里麦后裔所属兀良哈人构成,故自称"五两案"。[①] 15世纪三、四十年代起,兀良哈三卫逐渐南下,与明近邻。朵颜卫占据东起广宁前屯(山海关东北),西至宣府的长城以北地区。明弘治、正德年间渐盛,阿儿乞蛮、和通(明译花当)父子威名震动三卫。和通有子二,长为格埒博罗特,次为把儿孙,和通以后,把儿孙和格埒博罗特长子格埒勒泰(明译革兰台)骁勇,终于排斥他酋,一族控制全朵颜

① 茅元仪:《武备志》,卷227,《北虏考》;郭造卿《卢龙塞略》,卷19《译上》。

地区。自把儿孙始,朵颜诸酋与蒙古大汗联姻,遂得“塔布囊”(驸马之意)称号。然而,天启初年,巴雅斯哈勒后裔的哈剌慎大营进一步加强对朵颜卫的统治,朵颜三十六家已经是哈剌慎的别部,遂二者合一形成为强大的喀喇沁万户。后格埒勒泰斋桑和次弟图噜巴图尔兄弟分掌所部。天聪二年(1628 年),察哈尔林丹汗为躲避爱新国攻击,由原驻地西拉木伦河迤北一带西迁,随攻击喀喇沁部,喀喇沁部台吉抗击察哈尔失败后,南逃兴安岭之南的塔布囊之地避难。天聪年间,格埒勒泰斋桑长子恩克、曾孙苏布地及弟万丹伟徵、四子莽古岱之孙善巴、图噜巴图尔曾孙色棱等一同,以喀喇沁部名义投附爱新国。格埒勒泰斋桑为清代喀喇沁右、中旗和土默特左旗札萨克祖,图噜巴图尔为喀喇沁左旗札萨克祖。天聪九年(1635 年),爱新国对喀喇沁、土默特人进行清查时,已内附和尚未并入的喀喇沁蒙古壮丁共 16,932 名。其中包括东土默特人和其他被称作“喀喇沁”的人(如阿苏特人)。

东土默特部系 15 世纪蒙古右翼三万户之一的满官嗔—土默特万户之一部分。起初,该万户首领为朵罗干、火筛父子。北元中叶,蒙古满都鲁汗与朵罗干率兵击败了把持朝政的权臣乩加思兰。其后达延汗与朵罗干举兵击败了永谢布万户之主亦思马因。朵罗干死后,其子火筛成为该部首领,并与右翼三万户诸酋一同,击败过达延汗。明正德五年(1510 年)达延汗率领左翼三万户和科尔沁万户,在达兰特哩衮战役中击败火筛等右翼三万户诸酋以后,将子孙分封到其各部。达延汗第四子阿尔苏博罗特被分封到满官嗔—土默特万户。达延汗死后,其第三子巴尔斯博罗特窃取大汗位,并对业已定型的右翼诸部最高统治权重新作了有利于其子孙的调整。结果,巴尔斯博罗特次子阿勒坦,即后来的俺答汗夺取了满官嗔—土默特部的最高统治权,阿尔苏博罗特则沦落为该部的一支多罗土蛮鄂托克之主。俺答汗时期的满官嗔—土默特部,以呼和浩特为中心,西北与卫拉特蒙古近邻,东边到大同边外,不仅控制了右翼三万户，而且还征服了青海地区和卫拉特蒙古，势力也达到了顶峰。

东土默特部的成立，是从俺答汗的长子僧格（明译辛爱）洪台吉开始的。起初，僧格洪台吉的封地在土默特部东部。嘉靖二十九年（1550 年）“庚戌之变”后，继续向东扩张，并通过征服或姻亲关系，吞并了朵颜卫兀良哈的一些部落。从而，土默特部黄金家族和其属部朵颜卫兀良哈贵族之间逐步形成了“诺颜—塔布囊”统治体系，为后来东土默特部的形成打下了的基础。僧格不久回呼和浩特，与其父俺答汗之妾三娘子结婚后，其东边的鄂托克由他的儿子噶尔图（明译干兔）及其诸弟继承。僧格有子十四，噶尔图及其同母弟朝图台吉、土喇图台吉、土力把图台吉排行第九至十二，系僧格和兀良哈贵族伯彦达赖之妹苏布亥所生。按着传统，噶尔图等受封并占有了他们舅舅所领的鄂托克。这样，噶尔图兄弟及其子孙的兀鲁思形成为东土默特本部，封地在宣府东塞，朵颜卫兀良哈诸酋的牧地在会州（插罕浩特）、托津图（明译讨军兔）、母鹿、青城（哈喇浩特）以及古北口境外的以逊、以马兔河流域、石塘岭境外的满套儿。明代汉籍又称其为“兀爱营”，而他们与属部的兀良哈诸酋一起被称作“土默特的执政塔布囊”，成为喀喇沁万户的一部分。

爱新国天聪年间，东土默特诸诺颜中，噶尔图子鄂木布势力独秀，统领该部。天聪三年（1629 年），林丹汗大举进攻东土默特，鄂木布仓促退向白马关边外，一边抵抗察哈尔的进攻，一边和爱新国进行积极联系。同年 11 月因不敌察哈尔而正式表示投附天聪汗，并率部东迁到明蓟镇边外游牧。天聪九年（1635 年），对喀喇沁、土默特人进行清查时，鄂木布统辖壮丁共计 1,826 名，兀良哈酋赓格尔、善巴统辖壮丁共计 2,010 名，三人同时受封固山额真（和硕之主),然固山额真非旗札萨克,又赓格尔、善巴同管一个固山。[①]崇德元年(1636年)四月,漠南蒙古十六部四十九名贵族同满汉臣僚一道大会盛京,共推皇太极为"博格达彻辰汗",建国号为大清时,东土默特部首领鄂木布、索诺木、赓格尔、善巴等前来参加。崇德二年(1637年),赓格尔以罪革职,善巴领其众,自始东土默特分左右翼,由善巴及鄂木布掌之。[②]

1. **喀喇沁右旗** 卓索图盟五旗之一,也是清廷实行"备指额驸"制的蒙古十三旗之一,顺治七年(1650年)设。该旗第一任札萨克固噜斯奇布之父苏布地系恩克(格埒勒泰斋桑长子)曾孙,是兀良哈氏折里麦家族长子嫡系。随征察哈尔林丹汗,并参加征明遵化之役。天聪五年(1631年),卒。天聪九年(1635年),封其子固噜斯奇布为固山额真,崇德元年(1636年),封固山贝子,赐多罗号,掌喀喇沁右翼。随征明大同、前屯、锦州、山东、怀柔等役。顺治七年(1650年),晋封札萨克多罗杜棱贝勒,诏世袭罔替,顺治十五年(1658年),卒。同年,长子图巴色棱袭职,康熙三年(1664年),卒。弟班达尔沙袭职,康熙七年(1668年),晋多罗杜棱郡王爵,仍诏世袭罔替,故俗称该旗为喀喇沁王旗。康熙十年(1671年),卒。次年,其次兄扎什袭职,曾随征察哈尔布尔尼,率部参加乌兰布通之战。康熙四十三年(1704年),卒。同年,次子噶勒藏袭职,康熙五十年(1711年),以罪削爵革职,其三弟色棱袭职爵,为第六任札萨克。康熙五十六年(1717年),卒。同年,次子伊达木扎布袭职爵,乾隆四年(1739年),卒。同年,长子喇特纳锡第袭职,乾隆十六年(1751年),授盟长。乾隆四十八年(1783年),赐亲王品级。乾隆五十二(1787)年,卒。同年二月,长子端珠布色布腾袭职,同年八月,卒。同年,长子满珠巴咱尔袭职,乾隆五十三年

① 《旧满州档》,第十册,台湾故宫博物院,1969年,第4143~4144页。

② 《钦定蒙古回部王公表传》,卷二十五,《土默特部总传》。

(1788 年),赐亲王品级,道光八年(1828 年),卒。同年,子布呢雅巴拉袭职,十六年(1836 年),卒。同年,子色伯克多尔济袭职,同治七年(1868 年),子旺都特纳木吉勒,光绪二十四年,卒。同年,子贡桑诺尔布袭职,成为该旗末代札萨克多罗郡王。旗贵族中除札萨克多罗郡王诏世袭罔替之外,另有闲散固山贝子、辅国公爵世袭到清末。

喀喇沁右旗位于卓索图盟西北部,跨老哈河。康熙四十年(1701 年)以前,旗境东接敖汉旗东南部,西邻正蓝旗察哈尔界,北起翁牛特右旗,南到热河东北。是年,旗札萨克扎什等王公把南部大片土地献给清朝皇帝,作为皇室热河避暑山庄及木兰围场之用。康熙四十四年(1705 年),清朝又把该旗南部及东南部划出,另置喀喇沁中旗。该旗地势西南高东北低,旗西有阴山支脉七老图岭南北纵横,卯金插汉拖罗海山最为险峻,为獐河与西白(西伯格)河的发源地。獐河自旗西北流,入翁牛特右旗;西白河东北流,经本旗亦入翁牛特右旗。西白河两岸山川秀媚,土质肥沃。札萨克驻西白河北(一说西白河西),在喜峰口东北 350 里。清乾隆初期有佐领 43(一说 44),后其中之 13 个佐领变为不满 150 名壮丁的残缺佐领,①额存谷 44,821 石 4 斗。② 有清一代,该旗在漠南六盟各旗中开垦较早。乾隆十三年(1748 年),入居旗境内的山东、顺天府、山西等地的民人 17,865 口,乾隆十七年(1752 年)猛增到 30,541 口,种地面积达 5,888 顷 5 亩。③ 乾隆四十三年(1778 年),清在喀喇沁中旗境内的八沟地方设平泉州,管理喀喇沁三旗商民事务。清朝末年,随着入居旗境内的汉族人口的增多,耕地面积的扩

---

① 内蒙古档案馆馆藏喀喇沁右旗札萨克衙门蒙文档案,全总号 505,目录号 1,案卷号 12。

② 张穆:《蒙古游牧记》,卷二,同治祁氏刊本。

③ 内蒙古档案馆馆藏喀喇沁右旗札萨克衙门蒙文档案,全总号 505,目录号 1,案卷号 47。

大，部分旗地又相继划入平泉县、建平县。

2. **喀喇沁左旗** 卓索图盟五旗之一，也是清廷实行“备指额驸”制的蒙古十三旗之一，顺治五年（1648 年）设。该旗第一任札萨克色棱系图噜巴图尔（格埒博罗特次子）曾孙，其父图琳固英有子七，色棱为其仲。天聪九年（1635 年），封为固山额真，掌喀喇沁左翼。随征明大同、锦州、山东等地。顺治五年（1648 年），晋封札萨克镇国公，诏世袭罔替，故俗称该旗为喀喇沁札萨克公旗。顺治十四年（1657 年），卒，长子奇塔特袭职，从征明大凌河、大同、昌平、蓟州、临清等地，追击腾机思，康熙五年（1666 年），卒。长子乌特巴拉袭职，从征察哈尔部布尔尼，康熙三十年（1691 年），卒。同年，弟善巴喇什袭职，康熙五十五年（1716 年），晋封固山贝子，翌年，卒。次子僧衮扎布袭职，康熙五十八年（1719 年），尚郡主，授多罗额驸，雍正元年（1723 年），晋和硕额驸，雍正九年（1731 年），从征噶勒丹策棱立战功，晋多罗贝勒，乾隆七年（1742 年），卒。长子瑚图灵阿袭职，尚郡主，授多罗额驸，乾隆十四年（1749 年），以旷职罪削爵，降授镇国公，乾隆四十四年（1779 年），卒。长子济克济特扎布袭札萨克，授镇国公爵，翌年，以罪削爵，其叔父扎拉丰阿（僧衮扎布次子）袭职，授辅国公，尚郡主，授多罗额附，从征阿睦尔撒纳、达瓦齐有功，乾隆二十年（1755 年）晋封多罗郡王，乾隆二十一年（1756 年），以罪削爵，降授公品级贝子。乾隆四十五年（1780 年），袭札萨克镇国公，乾隆四十八年（1783）晋多罗郡王，寻卒。同年，长子丹巴多尔济袭固山贝子爵，尚县君、乡君，授固山额驸。乾隆五十六年（1791 年）八月，以罪削爵革职，九月赏公衔，嘉庆十八年（1803 年），卒。从侄一等塔布囊喇特纳吉尔第袭札萨克职，嘉庆二十三年（1808 年），子克星额袭职。道光二十五年（1845 年），布里浑巴拉袭职。咸丰二年（1852 年），弟乌凌阿袭职，五年晋镇国公，光绪十年（1884 年），卒。光绪十一年（1885），索特旺袭札萨克塔布囊。光绪二十二年（1896 年），巴特玛鄂特萨尔袭职，二十三年，革职。丹巴多尔济曾孙多罗贝子熙凌阿袭札萨克，成为该旗末代札萨克多罗贝子。旗贵族中除札萨克多罗贝子爵外，另有闲散一等塔布囊爵世袭到清末。

喀喇沁左旗位于卓索图盟南部。西部及西南部群山连亘，属阴山山地，东北部稍低，河流多流向东北。敖木伦河源于旗西，经旗北东北流，入土默特右旗。旗地东接土默特右旗，南接柳条边墙，西、北两面和喀喇沁中旗相接。札萨克驻巴颜朱尔克（一说巴彦察罕山），在喜峰口东北 350 里。有佐领 53（一说 40），后其中之 3 个佐领变为不满 150 名壮丁的残缺佐领，[①]额存谷 22,229 石 6 斗。[②] 有清一代，该旗在漠南六盟各旗中开垦较早。乾隆二十五年（1750 年），入居旗境内的汉族农民 59,182 口，种地面积达 13,503 顷。[③] 乾隆四十三年（1768 年），清廷把本旗北部的塔子沟地方划出，设建昌县，管理该旗垦地。[④] 县境东西约 260 里，南北约 685 里，县治在塔子沟。光绪二十九年（1903 年），改隶朝阳府。[⑤]

3. **喀喇沁中旗**　卓索图盟五旗之一，也是清廷实行“备指额驸”制的蒙古十三旗之一，康熙四十四年（1705 年）设。该旗第一任札萨克格埒尔曾祖万丹卫徵系苏布地之弟，天聪间，随兄一同投附爱新国。崇德元年（1636 年），授一等塔布囊，附牧于喀喇沁右旗。顺治十三年（1656 年），卒，子额琳臣，尚郡主，授和硕额驸。康熙四十四年（1705 年），由于部属繁衍日众，遂析喀喇沁右旗的南及东南部别置一旗，为喀喇沁中旗。额琳臣长子格埒尔尚乡主，

---

① 内蒙古档案馆馆藏喀喇沁左旗札萨克衙门蒙文档案，全总号 503，目录号 2，案卷号 3061。

② 张穆：《蒙古游牧记》，卷二，同治祁氏刊本。

③ 内蒙古档案馆馆藏喀喇沁右旗札萨克衙门蒙文档案，全总号 505，目录号 1，案卷号 43。

④ 《清高宗实录》，卷 1050。

⑤ 《清德宗实录》，卷 514。

授额驸，获札萨克一等塔布囊爵，康熙五十八年（1719年），卒。弟们都之子喀宁阿袭职，尚郡主，授和硕额驸。乾隆五年（1740年），卒。长子齐齐克袭职，乾隆十年（1745年），赐公品级，乾隆三十九年（1774年），卒。次年，长子玛哈巴拉袭公品级札萨克一等塔布囊，尚乡主，授额驸，四十九年（1784年），诏世袭罔替，乾隆五十三年（1788年），晋封为札萨克辅国公。道光九年（1829年），加贝子衔，十七年，赏贝勒衔，道光二十四年（1844年），卒。故该旗又有玛公旗之称。同年，长子德勒格尔袭札萨克一等塔布囊，同治八年（1869年），卒。同年，子阿育尔扎那袭职，光绪十七年（1891年），卒。同年，汉噜扎布袭职，成为该旗末代札萨克一等塔布囊。旗贵族中除札萨克一等塔布囊爵世袭之外，另一闲散辅国公爵世袭到清末。

喀喇沁中旗位于喀喇沁右旗和喀喇沁左旗中间，西部和北部嵌入喀喇沁右旗，东部和东南部与喀喇沁左旗相衔接，正南方与热河相连。札萨克驻珠布格朗图巴彦喀剌山，在喜峰口东北350里。乾隆年间有佐领51，后减为48，[①]额存谷49,657石3斗。[②]有清一代，该旗在漠南六盟各旗中开垦较早，乾隆二十五年（1760年），入居旗境内的汉族农民和商人共42,924口，种地面积达7,741顷6亩。[③] 乾隆五年（1740年），清廷在该旗的八沟地方设八沟直隶厅，管理喀喇沁三旗商民事务。乾隆四十三年（1778年），改为平泉州。州境东西约540里，南北约490里，[④]州治八沟曾是内蒙古东部重要市场之一。

---

① 内蒙古档案馆馆藏喀喇沁中旗札萨克衙门蒙文档案，全总号504，目录号1，案卷号6972.1915。

② 张穆：《蒙古游牧记》，卷二，同治祁氏刊本。

③ 内蒙古档案馆馆藏喀喇沁右旗札萨克衙门蒙文档案，全总号505，目录号1，案卷号43。

④ 《清世宗实录》，卷87；《皇朝舆地通考》，卷1《直隶承德府》。

4. **土默特左旗**　卓索图盟五旗之一，也是清廷实行“备指额驸”制的蒙古十三旗之一，崇德二年(1637 年)设。该旗第一任札萨克善巴，姓兀良哈氏，系折里麦第十三世孙。其祖莽古岱为格埒勒泰斋桑第四子。天聪间，善巴随东土默特部首领鄂木布投附爱新国。天聪九年(1635 年)，授固山额真，与同族之赓格尔一同掌土默特左翼。崇德元年(1636 年)，授达尔汉镇国公，诏世袭罔替。翌年，赓格尔以罪削固山额真，由善巴统领土默特左翼，顺治十四年(1657 年)，卒。同年，长子卓哩克图袭职，康熙元年(1662 年)，晋封多罗达尔罕贝勒，诏世袭罔替，康熙十三年(1674 年)，卒。长子兆图袭职，翌年，卒。同年，长子额尔德木图袭职，尚县主，授多罗额驸，康熙四十二年(1703 年)，卒。长子玛尼袭职，康熙五十二年(1713 年)，卒。同年，长子阿喇布坦袭职，尚郡主，授和硕额驸，雍正十一年(1733 年)授盟长。乾隆四年(1739 年)，卒。其孙索诺木巴勒珠尔袭职，嘉庆十五年(1810 年)，卒。同年，次子贡楚克巴勒桑袭职，二十一年，卒。同年，子济克默特扎布袭职，道光十三年(1833 年)，卒。子那逊鄂勒哲依袭职，同治元年(1862 年)，卒。同年，子散巴勒诺尔赞袭职，同治九年(1870 年)，以罪革职。其弟一等塔布囊哈斯塔玛噶袭札萨克。光绪二十一年(1895 年)，散巴勒诺尔赞子色楞那木济勒旺宝袭职，十四年袭贝勒爵，成为该旗末代札萨克多罗贝勒。因土默特万户的全称是“满官嗔—土默特”，又东土默特是从该万户中分离出来，故俗称该旗为蒙古贞旗。

有清一代，同在本旗境内游牧的还有唐古忒喀尔喀首领巴勒布冰图属众。巴勒布冰图系外喀尔喀札萨克图汗部台吉，姓博尔济吉特。康熙元年(1662 年)，因札萨克图汗旺舒克为其族罗卜藏台吉额琳沁所戕，部众溃散。巴勒布冰图自杭爱山率部来归。清朝把他们安置在土默特左旗境内，与札萨克多罗贝勒卓哩克图同牧。康熙四年(1665 年)，封巴勒布冰图为多罗贝勒，诏世袭罔替，到清末共传十一代次。

土默特左旗位于卓索图盟东北部，地势较平坦，是卓索图盟五旗中唯一的平原地带。岳洋河（又作鹞鹰河）自旗东北流入边，库昆河自喀尔喀左旗流入境，沿旗北东流。旗地东隔岳洋河与养息木牧厂相望，北越库昆河与喀尔喀左旗相邻，西起土默特右旗，南抵柳条边墙。附牧于该旗的唐古忒喀尔喀地处于旗北一角，东接锡勒图库伦喇嘛旗，西与北交喀尔喀左旗界。土默特左旗札萨克驻海他哈山（一说乌兰陀罗海山），在喜峰口东北590里。有佐领八十（一说八十二），额存谷63,912石3斗。[①] 有清一代，该旗在漠南六盟各旗中开垦较早。乾隆三十九年（1774年），清廷把该旗西南部和土默特右旗东南部、奈曼旗南部划出，设三座塔直隶厅。乾隆四十三年（1778年），改为朝阳县。[②] 县境东西约260里，南北约530里，县治三座塔当锦州、赤峰之间。光绪二十九年（1903年），清政府又把该旗部分垦地和昭乌达盟喀尔喀左旗及奈曼旗部分垦地划出，设阜新县。县治最初在奈曼旗的鄂尔图板，宣统二年（1910年）移至土默特左旗中部的新秋。

5. **土默特右旗**　卓索图盟五旗之一，崇德二年（1637年）设。该旗第一任札萨克固穆，姓博尔济吉特，系成吉思汗第二十世孙，与归化城土默特同祖。天聪间，其父鄂木布楚琥尔率东土默特部诸台吉投附爱新国。天聪九年（1635年），授固山额真，掌土默特右翼。崇德四年（1639年），卒。固穆袭职，从征明锦州，追击腾机思，顺治五年（1648年），封镇国公。康熙二年（1663年），晋固山贝子，诏世袭罔替，康熙十三年（1674年），卒。四子衮济斯扎布袭职，从征察哈尔部布尔尼，康熙三十一年（1692年），随征葛尔丹，以不力削爵革职。其兄拉斯扎布袭职爵，康熙三十七年（1698年），卒。长子班第袭职，康熙四十八年（1709年），卒。明年，长子

① 张穆：《蒙古游牧记》，卷二，同治祁氏刊本。

② 《清高宗实录》，卷1050；

哈穆噶巴雅斯呼郎袭职，乾隆三十六年(1771 年)，卒。同年，长子垂扎布袭职，乾隆三十九年(1774 年)，卒。次子色布腾栋罗布袭职，乾隆五十年(1785 年)，卒。同年，弟色布腾喇什袭职，乾隆五十七年(1792 年)，以罪削爵。由哈穆噶巴雅斯呼郎图之第七子朋素克嶙亲袭职，嘉庆四年(1799 年)，以罪削爵革职。四子玛尼巴达喇袭职爵，道光七年(1827 年)赏郡王品级，十二年(1833 年)，卒。明年，子德勒克色楞袭职。咸丰七年(1857 年)，子索特那木色登袭职。光绪六年(1880 年)，子棍布扎布袭职，成为该旗末代札萨克固山贝子。

土默特右旗位于九关台门和新台边门外，牧地跨敖木伦河。南部群山叠障，西北部阴山支脉纵横奔驰，敖木伦河自喀喇沁左旗流入旗西境，东流一段后，再折向东南，入锦州府义县界。卓索河在旗府北 90 里处，流入土尔根河，卓索图盟五旗会盟处即在此河岸。旗地东和土默特左旗接壤，南绕柳条边墙，北接奈曼旗，西北与敖汉旗相连，西和喀喇沁右旗东南部交界。札萨克驻巴烟花(一说黑城子)，在喜峰口东北 590 里。有佐领 97(一说 90)，额存谷 74,516 石 6 斗。[①] 有清一代，该旗在漠南六盟各旗中开垦较早。乾隆三十九年(1774 年)，清廷把该旗东偏南的三座塔地方划出，设三座塔直隶厅。乾隆四十三年(1778 年)，改为朝阳县。[②] 县境东西约 260 里，南北约 530 里，县治三座塔在锦州、赤峰之间。

(三)昭乌达盟

地理位置：昭乌达盟位于东经 116°30′到 122°，北纬 41°15′到 45°50′之间。东接科尔沁界，西连正蓝旗察哈尔和围场，北与锡林郭勒盟相邻，南与卓索图盟毗连。爱新国天聪到清康熙年间，陆续把投附的蒙古扎鲁特、阿鲁科尔沁、巴林、克什克腾、翁牛特、敖汉、

① 张穆：《蒙古游牧记》，卷二，同治祁氏刊本。

② 《清高宗实录》，卷 1050；

奈曼、喀尔喀左翼等八部编成11个札萨克旗。因会盟于翁牛特左旗境内的昭乌达地方，遂称为昭乌达盟。

诸部源流：昭乌达盟由扎鲁特部二旗、巴林部二旗、克什克腾部一旗、敖汉部一旗、奈曼部一旗、阿鲁科尔沁部一旗、翁牛特部二旗、喀尔喀左翼部一旗等八部十一旗组成。各部始祖不尽相同，历史演变也错综复杂。

扎鲁特部 系北元后期喀尔喀万户左翼—内喀尔喀五鄂托克（扎鲁特、巴林、翁吉喇特、乌吉叶特、巴岳特）之一，其首领为达延汗第五子阿尔楚博罗特（明译我折黄台吉）及其子孙。16世纪中叶阿尔楚博罗特子和尔朔齐哈萨尔（明译虎喇哈赤）响应察哈尔打来孙汗，率所部自喀尔喀河流域南下，住牧三岔河（辽河河套）。[①]和尔朔齐哈萨尔给五子分家时，长子乌巴什卫征（明译委正）分得扎鲁特部，分布于内喀尔喀五部的东北，即明开原、铁岭西北边外的岳落一带，[②]东北与科尔沁部交接，东南与海西女真近邻，西南与翁吉喇特部相接。17世纪初，扎鲁特部内分左、右翼，由扎鲁特、扎哈齐特、阿尔巴特、哈喇努特、察噶特、米哈齐喇古特等鄂托克组成。[③] 乌巴什卫征有子二，长巴颜达尔伊勒登，次都喇勒诺颜。巴颜达尔伊勒登有子五，长忠图及其子内齐相继称汗。次子赓根、三子忠嫩、四子果弼尔图、五子昂安。都喇勒诺颜有子二，长色本，次玛尼。万历四十二年（1614年），该部右翼首领忠嫩嫁女于努尔哈赤次子代善，左翼首领内齐汗嫁其妹于努尔哈赤子莽古尔泰贝勒，[④]结为姻亲，通好贸易。天命四年（1619年）七月，爱新国相继攻占明开原、铁岭之后，翁吉喇特部首领宰赛为了夺回与明

① 瞿九思：《万历武功录》，卷12，《苏巴亥列传》。

② 张鼐：《辽夷略》。

③ 答哩麻固什：《金轮千辐》，乔吉校注，内蒙古人民出版社，1987年，第218～222页。

④ 《清太祖武皇帝实录》。

朝进行贸易的市口，招集扎鲁特等部袭击了占据铁岭的爱新国兵，遭受惨败。同年十二月，扎鲁特等内喀尔喀五部诸台吉与爱新国诸贝勒盟誓修好，遵守誓约，共同对付明朝。[①] 然而，扎鲁特等部并没有履行誓言，仍从明朝领取赏金，还断绝了与爱新国的使臣来往。天命八年（1623 年）正月、天命十一年（1626 年）十月，爱新国曾两次出征扎鲁特，杀该部昂阿父子和鄂尔寨图台吉，擒获巴克台吉及其二子以及喇嘛什布等十四名贝勒。同年年末，当内喀尔喀五部丧败之余，察哈尔林丹汗则出兵攻掠，使内喀尔喀五部崩溃，扎鲁特、巴林部的大部分逃往嫩科尔沁，而翁吉喇特、乌吉叶特、巴岳特三部被林丹汗兼并。天聪年间，逃往嫩科尔沁和并入察哈尔的扎鲁特部诸台吉先后投附爱新国。崇德元年（1636 年）四月盛京大会时，扎鲁特部首领达尔汉巴图鲁色本、内齐、昆都伦戴青、哈拜卫征、果弼尔图都棱、青巴图尔、济尔噶朗等前来参加。

巴林部　系蒙古古老的部落之一，成吉思汗第九世祖孛端察儿之子巴阿哩歹及其所属部众为巴林部先民，属于尼伦蒙古。北元时期，该部同扎鲁特、翁吉喇特、乌吉叶特、巴岳特组成喀尔喀万户左翼之内喀尔喀五鄂托克，其首领为达延汗第五子阿尔楚博罗特及其子孙。16 世纪中叶阿尔楚博罗特子和尔朔齐哈萨尔（明译虎喇哈赤）响应察哈尔打来孙汗，率所部自喀尔喀河流域南下，住牧三岔河。和尔朔齐哈萨尔给五子分家产时，次子苏巴海（明译速把亥）拥有巴林部，分布于内喀尔喀五部的西南边，即明广宁、镇远、镇宁、镇武、西平、海州、东昌、东胜边四百里而牧，[②]牧地横跨西拉木伦河南北。17 世纪初，巴林部内分左、右翼游牧。苏巴海次子巴噶巴图尔（明译卜言把都儿）有子七，长额布格岱（明译额伯革大）黄台吉，次阿把兔儿，三榜什台吉，四色特尔（明译色特儿），五

① 汉译《满文老档》上册，第 118～119 页。

② 张鼐：《辽夷略》。

卜兔儿,六和托果尔昂哈(明译昂阿),七昂奴。[①] 天命四年(1619年)十二月,该部首领额布格岱等台吉与爱新国诸贝勒盟誓合好。天命十一年(1626年)年底,当内喀尔喀五部被爱新国击败之余,察哈尔林丹汗则出兵攻掠,使内喀尔喀五部崩溃,巴林部的大部分人逃往嫩科尔沁。天聪年间,逃往嫩科尔沁的巴林部诸台吉先后投附爱新国。而被察哈尔所并的苏巴海另一子卜言顾的巴林部人被编入满州八旗。崇德元年(1636年)四月盛京大会时,巴林部首领满珠习礼(和托果尔昂哈之子)、阿尤希(色特尔长子)等前来参加。同年核查该部户口时,满珠习礼有17鄂托克,阿尤希有12鄂托克。[②]

克什克腾(明译克失旦、黑石炭)一名来源于蒙元时期大汗直属护卫军"怯薛"(复数作怯薛丹)。北元时期克什克腾作为部名出现,并成为蒙古大汗直辖的察哈尔万户重要组成部分。达延汗分封诸子时,六子斡齐尔博罗特(明译阿赤赖台吉)领有察哈尔万户之克什克腾鄂托克。16世纪中叶,当察哈尔打来孙汗率部南迁至西拉木伦河流域时,克什克腾部作为察哈尔万户之山阴诸鄂托克之一"逐舍喇母林、哈喇母林及舍伯兔水草为雄",[③]即分布于西拉木伦河上游迤北一带地区。天聪八年(1634年),林丹汗败亡,克什克腾部首领索诺木(又作苏墨尔戴青)、格根戴青子班珠尔、达赖杜棱等率部投附爱新国。[④]

敖汉、奈曼 系北元时期蒙古大汗直辖的察哈尔万户重要组成部分。蒙古博迪汗时期,其弟也密力领有察哈尔万户之敖汉、奈曼部。16世纪中叶,当察哈尔打来孙汗率部南迁至西拉木伦河流域

① 张鼐:《辽夷略》。

② 中国第一历史档案馆藏《蒙文老档》,全宗号1,蒙60,第66~70页。

③ 瞿九思:《万历武功录》卷13,《黑石炭列传》。

④ 《清太宗实录》,天聪八,年闰八月庚寅条。

时，敖汉、奈曼部作为两大宗支部落也一起南迁，并成为察哈尔万户之山阳诸鄂托克的主要组成部分。南迁后的两部驻牧地在明义州正北四、五百里，[①]即西拉木伦河南、大凌河附近。也密力之子贝玛土谢图(明译卑麻)有子五，长子秃章都喇儿拥有敖汉，次子额森伟征占有奈曼。[②]天聪元年(1627年)，敖汉、奈曼部诸台吉离其宗主林丹汗，与爱新国盟誓通好。[③]从此，敖汉、奈曼部逐渐投附爱新国。崇德元年四月盛京大会时，敖汉部首领班第、索诺木都棱和奈曼部首领衮楚克巴图尔等前来参加。同年核查二部户口时，敖汉26鄂托克，奈曼24鄂托克。[④]

阿鲁科尔沁部 系成吉思汗长弟哈撒儿后裔所属，北元时期阿鲁科尔沁属科尔沁万户重要组成部分。16世纪中叶，哈撒儿十四世孙奎猛克塔斯哈喇率所部迁至嫩江流域，时，其弟巴衮诺颜所属科尔沁万户的一部分仍留牧于呼伦贝尔、兴安岭山阴一带，与邻近驻牧的乌喇特、茂明安、翁牛特等部一同成为“阿噜蒙古”诸部之一。因同族有“嫩科尔沁”，史书称其为“阿鲁科尔沁”(阿鲁，蒙古语，指方位之北，此有“山阴”之意)加以区别。16世纪末17世纪初，阿鲁科尔沁部牧地已从呼伦贝尔南移，到17世纪20年代，驻牧于西拉木伦河下游以北地区。天聪四年(1630年)，巴衮诺颜长子昆都伦戴青第五子达赉楚瑚尔、穆章父子和阿噜蒙古诸部首领一起，与爱新国盟誓通好。[⑤]从此，阿鲁科尔沁部逐渐投附爱新国。崇德元年(1636年)四月，盛京大会时，阿鲁科尔沁部首领达赉楚瑚尔、穆章等来参加。

---

① 张鼐:《辽夷略》。

② 答哩麻固什:《金轮千辐》，乔吉校注，内蒙古人民出版社，1987年，第207～209页。

③ 《清太宗实录》，天聪元年丁卯，秋七月己巳条。

④ 中国第一历史档案馆藏《蒙文老档》，全宗号1，蒙60，第66～70页。

⑤ 《满文老档》，天聪四年三月初一条。

翁牛特部 系成吉思汗三弟合赤温后裔所属，从北元时期"察罕土绵"万户演变而来。蒙元时期，合赤温子按赤台后王分属领地位于兀鲁灰河和合兰真沙陀之境，南至忽卢忽儿河与弘吉剌部分地为邻，东至合剌温山。翁牛特，明译"罔流、冈留"，意为有王的属民。北元时期，成吉思汗诸弟后裔所属部落统称为翁牛特。16世纪中叶的察罕土绵由翁牛特 、哈喇车里克、伊苏特等三鄂托克构成，驻牧于兴安岭山阴之西拉木伦河上游以北一带，属"阿鲁蒙古"诸部之一。合赤温第十九世孙蒙克察罕诺颜有子二，长巴颜岱洪果尔诺颜占有翁牛特，次巴岱车臣诺颜领有哈喇车里克。天聪六年(1632年)，巴颜岱洪果尔诺颜孙逊杜棱济农为首的翁牛特部投附爱新国。崇德元年四月，盛京大会时，翁牛特部首领逊杜棱济农及其弟栋额尔德尼岱青、塔喇海寨桑、班第卫征和同族之哈喇车里克部巴岱车臣诺颜曾孙噶尔玛等前来参加。有清一代，哈喇车里克部融入到翁牛特右旗以外，翁牛特二旗中还有布里亚特、道鲁克、明噶特等姓氏的部众。

喀尔喀左翼 系外喀尔喀札萨克图汗部台吉衮布伊勒登部众。康熙三年(1664年)，札萨克图汗旺舒克为同族台吉额邻沁所戕，部众溃散。同年，衮布伊勒登率所部，越瀚海投附清朝。清廷赐喜峰口外察罕和硕图为其牧地，置喀尔喀左翼旗(先是外喀尔喀中内附者有土谢图汗部台吉本塔尔所属喀尔喀右翼，驻牧张家口外，隶乌兰察布盟。为了加以区别，称该旗为喀尔喀左翼旗。)，隶昭乌达盟。

1. **扎鲁特二旗** 天聪早期扎鲁特部内齐、色本等台吉躲避察哈尔投附爱新国，后多次随大军征战明朝。顺治五年(1648年)，清廷追封内齐为多罗贝勒，色本为多罗达尔汉贝勒，由内齐子尚嘉布掌扎鲁特部左翼，授札萨克多罗贝勒、色本子桑噶尔掌扎鲁特部右翼，授札萨克多罗达尔汉贝勒，皆诏世袭罔替，扎鲁特二旗由此产生。

扎鲁特左旗第一任札萨克多罗贝勒尚嘉布，从征明朔州等地。顺治十(1653年)年，卒。长子奇塔特袭职，十三年(1656年)，卒。子扎木布袭职，康熙十四年(1675年)，参加平定察哈尔布尔尼战争，二十九年(1680年)，卒。长子毕噜瓦袭职，雍正十二年(1734年)，卒。长子索诺木袭职，乾隆二十五年(1750年)，卒。同年，七子锡勒塔喇袭职，四十三年(1778年)，卒。长子衮布扎布袭职，四十八年(1783年)，卒。同年，长子德沁袭职，嘉庆二十三年(1881年)，卒。子布木色楞袭职，道光二十一年(1841年)，卒。同年，嗣子三音济尔噶勒袭职，同治五年(1866年)，弟达木林旺济勒袭职。同治八年(1869年)，嗣子林沁诺依鲁布袭职，成为该旗末代札萨克多罗贝勒。旗贵族中还有一镇国公爵世袭到清末。

扎鲁特左旗位于昭乌达盟最北端，牧地在阿噜昆都伦河和哈古勒河之源。旗西北一带是兴安岭支脉构成的高原山地，东南部逐次降低，境内的西喇木伦河流域为平原地带。哈古勒河源于旗府西北270里处，向东流入科尔沁界。额布尔昆都伦河源于旗府北200里处，东流，会阿噜昆都伦河。西喇木伦河从旗南部流过。旗地北接锡林郭勒盟乌珠穆沁左旗，南邻科尔沁左翼中旗，东部由北向东南斜伸，与科尔沁右翼中旗和科尔沁左翼中旗接壤，西同扎鲁特右旗毗连。札萨克驻齐齐灵花拖罗海山北(一说奇勒巴尔哈尔罕山南)，在喜峰口东北1100里。有佐领十六，额存谷10,153石。[①] 光绪三十一年(1905年)，清廷放垦该旗南部的西喇木伦河流域地区。三十四(1908年)年置开鲁县，管理扎鲁特左、右二旗南部垦地和阿鲁科尔沁旗垦地的一部分。[②] 县治开鲁成为当时内蒙古东部的蒙汉贸易市镇之一。

扎鲁特右旗第一任扎萨多罗达尔罕贝勒桑噶尔从征喀尔喀以

① 张穆:《蒙古游牧记》，卷3，同治祁氏刊本。

② 《光绪三十四年二月二十五日朱批会议政务处奏折》。

及明锦州、松山等地。康熙五年(1666年),卒。长子班达哩袭职,二十七年(1688年),卒。同年,长子毕里克图袭职,四十四年(1705年),卒。三子诺们拉拜袭职,四十七年(1708年),卒。同年,长子阿第沙袭职,乾隆二十九年(1764年),以罪削爵革职。同年,次子一等台吉古噜扎布袭职,乾隆三十五年(1770年),卒。三子衮楚克扎布袭职,三十九年(1774年),卒。同年,次子噶勒桑袭职,嘉庆七年(1802年),卒。长子干珠尔扎布袭职,道光七年(1827年),卒。同年,子色特尔袭职。咸丰四年(1854年),子诺尔布林沁袭职。同治七年(1868年),嗣子桑巴袭职,光绪二十六年(1900年),卒。二十八年(1902年),多布柴袭职,成为该旗末代札萨克多罗达尔罕贝勒。

扎鲁特右旗位于扎鲁特左旗之西,西喇木伦河横贯旗东南。阿里雅河源于旗北,西南流,入阿鲁科尔沁旗。布颜河从旗西北流向东南,纵横旗中部,旗地东接扎鲁特左旗,南与奈曼旗交界,西和阿鲁科尔沁旗为邻,北隔兴安岭和乌珠穆沁左旗相望。札萨克驻布颜河之东、图尔山之南,在喜峰口东北1,200里。有佐领十六,额存谷9,335石6斗。[①] 光绪三十一年(1905年),清放垦该旗东南部的西喇木伦河流域地区。三十四年(1908年)置开鲁县,管理扎鲁特左、右二旗南部垦地和阿鲁科尔沁旗垦地的一部分。

2. **巴林二旗** 巴林右旗系清廷实行“备指额驸”制的蒙古十三旗之一。该旗第一任札萨克色布腾是额布格岱洪巴图尔之孙。天聪二年(1627年),其父色特尔率巴林部诸台吉自科尔沁投附爱新国。从征明遵化、昌黎、大同,天聪六年(1641年)又从征察哈尔,寻卒。崇德八年(1643年),色布腾从征明锦州、松山等地,顺治元年(1644年),战山东,后参加追击苏尼特部腾机思等战事。顺治五年(1648年)二月,尚固伦淑惠公主,授固伦额驸。同年,清

① 张穆:《蒙古游牧记》,卷3,同治祁氏刊本。

廷封色布腾为札萨克辅国公，授巴林右旗札萨克，七年晋封多罗郡王，诏世袭罔替。故俗称该旗为巴林王旗或大巴林。康熙六年(1667 年)，卒。次年，次子鄂齐尔袭职，二十二年(1683 年)，卒。长子纳木达克袭职，二十九年(1690 年)，随大军征缴噶尔丹建功，四十二年(1703 年)，卒。明年，次弟和硕额附乌尔衮袭职，六十年(1721 年)，卒。长子，琳布袭职，雍正八年(1730 年)，以罪削爵革职。同年，乌尔衮次子固山贝子桑哩达晋封札萨克多罗郡王，成为该旗第六任札萨克，雍正十年(1732 年)，征战准格尔建功，授副盟长，乾隆十三年(1748 年)，卒。长子辅国公琳沁进爵袭职，十八年(1753 年)，授盟长，十九年，赐亲王品级，二十年，卒。次子巴图袭职，四十八年(1773 年)，赐亲王品级，嘉庆四年(1799 年)，卒。同年，长子索特纳木多尔济袭职，十四年(1809 年)，赐亲王品级，道光七年(1827 年)，卒。同年，孙那木济勒旺楚克袭职。同治九年(1870 年)，子阿勒玛斯巴咱尔袭职，同治十三年(1874 年)，兄额奇木巴雅尔袭职，光绪十六年(1880 年)，卒。十七年，子扎噶尔袭职，成为该旗末代札萨克多罗郡王。有清一代，该旗另有闲散辅国公爵诏世袭罔替到清末。札萨克驻托灰山，在古北口东北 780 里。有佐领 26，额存谷 10,385 石 8 斗。①

巴林左旗第一任札萨克固山贝子满珠习礼系巴林郡王色布腾从弟。天聪二年(1628 年)从科尔沁地率部来投，天聪八年(1634 年)从征明独石口、保安、应州、连山等地，崇德年间，随征朝鲜、外喀尔喀，顺治五年(1648 年)，受封固山贝子，诏世袭罔替，康熙十一年(1772 年)，卒。长子乌尔占袭职，四十五年，卒。长子鄂齐尔桑袭职，五十八年，卒。同年，长子巴特玛袭职，乾隆三年(1738 年)，卒。长子诺们额尔赫图袭职，八年，卒。同年，次弟达色袭职，十二年，卒。其长子萨木丕勒多尔济袭职，五十三年(1788 年)，

① 张穆：《蒙古游牧记》，卷 3，同治祁氏刊本。

卒。明年，长子多尔济帕拉木袭职，道光十年（1830 年），卒。同年，长子噶尔玛什第袭职，十八年（1838 年），卒。弟多尔济萨木鲁布袭职，咸丰七年（1857 年），嗣子毕奇那逊袭职。同年，嗣子堆英固尔扎布袭职，光绪二十九年（1893 年），卒。同年，邑丹那木扎勒旺保袭职，成为该旗末代札萨克固山贝子。因旗札萨克爵为固山贝子，故俗称该旗为巴林贝子旗或小巴林。有清一代，本旗另有闲散固山贝子爵诏世袭罔替到清末。札萨克驻阿察图拖罗海，有佐领 16，额存谷 2,815 石 7 斗。[①]

巴林二旗位于兴安岭东麓，西喇木伦河北岸。北部近兴安岭地带属高山丘陵区，东南部偏低，到西喇木伦河流域，形成平原。喀喇木伦河源于二旗北部，西南流，至噶齐克图站，又折向东南流，会戈尔戈台河，注入西喇木伦河。乌尔图绰农河源于二旗东北，东南流，会布雅鼐河，又东流，入阿鲁科尔沁旗界。二旗旗地东接阿鲁科尔沁旗，西接克什克腾旗，南和翁牛特左旗交界，北隔兴安岭主脉与乌珠穆沁右旗接壤。光绪三十一年（1905 年），清政府放垦巴林左右二旗喀喇木伦河西北的 8,600 顷土地。[②] 光绪三十四年（1908 年），设林西县，管理巴林左、右二旗西部垦地和克什克腾旗东部垦地的一部分。[③] 县境东西约 200 余里，南北约 60 余里。县治林西，西临经棚，南近乌丹、赤峰，遂成为清末东蒙古贸易市镇之一。

3. **克什克腾旗** 顺治九年（1652 年）设。该旗第一任札萨克索诺木系达延汗第六子斡齐尔博罗特曾孙，祖父沙喇勒达，号墨尔根诺颜。沙喇勒达之子达尔玛有子三，长索诺木，次巴本，次图垒。天聪八年（1634 年），率所部诸台吉投附爱新国。顺治九年（1652

---

① 张穆：《蒙古游牧记》，卷 3，同治祁氏刊本。

② 《程德全奏时机危迫亟宜开通各蒙折》，光绪三十一年十一月。

③ 《光绪三十四年二月二十五日朱批会议政务处奏折》。

年),诏所部编为一旗,以索诺木领之,授札萨克一等台吉,诏世袭罔替。顺治十三年,卒,长子玛纳瑚袭职,为第二任札萨克,康熙十年(1671年),卒。同年,长子阿玉什袭职,康熙三十四年(1695年),卒。同年,长子齐巴克扎布袭职,乾隆三十六年(1771年),以罪革职。长子囊济特扎布袭职,乾隆四十六年,卒。同年,长子根敦达尔扎袭职,五十七年,以罪革职。其明年,长子旺楚克喇布坦袭职,道光二年(1822年),卒。同年,子弼玛拉吉尔第袭职。光绪元年(1875年),子棍布栋鲁布袭职。光绪二十一年(1895年),嗣子那木济勒袭职,三十二年,卒。其明年,嗣子伯克济雅袭职成为该旗末代札萨克一等台吉。札萨克驻吉拉巴斯峰(一说空格尔河),在古北口东北570里,有佐领10,额存谷1036石7斗。[①]

克什克腾旗位于兴安岭西侧,东部山丘连绵,沟壑纵横;西拉木伦河以北为兴安岭南端山地,以南为阴山支脉的七老图丘陵区,旗西南有乌兰布通峰,西北有达赉诺尔。西拉木伦河发源于本旗西南。旗地东邻巴林右旗和翁牛特左旗,南接翁牛特右旗和热河围场,西至正蓝旗察哈尔,北接锡林郭勒盟浩齐特左旗和乌珠穆沁右旗。雍正、乾隆年代始,因汉族农民不断涌入,境内大量牧场被开垦。道光五年(1825年),清廷在该旗东南垦地白岔地方置巡检司,隶多伦诺尔直隶厅。光绪十年(1884年)移至经棚。[②] 光绪三十四年(1908年),清廷把克什克腾旗东部垦地的一部分划出,并入林西县。

4. **敖汉旗** 崇德元年(1636年)设,系清廷实行"备指额驸"制的蒙古十三旗之一。该旗第一任札萨克班第为敖汉部祖秃章都喇儿曾孙,秃章都喇儿子岱青杜棱有子二,长索诺木杜棱,次塞臣卓哩克图。班第即塞臣卓哩克图之子。天聪元年(1627),索诺木杜

① 张穆:《蒙古游牧记》,卷3,同治祁氏刊本。

② 《经棚县志》,卷2,《建制》。

棱与塞臣卓哩克图投附爱新国。爱新国划开原地，令索诺木杜棱驻牧，塞臣卓哩克图管理该部原游牧地。不久，因索诺木杜棱私猎盛京围场，仍令其撤回原游牧地，收回开原地。天聪三年(1629年)，班第娶固伦公主，授为固伦额驸。崇德元年，清把班第所属部众编为一旗，授班第为札萨克多罗郡王，诏世袭罔替，故俗称该旗为札萨克王旗。班第从征明济南、松山、锦州，随征朝鲜、喀尔喀札萨克图汗和苏尼特部腾机思王。顺治四年(1647年)，卒。长子墨尔根巴图鲁温布袭职，康熙十年(1671年)，卒。长子扎木素袭职，尚郡主，授多罗额驸，从征布尔尼和噶尔丹，康熙四十七年(1708年)，卒。同年，长子垂木丕勒袭职，乾隆十五年(1750年)，卒。长子垂济喇什袭职，三十三年(1768年)，卒。同年，长子巴特玛喇什袭职，三十八年(1773年)，卒。长子巴勒丹袭职，四十七年(1782年)，卒。明年，子德亲袭职，嘉庆五年(1800年)，以罪削。长子德济特袭职，十七年(1812年)，卒。明年，族弟达尔玛吉尔第袭职。道光二十九年(1849年)，子达旺多克丹袭职。同治十二年(1873年)，子色丹诺尔多克袭职。光绪五年(1879年)，子达木林达尔达克袭职，二十四年(1898年)，以罪革职，二十七年(1901年)，卒。光绪二十四年(1898年)，勒恩扎勒诺尔赞袭札萨克，二十八年(1902年)，袭郡王爵，三十一年(1905年)，遇害。后棍布扎布袭职成为该旗末代札萨克多罗郡王。有清一代，该旗另有闲散多罗郡王一，多罗贝勒一，固山贝子一。札萨克驻古尔班图勒噶山(汉名鼎足山)，一说在温克图什勒格，有佐领55，额存谷21344石2斗。[1] 至宣统三年(1911年)，清廷又在该旗境内增设一旗，由闲散多罗郡王索诺木杜棱后裔色凌端鲁布为札萨克多罗郡王。原敖汉旗称为敖汉左旗，新增旗为敖汉右旗。[2] 二旗以老哈河为界。

---

① 张穆：《蒙古游牧记》，卷3，同治祁氏刊本。

② 《宣统政纪》，卷53。

敖汉旗地跨老哈河，南部系黄土丘陵沟壑区，中部为黄土丘陵区，北部属平原区。老哈河从南向北流经旗西部，沿岸形成河谷平原地带。旗地东接奈曼旗，南接土默特右旗，西与喀喇沁右旗及翁牛特右旗交界，北和翁牛特左旗接壤。清雍正、乾隆年代始，汉族流民不断涌入，境内大量牧场被开垦，农区村落星罗棋布。光绪十七年(1891年)，汉族移民煽动的"金丹道"教匪始发于该旗，失去土地的敖汉旗蒙民屡屡迁居哲里木盟各旗。光绪二十九年(1903年)，清廷把该旗东南部分垦地划出，并入建平县，县治设在本旗南部的新邱。①

5. **奈曼旗**　崇德元年设，也是清廷实行"备指额驸"制的蒙古十三旗之一，是从古老的奈曼部落演变而来。天聪元年(1627年)，奈曼部著名首领额森伟征之子衮楚克巴图鲁台吉为躲避察哈尔林丹汗，偕从子鄂齐尔率所部投附爱新国。天聪二年，随征察哈尔有功，赐号达尔汉。崇德元年(1636年)，所属24鄂托克编为一旗，衮楚克巴图鲁授封札萨克多罗达尔汉郡王，诏世袭罔替，成为该旗第一任札萨克，后从征瓦尔喀、喀尔喀札萨克图汗，征明济南、松山、锦州，追击苏尼特部腾机思王。顺治十年(1653年)，卒。次子阿罕袭职，顺治十六年，以罪削爵革职。其明年，衮楚克第三子扎木三袭爵，成为第三任札萨克。康熙十四年(1675年)以迎合察哈尔布尔尼之罪，削爵革职，剥夺所属人户。同年，衮楚克长孙鄂齐尔(和硕额驸巴达礼长子)袭多罗达尔罕郡王，二十六年(1687年)，卒。明(次)年，其六子班第袭职爵，四十六年(1707年)，卒。同年，长子吹忠袭职爵，五十九年(1720年)，以罪削爵革职。弟阿咱拉袭职爵，乾隆二十二年(1757年)，卒。同年，长子拉旺喇布丹袭职爵，四十九年(1884年)，诏世袭罔替，嘉庆八年(1803年)，卒。次子巴勒楚克袭职，十四年(1809年)，卒。二十四年(1819年)，子

① 《清德宗实录》，卷514。

阿宛都瓦第扎布袭职。道光二十八年(1848年),子德木楚克扎布袭职,同治四年(1865年)赐亲王衔。同治五年,嗣子萨噶拉袭郡王。同治八年(1869年),子玛什巴图尔袭职,光绪三十一年(1905年),卒。同年,子苏珠克巴图尔袭职,成为该旗末代札萨克多罗达尔罕郡王。札萨克驻彰武台(一说库赖),在喜峰口东北700里,有佐领50,额存谷18,370石1斗。①

奈曼旗位于西拉木伦河与老哈河合流处南岸。南部为低山丘陵,北部属冲积平原。老哈河在札萨克驻地北100里处自敖汉旗流入境,东北流,入喀尔喀左翼旗。旗地东接喀尔喀左翼旗,南接土默特右旗,西至敖汉旗,北到翁牛特左旗界。清雍正、乾隆年代始,因汉族农民不断涌入,境内大量牧场被开垦。乾隆四十三年(1778年),清廷设赤峰县,兼辖翁牛特、巴林、奈曼等旗满汉商民。② 光绪十一年(1885年),清廷又把奈曼旗南部的部分土地出放,招民开垦。③ 光绪三十四年(1908年),清政府划出该旗东南部和阜新县北境以及喀尔喀左翼旗、锡勒图库伦喇嘛旗的部分垦地,增设绥东县。④

6. **阿鲁科尔沁旗**　崇德元年设。该旗第一任札萨克穆彰为阿鲁科尔沁部首领达赉楚瑚尔之子。天聪四年,与其父率部投附爱新国。天聪八年,编所部为二旗,达赉、穆彰父子各领一旗,同在一处游牧。崇德元年(1636年),清查阿鲁科尔沁部户口、壮丁、牛录时,穆彰所属有1,000户、20牛录,达赉所属有800户、16牛录,其他诸小台吉所属有1,200户、24牛录,共计3,000户、60牛录。⑤ 同年,因达赉年暮嗜酒,削其所领旗,与穆彰所领旗合为一

① 张穆:《蒙古游牧记》,卷3,同治祁氏刊本。

② 《清高宗实录》,卷959。

③ 《清德宗实录》,卷220。

④ 《光绪三十四年二月十五日朱批会议政务处奏折》。

⑤ 《满文老档》,崇德元年十一月初六日。

旗，由穆彰领之。穆彰从征察哈尔、瓦尔喀、朝鲜，参加征明大同、山东、松山等役。崇德七年（1642 年），尚郡主，授和硕额驸。顺治元年（1644 年），被封为札萨克固山贝子。顺治四年（1647 年），卒。其明年追封多罗贝勒，诏世袭罔替，其长子珠勒扎干袭多罗贝勒。顺治八年（1651 年），晋封多罗郡王。康熙十七年（1678 年），卒。长子色棱袭职爵，尚郡主，授和硕额驸，康熙二十七年（1688 年），以耽酒削爵。其弟楚依降袭多罗贝勒爵。康熙三十年，力战噶尔丹立功，晋封多罗郡王，康熙四十三年（1704 年），卒。长子穆宁降袭多罗贝勒爵，四十六年，卒。四十八年，色棱次子旺扎勒袭职爵，雍正五年（1727 年），卒。同年，长子达克丹袭职爵，乾隆五十一年（1786 年），卒。长子阿尔达什第袭职爵，嘉庆五年（1800 年），卒。长子多尔济帕拉木袭职爵，二十一年（1816 年），卒。同年，子丹锦巴勒桑袭职爵，道光十一年（1831 年），卒。弟扎木扬旺舒克袭职爵，二十四年（1844 年），卒。同年，子拉什仲乃袭职爵。同治六年（1867 年），子巴咱尔吉里第袭职爵。后旺沁帕尔赉袭多罗贝勒爵，成为该旗末代札萨克。札萨克驻珲图尔山之东的托果木台，在古北口东北 1,100 里。有佐领 50，额存谷 17,542 石 1 斗。[①]

阿鲁科尔沁旗位于西拉木伦河之北。西北部属兴安岭支脉构成的山地丘陵，东南偏低。奇哈尔（又作哈喜尔、哈黑尔）河从旗西北的山地发源，东南流，在东南端与同一流向的敖木伦河合流，注入达布苏图河。阿里雅河从扎鲁特右旗流入旗东北，注入哈奇尔河。旗地东接扎鲁特右旗，南接翁牛特左旗，西接巴林左、右二旗，北接乌珠穆沁右旗。光绪三十一年（1905 年），清廷放垦该旗境内的西拉木伦河沿岸地区。光绪三十四年（1908 年），又把旗东南部

---

① 张穆：《蒙古游牧记》，卷 3，同治祁氏刊本。

这部分垦地并入开鲁县。①

7. **翁牛特二旗** 天聪六年(1632年),翁牛特部祖巴颜岱洪果尔曾孙逊杜棱同栋额尔德尼率所部投附爱新国。崇德元年(1636年),编为左、右二旗。逊杜棱为札萨克多罗都棱郡王,掌右旗,栋额尔德尼为札萨克多罗达尔汉岱青,领左旗。

翁牛特右旗是清廷实行"备指额驸"制的蒙古十三旗之一。该旗第一任札萨克逊杜棱在"阿鲁蒙古"诸部首领中地位显赫,号称"济农"。从征察哈尔、大同等地。崇德元年,其所属700户25鄂托克和噶尔玛所属喀喇车力克9牛录②编为一旗,建立翁牛特右旗。逊杜陵授札萨克多罗杜棱郡王,诏世袭罔替,领该旗札萨克,顺治二年(1645年),卒。孙博多和(其父衮布扎布先卒)袭职,尚郡主,授多罗额驸。顺治十七年(1660年),卒。有子二,长毕里衮达赉袭职,次子鄂齐尔授固山贝子。康熙三十一年(1692年),毕里衮达赉卒,其次子苍津(原名班第)袭职,尚和硕温恪公主,授和硕额驸,雍正五年(1727年),以罪削爵。其叔父固山贝子鄂齐尔袭职爵,十一年,卒。同年,次子罗卜藏袭职,乾隆二年(1737年),卒。次年,长子齐旺袭职,寻卒。乾隆三年,长子布达扎布袭职,四十二年(1777年),卒。同年,长子旺舒克袭职,六十年(1795年),因病罢职爵。同年,长子包道尔济袭职爵,嘉庆十一年(1806年),卒。子喇特那济尔迪袭职。咸丰八年(1858年),子布尔那巴达拉袭职。同治元年(1862年),嗣子赞巴勒诺尔布袭职,成为该旗末代札萨克。有清一代,该旗另有闲散固山贝子一,辅国公一诏世袭罔替。札萨克驻英什尔哈齐特呼郎(一说库里雅图),在古北口东北680里。有佐领20,额存谷10,385石8斗。

---

① 《光绪三十四年二月二十五日朱批会议政务处奏折》。《满文老档》崇德元年二月初二日;中国第一历史档案馆馆藏《蒙文老档》全宗号1,蒙60。

② 张穆:《蒙古游牧记》,卷3,同治祁氏刊本。

翁牛特右旗位于热河围场东北，老哈河南岸。西部有七老图山脉，地形较高，东部渐次降低。西白河在旗札萨克驻地南 80 里自喀喇沁流入境，东北流，会獐河。獐河在旗西南自喀喇沁西北流入，东北流，会英金河。英金河在旗西北流入，东南流，合獐河诸水，东入老哈河。卓索河在旗北，东流，入獐河。旗地东接敖汉旗，南接喀喇沁右旗，西与热河围场交界，北与克什克腾及翁牛特左旗相邻。清雍正、乾隆年代始，因汉族农民不断涌入，境内大量牧场被开垦。乾隆二十七年(1762 年)，被汉人隐占的土地就达 1,000 余顷。[①] 乾隆三十九年(1774 年)，清政府在该旗境内的乌兰哈达地方设乌兰哈达直隶厅，管理昭乌达盟部分蒙旗垦地和蒙汉商民事务。四十三年(1778 年)改为赤峰县。从此，该旗旗地大大缩小。

翁牛特左旗第一任札萨克栋额尔德尼岱青为逊杜棱之弟。天聪六年(1632 年)，率所部投附爱新国。从征察哈尔、明大同。崇德元年(1636 年)，其所属 1830 户 34 鄂托克编为一旗，[②]栋额尔德尼赐号多罗达尔汉岱青，诏世袭罔替，获该旗札萨克，顺治五年(1648 年)，卒。长子肯特尔袭职，顺治十一年(1654 年)，卒。其弟叟塞袭职，十八年(1661 年)，晋封多罗达尔汉岱青贝勒，康熙二十二年(1683 年)，卒。同年，长子额麟臣袭多罗达尔罕岱青贝勒爵，二十六年，卒。同年，长子额勒德布鄂齐尔袭职爵，雍正八年，以病罢。长子朋素克袭职爵，乾隆三十一年(1766 年)，卒。同年，长子诺尔布扎木素袭职爵，四十六年，卒。同年，长子济克济扎布袭职爵，嘉庆二年(1797 年)，卒。次子达玛琳扎布袭职爵，道光元年(1821 年)，病罢。同年，子孟克济雅袭职爵，十一年，卒。同年，

① 《承德府志》，卷首二，《诏谕》。

② 《满文老档》，崇德元年二月初二日；中国第一历史档案馆馆藏《蒙文老档》全宗号 1，蒙 60。

子宝拜袭职爵。光绪元年(1875 年),子德木楚克苏隆袭职爵,二十年,卒。明年,子花连袭职爵,成为该旗末代札萨克多罗达尔罕杜陵贝勒。札萨克驻扎喇峰西朝克温都尔,在古北口东北 520 里。有佐领 38,额存谷 19,719 石 6 斗。[①]

翁牛特左旗位于西拉木伦河与老哈河之间。西部是七老图山脉与大兴安岭支脉汇接处形成的台地,中部为起伏平缓、山川交错的丘陵区,东部在老哈河与西拉木伦河汇合处,有两河冲击而形成的平原。老哈河在旗札萨克驻地东南 100 里处自敖汉旗流入,东北流,会西拉木伦河。西拉木伦河在旗札萨克驻地北 40 里处,自克什克腾旗流入境,沿旗北部东北流入阿鲁科尔沁界。昭乌达盟的会盟地点—昭乌达就在该旗境内的西拉木伦河和老哈河汇处。旗地北与巴林二旗交界,南与翁牛特右旗及敖汉旗接壤,西和克什克腾旗相连,东与阿鲁科尔沁旗和奈曼旗相界。乾隆三十九(1774 年)年,清廷在乌兰哈达地方设乌兰哈达直隶厅以后,把该旗境内的宝勒浩特(乌丹)等地划出,并入乌兰哈达直隶厅管辖。

8. **喀尔喀左翼旗** 康熙三年(1664 年)设。该旗第一任札萨克衮布伊勒登系外喀尔喀札萨克图汗祖巴延达喇弟图扪达喇岱青之子硕垒乌把什珲台吉第三子。康熙三年(1664 年)躲避喀尔喀内乱,南下依附大清朝,被封为札萨克多罗贝勒,诏世袭罔替。其属民编为一旗,衮布伊勒登成为该旗第一任札萨克,康熙二十一年(1683 年),卒。长子罗卜藏袭职,康熙四十六年(1707 年),卒。其长子淮对袭职,五十八年(1719 年),卒。同年,长子噶勒桑袭职,乾隆二十四年(1759 年),卒。同年,三子阿裕尔袭职,嘉庆元年(1796 年),孙那穆赉扎布袭职,二十年(1815 年),卒。弟班咱什哩袭职,是年,卒。同年,侄沙克都尔扎布(那穆赉扎布之子)袭职,道光十年(1830 年)被害。同年,族侄巴彦巴图尔袭职。同治九年

① 张穆:《蒙古游牧记》,卷 3,同治祁氏刊本。

(1870 年),子堆固尔苏隆袭职,光绪十六年(1890 年),卒。同年,布林满都呼袭职。光绪二十三年(1897),鲁勒木色棱袭职,成为该旗末代札萨克多罗贝勒。札萨克驻察罕和硕图,在喜峰口东北 840 里。有佐领 1。①

喀尔喀左翼旗位于昭乌达盟东南部。养息牧河发源于该旗札萨克驻地南 30 里,东北流,经喀海拖罗海山,向东南折流,会库昆河。库昆河在旗札萨克驻地南 60 里,东流入土默特左旗。旗地域东起科尔沁左翼前旗界,西抵奈曼旗界,南起土默特左旗,北抵扎鲁特界。光绪三十四年(1908 年),清政府把该旗境内的部分垦地并入新增设的绥东县。②

(四)锡林郭勒盟

地理位置:锡林郭勒盟位于兴安岭西北部,大约在东经 111°到 120°,北纬 42°到 47°30′之间。东起索伦及哲里木盟西北界,西至乌兰察布盟界,北与外札萨克喀尔喀蒙古车臣汗部接壤,南同察哈尔八旗及昭乌达盟西北的巴林、克什克腾等旗毗连。清崇德至康熙年间,把投附的蒙古乌珠穆沁、浩齐特、苏尼特、阿巴噶、阿巴哈纳尔五部陆续编成 10 个札萨克旗,会盟于阿巴噶左旗境内的锡林郭勒河畔,称作锡林郭勒盟。

诸部源流:清代锡林郭勒盟五部由北元时期蒙古大汗直辖的察哈尔万户主要组成部分乌珠穆沁、浩齐特、苏尼特鄂托克和成吉思汗之弟别里古台家族统治为核心的伊克土绵万户主要组成部分阿巴噶和阿巴哈纳尔鄂托克构成。

乌珠穆沁部　系北元时期察哈尔万户诸鄂托克之一。蒙古博迪(明译卜赤)阿拉克汗三子翁衮都喇尔(明译汪兀都喇、王文打

① 张穆:《蒙古游牧记》,卷 3,同治祁氏刊本。

② 《光绪三十四年二月十五日朱批会议政务处奏折》。

来)领有乌珠穆沁、额尔合古特、老斯沁等鄂托克。[1] 16世纪中后期,翁衮都喇尔曾与图门汗一道,屡掠明蓟、辽边境。当时的乌珠穆沁鄂托克游牧地在西拉木伦河以北,即清代乌珠穆沁左、右二旗的位置更靠北一些,与浩齐特、苏尼特等鄂托克一起成为阿鲁(山阴)察哈尔的主要组成部分。翁衮都喇尔有子六,长朝克图(伊若呼)巴图尔,次白赛冰图,次巴雅斯哈勒额尔德尼,次纳延泰伊勒登,次章吉达尔汉,次多尔济车臣济农。爱新国天聪年间,多尔济车臣济农和朝克图巴图尔之子色棱额尔德尼等惧林丹汗征讨,率所部避往外喀尔喀车臣汗部。崇德二年(1637年),多尔济车臣济农和色棱额尔德尼率该部自克鲁伦河南下,投附清朝。

浩齐特(明译好陈察罕儿)部系北元时期察哈尔万户诸鄂托克之一。蒙古博迪阿拉克汗长子打来孙库登汗领有浩济特鄂托克。16世纪中后期,打来孙库登汗第二子忠图(明译庄兔或大委正)都喇勒占有该部,[2]曾辅佐图门汗。当时该部驻牧于西拉木伦河以北,即清代浩济特左、右二旗一带,与乌珠穆沁、苏尼特等鄂托克一起成为阿鲁察哈尔的主要组成部分。忠图都喇勒之子德格类额尔德尼珲台吉有子五,长奇塔特扎干都棱土谢图,次巴斯俸土谢图,次策棱伊勒登土谢图,次奇塔特昆都棱额尔德尼车臣楚瑚尔,次茂海墨尔根。爱新国天聪年间,惧林丹汗征讨,率所部避往外喀尔喀车臣汗部。天聪八年(1634年),该部部分台吉携户口驼马,自外喀尔喀车臣汗部投附爱新国。天聪九年(1635年),策棱伊勒登土谢图来贡。崇德元年(1636年),巴斯俸土谢图来贡。崇德二年(1637年),奇塔特昆都棱额尔德尼车臣楚瑚尔之子博罗特率所属部众,自外喀尔喀车臣汗部投附清朝。顺治八年(1641年),奇塔特扎干都棱土谢图之子噶尔玛色旺携众自外喀尔喀车臣汗部投附

① 答哩麻固什:《金轮千辐》,内蒙古人民出版社,1987年,第204页。

② 答哩麻固什:《金轮千辐》,内蒙古人民出版社,1987年,第206页。

清朝。

苏尼特(元译雪尼惕)部系蒙古古老的部落之一,成吉思汗第六世祖海都有子三,长伯升豁儿多黑申,次察喇孩领忽,次抄真斡儿帖该。抄真斡儿帖该第四子雪尼惕所属部众成为后来的苏尼特部先民。北元时期该部成为察哈尔万户诸鄂托克之一。蒙古博迪阿拉克汗次子库克齐图墨尔根领有苏尼特鄂托克。① 16世纪中后期驻牧于西拉木伦河以北,即清代苏尼特左、右二旗的位置更靠北一些,与浩齐特、乌珠穆沁等鄂托克一起成为阿鲁(山阴)察哈尔的主要组成部分。库克齐图墨尔根有子四,长布延珲台吉,次贝玛墨尔根伊勒都齐,次布延泰车臣贝哩桌哩克图,次布尔海楚瑚尔。其中,布延珲台吉及其子绰尔衮游牧于苏尼特部右翼,布尔海楚瑚尔及其子塔巴海达尔汉和硕齐游牧于苏尼特部左翼。爱新国天聪年间,绰尔衮和塔巴海达尔汉和硕齐等惧林丹汗征讨,率所部避往外喀尔喀车臣汗部。天聪九年(1635年),绰尔衮之子叟塞遣使于爱新国。崇德二年(1637年),塔巴海达尔汉和硕齐之子腾机思、腾机特等各遣使于清朝。崇德四年(1639年),腾机思、叟塞各率所部自外喀尔喀车臣汗部投附清朝。

阿巴噶、阿巴哈纳尔部系成吉思汗之弟别里古台家族统治为核心的北元时期伊克土绵万户主要组成部分。阿巴噶意为叔父,阿巴哈纳尔为叔父之复数,意为叔父们。成吉思汗诸弟及其后裔对蒙古大汗为首的黄金家族有着叔父辈分,故北元时期他们的所属部落被统称为阿巴噶。又因成吉思汗建立大蒙古国后,别里古台家族分得1,500户属民,驻牧于克鲁伦河流域。有元一代,别里古台后裔被封为广宁王,成为元代东道诸王之一,地位显赫。15世纪中叶,别里古台后裔统治为核心的翁牛特部已发展成为伊克土绵万户。别里古台第十四世孙广宁王毛里海一度控制北元蒙古

① 答哩麻固什:《金轮千辐》,内蒙古人民出版社,1987年,第204页。

汗廷，称霸东蒙古。毛里海子斡赤赉札萨克图曾辅佐达延汗。

斡赤赉札萨克图之孙巴雅斯瑚布尔古特有子二，长诺密特默克图，次塔尔尼库同。16世纪中后期，诺密特默克图于漠北称小汗，与从子素僧克伟征（塔尔尼库同长子）一同占有伊克土绵万户。随着格埒森扎子孙势力在漠北地区的渗透，别里古台家族的地位逐渐降低。1582年，诺密特默克图汗之妻赛音珠拉率所属阿巴噶部迁移至游牧于外喀尔喀右翼的女婿乌特给伊勒都齐之处。其中，素僧克伟征之子图默泰（额尔德尼图门）等未久留此地，于15年返回故里。[①] 图默泰和布达什哩父子相继承袭原别里古台嫡系拥有的札萨克图称号，代替诺密特默克图汗嫡系，占有伊克土绵万户的多数部众，被称作阿巴噶部。而西迁的阿巴噶部众趁17世纪60年代发生的外喀尔喀右翼内乱，才重返克鲁伦河流域，因附牧于阿巴噶部，被称作阿巴哈纳尔。

17世纪上半叶，阿巴噶、阿巴哈纳尔部成为阿鲁蒙古诸部重要组成部分。天聪二年（1628年），阿巴噶部诸台吉曾与喀喇沁—土默特联军一起夹击林丹汗。[②] 天聪三年（1629年），布达什哩札萨克图之子阿巴噶部都思噶尔巴图尔济农遣使贡马于爱新国。从此，双方遣使往来不断。崇德元年（1636年）册封的《崇德五宫》中，西首麟趾宫主贵妃系阿鲁伊克土绵部扬古岱桌哩克图（塔尔尼库同次子）子多尔济额齐格诺颜之女，东次衍庆宫侧福晋淑妃为阿鲁伊克土绵部塔布囊布达赛之女。[③] 天聪六年（1632年）至康熙五年（1666年）之间，阿巴噶、阿巴哈纳尔部诸台吉先后率所部自克鲁伦河南下至锡林郭勒草原，投附清朝。

---

① 中国第一历史档案馆馆藏蒙古文档案。

② 李保文整理：《有关17世纪上半期的蒙古文文书》，内蒙古少年儿童出版社，1997年，第145页。

③ 《满文老档》崇德元年七月；《清史稿》，卷214。

1. **乌珠穆沁左、右二旗** 乌珠穆沁右旗设于崇德六年(1641年),俗称西乌珠穆沁。该旗第一任札萨克多尔济车臣济农系乌珠穆沁部祖翁衮都喇尔第六子,天聪九年(1635年)表贡方物,崇德元年(1636年)开始贡使不绝。崇德二年(1637年),率所部自克鲁伦河投附清朝。崇德三年(1638年),从征喀尔喀。崇德六年(1641年),所部遍为一旗,多尔济车臣济农授札萨克和硕车臣亲王,诏世袭罔替。顺治三年(1646年),卒。其孙察罕巴拜袭职,顺治十四年(1657年),卒。明年,次子素达尼袭职,康熙二十九年(1690年),卒。次年,长子色登敦多布袭职,雍正十一年(1733年),卒。长子阿喇布坦纳木扎勒职,乾隆十三年(1748年),以病罢职爵。长子朋素克喇布坦袭职,四十四年,卒。长子玛哈索哈袭职,五十五年,卒。长子巴勒珠尔喇布斋袭职,嘉庆十九年(1814年),卒。长子多尔济济克默特那木济勒袭职,道光十四年(1834年),卒。子朋素克那木济勒袭职,光绪十年(1884年),卒。孙阿勒坦呼雅克图袭职。光绪二十四年(1898年),子索特那木喇普坦袭和硕车臣亲王爵,成为该旗末代札萨克。札萨克驻巴克苏尔哈台山(一说巴彦鄂博图),在古北口东北923里。有佐领21。[①] 有清一代,该旗另有闲散世袭辅国公二。乌珠穆沁右旗位于大兴安岭西北部,旗东南部为大兴安岭支脉构成的山地,北部和西部系坦荡的波状平原。旗地东接乌珠穆沁左旗,西接浩齐特左旗,南与巴林及克什克腾交界,北与外喀尔喀车臣汗部接壤。

乌珠穆沁左旗设于顺治三年(1646年),俗称东乌珠穆沁。该旗第一任札萨克多罗额尔德尼贝勒色棱系乌珠穆沁部祖翁衮都喇尔长子朝克图巴图尔之子。崇德二年(1637年),率部投附清朝。顺治三年(1646年),所部编为一旗,色棱授札萨克多罗额尔德尼贝勒,诏世袭罔替。康熙十年(1671年),卒。次子额尔克奇塔特

---

① 张穆:《蒙古游牧记》,卷四,同治祁氏刊本。

子茂里海袭职,二十年,卒。长子鄂齐尔图袭职,二十七年(1688年),卒。弟博木布袭职,六十年(1721年),卒。长子,车布登袭职,乾隆十八年(1753年),卒。长子达什衮布袭职,五十年,卒。明年,长子旺楚克袭职,嘉庆十六年(1811年),卒。孙图克济扎布袭职,道光五年(1825年),卒。子达克丹袭职,同治十年(1871年),赐郡王衔,诏袭三世,光绪三年(1877年),卒。子察克都尔色楞袭职,十年,卒。次年,子育勒济勒诺尔布袭职,十七年,卒。明年,近族济尔哈朗袭职。三十一年(1905年),子棍布苏伦袭札萨克多罗额尔德尼贝勒爵,成为该旗末代札萨克。札萨克驻乌尔虎河畔的魁苏拖罗海,在古北口东北1,160里。有佐领9。[1] 乌珠穆沁左旗位于锡林郭勒盟东北部。境内兴安岭支脉连绵起伏。下布图山以西为山地丘陵。乌尔虎河发源于旗东之索岳尔济山,南流入境,再折而向西。索岳尔济河在旗东北,西南流,亦入乌尔虎河。旗地东接索伦,南接扎鲁特和阿鲁科尔沁界,西和乌珠穆沁右旗接壤,北与外喀尔喀车臣汗部毗邻。

2. **浩齐特左、右二旗** 浩齐特左旗设于顺治三年(1646年),俗称东浩齐特。该旗第一任札萨克博罗特系浩齐特部台吉奇塔特昆都棱额尔德尼车臣楚瑚尔之子,崇德二年(1637年),率所部自外喀尔喀车臣汗部迁移漠南,投附爱新国。顺治三年(1646年),所部编为一旗,博罗特授札萨克多罗额尔德尼贝勒。顺治七年(1650年),晋封多罗郡王,诏世袭罔替。康熙十一年(1672年),卒。长子阿赖充袭职,二十五年,卒。长子达尔玛吉里第袭职,四十九年(1710年),卒。同年,长子阿嘎尼斯达袭职,雍正九年(1731年),卒。长子车凌喇布坦袭职,乾隆二年(1737年),卒。次子车布登巴勒珠尔袭职,三十一年,以病罢职爵。长子齐苏咙多尔济袭职,五十六年(1791年),卒。长子端多布多尔济袭职,嘉庆二

① 张穆:《蒙古游牧记》,卷四,同治祁氏刊本。

十二年(1817年),卒。子额林沁诺尔布袭职。道光十四年(1834年),弟吹精扎布袭职。咸丰九年(1859年),子喇特那巴咱尔袭职,光绪十八年(1892年),卒。子都昂多克僧格袭职,二十八年(1902年),卒。同年,色隆托济勒袭札萨克多罗郡王爵,成为该旗末代札萨克。札萨克驻特古力克呼图克湖钦(一说噶亥),在独石口东北690里。有佐领5。[①] 旗地横跨大、小吉里河,东与北接乌珠穆沁右旗,南邻克什克腾旗,西接浩齐特右旗。

浩齐特右旗设于顺治十年(1653年),俗称西浩齐特。该旗第一任札萨克噶尔玛色旺系浩齐特部台吉奇塔特扎干都棱土谢图之子。顺治八年(1651年),噶尔玛色旺与其弟班第墨尔根楚瑚尔率所部1,300余人,从外喀尔喀徙往漠南,投附清朝。顺治十年(1653年),所部编为一旗,噶尔玛色旺授札萨克多罗郡王,诏世袭罔替,康熙三年(1664年),卒。长子阿喇布坦袭职,十一年,卒。同年,长子车布登袭职,二十六年,卒。长子巴扎尔袭职,二十九年,卒。明年,次子雅木丕勒袭职,雍正十年(1732年),卒。长子巴特玛车凌袭职,乾隆三年(1738年),卒。从子丹津袭职,二十一年,卒。次子达什喇布坦袭职,四十二年(1777年),卒。同年,长子敏珠尔多尔济袭职,嘉庆九年(1804年),卒。弟贡楚克栋罗布袭职,道光九年(1829年),卒。子永隆珠尔默特袭职,十六年,缘事革札萨克职,留爵。次年,子济克登噶委章以一等台吉爵领札萨克,咸丰二年(1852年),晋封多罗郡王。光绪二年(1876年),弟贡噶旺济勒袭职,光绪十年(1884年),子桑达克多尔济袭札萨克多罗郡王爵,成为该旗末代札萨克。札萨克驻乌默黑塞里尔(一说巴彦恩克鄂勒虎陀落),在独石口东北685里。有佐领5。[②] 旗地位于锡林河下游,东接浩齐特左旗,南接阿巴噶左旗,北与外喀尔喀

① 张穆:《蒙古游牧记》,卷四,同治祁氏刊本。

② 张穆:《蒙古游牧记》,卷四,同治祁氏刊本。

车臣汗部交界，西与阿巴哈纳尔左旗毗邻。

3. **苏尼特左、右二旗** 苏尼特左旗设于崇德六年，俗称东苏尼特。该旗第一任札萨克腾机思系苏尼特部祖库克齐图曾孙塔尔巴海达尔汉之子。崇德四年（1639 年），率所部自外喀尔喀南迁，投附清朝。崇德六年（1641 年），所部编为一旗，腾机思被封为札萨克多罗墨尔根郡王，诏世袭罔替 ，尚郡主，授和硕额驸。顺治三年（1646 年），腾机思因与摄政王多尔衮有隙，率众北走，欲重归外喀尔喀车臣汗，兵败削爵，五年，悔罪南归，复郡王爵，寻卒。由其弟多罗贝勒腾机特袭札萨克多罗郡王爵，成为第二任了札萨克，康熙二年（1663 年），卒。其明年，由腾机思第四子萨穆扎袭职爵，尚郡主，授和硕额驸，康熙三十七年（1698 年），卒。同年，五子垂济恭苏咙袭职爵，雍正九年（1731 年），卒。明年，三子旺辰袭职爵，乾隆二十八年（1763），卒。长子车凌衮布袭职爵，三十二年，卒。同年，长子阿尔达什第袭职爵，四十六年，卒。明年，叔父额埒克津袭职爵，五十年，卒。次子巴勒珠尔雅喇木丕勒袭职爵，嘉庆二十五年（1820 年），卒。子齐旺扎布袭职爵，咸丰八年（1858 年），以病革札萨克职，留爵。子一等台吉扎迪布木领札萨克，十一年，晋封多罗郡王。光绪五年（1879 年），子绰克苏伦袭职爵，十四年，卒。十六年，嗣子棍布车林袭职爵，十八年，卒。同年，子玛克苏尔扎布袭札萨克多罗郡王爵，成为该旗末代札萨克。有清一代，该旗另有闲散多罗贝勒一，诏世袭罔替。札萨克驻和林图察伯台冈（一说察罕诺尔巴彦诺尔），在张家口北 570 里。有佐领 20。[1] 旗地位于锡林郭勒盟西部，旗中部和北部地势开阔，为坦荡的高原平原。地形南和北较高，中部偏低。位于旗东南部的库克察罕诺尔由努克黑忒河等三条河流汇集而成。努克黑忒河从正蓝旗察哈尔北流入境，经旗东南注入库克察罕诺尔。旗地东接阿巴噶右旗，南接镶白

① 张穆：《蒙古游牧记》，卷四，同治祁氏刊本。

旗察哈尔，西与苏尼特右旗接壤，北同外喀尔喀土谢图汗部毗连。

苏尼特右旗设于崇德七年(1642 年)，俗称西苏尼特。该旗第一任札萨克叟塞系绰尔衮之子。崇德四年(1639 年)，率所部从外喀尔喀移居漠南，投附清朝。崇德七年(1642 年)，所部编为一旗，叟塞授札萨克多罗杜棱郡王，诏世袭罔替。顺治三年，卒。其明年，次子沙希台袭爵，康熙九年(1670 年)，卒。长子恭格袭职，十二年，卒。长子老彰袭职，十四年，卒。同年，叔父阿玉什袭职，三十二年，卒。长子达尔扎布袭职，雍正七年(1729 年)，卒。长子旺青齐苏咙袭职，乾隆六年(1741 年)，卒。长子丹津车凌袭职，九年，卒。弟朗衮车凌袭职，十六年，卒。叔父车凌多尔济袭职，三十四年，以罪革职削爵。长子车凌衮布袭职爵，嘉庆七年(1802 年)，卒。同年，长子喇特那锡第袭职，道光六年(1825 年)，卒。同年，子布尔尼锡哩袭职。咸丰五年(1855 年)，子布达莽噶拉袭职。同治二年(1863 年)，子那木济勒旺楚克袭职，光绪三十四年(1908 年)，卒，同年，德穆楚克栋鲁普袭札萨克多罗杜棱郡王爵，成为该旗末代札萨克。有清一代，该旗另有闲散辅国公一，诏世袭罔替。札萨克驻萨敏锡勒山(一说阿勒塔图)，在张家口北 550 里。有佐领 20。[①] 旗地位于锡林郭勒盟西部，地势南高北低，北部为坦荡的高原平原，并有丘陵相间分布，南部多山。东接苏尼特左旗，南接正黄旗及镶黄旗察哈尔，西与四子部落旗接壤，北和外喀尔喀土谢图汗部交界。

4. **阿巴噶左、右二旗**　阿巴噶左旗设于顺治八年(1651 年)。该旗第一任札萨克都思噶尔巴图尔济农系阿巴噶部布达什哩札萨克图之长子。顺治八年(1651 年)，率所部从外喀尔喀车臣汗部移居锡林郭勒草原，投附清朝。同年所部编为一旗，都思噶尔巴图尔济农被封为札萨克多罗郡王，诏世袭罔替。顺治十年(1653 年)，

---

① 张穆:《蒙古游牧记》，卷四，同治祁氏刊本。

卒。明年,长子沙克沙僧格袭职,康熙二十四年(1685年),卒。二十六年,长子乌尔彰噶喇布袭职,五十三年,卒。长子巴特玛衮楚克袭职,六十一年,卒。雍正元年(1723年),长子索诺木喇布坦袭职,二十年,赐亲王品级,三十年,卒。明年,长子鼐布坦常忠袭郡王爵,四十八年,卒。次年,长子衮布扎布袭职,五十三年,卒。子嘛尼巴达拉袭职,道光五年(1825年),卒。子阿尔塔什迪袭职,同治元年(1862年),卒。同年,子瓦津达喇袭职,光绪七年(1881年),以病革职留爵。同年,子一等台吉扬桑领札萨克,八年,晋袭郡王爵,二十七年,赐亲王衔。后勒钦图布斋袭札萨克多罗郡王爵,成为该旗末代札萨克。有清一代,该旗另有闲散固山达尔汉贝子一,达尔汉辅国公一,诏世袭罔替。札萨克驻巴彦额伦(一说锡林河之西塔布桑山),在独石口东北550里。有佐领11。[①] 旗地环绕锡林河,东接浩齐特右旗,西邻阿巴哈纳尔右旗,南起正蓝旗察哈尔及克什克腾旗,北抵阿巴哈纳尔右旗及达里冈爱牧场。

阿巴噶右旗设于崇德六年(1641年),俗称小阿巴噶。该旗第一任札萨克多尔济额齐格诺颜系阿巴噶部扬古岱桌哩克图之子。崇德六年(1641年),率所部从外喀尔喀车臣汗部移居锡林郭勒草原,投附清朝。同年所部编为一旗,多尔济额齐格诺颜被封为札萨克多罗卓哩克图郡王,诏世袭罔替。顺治二年(1645年),卒。长子塞尔珍袭职,康熙八年(1669年),卒。长子德木伯勒袭职,十六年,卒。翌年,长子楚英袭职,三十年,卒。同年,长子色棱袭职,三十四年,卒。次子达玛嶙扎布袭职,三十九年,以不称职革职削爵。次子弼英袭职爵,五十四年,卒。三子扎木巴勒扎布袭职,乾隆十六年(1751年),卒。次子车凌旺布袭职,四十一年,卒。长子喇特纳什第袭职,五十三年,以罪革职留爵。弟一等台吉巴棱丹色棱代领札萨克,嘉庆二十五年(1820年),卒。子那木萨赉多尔济袭爵,

① 张穆:《蒙古游牧记》,卷四,同治祁氏刊本。

成为该旗十一任札萨克郡王，道光十六年(1836年)，卒。同年，子萨尔济勒多尔济袭职。道光二十九年(1849年)，子刚噶尔伦布袭职，光绪十六年(1890年)，卒。同年，子布彦乌勒哲依袭札萨克多罗桌哩克图郡王爵，成为该旗末代札萨克。札萨克驻科布尔泉(一说孟古勒陀罗海)，在张家口东北590里。有佐领11。[①] 旗地位于苏尼特东部。库尔察罕诺尔在旗西南。郭和苏台河从阿巴哈纳尔右旗南部流入，经旗东南，注入库尔察罕诺尔。旗地东接阿巴哈纳尔右旗，南接正蓝旗察哈尔，西与苏尼特左旗相邻，北与达里冈爱牧厂接壤。

5. **阿巴哈纳尔左、右翼旗** 阿巴哈纳尔左旗设于康熙四年(1665年)，俗称东阿巴哈纳尔。该旗第一任札萨克栋伊思喇布系诺密特默克图汗曾孙。康熙四年(1665年)，率所属2,000余人自外喀尔喀车臣汗部移居锡林郭勒草原，投附清朝。同年所部编为一旗，栋伊思喇布被封为札萨克固山贝子，诏世袭罔替。康熙二十年(1681年)，卒。长子衮楚克扎布袭职，二十四年，卒。长子额嶙臣达什袭职，五十五年，卒。明年，长子班珠尔袭职，乾隆十九年(1754年)，赐贝勒品级，二十九年，卒。同年，三子达克丹朋素克袭职，五十七年，卒。长子，衮布旺扎勒袭职，道光七年(1827年)，卒。子伊达木扎布袭职，二十四年，卒。同年，子桑斋色勒特多布袭职，同治三年(1864年)，赐贝勒衔，十三年，卒。光绪元年，子多特诺尔布袭职。明年，子车林多尔济袭职，宣统元年，赐郡王衔，世袭贝勒，成为该旗末代札萨克。札萨克驻乌尔呼拖罗海山(一说阿尔噶灵图山)，在独石口东北582里。有佐领9。[②] 清朝初期附牧于阿巴噶左旗，到清末旗地渐处于阿巴噶左旗之东，浩齐特右旗之西，南邻克什克腾旗，北交外喀尔喀。

---

① 张穆:《蒙古游牧记》，卷四，同治祁氏刊本。

② 张穆:《蒙古游牧记》，卷四，同治祁氏刊本。

阿巴哈纳尔右旗设于康熙六年(1667 年),俗称西阿巴哈纳尔。该旗第一任札萨克色棱墨尔根为栋伊思喇布之兄。康熙五年(1666 年),率所属 1,300 余人自外喀尔喀车臣汗部南迁至阿巴噶右旗境内,投附清朝。康熙六年(1667),所部编为一旗,色棱墨尔根被封为札萨克多罗贝勒,诏世袭罔替。康熙十九年(1680 年),卒。长子纳木喀尔袭职,二十三年,卒。明年,次子布昭袭职,四十八年,卒。同年,长子齐当旺舒克袭职,四十九年,卒。三子索诺木喇布坦袭职,五十九年,卒。从弟纳木扎袭职,雍正十三年(1735 年),卒。长子达什敏珠尔袭职,乾隆三十五年(1770 年),卒。长子车登扎布袭职,四十四年,卒。长子玛哈巴拉袭职,道光五年(1825 年),卒。同年,子巴勒楚克袭职。道光十四年(1834 年),子朋楚克桑布袭职。道光二十六年(1846 年),弟达木定扎布袭职,光绪三十年(1904 年),卒。同年,子旺沁敦多布袭札萨克多罗贝勒爵,成为该旗扎末代萨克。札萨克驻昌图山(一说孟克乌达山),在张家口东北 640 里。有佐领 7。① 旗地东及东南与阿巴哈纳尔左旗相接,南和正蓝旗察哈尔交界,西和西北同阿巴噶右旗接壤,北和东北同达里冈爱牧厂毗连。奎腾河在旗东南会郭和苏台河,西北流入阿巴噶右旗界。至清末,因阿巴哈纳尔左旗渐处于阿巴噶左旗之东,其东界遂与阿巴噶左旗交界。

(五)伊克昭盟

地理位置:伊克昭盟位于内札萨克蒙古西南部。大约在东经 106°15′到 111°10′,北纬 37°到 41′之间。东界归化城土默特,西界阿拉善,南界陕西长城,北界乌喇特。东、西、北三面临黄河,自山西偏头关至陕西宁夏街,延长二千余里。由鄂尔多斯左翼中旗、鄂尔多斯右翼中旗、鄂尔多斯左翼前旗、鄂尔多斯左翼后旗、鄂尔多斯右翼前旗、鄂尔多斯右翼后旗、鄂尔多斯右翼前末旗等七旗组

① 张穆:《蒙古游牧记》,卷四,同治祁氏刊本。

成。因清初会盟于伊克昭地方,称为伊克昭盟。此外,伊克昭盟有守护成吉思汗陵寝伊金霍洛的“达尔哈特”,约有五百户,不隶属任何旗。

诸部源流:鄂尔多斯(明译阿尔秃厮、斡耳笃思等)一名来源于蒙元时期的斡耳朵(译为宫帐),鄂尔多斯即斡耳朵的复数。北元时期,鄂尔多斯部由蒙古大汗嫡系后裔“济农”统辖。济农(明译为吉囊)一名,出自元代成吉思汗四大斡耳朵的领主“晋王”一词。[①]15世纪中期,管理成吉思汗陵帐八白室的人众入居河套后,逐渐形成了鄂尔多斯万户。系蒙古六万户之一,内分左、右翼十二鄂托克[②]。因该部主持祭祀成吉思汗八白帐,其政治地位非常显赫。

鄂尔多斯初期的统治者为达延汗曾祖父阿噶巴尔斤济农(明译阿八丁王)和父孛罗忽济农。15世纪后期,鄂尔多斯附属于应绍不部。达延汗镇压右翼叛乱后,将自己的第三子巴尔苏博罗特济农分封到鄂尔多斯部,巴尔苏博罗特遂成为右翼三万户的盟主。[③]

明嘉靖元年(1522年),巴尔苏博罗特济农卒,子衮弼哩克墨尔根继之。有子九,分牧而处,清代鄂尔多斯七札萨克皆其后裔。长诺颜达喇袭济农号,为札萨克郡王额璘臣一旗祖;次巴雅斯呼郎诺颜,为札萨克贝勒善丹一旗祖;次伟达尔玛诺颜,为札萨克贝子沙克扎、镇国公小扎木素二旗祖;次诺扪塔喇尼华台吉,为札萨克贝子额琳沁一旗祖;次玻扬呼哩都噶尔岱青,为札萨克台吉定咱喇什一旗祖;次巴雅喇伟征诺颜,为札萨克贝子色棱一旗祖;次巴特

① 岡田英弘:《ダヤン・ハーン六万戸起源》,载《榎博士還暦記念東洋史論叢》,山川出版社,1975年。

② 有关鄂托克,参见符拉基米尔佐夫著,刘荣焌译:《蒙古社会制度史》,中国社会科学出版社,1980年,204~215页。

③ 宝音德力根:《十五世纪前后蒙古政局、部落诸问题研究》,内蒙古大学博士学位论文,1997年,67页。

玛萨木巴斡；次纳穆达喇达尔汉诺颜；次翁拉罕伊勒登台吉。衮弼哩克图墨尔根之后，诺颜达喇、博硕克图、薛呤额儿迭尼、额璘臣等相继袭济农位。

天聪九年(1635年)，爱新国大军收林丹汗子额哲于黄河西托里图地方，未至，额璘臣私要额哲盟，分其众以行。爱新国军追及之，索所获，额璘臣惧，献察哈尔户千余。自始所部内附，颁授条约。①

顺治六年(1649年)，清朝始封鄂尔多斯诸台吉，爵六，后增至八。即，札萨克多罗郡王一，附辅国公一，札萨克多罗贝勒一，札萨克固山贝子四(一由镇国公晋袭)，札萨克一等台吉一。

1. **鄂尔多斯左翼中旗** 俗称郡王旗。顺治六年(1649年)设。位于鄂尔多斯正中近东部，札萨克多罗郡王游牧。衮弼哩克墨尔根曾孙博硕克图额璘臣，林丹汗恶之，夺济农号。天聪九年(1635年)，察哈尔亡，爱新国赐复济农号。顺治六年(1649年)，封多罗郡王，领札萨克，诏世袭罔替。顺治十三年(1656年)，卒。无嗣，其从子巴图袭职，顺治十四年(1657年)，以不孝母罪削爵革职。命其兄固噜袭职爵，康熙十四年(1675年)，偕同部贝子色棱、固噜什希布等，击叛军，十八年，晋和硕亲王。三十一年，卒。子栋啰布袭郡王。三十六年，从征噶尔丹，五十四年(1715年)，领所部兵二千，防御策妄阿喇布坦，五十七年，卒。长子萨克巴袭郡王，五十九年，卒。四弟喇什班珠尔袭职爵，雍正六年(1728年)，卒。萨克巴子扎木扬袭职爵，九年，随军驻防乌喇特西界，十一年，以赴调兵不堪用，降授贝勒，乾隆元年(1736年)，命复原爵。二十三年，卒。长子车凌多尔济袭郡王，寻授盟长，四十五年，卒。长子达尔玛咱第袭职爵，五十年(1785年)，卒。无嗣，明年，以其弟什当巴

① 包文汉、奇·朝克图整理:《蒙古回部王公表传》(第一辑)，卷之四十三，传第二十七“鄂尔多斯部总传”，内蒙古大学出版社，1998年。

拜袭职爵，嘉庆十七年（1812 年），卒。同年，子巴宝多尔济袭职爵，道光十一年（1831 年），以罪革职留爵。子一等台吉图们济尔噶勒领札萨克，十五年，晋郡王。道光十七年（1837 年），子额尔齐木毕里克袭职爵，光绪二十七年（1901 年），卒。其明年，子特克斯阿勒坦袭职爵，成为该旗末代札萨克郡王。

旗地当伊克昭盟左翼三旗之西。乌兰木伦河发源于本旗，东南流，入陕西境内。旗地东接鄂尔多斯左翼前旗，南至神木营，西与鄂尔多斯右翼前旗相连，北和鄂尔多斯右翼后旗交界。札萨克驻鄂锡喜峰。有佐领 17。[①] 乾隆元年（1736 年），该旗南部部分土地划归新增设的右翼前末旗。此外，祭祀成吉思汗的八白帐（伊金霍洛）也在该旗境内。该旗地也是在伊克昭盟内汉民最早进入的地区之一。光绪三十年（1904 年），以郡王、札萨克两旗垦地置东胜厅，隶山西归绥道。

2. **鄂尔多斯左翼前旗**　俗称准噶尔旗。位于鄂尔多斯东南部，札萨克固山贝子游牧。郡王额璘臣从子色棱，顺治六年（1649 年）封札萨克固山贝子，领札萨克，诏世袭罔替。康熙十五年（1676 年）卒。长子衮不喇什袭职，十九年，晋多罗贝勒，四十八年（1709）年，卒。子根都什辖布仍袭贝子爵。三十六年，从征噶尔丹，督兵护粮运。四十八年，卒。长子罗卜藏袭职爵。雍正十一年（1733 年），以赴调兵不堪用，削贝子爵，降辅国公，复献驼马助军，诏复固山贝子，乾隆五年（1740 年），卒。长子纳木扎勒多尔济袭职，四十二年（1777 年），卒。长子色旺喇什袭职，嘉庆十七年（1812 年），卒。同年，子额尔德呢袭职，道光元年（1821 年），卒。同年，子察克都尔色楞袭职，咸丰二年（1852 年），卒。同年，子札那济尔迪袭职，四年，赐贝勒爵。光绪二十七年（1901 年），子珊济密都布袭职，成为该旗末代札萨克固山贝子。

---

① 《蒙古游牧记》，卷六。

该旗左倚黄河，东界湖滩河朔，南界清水河，西界左翼中旗，北界左翼后旗。札萨克驻札拉谷。有佐领42。该旗也是汉族移民进入较早，农业发展较为充分的地区之一。清末，其部分地区被划归附近的府谷偏关、河曲、托克托、清水河等厅县。

3. **鄂尔多斯左翼后旗** 俗称达喇特旗。位于鄂尔多斯东北部，札萨克固山贝子游牧。郡王额璘臣从弟沙克札，顺治七年(1650年)封札萨克固山贝子，领札萨克，诏世袭罔替。十四年，卒。长子固噜斯希布袭职。康熙十九年(1680年)，叙功，晋多罗贝勒。二十七年，噶尔丹侵喀尔喀，诏协贝勒松喇布，以兵二千防巡。三十六年，从征噶尔丹，督兵护粮运。四十三年(1704年)，卒。五子喇什扎木素袭职。五十一年，卒。长子纳木扎勒色棱袭职。雍正十年(1732年)，遣兵随大军剿噶尔丹策凌。乾隆二十六年(1761年)，卒。次子拉旺巴勒丹色棱袭职，三十年，卒。无嗣，弟丹巴达尔济袭职。五十四年(1789年)，卒。长子永咙多尔济袭职。道光八年(1728年)，卒。同年，子达什达尔济袭职。咸丰六年(1856年)，子散济密都布袭职。光绪十年(1884年)，子索那木彭苏克袭职。光绪十二年(1886年)，子索呢因索特图袭职。光绪二十三(1887年)年，子图们巴雅尔袭职，成为该旗末代札萨克固山贝子。

牧地当山西五原厅南、萨拉齐厅西。东界萨拉齐，南界左翼前旗，西界左翼中旗，北界乌喇特。札萨克驻巴尔哈逊湖。有佐领40。清末，归化城土默特与达拉特旗以黄河改道争界。光绪二十六年，(1900年)义和团之案，鄂尔多斯七旗，酿祸均重。事定，议有赔款。达拉特一旗至三十七万两。教堂欲得银，蒙旗欲抵地，久未结。官垦开始后，贻谷等先以赎还达拉特旗教案熟地二千顷给银十七万两者，为垦务入手之策。

4. **鄂尔多斯右翼前旗** 俗称乌审旗。位于鄂尔多斯西南部，札萨克固山贝子游牧。郡王额璘臣从子额琳沁，顺治六年(1649

年)，封札萨克固山贝子，领札萨克，诏世袭罔替。十八年，卒。无嗣，从子达尔扎袭职，康熙十四(1675年)年春，迎击贼众，寻围定边，十六年(1677年)，诏嘉其功，晋封多罗贝勒，三十三年(1694年)，卒。其长子旺舒克袭职。三十六年，从征噶尔丹，督兵护粮运。三十七年，卒。弟达什喇布坦袭职。雍正十年(1732年)，以赴调兵不堪用，降为贝子。十二年，卒。长子喇什色棱袭贝子爵。乾隆三十八年(1773年)，卒。长子沙克都尔扎布袭贝子爵。四十三年，卒。同年，长子布延泰袭贝子爵，嘉庆十三年(1808年)，卒。[1] 同年，弟扎木巴勒多尔济袭贝子爵，二十二年，卒。从子桑斋旺沁袭贝子爵，道光八年(1828年)，以罪削爵。明年，子巴达尔呼袭贝子爵，同治十三年(1874年)，晋多罗贝勒爵，诏世袭罔替。光绪十年(1884年)，子察克都尔色楞袭多罗贝勒爵，成为该旗末代札萨克。

该旗东界右翼前末旗，南界怀远，西界右翼中旗，北界右翼后旗。札萨克驻巴哈诺尔。有佐领42。同治九年(1870年)，乌审旗管带官赤楼多尔济以回民军亡于霍里木庙，然各旗亦屡挫来扰之回民军。梅楞章京扎栋巴等以剿挫陕西怀远边外之回民军，予优奖。光绪三十年(1904年)，察克都尔色楞等以乌审、札萨克两旗公中之地，北起阿拜素、南至巴盖补拉克一段，归官报垦，祝皇太后七旬万寿。予察克都尔色楞郡王衔，沙克都尔扎布镇国公衔。

5. **鄂尔多斯右翼中旗** 俗称鄂托克旗。位于鄂尔多斯正西近南部，札萨克多罗贝勒游牧。设于顺治七年(1650年)。是年，额璘臣从子善丹被封札萨克多罗贝勒，领札萨克，诏世袭罔替。康熙二年(1663年)，卒。长子索诺木袭职，十三年冬，协剿叛臣王辅臣。十四年，围花马池，进围定边，十六年，晋多罗郡王，二十一年(1682年)，卒。长子松喇布袭贝勒爵，二十七年，督兵防汛葛尔

① 《外藩蒙古回部王公表传》，卷四十三。

丹。三十一年,复侦防噶尔丹,三十五年(1696年),请运粮效力。三十七年,晋多罗郡王,四十八年(1709年)春,卒。长子干珠尔袭贝勒爵,五十四年,防御策妄阿喇布坦,五十七年,卒。长子诺依啰布扎木素袭贝勒爵,雍正十一年(1733年),所部赴调兵不堪用,诸札萨克多降爵,独诺依啰布扎木素奉恩免。乾隆十二年,卒。长子栋啰布扎木素袭职,三十一年,赐郡王品级。三十八年,卒。长子栋啰布色棱袭贝勒爵,嘉庆三年(1798年),卒。同年,从弟索诺木喇布斋根敦袭职,道光十八年(1838年),卒。子棍藏拉布坦札木苏袭职,咸丰元年(1851年),卒。咸丰三年,从子额尔德呢绰克图袭职。同治元年(1862年),子察克都尔札布袭职。光绪七年(1881年),兄喇什札木苏袭职。光绪二十八年(1902年),噶勒藏啰勒玛旺札勒札木苏袭多罗贝勒爵,成为该旗末代札萨克。[①]

旗地当伊克昭盟西南偏南。东接右翼前旗,南连陕西定边、靖边二县,西宁夏及阿拉善额鲁特接壤,北和右翼后旗相连。札萨克驻锡喇布里多诺尔,有佐领84。康熙三十六年(1697年)三月,右翼中旗札萨克松喇布奏向市横城,距牧远,乞近市定边、花马池、平罗城。又边内民,有愿出边赴车林塔拉、苏海阿噜诸地耕者,乞勿禁,命大臣会议,从所请。[②] 复谕有不便,即罢之。[③] 然而伊克昭盟开垦从此开始。

6. **鄂尔多斯右翼后旗** 俗称杭锦旗。位于鄂尔多斯西北部,札萨克固山贝子游牧。郡王额璘臣从子小札木素。顺治六年,大札木素叛清,小札木素不附叛军,诏封札萨克镇国公,领札萨克,诏世袭罔替。康熙九年(1670年),卒。长子索诺木袭职 。十一年,

① 《蒙古游牧记》,卷六。

② 有关清代伊克昭盟的开垦,请参考哈斯巴根:《18～20世纪前期鄂尔多斯农牧交错区域研究》,内蒙古大学博士学位论文,2005年。

③ 《王公表传》。

卒。长子都棱袭职。三十七年(1698年),晋固山贝子爵。四十六年,卒。长子色棱喇什袭贝子爵,五十一年,卒。弟伦布袭贝子爵。五十六年(1717年),卒。弟色棱纳木扎勒袭贝子,寻卒。明年,长子齐旺班珠尔袭贝子爵,雍正十一年(1733年),以赴调兵不堪用,削贝子爵,降辅国公。寻别选所部兵协剿、献驼马助军,恩复固山贝子,乾隆十九年(1754年),晋封多罗贝勒,三十七年,卒。孙喇什达尔济袭贝子爵。四十九年,诏世袭罔替。[①] 嘉庆十一年(1806年),卒。子拉西扎木素袭职,十七年,卒。叔拉什丕尔袭职,十八年,卒。同年,弟端多布色楞袭职,道光二十一年(1841年),卒。同年,子静米特多布札勒袭职。咸丰七年(1857年),子巴图莽鼐袭职。光绪六年(1880年),嗣子阿尔宾巴雅尔袭职,成为该旗末代固山贝子。

牧地当甘肃宁夏东北,右倚黄河,东界左翼后旗,南界左翼中旗,西界右翼中旗,北界乌喇特。札萨克驻鄂尔吉虎诺尔。有佐领36。光绪二十九年(1903年),达拉特旗、杭锦两旗始派员就议报垦,郡王、鄂托克、乌审、准噶尔、札萨克五旗亦相继报地,而杭锦旗贝子阿尔宾巴雅尔时充盟长,仍请缓办,坚拒出具交地印文。清廷以抗不遵办,劾之,以副盟长乌审旗贝子察克都尔色楞代署。三十一年二月,定押荒岁租一半归官,一半归蒙。三十三年,复阿尔宾巴雅尔盟长。

7. **鄂尔多斯右翼前末旗** 俗称札萨克旗。位于鄂尔多斯南部,一等台吉游牧。额璘臣郡王从曾孙定咱喇什,雍正九年(1731年),晋一等台吉。乾隆元年(1736年),议族属繁,增设旗一,授札萨克,九年,卒。长子衮布喇什袭职爵,二十七年,卒。长子旺扎勒车布登多尔济袭职爵。四十九年(1784年),诏世袭罔替。[②] 嘉庆

① 《外藩蒙古回部王公表传》,卷四十三。

② 《外藩蒙古回部王公表传》,卷四十三。

十四年(1809年),卒。同年,子噶拉桑济克嘧特多尔济袭职,二十二年(1817年),卒。子色楞多济特袭职,道光十八年(1838年),卒。同年,子恩克巴雅尔袭职。咸丰八年(1858年),弟扎那巴兰札袭职,光绪十六年(1890年),卒。同年,克什克达赖袭职。光绪二十三年(1897年),沙克都尔扎布袭职,成为该旗末代札萨克一等台吉。札萨克驻所距绥远城七百二十里。牧地东至纳林希里梁,西至乌审旗境,南至陕西省榆林县境,北接郡王旗旗境。有佐领13。①

(六)乌兰察布盟

地理位置:位于内札萨克蒙古西部,大约在东经107°至113°,北纬41°到43°之间,东南与呼和浩特土默特和察哈尔镶红旗牧场交界,东与锡林郭勒盟之苏尼特右旗相接,北与瀚海接壤,南与伊克昭盟毗连,西与阿拉善额鲁特为邻。由四子部、喀尔喀右翼、茂明安、乌喇特东公、乌喇特中公、乌喇特西公等六个札萨克旗组成,因会盟于四子部旗的乌兰察布地方,故称为乌兰察布盟。

诸部源流:乌兰察布盟四子部、茂明安、乌喇特东公、乌喇特中公、乌喇特西公各旗札萨克及王公贵族均为成吉思汗长弟哈布图哈撒儿后裔。哈撒儿十五世孙诺颜泰有子四:长僧格,号墨尔根和硕齐;次索诺木,号达尔汉台吉;三鄂木布,号布库台吉;四伊尔扎木,号墨尔根台吉,分牧呼伦贝尔,号称四子部。

哈撒儿十五世孙布尔海,游牧呼伦贝尔,领有乌喇特部。乌喇特,又作乌喇特,吴喇忒,今做乌拉特,是蒙古语"工匠"之复数读音。后分乌喇特为三部,分别由布尔海长子赖噶孙鄂木布,五子巴尔赛次子哈尼斯青台吉之孙色棱和巴尔赛五子哈尼泰冰图台吉之子图巴分领其众。

哈撒儿十三世孙鄂尔图鼐泰布延图,子锡喇奇塔特,号土谢图

① 《蒙古游牧记》,卷六。

汗,有子三:长多尔济,次固穆巴图鲁,次桑阿尔斋洪果尔,游牧呼伦贝尔以及鄂嫩河下游尼布楚一带。多尔济号布颜图汗,子车根,为茂明安部长。与同属哈撒儿后裔的阿鲁科尔沁部和成吉思汗三弟哈赤温后裔所统翁牛特、喀喇车里克、伊苏特诸部,成吉思汗季弟别里古台后裔属部阿巴噶与阿巴噶纳儿一同游牧于大兴安岭山阴、克鲁伦河下游一带,统称为阿鲁蒙古。

天聪四年(1630 年)至七年间,阿鲁蒙古翁牛特、阿鲁科尔沁、四子部落、伊苏特、喀喇车里克、乌喇特和茂明安部相继投附。太宗皇太极派阿什达尔汉等为阿鲁部落指划牧地,将他们安置在西拉木伦河迤北,大兴安岭南麓广阔地带。崇德元年(1636 年)分别设旗佐,其首领授札萨克,封郡王、镇国公、辅国公有差。

顺治初年,随着平定苏尼特腾机思叛归喀尔喀事件,四子部落、乌喇特三旗出兵随征。嗣后,顺治三年至五年间先后从大兴安岭南麓之西拉木伦河迁徙到阴山后之西喇木轮河流域和穆纳山一带,以防备喀尔喀和额鲁特。

天聪九年,茂明安部台吉乌巴海等率部叛逃喀尔喀,太宗遣兵往剿,追至喀木尼哈,尽俘之。康熙三年(1664 年),始授车根子僧格札萨克一等台吉,俾统其众。随之,将其余众尽迁艾布盖河流域。

喀尔喀右翼部首领贲塔尔为外喀尔喀土谢图汗部达赖诺颜喇瑚里子,为喀尔喀中路台吉。顺治十年(1653 年)二月,以与土谢图汗衮布有隙,携弟率千余户来投,诏封贲塔尔为札萨克和硕达尔汉亲王,俾统其众,赐牧塔鲁浑河,与内札萨克诸部列,是为喀尔喀右翼旗。

乌兰察布盟六旗部众,皆由他处迁来,非当地土著。

1. **四子部落旗** 乌兰察布盟六旗之一,阿鲁蒙古之一部。崇德元年(1636 年),四子部落二千二百五十六户,四十二牛录,编为一旗,鄂木布获札萨克,授达尔罕卓礼克图号,三年,从征喀尔喀,明山东、松山，八年，征明克捷，顺治元年（1644年），入山海关，追击李自成。顺治三年，追击腾机思，顺治六年，晋封鄂木布为札萨克多罗达尔汉卓礼克图郡王，诏世袭罔替。十年，卒。长子巴拜袭职，康熙二年（1663年），卒。长子沙克都尔袭职，十三年，调兵协剿陕西叛臣王辅臣。十四年，沙克都尔驰奏布尔尼事端，十五年，随大军檄剿逆藩吴三桂，十六年，卒。明年，长子达木巴琫素袭职，二十九年（1690年），赴土喇河侦噶尔丹。三十一年，卒。长子三济扎布袭职，三十五年，从西路大军，击败噶尔丹于昭莫多，四十九年，卒。长子阿喇布坦多尔济袭职，雍正九年（1731年），率兵防噶尔丹策凌。乾隆三十六年（1771年），以病罢。长子车凌旺扎勒袭职，寻卒。弟拉什雅木丕勒袭职，四十九年（1784年），卒。长子朋楚克桑鲁布袭职，道光五年（1825年），卒。子伊什楚克鲁布袭职，六年，以罪革职削爵。七年，弟伊什车登袭职爵。同治三年（1864年），子那木凯多尔济袭职爵。光绪十一年（1885年），子勒旺诺尔布袭职爵，成为末代札萨克多罗达尔罕卓礼克图郡王。

光绪年间，牧场私垦十之七八。光绪二十六年（1900年），拳民焚烧教堂，杀死教士教民，酿成大祸。事定，议给教堂赔款银十一万两。二十九年，置山西武川厅同知，以是部及茂明安、喀尔喀右翼寄居民人村落隶之。三十一年，是部呈因债作抵之忽济尔图地一段，请由官具放垦。三十二年，呈所部之察罕依鲁格勒图地段认垦。

所部一旗，驻乌兰鄂尔吉坡。有佐领20。绥远城将军节制乌兰察布、伊克昭二盟，重大事件皆由将军转奏。

2. **乌喇特三公旗**　乌喇特部三兄弟与当时的四子部僧格四兄弟以及茂明安部长车根都是堂兄弟关系，是阿鲁科尔沁部长达赖楚琥尔的从侄，都是成吉思汗胞弟哈撒儿后裔。

天聪五年（1631），乌喇特部离开呼伦贝尔牧地，前移临近兴安岭，被科尔沁部额勒济格诸子[1]及扎赉特以恶言语使之折还。

天聪七年(1633)，乌喇特部台吉图门达尔汉、海萨巴图鲁、古木布、伊尔格、僧格、琐尼泰等率部来投，进献马匹。八月初三，乌喇特部落额布根台吉、额勒孔果尔、噶尔马台吉等来朝。[2] 台吉图门达尔汉是鄂木布的称号，是布尔海长子赖噶之孙，掌三乌喇特之一部；海萨巴图鲁，是赖噶幼子巴尔赛第五子哈尼泰冰图台吉之子图巴之子，也是乌喇特一部之代表；额布根台吉，即巴尔赛次子哈尼斯青台吉之孙色棱之称号，统领乌喇特另一部。至此，乌喇特三部全部投附爱新国。

天聪八年(1634)，乌喇特三部之图巴、土门达尔汉、俄木布、塞冷等从大军征明，由喀喇鄂博入得胜堡，掠大同，克堡三、台一。师旋，以奈曼、翁牛特违令罪，各罚驼马，诏分给所部。[3]

崇德元年(1636 年)，十月，查该部人口时图巴一系 750 户，编为 14 牛录；塞冷一系 390 户，编为 8 牛录；额布根一系 750 家，编为 15 牛录。[4] 顺治三年(1646)，从征腾机思，败外喀尔喀联军于扎济布鲁克。顺治五年(1648)叙功，时鄂木布、塞冷已卒，以图巴掌中旗，封镇国公；鄂木布子谔班掌前旗，封镇国公；塞冷子巴克巴海掌后旗，封辅国公，各授札萨克。

中公旗，即中旗，首任札萨克为镇国公图巴。顺治五年(1648 年)，封札萨克镇国公，诏世袭罔替，十三年，卒。同年，长子海色袭

---

① 应为科尔沁部贵族额勒济格卓里克图。成吉思汗弟哈巴图哈撒尔十五世孙博第达喇西室哈屯吉鲁根生额勒济格卓里克图，为噶喇珠色特尔等七子父。天聪八年(1634)，科尔沁部噶尔珠塞特尔、海赖、布颜代、白谷垒、塞布垒等各率本部落人民，托言往征北方索伦部落，取贡赋自给，遂叛去。科尔沁部土谢图济农巴达礼、札萨克图杜稜布塔齐、额驸孔果尔、卓礼克图台吉吴克善率兵往追噶尔珠塞特尔等，俱获之。杀噶尔珠塞特尔、海赖、布颜代、白谷垒、塞布垒等，尽收其部下户口。

② 《清太宗实录》，卷 14、卷 15。

③ 《清太宗实录》，卷 19。

④ 《满文老档》，崇德元年十一月初六条。

职,康熙八年(1669 年),卒。长子察木察袭职,二十五年,卒。长子都稜袭职,五十二年(1713 年),卒。长子诺尔布琳沁袭职,五十六年,卒。次子锡喇布袭职,乾隆七年(1742 年),卒。同年,长子索诺穆扎木三袭职,二十年,卒。长子索诺穆喇布坦袭职,四十年(1775 年),卒。同年,长子车布登栋罗布袭职。嘉庆七年(1802 年),长子喇特纳巴拉袭职,道光十四年(1834 年),以罪削职留爵。札萨克一职由其叔父胡毕图代领,十八年,赐胡毕图一等台吉爵。咸丰二年(1852 年),胡毕图子旺楚克色楞袭职,十一年,袭镇国公。同治六年(1867 年),子色楞那木济拉袭职爵,光绪二十三年(1897 年),卒。同年,木勒济多尔济袭职爵,成为该旗末代札萨克镇国公。有佐领 16。

西公旗,即前旗,首任札萨克为镇国公谔班。顺治五年(1648 年),封札萨克镇国公,诏世袭罔替,十五年(1658 年),卒。长子搏勒都埒袭职,十八年,卒。同年,次弟博勒图袭职,康熙七年(1668 年),卒。四弟阿玉什袭职,十一年,卒。长子诺扪袭职,二十二年,卒。明年,长子达尔玛第袭职,二十八年(1689 年),卒。长子达尔玛什哩袭职,雍正三年(1725 年),以罪削。长子达尔玛吉哩第袭职,乾隆十六年(1751 年),卒。同年,长子达尔玛哩第袭职,二十九年,卒。长子嘎喇桑车凌袭职,四十四年(1779 年),卒。同年,次弟嘎喇桑罗垒袭职,寻卒。同年,达尔玛吉哩第次子济克默特多尔济袭职,五十六年,卒。弟巴图鄂齐尔袭职,道光十四年(1834 年),卒。子噶勒当旺楚克多尔济袭职,咸丰四年(1854 年),卒。同年,子贡苏隆扎布袭职。光绪八年(1872 年),孙克什克德勒格尔袭职,成为该旗末代札萨克镇国公。有佐领 12。

东公旗,即后旗,首任札萨克为辅国公巴克巴海。顺治五年(1648 年),封札萨克辅国公,寻卒。其弟楚充客袭札萨克辅国公,康熙二十二年(1683 年),卒。明年,长子达尔玛袭职,二十五年,卒。长子鄂勒班袭职,四十二年,卒。次年,长子崔扎木素袭职,雍正十一年(1733年),以罪削。三弟阿穆尔龄贵袭职,乾隆十一年(1746年),卒。次子恭格喇布坦袭职,五十三年(1788年),卒。同年长子多尔济帕拉穆袭职,道光八年(1828年),卒。子车楞旺楚克多尔济袭职,十一年,削爵,十九年,革职。子拉旺哩克锦,道光十一年,袭爵,十九年袭职。同治三年(1864年),子恭桑栋鲁布袭职爵,光绪二十年(1894年),卒。同年,索特那木旺珠儿多尔济袭职,二十一年,卒。弟巴宝多尔济袭职爵成为该旗末代札萨克辅国公。有佐领6。

乌喇特三公旗,开垦牧地较早。乾隆三十年(1795年),即将沿河牧地私租民人耕种。咸丰三年(1853年),三旗生齿日繁,渐形穷苦。赊欠民人债务,及备办军台差使,借贷银钱,无力偿还,陆续私租地亩数十处,每处宽长百十里或数十里。

乌喇特三旗与四子部前后迁徙到河套北界。三旗同在一处游牧,没有明显界限。其中,中旗,驻防哈达门口,今包头市哈达门口迤东一带;前旗,驻防穆那和硕,今乌拉特前旗西山嘴迤东一带;后旗,驻防昆都伦河口迤东,今包头市一带。牧地东接茂明安旗,南与伊克昭盟交界,西同阿拉善额鲁特旗相连,北和外喀尔喀蒙古相邻。大体相当于今乌拉特中、前、后三旗和五原、固阳、临河及杭锦后旗一部分。

3. **茂明安旗**　乌兰察布盟六旗之一,阿鲁蒙古之一部。成吉思汗弟哈撒儿十三世孙鄂尔图鼐布延图,子锡喇奇塔特,号土谢图汗。有子三,长多尔济,次固穆巴图鲁,次桑阿尔斋洪果尔,游牧呼伦贝尔、鄂嫩河直到尼布楚地方。多尔济号布延图汗,子车根,是为茂明安部长。直到17世纪初,哈撒儿后裔诸部落中,唯茂明安部统治者拥有"汗"号。作为哈撒儿后裔之宗长,在科尔沁万户中掌有最高统治权,世代掌管着哈撒儿斡尔朵。天聪七年(1633年),与乌喇特部南下,二月,茂明安部车根汗、固木巴图鲁以及达尔玛代衮等率众千余户投附爱新国。十月,划分牧地,茂明安车根部安置到阿鲁科尔沁部之下。九年，吴巴海、达尔汉巴图鲁、吴巴赛都喇尔、洪珪噶尔珠、俄布甘卜库倡首逃往阿鲁部落。阿赖达尔汉率外藩蒙古诸贝勒兵六百人，往追至阿鲁喀尔喀鄂嫩河地方。崇德三年(1638 年)，从征喀尔喀札萨克图汗。以后征明山东，追击苏尼特腾机思，与喀尔喀援军战，皆以兵从。

康熙三年(1664 年)，授车根汗长子僧格札萨克一等台吉，俾统其众，并从西拉木伦河迁到艾布盖河流域驻牧，成为乌兰察布盟的一个札萨克旗。十一年，卒。长子诺尔布袭职爵，十三年(1674 年)，从征陕西叛镇王辅臣。十四年，驻防大同。十五年，调赴河南，听江西大军檄剿逆藩吴三桂。二十九年，防备噶尔丹，选兵驻防归化城。三十五年，从西路大军击噶尔丹。雍正元年(1723 年)，卒。三子齐旺锡喇布袭职爵，雍正九年，从剿噶尔丹策凌，乾隆十二年(1747 年)，以罪革职削爵。长子根敦扎木素袭职爵，二十七年，卒。同年，长子萨木坦扎木素袭职爵，四十九年(1784 年)，诏世袭罔替，嘉庆十年(1805 年)，卒。从弟拉什栋鲁布袭职，道光二年(1822 年)，卒。孙达特巴扎木素袭职，十六年，卒。同年，子绰克巴达尔呼袭职。光绪五年，从父绰克布彦图袭职。光绪十四年(1878 年)，喇喜色楞多尔济袭职，成为该旗末代札萨克一等台吉。

茂明安旗，驻牧彻特赛里，东与喀尔喀右翼旗接，北与喀尔喀土谢图汗部为邻，西与乌喇特东公旗接壤，南与归化城土默特部为界。札萨克一等台吉以外又一多罗贝勒爵世袭罔替到清末。有佐领 4。

4. **喀尔喀右翼旗** 顺治十年(1653 年)二月，喀尔喀中路台吉贲塔尔因与本部土谢图汗衮布有隙，偕弟巴什希、扎木素、额琳沁及从子衮布，率所属千余户自漠北投附清朝，编为一旗。三月，封贲塔尔为札萨克和硕达尔汉亲王，诏世袭罔替，赐牧塔鲁浑河，称为喀尔喀右翼旗。以别喀尔喀左翼旗。至贲塔尔孙詹达固密时降袭多罗达尔罕贝勒。因此俗称该旗为达尔罕贝勒旗。喀尔喀右翼旗自投附清朝以来，一直驻牧于大青山西北，旗地东接四子部落旗，南接归化城土默特旗，西与茂明安旗交界，北和喀尔喀土谢图汗部接壤，大体相当于今乌兰察布盟达尔罕茂明安联合旗东部和武川县一部分。爵四：札萨克多罗达尔汉贝勒一，由亲王降袭；附固山卓哩克图贝子一，由郡王降袭；固山贝子一；镇国公一。有佐领4。

二、外札萨克喀尔喀蒙古

地理位置：外蒙古喀尔喀四部，86旗。东至黑龙江呼伦贝尔城界，南至瀚海，西至阿尔台山，与新疆伊犁东路界，北至俄罗斯界。东西延袤五千里，南北三千里。初分三处会盟，增设赛因诺彦部后定为四处会盟。其中，土谢图汗部20旗会盟于汗阿林；车臣汗部23旗会盟于克鲁伦巴尔和屯；札萨克图汗部18旗、辉特部1旗会盟于扎克毕喇色钦毕都里雅诺尔；赛因诺彦部22旗、额鲁特部2旗会盟于齐齐尔里克。

诸部源流：喀尔喀蒙古系成吉思汗十五世孙达延汗所属六万户之一，达延汗分封诸子时五子阿尔楚博罗特和末子格哷森扎扎赉尔珲台吉分得喀尔喀十二鄂托克，阿尔楚博罗特掌左翼五鄂托克，后南迁漠南，称为“内喀尔喀五部”。格哷森扎掌右翼七鄂托克，留故土，游牧瀚海北杭爱山界。析众万余授子七人领之，为外喀尔喀七旗。格埒森扎七子为：阿锡海、诺彦岱、诺诺和、阿敏都喇勒、达尔尼、达喇旦坤都仑、萨穆。其中阿锡海、诺彦岱、达尔尼、萨穆掌右翼，诺诺和、阿敏都喇勒、达喇旦坤都仑掌左翼。诺诺和，号伟征诺颜，子五：长阿巴岱，号斡齐赖赛音汗。次阿布瑚，号墨尔根诺颜，徙牧土喇河界。

初喀尔喀无汗号，自阿巴岱赴唐古特（西藏），谒达赖喇嘛，迎经典归为众所服，以汗称。子额列克继之，号墨尔根汗。额列克子三：长衮布多尔济，始号土谢图汗，所部称为土谢图汗部。左翼阿敏都喇勒孙硕磊自称车臣汗，所部称为车臣汗部。右翼阿锡海孙赖胡尔也自称汗，其子素巴第始号札萨克图汗，部众遂称为札萨克图汗部。初，喀尔喀发生红教黄教之争时诺诺和诺彦四子图蒙肯大力扶持黄教，受到达赖喇嘛的嘉许，获“赛因诺彦”号，诺诺和卒，次子丹津喇嘛复授“诺扪汗”号。雍正三年，其孙善巴从弟策棱以军功获超勇亲王爵，属民较三汗裔繁多，遂从土谢图汗部分出属民领地，别为一部，以其祖赛因诺彦号冠之，为赛因诺颜部。至此喀尔喀四汗名称、属民、领地逐渐固定。

天聪九年(1635 年)，喀尔喀诸台吉共推土谢图汗衮布多尔济子咱纳巴乍尔为西藏红教觉囊派高僧“哲布尊丹巴”呼图克图多罗那他的转世灵童，崇德四年(1639 年)坐床，成为喀尔喀最高宗教领袖，蒙古人又称其为“温都尔葛根”。

崇德初年，喀尔喀诸汗台吉们与清朝通使修好。五年九月，为抵御清朝的军事威胁，喀尔喀札萨克图汗素巴第、土谢图汗衮布多尔济为首的诸台吉与卫拉特贵族巴图尔珲台吉、坤都仑斡巴西、和硕特顾实汗等二十六名贵族和三位宗教首领在塔尔巴哈台举行盛大的会盟。会上对很多重大问题达成共识，组成了广泛的同盟，并制订了著名的《蒙古—卫拉特法典》。法典随即成为喀尔喀和卫拉特封建主管理兀鲁思，解决内部争端的法律依据和共同抵御外族侵略的有效保障。

顺治四年(1647 年)，苏尼特部腾机思叛逃喀尔喀投札萨克图部，清廷派兵追杀，喀尔喀札萨克图汗硕磊联合土谢图汗衮布多尔济出兵三万相救，兵败，复通使修好。

顺治十二年(1655 年)，喀尔喀三汗及赛因诺彦丹津喇嘛等遣子来朝，清廷遂在喀尔喀七鄂托克设八大札萨克，分左右翼。土谢图汗察珲多尔济继其父衮布多尔济为左翼长与车臣汗巴布、赛因诺彦丹津喇嘛、墨尔根诺彦掌左翼。札萨克图汗诺尔布为右翼长，与俄木布额尔德尼、车臣济农、昆都仑陀音掌右翼。此时清朝也未能完全征服喀尔喀。

康熙元年(1662 年)，右翼札萨克图汗诺尔布卒，子旺舒克袭，仍号札萨克图汗。同年，俄木布额尔德尼卒，子额璘沁袭，号罗布桑台吉，以私憾袭杀旺舒克。右翼从左翼借兵败罗布桑台吉，旺舒克弟成衮袭札萨克图汗号。此乱中右翼属民牲畜溃散，多往依左翼，屡索不获，后纠纷加剧，演变成喀尔喀内乱，额鲁特噶尔丹插手助右翼诸台吉，清廷也在暗中支持土谢图汗察珲多尔济。

康熙二十五年(1686 年)，为调节喀尔喀内乱，清朝使臣阿喇尼和西藏达赖喇嘛使臣噶拉登席埒图共同主持召开库伦伯勒齐尔会盟。会后左翼只归还右翼一半的属民牲畜。后成衮卒，子沙喇袭，继续索要部众属民，察珲多尔济恶之，追杀沙喇。噶尔丹以兵三万征讨喀尔喀，至杭爱山，喀尔喀内乱遂演变为喀尔喀卫拉特之战。喀尔喀溃败，诸汗台吉纷纷随哲布尊丹巴呼图克图南逃漠南投附清朝。争端也随即升级为噶尔丹与清朝逐鹿蒙古高原的军事对抗。

康熙三十年(1691 年)，土谢图汗察珲多尔济、车臣汗乌默克、札萨克图汗策旺扎布与南投诸台吉会盟多伦诺尔，康熙帝率漠南四十九札萨克亲往抚辑，将投顺部众编审分旗，去济农等职爵，惟留汗号，设三十个札萨克，诸台吉授王、贝勒、贝子、公、札萨克台吉等爵分领，游牧在卡伦边内。

康熙三十六年(1697 年)，噶尔丹卒，清朝重新掌控喀尔喀全境，诸部复还旧牧，时，喀尔喀札萨克旗增至五十五。雍正三年(1725 年)，增设赛因诺彦部，此时凡四部七十四旗。乾隆十五年(1750 年)，增至八十三旗，附辉特一旗、额鲁特二旗，统称为外札萨克喀尔喀蒙古。

附喀尔喀额鲁特部、辉特部。噶尔丹战败后其近族部分人南投清朝编入札萨克旗，赐牧推河。二部三旗附喀尔喀，遂成为喀尔喀八十六旗之列。

（一）土谢图汗部（汗阿林盟）

喀尔喀北路。至京师二千八百里，东界肯特山，西界翁吉河，南界瀚海，北界楚库河。先是土谢图汗部编佐领，积三十七旗，以分设赛因诺彦部，析二十一旗隶之，留十六旗，仍隶土谢图汗部。寻增四旗，札萨克凡二十。盟于汗阿林。设正副盟长各一，副将军、参赞各一。爵二十有一，土谢图汗一，札萨克和硕亲王一，附公品一等台吉一，札萨克多罗郡王二，札萨克固山贝子二，札萨克辅国公六，札萨克一等台吉八。①

乾隆六年（1741年），以哲布尊丹巴呼图克图移居库伦，命土谢图汗敦多布多尔济驻守其地护视之。乾隆二十七年（1762年），于是部库伦置办事大臣，以满洲大员任之；别选蒙古汗、王、公、札萨克一人为办事大臣，同釐其务。

嘉庆七年（1803年）八月，定土谢图汗、车臣汗二部事务在库伦会集，与办事大臣一同办理例。自是土、车二部重大事件，皆由库伦办事大臣转奏。喀尔喀赛因诺颜、札萨克图汗二部事务在乌里雅苏台会集，与定边左副将军一同办理。

咸丰十一年（1861年），准俄人在库伦修公馆。光绪三十四年（1908年），设蒙养学堂。② 宣统二年（1910年），三多受命来库伦当最后一个办事大臣③。三年，时哲布尊丹巴与三多不协。自武昌事起，各省鼎沸，土谢图汗部亲王杭达多尔济等遂于十月九日拥哲布尊丹巴称尊号，建立国，置内阁。以喀尔喀八十六札萨克名义通牒中外，指斥清廷，兴复元业，驱逐在外蒙之满清官兵。三多被

① 《王公表传》，卷四十五，传第二十九。

② 《清史稿》，卷五百二十一列传三百八藩部四。

③ 纳楚克多尔济：《喀尔喀历史》，第679页。

迫去职，于是喀尔喀四部举非清有。

是部佐领共有49。[①]

1. **土谢图汗旗** 土谢图汗游牧。牧地在杭爱山东，哈里雅尔山南，额尔德尼召东北，跨鄂尔坤、喀鲁哈二河。东至绰齐勒高里罕辉图萨拉干额沁温都尔鄂博，南至诺果干陀罗海鄂博，西至浩雅尔伯尔克中间鄂博，北至德尔苏图图伦鄂博，东北至查干齐老图鄂博，西北至翁奎诺尔鄂博，东南至查干乌孙鄂博，西南至达齐商达胡都克鄂博。

康熙三十年(1691年)多伦会盟，诏留察珲多尔济汗号，授札萨克，三十八年，卒。长子郡王噶勒丹多尔济袭号，寻卒。子亲王敦多布多尔济袭号，四十一年(1702年)，以溺职停号。察珲多尔济次子多尔济额尔德尼阿海袭汗号，五十一年(1712年)，卒。子旺扎勒多尔济袭，雍正十年(1732年)，卒。次子敦丹多尔济袭，乾隆八年(1743年)，卒。明年，四弟敦多布多尔袭，十年，卒。兄延丕勒多尔济袭，三十三年(1768年)，卒。从子车登多尔济袭，四十六年(1781年)，诏世袭罔替，五十八年(1793年)，以罪削。其后，敏珠尔多尔济、车登多尔济、额依多布多尔济、雅凌泰、车林多尔济、那逊朝克图、色囊伊勒多尔济、达什尼玛等相继袭爵，历任该旗札萨克。佐领1。

2. **右翼左旗** 札萨克和硕亲王游牧。牧地跨色楞格河，鄂尔坤河土喇河汇流于牧地东南部。东至布尔噶勒台乌苏，南至特可可陀罗海鄂博，西至哈勒塔尔陀罗海鄂博，北至朝伦哈沙图西侧鄂博，东北至哈喇胡珠拉岭鄂博，西北至额克、齐沁河汇流处鄂博，东南至呼和车格勒鄂博，西南至搜吉乌苏鄂博。

察珲多尔济从子车木楚克纳木札勒，康熙三十年(1691年)，授札萨克一等台吉，三十五年，晋辅国公。雍正元年(1723年)，叙

① 《清史稿》，卷五百二十一。

擒额鲁特逃众功，封多罗贝勒，九年(1731 年)，以力疾战殁。明年，长子成衮扎布袭，乾隆三年(1738 年)，晋封郡王，十一年(1746 年)，卒。子齐巴克雅喇木丕勒袭，二十一年(1756 年)，复以功晋和硕亲王，四十年(1775 年)，卒。次子齐巴克多尔济袭，乾隆四十六年(1781 年)，诏世袭罔替，嘉庆二年(1797 年)，卒。其后，齐巴克扎布、车布登多尔济、额林沁多尔济、车林多尔济、杭达多尔济等相继袭爵，历任该旗札萨克。佐领 7 有半。[①]

3. **中右旗**　札萨克多罗郡王游牧。牧地当土喇河曲处。东至拜图鄂博，南至博罗温都尔珠勒格台鄂博，西至乌苏图温都尔鄂博，北至哈喇尼敦温都尔鄂博，东北至达什隆鄂博，西北至青陀罗海鄂博，东南至海日罕西侧鄂博，西南至哈喇陀罗海鄂博。

察珲多尔济弟西第什哩，初号巴图尔台吉，康熙二十五年(1686 年)，赴库伦伯勒齐尔会盟，授札萨克。二十七年来投，命游牧苏尼特界内阿鲁额埒苏台，三十年(1691 年)，封多罗贝勒，仍兼札萨克，四十五年(1706 年)，卒。次子丹津多尔济袭，雍正元年(1723 年)，晋郡王，八年(1730 年)，晋亲王，十一年(1733 年)，以罪降郡王。乾隆元年(1736 年)，复封亲王，三年，卒。孙桑斋多尔济，袭郡王。二十年(1755 年)，晋亲王。三十年(1765 年)以私与俄罗斯互市，削爵。寻复封郡王，四十三年(1778 年)，卒。次年，子云丹多尔济袭，四十六年(1781 年)，诏世袭罔替，道光七年(1827 年)，卒。其后，多尔济拉布坦、那逊巴图、鄂特萨尔巴咱尔、车林巴布等相继袭爵，历任该旗札萨克。佐领 3。

4. **左翼中旗**　札萨克多罗郡王游牧。牧地当阿尔泰军台所经。

东至额固德多木达胡都克鄂博，南至查干陀罗海鄂博，西至哈丹乌苏鄂博，北至乌兰陀罗海鄂博，东北至札拉山鄂博，西北至巴

① 《蒙古游牧记》，卷七。

噶哈图山鄂博，东南至额尔和图茫罕鄂博，西南至哲格尔德阿吉尔噶新查干鄂博。

察珲多尔济族弟固鲁什喜，康熙二十七年(1688年)率族属来投，赐牧四子部落外洪果尔。二十八年(1689年)，由诺颜授为济农，居三汗之次。三十年(1691年)，封多罗郡王，仍兼札萨克。四十四年(1705年)，卒。长子多尔济阿喇布坦，袭札萨克多罗郡王，雍正六年(1728年)，以病罢。长子敏珠尔多尔济袭，乾隆五年(1740年)，卒。长子车凌拜都布袭，二十年(1755年)，击伊犁，死之。长子丹忠多尔济袭，三十七年(1772年)，卒。弟齐巴克扎布袭，乾隆四十六年(1781年)，诏世袭罔替，四十七年，卒。其后，多尔济扎布、达克丹多尔济、拉苏隆巴扎尔、阿木噶巴扎尔、阿囊达瓦齐尔等相继袭爵，历任该旗札萨克。佐领14。

5. **中旗** 札萨克固山贝子游牧。牧地在肯特山西南，汗山峙其境，当土喇河源。东至松都盖查干库图勒，南至克里野商丹鄂博，西至多木达乌尔察克洪灰温都尔鄂博，北至肯特山梁，东北至克鲁伦、特尼滚河汇流处鄂博，西北至哈马尔达巴干鄂博，东南至乌力吉图和硕格哲格哲格苏图布呼德尔哈喇乌苏鄂博，西南至翁根山鄂博。

察珲多尔济长子噶勒丹多尔济，康熙二十五年(1686年)，随父赴库伦伯勒齐尔会盟，授札萨克。二十七年，来投。三十年(1691年)，封多罗郡王，三十一年，卒。子和硕额驸惇多布多尔济袭，三十九年(1700年)，晋和硕亲王。察珲多尔济卒，诏袭土谢图汗。四十一年(1702年)，以溺职，降袭郡王原爵。雍正元年(1723年)，复封亲王，乾隆八年(1743年)，卒。次子额璘沁多尔济袭，乾隆二十年(1755年)，以罪削爵。二十二年(1757年)，恩复世爵，改为札萨克固山贝子，以惇多布多尔济长子根札布多尔济袭，二十五年(1760年)，卒。三子格斋多尔济袭，三十六年(1771年)，以病罢。兄车布登多尔济袭，三十九年(1774年)，卒。长子逊都布多尔济袭，四十六年(1781 年)，诏世袭罔替，嘉庆三年(1798 年)，卒。其后，宁保多尔济、德勒克多尔济、那木济勒端多布、绷楚克车林等相继袭爵，历任该旗札萨克。佐领 4。

6. **左翼后旗**　札萨克镇国公游牧。牧地当阿尔泰军台所经，东至札克乌苏南侧鄂博，南至查干陀罗海鄂博，西至特布什噶顺鄂博，北至乌兰托里木鄂博，东北至查干乌苏鄂博，西北至布尔车克山鄂博，东南至哲格尔德阿吉尔噶新查干鄂博，西南至营根乌孙鄂博。

察珲多尔济族子礼塔尔，初隶赛因诺彦善巴旗，康熙三十二年(1693 年)，礼塔尔入觐，授札萨克一等台吉，寻卒。长子旺舒克袭，雍正六年(1728 年)，以病罢。次子达什丕勒袭，乾隆十九年(1754 年)，以护视杜尔伯特游牧功，封辅国公。二十一年(1756 年)，晋固山贝子，复以捐驼马助军，赐贝勒品级，寻晋郡王品级，四十二年(1777 年)，卒。四子德沁喇木丕勒，降袭贝勒。四十六年(1781 年)，诏世袭罔替。五十七年(1792 年)，以罪降镇国公，寻卒。其后，索诺木旺楚克、巴勒达尔多尔济、车林多尔济、嘎丹巴勒、察克都尔扎布等相继袭爵，历任该旗札萨克。佐领 4。

7. **中右末旗**　札萨克辅国公游牧。牧地跨土喇河。南至布中奎鄂博，西至莫日根达巴干鄂博，东至色日滚布拉克，北至阿尔噶里山西侧鄂博，东北至乌兰哈达鄂博，西北至达什隆鄂博，东南至多木达乌尔察克洪灰温都尔鄂博，西南至塔本陀罗海西侧哈喇乌珠尔鄂博。

西弟什哩长子辰丕勒多尔济，康熙四十五年(1706 年)，弟丹津多尔济袭父爵，辰丕勒多尔济协理旗务。五十八年(1719 年)，随哲布尊丹巴胡图克图入觐请编所属别为一旗，授札萨克一等台吉，雍正六年(1728 年)，以老罢。孙喇木丕勒多尔济袭，乾隆二年(1737 年)，以病罢。弟三都布多尔济袭，乾隆二十四年(1759 年)，以戎绩卓著，封辅国公。四十五年(1780 年)，卒。子车登多尔济袭，四十六年（1781 年），诏世袭罔替，五十二年（1787 年），卒。其后，索诺木扎布、霍罗奇、达什多尔济、鼐当苏伦、那旺车林等相继袭爵，历任该旗札萨克。佐领 1。

8. **左翼左中末旗**　札萨克辅国公游牧。牧地当喀鲁哈河源。东至乌兰德勒多木达塔克鄂博，南至阿尔善之哈丹乌苏鄂博，西至达干得勒额沁胡都克鄂博，北至乌苏图温都尔鄂博，东北至乌噶勒札山鄂博，西北至色尔屯鄂博，东南至博罗温都尔阿鲁珠勒格台乌苏鄂博，西南至大喇嘛黄果尔鄂博。

察珲多尔济第四子车凌巴勒，初授一等台吉。康熙五十年（1711 年），来朝，封札萨克辅国公，析其从子札萨克台吉班珠尔多尔济五佐领隶之，雍正六年（1728 年），卒。长子巴木丕勒多尔济，乾隆十二年（1747 年），卒。次子车登三丕勒袭，四十一年（1776 年），卒。子拉素咙多尔济袭。乾隆四十六年（1781 年），诏世袭罔替。其后，车林扎布、喇布丹多尔济、毕里克太多尔济、密什克多尔济、鄂达尔托克齐布扬瓦齐尔等相继袭爵，历任该旗札萨克。佐领 1。

9. **右翼右旗**　札萨克辅国公游牧。牧地当东至锡伯格图，接土谢图汗旗界。东至鄂布尔珠勒格图胡都克东南鄂博，南至特们哈沙图台，西至乌孙追勒东侧噶克察莫多，北至齐克达噶图岭鄂博，东北至莫霍尔布拉克东侧鄂博，西北至图楞黑山莫多图乌珠尔鄂博，东南至诺果干陀罗海鄂博，西南至绰呼毕齐罕博罗陀罗海。

察珲多尔济第三子班第达额尔德尼纳木札勒来投，授札萨克，寻卒。子班珠尔多尔济，康熙三十年（1691 年）授一等台吉，袭其父所遗札萨克，乾隆元年（1736 年），卒。子琳丕勒多尔济袭，乾隆二十年（1755 年），以功封辅国公，二十三年（1758 年），卒。子车布登多尔济袭，四十六年（1781 年），诏世袭罔替，五十九年（1784 年），卒。其后，那木济勒多尔济、齐旺多尔济、喇布丹多尔济、济克济特多尔济、旺楚克察克都尔苏伦、密法木察苏特巴保多尔济、阿勒坦呼雅克等相继袭爵,历任该旗札萨克。佐领1。

10. **左翼前旗** 札萨克辅国公游牧。牧地当喀鲁哈河。东至布尔噶素图布拉克西侧鄂博,南至和色克布里都德尔苏图鄂博,西至额尔德尼陀罗海鄂博,北至巴颜额尔和图鄂布尔鄂博,东北至达什察勒鄂布尔温都尔鄂博,西北至乌噶勒札南侧牌子图鄂博,东南至青陀罗海鄂博,西南至翁奎诺尔东南鄂博。

察珲多尔济从弟巴朗,康熙二十七年(1688年),携属来投,赐牧苏尼特界内乌讷齐。三十年(1691年),授札萨克一等台吉,三十一年(1692年),卒。子旺布袭,乾隆三年(1738年),叙前后防剿准噶尔功,晋辅国公。七年(1742年),卒。次子蒙固袭,二十七年(1762年),以病罢。子索诺木辰伯勒袭,四十五年(1780年),卒。子巴克巴扎布袭,四十六年(1781年),诏世袭罔替。五十一年(1786年),卒。其后,齐巴克扎布、三都布多尔济、巴尔多尔济、党苏伦多尔济、车德恩多尔济、车登索诺木等相继袭爵,历任该旗札萨克。佐领3。

11. **右翼右末旗** 札萨克辅国公游牧。牧地当哈拉河源。东至阿达噶岭,南至哈麻尔岭鄂博,西至博罗勒吉鄂博,北至诺木图布拉克鄂博,东北至满达勒山鄂博,西北至索宁杭爱阿斯哈图山鄂博,东南至乌日雅呼岭鄂博,西南至阿尔噶里鄂博。

贝子锡布推哈坦巴图鲁长子巴海,康熙四十五年(1706年),弟车布登袭父爵,巴海协理旗务。雍正九年(1731年),以功封札萨克一等台吉,十年(1732年),晋辅国公,乾隆八年(1743年),卒。子贡楚克扎布袭,二十八年(1763年),卒。子贡楚克达什袭,乾隆四十六年(1781年),诏世袭罔替,四十九年(1784年),卒。其后,巴勒达尔扎布、倭多布齐旺、桑都布明珠尔、达什多尔济、曼达尔瓦、萨来瓦尔等相继袭爵,历任该旗札萨克。佐领1。

12. **中左旗** 札萨克公品级一等台吉游牧。牧地东至茂碧柳图,南至额沁温都尔鄂博,西至查干齐老图鄂博,北至青陀罗海,东北至车格尔哈喇鄂博，西北至桑图，东南至呼和德日孙南侧鄂博，西南至伊克阿尔噶里山。

亲王丹津多尔济第三子三达克多尔济，初授一等台吉，隶中右旗。乾隆三年(1738 年)，兄子桑斋多尔济袭爵，尚幼，以三达克多尔济代理旗务，赐公品级。十八年(1753 年)，封辅国公。二十年(1755 年)，晋贝子品级。二十三年(1758 年)，桑斋多尔济请析属隶三达克多尔济，别为一旗，诏授札萨克。二十九年(1764 年)，卒。长子车凌多尔济袭，五十三年(1788 年)，卒。长子萨兰多尔济降袭公品级一等台吉，嘉庆二十年(1815 年)，卒。其后，绷楚克多尔济、奇默特多尔济、洞多布扎勒布帕拉木多尔济、阿克旺多尔济等相继袭职，历任该札萨克。佐领 1。

13. **左翼右末旗** 札萨克一等台吉游牧。牧地当阿尔泰军台东。东至阿查乌兰鄂博，南至什巴滚陀罗海鄂博，西至哈丹乌孙阿曼鄂博，北至多木达乌尔察克洪灰温都尔鄂博，东北至桑锦达赖乌孙鄂博，西北至博罗温都尔珠勒格台乌孙鄂博，东南至纳林哈喇东侧鄂博，西南至搜吉乌苏鄂博。

郡王固鲁什喜从子开木楚克，康熙二十七年(1688 年)，率属来投。以与固噜什喜不睦，三十六年(1697 年)，命编所属别为一旗，授札萨克一等台吉，四十三年(1704 年)，卒。子纳木扎勒袭，五十四年(1715 年)，卒。长子车凌旺舒克袭，乾隆二十一年(1756 年)，卒。子达玛琳扎布袭，三十六年(1771 年)，卒。长子乌尔津扎布袭，乾隆四十六年(1781 年)，诏世袭罔替，道光二年(1822 年)，卒。其后，都昂多布多尔济、额凌多尔济、图鲁伯罗特、巴图萨固哩等相继袭爵，历任该旗札萨克。佐领 5。

14. **左翼末旗** 札萨克一等台吉游牧。牧地当阿尔泰军台东。东至巴伦布隆胡都克南侧鄂博，南至阿查山哈达鄂博，西至珠格布里驿站，北至什巴滚陀罗海鄂博，东北至巴嘎哈图多木达都尼鲁鄂博，西北至库图勒多伦驿站，东南至哈沙图胡都克西侧陀罗海鄂博，西南至哈察布齐驿站。

固噜什喜从弟车稜，号墨尔根岱青，康熙二十七年(1688年)来投。三十年(1691年)，授札萨克一等台吉，三十六年(1697年)，卒。子鄂巴袭，五十二年(1713年)，卒。子卓特巴袭，雍正七年(1729年)，以老罢。长子喇布坦袭，寻卒。次兄旺布多尔济袭，乾隆二十三年(1758年)，以病罢。子敦多布多尔济袭，乾隆四十六年(1781年)，诏世袭罔替，四十七年(1782年)，卒。其后，迈达哩扎布、沙克都尔扎布、乌都木济、齐旺扎布、扎米扬廓尔罗瓦、巴达尔呼等相继袭爵，历任该旗札萨克。佐领1。

15. **左翼中左旗** 札萨克一等台吉游牧。牧地当阿尔泰军台西。东至哈察布齐台，南至察布齐尔乌苏鄂博，西至乌兰齐乌苏鄂博，北至札克乌苏南特布色克鄂博，东北至珠格布里台，西北至塔齐勒噶图温都尔鄂博，东南至哈喇多本鄂博西南至哈丹乌苏鄂博。

固噜什喜从子逊笃布，初授协理台吉，隶从子郡王敏珠尔多尔济旗。雍正十年(1732年)，以军功授札萨克一等台吉。乾隆二十一年(1756年)，赐公品级。二十二年(1757年)，因私赴乌梁海购马，削公品级。子三笃克多尔济袭札萨克一等台吉，四十六年(1781年)，诏世袭罔替，五十四年(1789年)，以病罢。其后，阿扎拉、旺沁多尔济、巴勒党棍布、达喇木僧格、都昂多克多尔济、索诺木多尔济、阿克旺多尔济等相继袭爵，历任该旗札萨克。佐领1。

16. **中次旗** 札萨克一等台吉游牧。牧地当左翼中旗之东。东至格哲格噶顺鄂博，南至哈喇占陀罗海鄂博，西至哈喇多本鄂博，北至额固德胡都克鄂博，东北至巴伦札巴克胡都克鄂博，西北至呼和尼敦胡都克鄂博，东南至乌仁商达胡都克鄂博，西南至拜拉苏图山梁鄂博。

固鲁什喜次子成衮札布，初授协理台吉，隶兄郡王多尔济阿拉布坦旗。康熙五十八年(1719年)，其母请析多尔济阿拉布坦人户，别为一旗，令成衮札布辖之，诏授札萨克一等台吉。雍正十年

(1732 年),以不称职削。长子车布登袭,乾隆三十一年(1796 年),以罪削。弟车登袭,三十五年(1770 年),卒。次子贡楚克袭,乾隆四十六年(1781 年),诏世袭罔替,嘉庆十年(1805 年),卒。其后,达什扎布、占楚布多尔济、喇特那什奇、额哩克轸端多布果绰瓦、齐达尔巴拉、巴特玛勒克登珠拉等相继袭爵,历任该旗札萨克。佐领1。

17. **右翼右末次旗** 札萨克一等台吉游牧。牧地跨鄂尔坤河、色愣格河。东至布林山梁鄂博,南至沙喇额沁尼鲁鄂博,西至塔里雅那台河阿达克东侧鄂博,北至桑哈勒图、札勒图尔河汇流处鄂博,东北至桑哈勒图河,西北至罕台阿鲁岳布鲁克鄂博,东南至札克图勒,哈喇噶河汇流处鄂博,西南至呼和车格勒鄂博。

贝子锡布推哈坦巴图鲁弟青多尔济,康熙三十年(1691 年)来投。三十五年(1696 年),从征噶尔丹有功,授札萨克一等台吉,析锡布推哈坦巴图鲁属,别为一旗,令辖之。三十九年(1700 年),卒。子恭格袭,雍正四年(1726 年),以病罢。子旺扎勒袭,乾隆十五年(1750 年),卒。长子固噜扎布袭,四十一年(1776 年),以病罢。子齐巴克扎布袭,乾隆四十六年(1781 年),诏世袭罔替。其后,那木济勒多尔济、乌尔津扎布、罗布桑海都布等相继袭爵,历任该旗札萨克。佐领 1 有半。

18. **右翼左后旗** 札萨克一等台吉游牧。牧地当土喇河、喀鲁哈河。东至索宁杭爱阿斯哈图山鄂博,南至第三哈喇尼敦胡都克鄂博,西至珠格楞岭,北至莫霍尔海拉苏台鄂博,东北至沙喇布里都,西北至济鲁克莫盖北侧查干呼苏图鄂博,东南至阿尔噶里西侧鄂博,西南至满达勒西侧鄂博。

郡王车木楚克纳木札勒弟朋素克喇布坦,初授协理台吉。雍正八年(1730 年),以其才超众,且谙蒙古务,命析车木楚克纳木札勒二佐领,令辖之,别为一旗,授札萨克一等台吉。乾隆十一年(1746 年),卒。长子喇木丕勒多尔济袭,十六年(1751 年),卒。明年，次子衮楚克车凌袭，乾隆四十六年(1781年)，诏世袭罔替。四十八年(1783年)，卒。其后，达玛第扎布、固噜扎布、噶木毗勒多尔济、扎那巴扎尔、索诺木车林、旺楚克拉布坦等相继袭爵，历任该旗札萨克。佐领1。

19. **中左翼末旗** 札萨克一等台吉游牧。牧地当鄂尔坤河、色愣格河合流处。东至呼德卡伦，南至第一邦吉山梁鄂博，西至色愣格、萨鲁锦河合流处鄂博，北至查干诺尔，东北至保喇卡伦，西北至桑哈喇图、札勒图尔河合流处，东南至敏吉卡伦西南至博果陀罗海鄂博。

贝子锡布推哈坦巴图鲁从子车棱札布，康熙二十七年(1688年)，避噶尔丹掠，率所属徙牧俄罗斯境。三十二年(1693年)，集属六百户来投，闻锡布推哈坦巴图鲁驻牧巴颜乌兰，乞往附，允之。三十三年(1694年)，念其父达什为喀尔喀旧札萨克，授车棱札布一等台吉，兼札萨克。五十七年(1718年)，卒。子齐巴克扎布袭，乾隆二十一年(1756年)，赐公品级，寻以罪夺，二十七年(1762年)，以病罢。子额璘沁多尔济袭札萨克一等台吉，乾隆四十六年(1781年)，招世袭罔替，五十八年(1793年)，卒。其后，齐旺多尔济、那木济勒多尔济、车凌端多布、密济特多尔济等相继袭爵，历任该旗札萨克。佐领4。

20. **右翼左末旗** 札萨克一等台吉游牧。东至鄂嫩河鄂博，南至阿达噶岭鄂博，西至沙喇布里都辉图陀罗海鄂博，北至哈喇郭勒河阿达克鄂博，东北至阿鲁那日图河拜查哈达鄂博，西北至哈喇噶、札克都勒河合流处鄂博，东南至小肯特山，西南至索宁杭爱阿斯哈图山鄂博。

察珲多尔济从弟锡布推哈坦巴图鲁，初与弟青多尔济等驻牧巴颜乌兰。康熙二十七年(1688年)，避噶尔丹掠，走避克鲁伦河。三十年(1691年)来投，封札萨克辅国公，三十八年(1699年)，叙追擒巴尔呼逃众功，晋固山贝子，四十三(1704年)，卒。次子车布登，初降袭镇国公，雍正元年（1723 年），晋多罗贝勒。乾隆二十一年（1756 年），以附青衮扎布罪削。长子齐旺多尔济降袭辅国公，三十年（1765 年），卒。车布登复袭，三十五年（1772 年），卒。孙齐素咙多尔济降袭一等台吉，四十六年（1781 年），诏世袭罔替，嘉庆五年（1800 年），卒。其后，伊塔木扎布、车林多尔济、车凌多尔济、那逊固木布、索特那木达尔济雅等相继袭爵，历任该旗札萨克。佐领 1。[①]

（二）车臣汗部（克鲁伦巴尔和屯盟）

喀尔喀东路，至京师三千五百里，东界额尔德尼陀罗海，西界察罕齐老图，南界塔尔衮柴达木，北界温都尔罕。

先是车臣汗部编佐领，置 11 旗，后增 12 旗，札萨克 23，盟于克鲁伦巴尔和屯。设正副盟长各一，副将军、参赞各一，爵 26。车臣汗一，附辅国公一、札萨克和硕亲王一、札萨克多罗郡王一，附多罗贝勒一、札萨克多罗贝勒一、札萨克固山贝子二、札萨克镇国公一、札萨克辅国公二、公品级札萨克一等台吉一、札萨克一等台吉十三，附镇国公一[②]。是部有成吉思汗陵。有佐领 40。[③]

1. **车臣汗旗**　车臣汗游牧。牧地当跨克鲁伦河。东至哈喇尼敦胡都克东南侧鄂博，南至巴尔图山东侧鄂博，西至吉尔噶朗图西北侧查干德布色克鄂博，北至鄂勒苏图温都尔鄂博，东北至塔尔那塔华鄂博，西北至哈喇莽鼐山鄂博，东南至查干哈马尔鄂博，西南至梅勒温都尔鄂博。

康熙三十年（1691 年），诏留乌默克车臣汗号，领一旗，四十八年（1709 年），卒。长子衮臣，袭车臣汗，雍正六年（1728 年），卒。乌默客孙车布登班珠尔袭，赐汗印，十一年（1733 年），以溺职削。

① 《蒙古游牧记》，卷七。

② 《王公表传》，卷五十三传第三十七。

③ 《清史稿》，卷五百二十一。

乌默克从弟垂扎布袭车臣汗，十三年(1735年)，卒。衮臣次子达玛璘袭。乾隆十六年(1751年)，卒。长子嘛呢巴达喇袭。三十二年(1767年)，卒。弟车布登扎布袭，乾隆四十六年(1781年)，诏世袭罔替，五十三年(1788年)，卒。其后，齐旺多尔济、朋楚克多尔济、桑斋多尔济、玛哈什哩、恩克图噜、阿尔塔什达、车林多尔济、德木楚克多尔济、阿克旺那林等相继袭职车臣汗号，历任该旗札萨克。佐领2。

2. **左翼中旗** 札萨克和硕亲王游牧。牧地当科勒苏台河之东，跨克鲁伦河。东至多布绰克陀罗海鄂博，南至温都尔德勒鄂博，西至图木斯图鄂博，北至伊克噶札尔鄂博，东北至莫多图鄂博，西北至博罗陀罗海鄂博，东南至额尔德尼乌拉鄂博，西南至莫里图鄂博。

乌默客叔父纳木札勒，初号额尔德尼台吉，康熙二十七年(1688年)，倡议乌默客来投，授济农兼领乌默客众，二十八年(1689年)，授札萨克，三十年(1691年)，封多罗郡王。孙巴雅尔什第，乾隆二十年(1755年)，以战功晋封和硕亲王，四十六年(1781年)，卒。长子衮楚克扎布袭札萨克和硕亲王，遂诏世袭罔替，嘉庆十九年(1814年)，卒。其后，达尔玛锡哩、玛尼巴咱尔、车林多尔济、那木济勒端多布、济克济特苏伦、旺堆多尔济等相继袭爵，历任该旗札萨克。佐领2。

3. **中右旗** 札萨克多罗郡王游牧。牧地，喀尔喀河，于是潴于贝尔诺尔。东至塔本陀罗海鄂博，南至诺木罕博罗鄂博，西至沙喇特格克鄂博，北至布隆德尔苏鄂博，东北至第十九锡林胡都克鄂博，西北至阳产鄂博，东南至彻车布里都鄂博，西南至沙喇尼鲁鄂博。

乌默客叔父朋素克，初号伊勒登台吉，康熙二十七年(1688年)来投，授济农，二十八年(1689年)，授札萨克。三十年(1691年)，封固山贝子。三十五年(1696年)，以从征噶尔丹功，晋多罗郡王，仍留伊勒登济农号。雍正五年(1727 年)，以老罢。子垂扎布袭札萨克多罗郡王。雍正十三年(1735 年)，长子德木楚克袭札萨克多罗郡王。乾隆四十五年(1706 年)，卒。子移旺多尔济袭札萨克多罗郡王，乾隆四十六年(1781 年)，诏世袭罔替，寻卒。其后桑斋多尔济、巴图鄂齐尔、托克托呼图鲁、莽珠巴咱尔、多尔济帕喇穆等相继袭爵，历任该旗札萨克。佐领 4。

4. **右翼中旗**　札萨克多罗贝勒游牧。牧地东至第一百零八查干库图勒鄂博，南至第十九霍布尔乌苏鄂博，西至第十六桑锦达赖乌苏鄂博，北至第七十九哲格苏图布呼德尔哈喇乌苏，东北至第八十九乌鲁格依山塔齐勒噶图东侧鄂博，西北至巴颜哈喇山，东南至第三乌兰陀罗海乌苏鄂博，西南至第三十八阿查图乌兰鄂博。

乌默客从叔父车布登，祖巴特玛达什，号达赉珲台吉，硕垒汗第八子也。父丹巴，有子二，长即车布登，初号额尔克台吉，康熙二十七年(1688 年)来投。二十八年(1689 年)，授札萨克。三十年(1691 年)，封多罗贝勒。雍正元年(1723 年)，长子旺扎勒以追擒额鲁特逃众，晋郡王，八年(1730 年)，以迟误军驼削爵，九年(1731 年)，复授多罗贝勒爵，乾隆十四年(1749 年)，卒。长子旺沁扎布袭札萨克多罗贝勒，二十年(1755 年)，击伊犁，死于军中。子达克丹多尔济袭札萨克多罗贝勒，乾隆四十六年(1781 年)，诏世袭罔替，嘉庆八年(1803 年)，病罢。其后，那木济勒多尔济、衮楚克扎布、贡噶多尔济、车林桑都布、永端多尔济、棍布苏伦等相继袭爵，历任该旗札萨克。佐领 3。

5. **中末旗**　札萨克固山贝子游牧。东至阿勒塔图鄂博，南至查干库图勒鄂博，西至尼古尔苏台鄂博，北至乌鲁库图勒鄂博，东北至巴尔图山鄂博，西北至塔本陀罗海鄂博，东南至鄂斯齐鄂博，西南至额里颜鄂博。

乌默客族祖达哩，父嘛察哩，号伊勒登土谢图，硕垒汗长子也。达哩袭伊勒登号，康熙二十七年(1688 年)来投，授济农，三十年

(1691 年)，授札萨克固山贝子，寻以老病乞休。长子阿海成伯勒袭，三十五年(1696 年)，康熙帝亲征。遣属为大军向导，凯旋授玛哈杜喇尔达尔汉号，四十年(1701 年)，卒。三弟喇布坦袭札萨克固山贝子，雍正十年(1732 年)，卒。子旺扎勒袭札萨克固山贝子，乾隆二十七年(1762 年)，卒。次子伊达木扎布，袭札萨克固山贝子，乾隆四十六年(1781 年)，诏世袭罔替，四十九年(1784 年)，卒。其后，贡楚克扎布、蕴端巴雅尔、敏珠尔多尔济、普尔布扎布、多尔济车林等相继袭爵，历任该旗札萨克。佐领 3。

6. **中左旗** 札萨克固山贝子游牧。牧地东至第五十三巴嘎浑塔尔西北侧沙喇哈达鄂博，南至第一鄂布尔查干乌孙鄂博，西至第十九巴颜查干鄂博，北至第三十五鄂嫩河北侧额尔格克鄂博，东北至第十四巴嘎文绰盖山鄂博，西北至第三十一德勒库勒布拉克北侧鄂博，东南至第六十一伊克察布鄂博，西南至第八特格希布颜图温都尔德勒鄂博。

乌默客从曾祖布达札布为硕垒汗第十子，号额尔德尼台吉。康熙二十七年(1688 年)来投，二十八年，授济农及札萨克，三十年(1691 年)，封固山贝子，五十年(1711 年)来朝，晋多罗贝勒。子云敦琳沁，降袭辅国公。曾孙达尔济雅，乾隆二十年(1755 年)以击贼功，晋封固山贝子，四十五年(1780 年)，卒。子索诺木旺扎勒多尔济袭札萨克固山贝子，乾隆四十六年(1781 年)，诏世袭罔替，嘉庆七年(1802 年)，以擅杀人削。其后，倭多布齐旺、彭楚克多尔济、德吉特多尔济、贡楚克扎布、勒旺多尔济、棍布苏伦等相继袭爵，历任该旗札萨克。佐领 2 有半。

7. **中后旗** 札萨克辅国公游牧。牧地跨敖嫩河。东至齐老图陀罗海鄂博，南至伊克萨勒齐图鄂博，西至巴尔哈岭鄂博，北至莫盖查干温都尔鄂博，东北至鄂嫩河北侧额尔格车克鄂博，西北至鄂嫩河南岸鄂博，东南至坤都伦华鄂博，西南至拜察齐老鄂博。乌默客从祖车布登为硕垒汗第七子，初号车臣济农。康熙二十七年

(1688年)与其弟阿南达、布达扎布来投。二十八年(1689年),授札萨克,三十年(1691年),封固山贝子。四十年(1701年),孙车棱布木,降袭镇国公。五十五年(1716年),曾孙格埒克巴木丕勒降袭辅国公。乾隆二十年(1755年)以督解驼马迟误罪削,二十一年(1756年),复爵,二十五年(1760年),晋镇国公。三十六年(1771年),子衮布扎布降袭辅国公,四十六年(1781年),诏世袭罔替。嘉庆十三年(1818年),卒。其后,僧格多尔济、棍布扎布、棍楚克车林、成里克多尔济等相继袭爵,历任该旗札萨克。佐领一有半。

8. **左翼前旗**　札萨克镇国公游牧。牧地当索岳尔济山北,滨喀尔喀河。东至第二十七查干库图勒鄂博,南至第七昭德巴华鄂博,西至第十二达尔巴盖华鄂博,北至第二十二塔本陀罗海鄂博,东北至第二十五哈喇图山鄂博,西北至第十五彻车布里都鄂博,东南至固尔班哈达,西南至第一索岳勒吉山西侧鄂博。

乌默客族叔父车布登,祖本巴,号巴图尔达尔汉珲台吉,为硕垒汗第四子。康熙三十年(1691年)车布登弟罕笃叛遁俄罗斯,车布登不从,诏即以罕笃镇国公授之,仍兼札萨克,五十二年(1713年),卒。子图巴袭镇国公,雍正十一年(1733年),卒。子扎木禅袭札萨克镇国公,乾隆三十二年(1767年),卒。子云丹袭札萨克镇国公,四十六年(1781年),诏世袭罔替,五十一年(1786年),卒。其后,达什格埒克、多尔济帕喇穆、索诺木达尔济雅、额尔德尼托克塔噶勒、扎木萨林扎布、车林呢玛等相继袭爵,历任该旗札萨克。佐领1有半。

9. **右翼中右旗**　札萨克辅国公游牧。牧地东至第二十九莫敦乌孙鄂博,南至第三额沁查干鄂博,西至伊尔盖乌兰温都尔,北至第二十二阿曼布里敦鄂博,东北至第二十四彻车温都尔鄂博,西北至第十八布呼德尔哈喇乌苏鄂博,东南至第一额日彦山鄂博,西南至第八乌鲁格依鄂博。

贝勒车布登从弟车棱旺布,祖巴特玛达什,父齐旺。车棱旺布初授协理台吉，隶右翼中旗。康熙五十年(1711 年)，叙追缉巴尔呼人功，授一等台吉，五十一年(1712 年)，授札萨克。雍正二年(1724 年)，以剿擒额鲁特逃众功晋辅国公。子格埒克，乾隆七年(1742 年)，袭札萨克辅国公，二十二年(1757 年)，以病罢。子贡楚克多尔济袭札萨克辅国公，乾隆四十六年(1781 年)，诏世袭罔替，五十九年(1794 年)，卒。其后，齐旺多尔济、棍布扎布、那喇莽棍布扎布达呼等相继袭爵，历任该旗札萨克。佐领 1 有半。

10. **左翼后旗**　札萨克一等台吉游牧。牧地东至第三十三齐喇诺尔鄂博，南至第一滚尼温都尔鄂博，西至第十一鄂布尔查干乌孙鄂博，北至第二十八巴嘎浑塔尔鄂博，东北至第三十一哈喇莽鼐鄂博，西北至第十九巴嘎查干陀罗海鄂博，东南至第三十八托里布拉克鄂博，西南至第七绰克温都尔鄂博。

乌默客族祖车棱达什，父绰斯喜布，为硕垒汗第六子。初所部台吉之得贡九白者，皆授札萨克。车棱达什其一也，号额尔得尼珲台吉。康熙二十七年(1688 年)，率属来投，三十年(1691 年)，授一等台吉，仍兼札萨克。三十五年(1696 年)，叙功，晋辅国公。曾孙成衮，乾隆二十一年(1656 年)，以驻防乌里雅苏台私归游牧削爵。子德木楚克降袭一等台吉，四十六年(1781 年)，诏世袭罔替，嘉庆八年(1803 年)，卒。其后，车登旺布、那木济勒多尔济、朗准多布坦多尔济、伊特星诺尔布、哈丹、多尔济扎布等相继袭爵，历任该旗札萨克。佐领 2 有半。

11. **左翼后末旗**　札萨克公品级一等台吉游牧。牧地东至额里颜沙喇特格克鄂博，南至库图勒胡都克鄂博，西至鄂尔布勒山鄂博，北至多木达德尔孙鄂博，东北至哲滚朔尔伯克北侧鄂博，西北至齐喇诺尔鄂博，东南至拉克诺尔鄂博，西南至哲滚托里布拉克。

辅国公车棱达什弟多尔济达什，初授二等台吉，食札萨克俸。康熙五十年(1711 年)，授札萨克一等台吉，雍正三年(1725 年)，卒。长子成衮扎布袭职爵，十年(1732 年)，随大军在额尔敦召败准格尔兵，乾隆二十一年(1756年)，以严守讯地功，赐公品级。三十六年(1771年)，卒。子云敦齐旺袭公品级札萨克一等台吉，三十九年(1774年)，卒。子贡桑班巴尔袭公品级札萨克一等台吉，四十六年(1781年)，诏世袭罔替，嘉庆二十二年(1817年)，卒。其后，萨满达巴达喇、玛哈苏噶、德勒克依车车克、多尔济玉勒吉克多克等相继袭爵，历任该旗札萨克。佐领1有半。

12. **中末右旗** 札萨克一等台吉游牧。牧地东至第五十一沙巴尔乌格希鄂博，南至第三苏里吉尔鄂博，西至第十九乌讷格特北侧鄂博，北至第三十六托多克台察和勒达克鄂博，东北至第四十二特格希布颜图鄂博，西北至第二十四伊克巴尔图鄂博，东南至第五十四塔本陀罗海鄂博，西南至第十二乌勒呼鄂博。

贝子达哩孙旺札勒札布，初授二等台吉，隶中末旗。雍正十三年(1735年)，献驼马助军，授一等台吉，乾隆十四年(1749年)，复以捐造军械，协济口粮，授札萨克，二十五年(1760年)，卒。子班珠尔袭札萨克一等台吉，四十二年(1777年)，卒。子车凌达什袭札萨克一等台吉，四十六年(1781年)，诏世袭罔替，五十二年(1787年)，卒。其后，车凌纳木扎勒、棍布扎布、贡噶尔扎布、达什端多布、车林多尔济、洛布桑吹都布瓦哈旺帕勒斋达什车林等相继袭爵，历任该旗札萨克。佐领1。

13. **右翼中左旗** 札萨克一等台吉游牧。牧地东至第二十一吉尔噶朗图布拉克北侧查干特布色克鄂博，南至第一呼日叶山敖库图勒，西至第七阿鲁察尔玛鄂博，北至第十二霍罗海布拉克额沁浩勒保巴伦温都尔鄂博，东北至第十八哈喇诺尔西侧鄂博，西北至僧库尔河，东南至第二十四僧库尔河哲滚布隆胡都克鄂博，西南至第五阿贵图布拉克额沁鄂博。

乌默客族叔父吹音珠尔，祖察布哩，号额尔德尼台吉，隶中末旗。康熙五十二年(1713年)，编吹音珠尔属丁五百，为一旗，授札萨克一等台吉。五十三年(1724年)，卒。子塔旺，袭札萨克一等台吉,雍正十三年(1735年),以罪削。从子齐瑚拉袭札萨克一等台吉,乾隆七年(1742年),卒。子桑斋璘沁袭札萨克一等台吉,二十一年(1756年),以罪削,二十五年(1760年),复其爵,三十四年(1769年),卒。子楚克苏木扎布袭札萨克一等台吉,乾隆四十六年(1781年),诏世袭罔替,嘉庆十四年(1809),病免。其后,多尔济扎布、车楞多尔济、棍布扎布、车林端多布、都噶尔苏伦等相继袭爵,历任该旗札萨克。佐领1。

14. **右翼前旗** 札萨克一等台吉游牧。牧地东至第二十一萨里克巴伦登吉鄂博,南至第一吉尔噶朗图查干特布色克鄂博,西至第十霍罗海浩勒保巴伦温都尔鄂博,北至第十六德勒博尔黑华鄂博,东北至第十九哲滚洪格勒济哲滚登吉鄂博,西北至第十一巴伦色布苏勒额沁温都尔鄂博,东南至第二十六哈喇莽鼐山鄂博,西南至第四哈喇诺尔塔布鄂博。

乌默客族叔父色棱达什,祖拉布哩,号额尔克台吉,为硕垒汗第三子,父诺扪宰桑珲台吉,袭额尔克号。色棱达什于康熙二十七年(1688年)来投,三十年(1691年),授札萨克一等台吉,四十一年(1702年),卒。子固噜扎布袭札萨克一等台吉,乾隆二年(1737年),卒。子贡楚克扎布袭札萨克一等台吉,乾隆四十六年(1781年),诏世袭罔替,是年,卒。其后,玛哈巴达、扎木萨朗扎布、车林达什、达什克车林多尔济、车林棍布等相继袭爵,历任该旗札萨克。佐领1有半。

15. **右翼左旗** 札萨克一等台吉游牧。牧地东至第十二乌珠尔胡都克鄂博,南至第一塔尔纳图华鄂博,西至第五库图勒乌苏东侧鄂博,北至第八德勒北侧鄂博,东北至第十查干齐老图西侧鄂博,西北至第七鄂勒苏图山鄂博,东南至第十六鄂博图鄂博,西南至第三查干陀罗海鄂博。

乌默客叔父根敦,康熙四十年(1701年)来朝,念其为旧车臣汗诺尔布之子,授札萨克一等台吉,雍正五年(1727年),以老罢。

三子博洛尔袭札萨克一等台吉，乾隆十五年(1750 年)，卒。子鞥克袭札萨克一等台吉，四十四年(1779 年)，卒。博洛尔次子僧格喇布坦，袭札萨克一等台吉，乾隆四十六年(1781 年)，诏世袭罔替。五十四年(1789 年)，卒。其后，朗衮扎布、彭楚克多尔济、车林端多布等相继袭爵，历任该旗札萨克。有半个佐领。

16. **中末次旗**　札萨克一等台吉游牧。东至辉图哈尔噶纳山，南至第三十一码拉噶尔山阿鲁札喇鄂博，西至第十二坤都仑华鄂博，北至第二十戈尔齐老鄂博，东北至第二十五齐喇布拉克东侧鄂博，西北至第十五巴伦阿鲁布拉克乌珠尔华鄂博，东南至第三十七查干齐老图和硕鄂博，西南至查干齐老图库图勒鄂博。

乌默客从叔父韬赍，父穆彰，号墨木根楚琥尔，为旧车臣汗诺尔布伯兄。康熙三十年(1691 年)，授韬赍闲散台吉，隶车臣汗旗，三十四年(1695 年)，编属丁六百为一旗。授韬赍札萨克一等台吉，六十年(1721 年)，卒。子车登敦多布袭札萨克一等台吉，乾隆二十九年(1764 年)，卒。子根敦扎布袭札萨克一等台吉，乾隆四十六年(1781 年)，诏世袭罔替，五十年(1785 年)，卒。其后，车凌多尔济、衮布扎布、党苏咙扎布、喇布丹多尔济、车林多尔济等相继袭爵，历任该旗札萨克。佐领 1 有半。

17. **左翼右旗**　札萨克一等台吉游牧。牧地东至哈拉塔尔莫里图山，南至第四十图伦山查干鄂博图西侧鄂博，西至第八哈喇尼敦鄂博，北至第二十一玛拉噶尔山阿鲁济喇鄂博，东北至第二十四图木斯台鄂博，西北至第十九布尔噶苏图布拉克巴伦登吉鄂博，东南至萨喇札木图乌苏，西南至第三查干陀罗海鄂博。

乌默客叔父垂札木素，康熙四十年(1701 年)来投，念其为旧车臣汗诺尔布之子，授札萨克一等台吉。雍正五年(1727 年)，以老罢。子齐旺多尔济袭札萨克一等台吉，十一年(1733 年)，以溺职削爵。垂扎木素次子旺扎勒袭札萨克一等台吉，乾隆二十五年(1760 年)，以老罢。子噶尔玛扎布袭札萨克一等台吉，四十三年

(1778年),卒。子索诺木袭札萨克一等台吉,乾隆四十六年(1781年),诏世袭罔替,嘉庆九年(1804年),卒。其后,沈木丕勒多尔济、桑都布多尔济、杜喇木扎布、达木定多尔济、达木楚克旺济勒等相继袭爵,历任该旗札萨克。佐领1。

18. **中右后旗** 札萨克一等台吉游牧。东至巴尔哈岭,南至第一拜察山库图勒鄂博,西至第八巴嘎肯特山鄂博,北至伯勒齐尔山,东北至第十四塔喇塔河行阿尔善北侧哈喇占陀罗海鄂博,西北至第十二阿鲁那拉图河拜查哈达鄂博,东南至第二十二霍罗海布拉克额沁浩勒保巴伦温都尔鄂博,西南至第三博罗和硕鄂博。

乌默客从叔父罗卜藏,父布达,号岱青珲台吉,为旧车臣汗诺尔布次兄。康熙三十年(1691年),授罗卜藏闲散台吉,隶中右旗。三十六年(1697年),叙追击罕笃功,授札萨克一等台吉,五十四年(1715年),卒。子沙克都尔扎布袭札萨克一等台吉,雍正八年(1730年),以旷职削爵。子格木丕勒袭札萨克一等台吉,乾隆元年(1736年),卒。沙克都尔扎布又袭札萨克一等台吉,七年(1742年),卒。格木丕勒长子纳旺伊什袭札萨克一等台吉,二十一年(1756年),以罪削爵。二十五年(1760年),诏复其爵,乾隆四十六年(1781年),诏世袭罔替。五十七年(1792年),卒。其后,贡素隆扎布、车木布尔扎布、车登达瓦、布杨德勒格尔、囊济特多尔济、那旺什库尔等相继袭爵,历任该旗札萨克。佐领为半。

19. **左翼左旗** 札萨克一等台吉游牧。牧地跨克鲁伦河。东至第二十商丹哈喇温都尔鄂博,南至第一巴伦浩勒保鄂博,西至第六托灰布拉克额沁鄂博,北至第十四华陀罗海鄂博,东北至第十六图古勒干布拉克鄂博,西北至第十一鄂莫根图额沁温都尔鄂博,东南至第二十四华和硕鄂博,西南至第三乌拉噶图山。

乌默客叔父额尔德尼,康熙三十五年(1696年),从大军征噶尔丹,叙功授一等台吉。四十年(1701年),来朝,念其为旧车臣汗汗诺尔布之子,授札萨克,雍正五年(1727年),以老罢。子旺布袭札萨克一等台吉，十年（1732 年），以罪削。额尔德尼次子齐旺袭札萨克一等台吉，乾隆二十五年（1760 年），以老罢。子车登旺扎勒袭札萨克一等台吉，三十七年（1772 年），卒。子扎木巴勒多尔济袭，乾隆四十六年（1781 年），诏世袭罔替，嘉庆四年（1799 年），卒。其后，扎木萨朗扎布、达木弟音车凌、巴雅尔什达、玛哈巴哩迪、桑旺车林多尔济、绷楚克德济特等相继袭爵，历任该旗札萨克。佐领 1 有半。

20. **中左前旗** 札萨克一等台吉游牧。牧地跨克鲁伦河。东至第二十一浩勒保诺尔西北侧鄂博，南至第一呼和鄂博哲滚胡都克东侧鄂博，西至第七多伦诺尔多布德尔苏鄂博，北至第十八乌勒札河南岸查干陀罗海鄂博，东北第十九齐努图和勒木图温都尔鄂博，西北至第十四乌勒札河南岸华陀罗海鄂博，东南至第二十六达雅温都尔鄂博，西南至第四克鲁伦河北侧华陀罗海鄂博。

贝子阿南达长子贡楚克，康熙三十六年（1697 年），弟丹津袭父爵，授贡楚克一等台吉，兼札萨克，四十二年（1703 年），卒。子布尼袭札萨克一等台吉，四十九年（1710 年），卒。贡楚克次子达玛璘扎布袭，雍正十一年（1733 年），以酗酒削。子旺舒克达尔扎袭，乾隆十三年（1748 年），卒。子贡楚克扎布袭，乾隆四十六年（1781 年），诏世袭罔替，嘉庆四年（1799 年），病免。其后，乌尔锦扎布、扎木萨兰扎布、达尔玛扎尔、车林端多布多尔济、达木定扎布等相继袭爵，历任该旗札萨克。佐领 1。

21. **中前旗** 札萨克固山贝子降袭札萨克一等台吉游牧。牧地跨克鲁伦河。东至第三十五哈布齐盖图边界鄂博，南至哈喇鄂博，西至第十四浩勒保诺尔西北侧鄂博，北至第二十七哈丹和硕鄂博，东北至第四十希尔沁阿鲁布拉克鄂博，西北至第二十呼查东侧查干陀罗海鄂博，东南至第五十二乌兰洪果儿边界鄂博，西南至第六乌兰温都尔鄂博。

硕垒汗第十一子阿南达，号达赉台吉，康熙二十七年（1688

年),率属来投。二十八年(1689年),授济农及札萨克,三十年(1691年),封固山贝子,三十五年(1696年),卒。妻苏嘛达喇请以第三子丹津袭爵,其札萨克以长子一等台吉贡楚克袭,四十四年(1705年),丹津卒,苏嘛达喇请以第四子齐巴勒阿喇布坦袭,诏降袭镇国公,寻兼札萨克,四十五年(1706年),卒。丹津子延楚布多尔济袭,雍正二年(1724年),侍苏嘛达喇来朝,晋封固山贝子,乾隆二十二年(1757年),以溺职罪削爵。子旺沁札布袭,寻以罪削札萨克,降授闲散公。封其弟贡素咙札布一等台吉,兼札萨克,四十六年(1781年),诏世袭罔替,五十二年(1787年),以病罢。其后,车登多尔济、敏珠多尔济、伊特兴诺尔布、车林多尔济、勒旺勒克津、桑萨赖多尔济等相继袭职一等台吉爵,历任该旗札萨克。佐领5。

22. **右翼中前旗**　札萨克一等台吉游牧。牧地当克鲁伦河曲处。东至第三十阿鲁商达南侧鄂博图鄂博,南至第四乌兰华鄂博,西至第九布呼德尔哈喇乌苏鄂博,北至第十九库里叶敖库图勒鄂博,东北至第二十五吉尔噶朗图查干特布色克鄂博,西北至第十一博罗和硕鄂博,东南至第三十六乌鲁库图勒鄂博,西南至沙喇克沁色尔克。

贝子阿勒达尔孙车棱多岳特,初授二等台吉。乾隆十九年(1754年),驻防乌里雅苏台,献马五百,晋一等台吉,二十年,大军剿达瓦齐,复献马六百、牛百、羊千,晋辅国公兼札萨克。四十三年(1778年),卒。长子车登札布降袭一等台吉,四十四年(1779年),卒。子齐巴克扎布,袭职,四十六年(1781年),诏世袭罔替,嘉庆十三年(1808年),卒。其后,哈斯巴咱尔、车都布多尔济、杜噶尔车木布勒、齐达尔巴拉、拉木扎布苏隆、密什克多尔济等相继袭爵,历任该旗札萨克。佐领1。[①]

---

① 《蒙古游牧记》,卷九。

23. **右翼后旗**　札萨克一等台吉游牧。牧地东至第十九哈拉塔尔和硕鄂博，南至第二十六伊克乌里雅斯台西侧温都尔鄂博，西至第七塔本陀罗海鄂博，北至第十二查干和硕鄂博，东北至第十八拉克诺尔鄂博，西北至第十托里布拉克北侧鄂博，东南至第二十二乌尼格特温都尔鄂博，西南至第二赛音呼格布里鄂博。

辅国公车凌达什从子固鲁扎布，号额尔德尼台吉。初游牧克鲁伦河南岸，康熙二十七年(1688 年)来投，三十年(1691 年)，授札萨克一等台吉，寻卒。明年，长子齐旺班珠尔袭，雍正十三年(1735 年)，以病罢。子格埒克袭，乾隆八年(1743 年)，以罪削。同年，长子索诺木敦多布袭，四十六年(1781 年)，诏世袭罔替，五十六年(1791 年)，卒。其后，巴延巴达尔瑚、德木楚克彭楚克多尔济、济克默特多尔济、车林巴咱尔、额璘沁多尔济、都赫德等相继袭爵，历任该旗札萨克。佐领 3。

(三)札萨克图汗部(札克必拉色钦毕都哩雅诺尔盟)

喀尔喀西路，至京师四千余里，东界翁锦西尔哈勒珠勒，西界喀喇乌苏额呼克诺尔，南界阿尔察喀喇托辉，北界推河。

先是札萨克图汗部编佐领，分 10 旗，青衮扎布事件后增 8 旗，附额鲁特 1 旗，札萨克 19。盟于扎克毕赖色钦毕都哩雅诺尔，设正副盟长各一，副将军、参赞各一。爵 22，札萨克图汗兼多罗郡王一，附公品级三等台吉一、郡王品级札萨克多罗贝勒一，札萨克镇国公二，札萨克辅国公六，附辅国公一，札萨克一等台吉八，附辅国公一，额鲁特札萨克一等台吉一。① 是部佐领 21。②

1. **札萨克图汗兼管右翼左旗**　牧地东至塔奇勒图，南至布尔罕保台山，西至克勒特克依察布，北至博罗春济鄂博，东北至乌兰布拉克，西北至查干额尔格，东南至德尔苏图，西南至济布胡朗。

① 《王公表传》，卷六十传第四十五。

② 据《清史稿》，(卷二百十“藩部世表二”)：“雍正二年封札萨克辅国公”。

康熙三十年(1691年),授札萨克图汗成衮子车旺扎布和硕亲王爵,四十一年(1702年),诏袭札萨克图汗号,雍正十年(1732年),以罪停汗号,留亲王爵。从子格埒克延丕勒郡王袭汗号,乾隆六年(1741年),卒。同年,长子巴勒达尔袭札萨克多罗郡王爵,七年,袭札萨克图汗号,三十五年(1770年),卒。子齐旺巴勒齐袭札萨克图汗兼多罗郡王,四十六年(1781年),诏世袭罔替,五十五年(1790年),卒。其后,布尼拉忒纳、玛呢巴咱尔、车凌敦多布、多尔济帕拉玛、素特木那木坦等相继袭爵,历任该旗札萨克。佐领3。

2. **中左翼左旗** 札萨克郡王品级多罗贝勒游牧。牧地在桑锦达赉诺尔之北。东至德勒格尔木伦,南至布古瓦温都尔,西至伯尔克,北至呼拉阿吉尔噶,东北至德勒格尔木伦河源,西北至查干陀罗海,东南至桑图鄂博,西南至达干德勒。

格埒克延丕勒族弟根敦,号额尔克岱青,康熙二十五年(1686年),授札萨克,领和托辉特众。三十五年(1696年)来投,封多罗贝勒,三十六年(1697年),卒。长子松津僧格降袭札萨克辅国公,四十三年(1704年),卒。嗣子博贝降袭札萨克一等台吉。四十四年(1705年),仍袭辅国公。五十九年(1720年),叙功特封多罗贝勒,雍正八年(1730年),卒。子班第袭,乾隆二年(1737年),卒。子青衮扎布袭,遂兼所部副将军。乾隆二十二年(1757年),青衮扎布以叛诛。命博贝次子札萨克辅国公额琳沁子旺布多尔济袭,同年以功赐郡王品级,寻卒。长子车都布袭郡王品级札萨克多罗贝勒,四十六年(1781年),诏世袭罔替。五十年(1785年),卒。其后,成敦扎布、曼达尔瓦尔、多布沁扎木楚、阿尔达萨噶喇、那木凯章禅等相继袭爵,历任该旗札萨克。佐领2。

3. **左翼中旗** 札萨克镇国公游牧。牧地东至博罗哈雅,南至哈萨克图达巴噶,西至乌兰达巴噶,北至查干额尔格,东北至扎布罕河,西北至库克达巴噶,东南至红果尔,西南至乌里雅斯图。

贝勒卓特巴次子喇布坦,初授闲散台吉,隶左翼右旗。雍正五年(1727年),随超勇亲王策凌与俄罗斯定界。策凌荐其才,请别为札萨克,六年,诏授一等台吉。乾隆二十一年(1756年),以不附青衮扎布,赐公品级,三十一年(1766年),以老罢。孙索诺木多尔济袭公品级札萨克一等台吉,是年,再袭其父朗衮扎布镇国公爵,四十六年(1781年),诏世袭罔替。嘉庆二十三(1818年),卒。其后,蕴端达什、噶勒桑端多布、密法木散布、达木党苏伦等相继袭爵,历任该旗札萨克。佐领1。

4. **右翼后旗** 札萨克一等台吉与左翼中旗同游牧。牧地东至查干色固勒河汇流处,南至达朗图鲁古,西至巴嘎诺尔台,北至布古瓦台,东北至伊克哲斯台,西北至达什和硕,东南至图尔根,西南至库图勒商达。

卓特巴从子额尔德尼衮布,康熙三十年(1691年),授札萨克一等台吉,三十八年(1699年),卒。长子垂扎布袭,雍正三年(1725年),卒。长子丹津袭,八年,卒。次子格埒克袭。十年(1732年),以罪削。十二年,兄罗卜藏喇布坦袭,乾隆二十二年(1757年),以病罢。长子莽苏尔袭,四十六年(1781年),诏世袭罔替,五十四年(1789年),卒。其后,吹木丕勒、蕴端多尔济、莽济巴咱尔、索诺木车林、巴扎尔巴呢等相继袭爵,历任该旗札萨克。佐领1。

5. **左翼右旗** 札萨克镇国公游牧。牧地在都尔根诺尔之南。东至达尔必山梁,南至素台山,西至布木巴图山梁,北至都尔根诺尔,东北至奎苏,西北至哈喇诺尔,东南至呼和赛尔,西南至车车格诺尔。

格埒克延丕勒族祖卓特巴,康熙二十九年(1690年)来投,授札萨克,三十年(1691年),封多罗贝勒,仍授札萨克,三十一年(1692年),卒。长子萨穆多尔济袭,三十五年(1696年),卒。长子诺尔布班第袭,雍正十二年(1734年),以罪降镇国公,是年,卒。孙旺扎勒降袭札萨克镇国公,乾隆十七(1752年),卒。子玛哈巴勒袭,乾隆四十六年(1781 年),诏世袭罔替,五十年(1785 年),以罪削。其后,贡楚克多尔济、扎木萨里扎布、刚当多尔济、阿育尔色德丹占扎木楚、苏克苏伦等相继袭爵,历任该旗札萨克。佐领 1。

6. **左翼前旗** 札萨克辅国公游牧。牧地在吉尔吉斯诺尔之东。东至委敦布拉克,南至巴图赛罕,西至拜兴图,北至乌雅噶,东北至杭奇勒察克河,东南至松吉纳,西南至吉尔吉斯诺尔。

郡王朋素克喇布坦从叔父衮占,康熙二十七年(1688 年),来投,二十八年,授札萨克,三十年(1691 年),授一等台吉。五十年(1711 年)来朝,封辅国公。五十二年(1713 年),卒。长子敏珠尔袭,乾隆五年(1740 年),卒。长子策噜布袭,九年(1744 年),卒。三弟多岳特多尔济袭,二十一年(1756 年),卒。弟敏丕木多尔济,袭,乾隆四十六年(1781 年),诏世袭罔替,是年,卒。其后,齐旺达什、萨达巴扎尔、洛布桑端多布、棍楚克丹相继袭职,历任该旗札萨克。佐领 2。

7. **右翼右末旗** 札萨克辅国公游牧。牧地当德勒格尔河西岸、桑锦达赉之东。东至乌兰河伯勒齐尔鄂博,南至特里乌兰阿吉尔噶,西至库克察布,北至特穆尔图,东北至吉勒齐克,西北至呼和库图勒,东南至特里乌兰河,西南至兴图鄂博。

贝勒博贝弟沙克札,初陷准噶尔,后乘间来投,授二等台吉。雍正二年(1724 年),以功授札萨克一等台吉 130,乾隆二年(1737 年),以病罢。长子多尔济车登袭,二十九年(1764 年),卒。长子车都布多尔济袭,乾隆四十六年(1781 年),诏世袭罔替。其后,沙克多尔扎布、多尔济扎布、特固斯德勒格尔、班扎尔拉察等相继袭爵,历任该旗札萨克。佐领 2。

8. **中左翼右旗** 札萨克辅国公游牧。牧地在桑锦达赉之南。东至鄂伦河会处鄂博,南至布克德根之哈勒占大坝鄂博,西至巴颜济鲁克,北至乌兰阿吉尔噶,东北至查干布尔噶素,西北至古尔班霍郭赉,东南至伊德尔河,西南至哲滚诺尔桑图鄂博。

贝勒博贝从孙齐巴克札布，初授二等台吉，乾隆二十一年(1756年)，以捕击乌梁海逃众阵殁，追封辅国公。并授其子巴图济尔噶勒札萨克。四十六年(1781年)，诏世袭罔替。六十年(1795年)，卒。其后，吹苏伦、扎木巴拉、恭格多尔济、巴彦济尔噶勒等相继袭爵，历任该旗札萨克。佐领1。

9. **右翼右旗** 札萨克辅国公游牧。本旗与右翼前旗同游牧，故牧地东、东南、东北方没有明确边界，南至札尔满戈壁，西至乌鲁格依，北至布尔罕保台山，西北至鄂垒乌兰，西南至札辉戈壁。

格埒克延丕勒从叔父博贝，康熙二十七年(1688年)，率属来投。二十八年，授札萨克，三十年(1691年)，封固山贝子，四十二年(1703年)，卒。长子乌巴什降袭札萨克镇国公，雍正二年(1724年)，以罪削。次弟旺舒克袭，乾隆三十一年(1766年)，以病罢。长子拉旺多尔济降袭辅国公，四十九年(1784年)，以病罢。其后，达布拉车璘、旺丹多尔济、济克米特多尔济、棍布苏隆等相继袭爵，历任该旗札萨克。佐领1。

10. **左翼后旗** 札萨克辅国公游牧。东至鄂布尔固恩，南至瀚海，西至乌鲁格依额克，北至哈喇齐老图车臣鄂博，东北至绰喇海胡都克，西北至查干齐老图，东南至古尔班和格勒，西南至苏们哈达。

郡王朋素克喇布坦从弟索诺木伊斯札布，康熙二十七年(1688年)，率属来投。三十年，授札萨克一等台吉，三十六年(1697年)，以防御功，封辅国公，五十六年(1717年年)，卒。长子噶勒桑色旺袭，乾隆二年(1737年)，卒。子旌准多尔济袭，二十三年(1758年)，卒。子拉沁苏咙袭，乾隆四十六年(1781年)，招世袭罔替。嘉庆九年(1804年)，卒。其后，旺舒克、敏珠尔多尔济、桑都布多尔济、车登端多布多尔济、扎来青达来那木济勒阿克旺多尔济等相继袭爵，历任该旗札萨克。佐领1。

11. **中右翼末旗** 札萨克辅国公游牧。牧地东至鄂垒乌兰，南至阿拉克布拉克，西至察苏图，北至达朗图鲁古，东北至塔济噶尔，西北至呼和赛里，东南至哈尔布呼，西南至乌里都霍勒特。

格埒克延丕勒族叔父通谟克，康熙五十三年（1714 年），授札萨克，雍正二年（1724 年），以功封辅国公。乾隆四年（1739 年），卒。长子旺沁扎布袭，乾隆四十六年（1781 年），诏世袭罔替，五十年（1785 年），卒。其后，格哩克、车登多尔济、索诺木车林、达什喇布坦、扎勒清棍布多尔济等相继袭爵，历任该旗札萨克。佐领 1。

12. **右翼后末旗** 札萨克一等台吉游牧。牧地东至哈雅，南至沙喇库布，西至吉尔噶朗图，北至阿拉克诺尔，东北至哈察布齐，西北至迈罕乌兰，东南至阿禹尔哈达，西南至乌尔图布拉克。

郡王朋素克喇布坦从弟哈玛尔岱青，初授二等台吉。康熙三十六年（1697 年），叙功授札萨克一等台吉。五十三年（1714 年），卒。长子鄂木布济袭，乾隆十五年（1750 年），以病罢。子达尔巴图袭，三十五年（1770 年），以病罢。子达什琳沁袭，乾隆四十六年（1781 年），诏世袭罔替，嘉庆十九年（1814 年），卒。其后，丹巴多尔济、都拉木扎布、达克丹多尔济、玛米达拉、图布多尔济等相继袭爵，历任该旗札萨克。佐领 1。

13. **中右翼左旗** 札萨克一等台吉游牧。东至乌兰赛尔，南至辉特霍拉特，西至萨拉噶赛尔鄂博，北至特特格岭，东北至哈精噶，西北至哈勒占和硕，东南至多木达霍拉特，西南至巴尔鲁克。

辅国公通谟克从子普尔普车稜，乾隆二十年（1755 年），携族来投，授札萨克一等台吉，二十四年（1759 年），卒。嗣子沙克都尔扎布袭，二十九年（1764 年），卒。嗣子尼木布多尔济袭，四十六年（1781 年），诏世袭罔替，四十九年（1784 年），以罪革职。其后，衮楚克、尼玛、塔尔巴海、诺尔布扎勒、韓克德勒克楞贵、蕴端多尔济、玛呢巴雅尔等相继袭爵，历任该旗札萨克。佐领 1。

14. **右翼前旗** 札萨克一等台吉游牧。该旗与右翼右旗同游牧，故，西、西北、西南方未画边界，牧地东至乌鲁格依额克，南至札尔满戈壁，北至洪古讷呼乌兰布拉克，东北至查干齐老图，东南至苏们哈达山。

格埒克延丕勒从祖乌尔占，康熙二十七年(1688年)，率属来投。二十八年，授札萨克。三十年(1691年)，授一等台吉，雍正五年(1727年)，以病罢。长子弥育特多尔济袭，乾隆十三年(1718年)，卒。长子根敦车琳袭，三十五年(1770年)，卒。子乌巴什袭，乾隆四十六年(1781年)，诏世袭罔替，五十一年(1786年)，卒。其后，吹忠达什、蒙衮扎布、车琳多尔济、桑青齐苏隆、车林多尔济、车林棍布等相继袭爵，历任该旗札萨克。佐领1有半。

15. **左翼左旗** 札萨克一等台吉游牧。牧地在吉尔吉斯诺尔、爱拉克诺尔之南，跨空归河。东至乌拉克沁台，南至布古瓦台，西至塔他库特里，北至锡伯图山，东北至委敦布拉克，西北至吉尔吉斯诺尔，东南至布里都额布勒济叶，西南至达什胡都克。

格埒克延丕勒族弟诺尔布，乾隆二十一年(1756年)，授札萨克一等台吉。三十二年(1767年)，卒。子敦多布多尔济，袭札萨克一等台吉。四十六年(1781年)，诏世袭罔替。嘉庆十三年(1808年)，卒。其后，齐松扎布、齐旺扎布、班扎巴扎尔扎布、那逊布彦济尔噶勒、扎勒青棍布车坦等相继袭爵，历任该旗札萨克。佐领1。

16. **中右翼末次旗** 札萨克一等台吉游牧。牧地东至沙喇陀罗海，南至多伦诺尔，西至爱拉克，北至巴颜爱拉克，东北至布古瓦温都尔，西北至土里野图，东南至索郭图鄂博，西南至浑图诺尔。

贝勒博贝从子纳玛琳藏布，康熙四十八年(1709年)，授札萨克一等台吉。五十七年(1818年)，卒。弟扎木扬袭，雍正二年(1724年)，卒。叔父衮布车凌袭，十年(1732年)，为准噶尔兵所戕。兄拉哩袭，乾隆二年(1737年)，卒。子班第袭，二十一年(1756年)，卒。子三都布多尔济袭，乾隆四十六年(1781年)，诏世袭罔替，六十年(1795年)，卒。其后，齐素咙多尔济、噶尔丹棍都布、玛克苏尔扎布、扎克达散巴勒、达木丹阿克毕沙等相继袭爵，历任该旗札萨克。佐领1。

17. **中左翼末旗** 札萨克一等台吉游牧。牧地当德勒格尔河东岸。东至科布多博里克，南至博罗布尔噶素，西至索约陀罗海，北至托孙，东北至那布奇勒台，西北至车车尔陀罗海，东南至巴嘎鄂多斯，西南至德勒格尔木伦。

贝勒博贝从子达什朋素克，雍正十二年(1734年)，超勇亲王策凌荐其才，诏授二等台吉。乾隆二十二年(1757年)，以功授一等台吉，寻袭青衮扎布属，命辖之，授札萨克。二十三年，以罪削札萨克，寻诏复之，四十四年(1779年)，卒。长子衮布扎布袭，四十六年(1781年)，诏世袭罔替，嘉庆元年(1796年)，卒。其后，济克莫特车布登、吹光楚克达什、呢兰瓦尔、车丹多尔济等相继袭爵，历任该旗札萨克。佐领1。

18. **左翼后末旗** 札萨克一等台吉游牧。牧地在吉尔吉斯诺尔之东。东至毕勒格，南至乌尔图布拉克，西至鄂尔吉根，北至巴伦图鲁河支流，东北至索果瓦诺尔，西北至罕库奎山梁，西南至沁达玛尼。

辅国公衮占长子伊达木扎布，雍正四年(1726年)，授札萨克一等台吉，乾隆七年(1742年)，卒。三子根敦袭，二十八年(1763年)，卒。长子车都布多尔济袭，三十八年(1773年)，卒。次子巴图尔袭，四十六年(1781年)，诏世袭罔替，道光七年(1827年)，卒。其后，额璘沁丕勒、阿克旺车林等相继袭爵，历任该旗札萨克。佐领1。

19. **辉特旗** 札萨克一等台吉游牧。牧地当济尔哈河东岸。东至多木达萨喇噶，南至札克鄂博噶图勒噶，西至塔济噶尔，北至图尔根河，东北至乌兰岭，西北至鄂什奇，东南至克勒特克依察布，西南至希尔噶河。

额鲁特部辉特族人噶尔丹达尔札，姓伊克明安，乾隆二十年

(1755年),大军定伊犁,噶尔丹达尔札率族迎降。诏授一等台吉,赐牧喀尔喀,三十年(1765年),卒。长子拉克沁噶喇袭,四十六年(1781年),卒。长子萨木丕勒诺尔布袭,同年,诏世袭罔替,嘉庆十二年(1707年),卒。其后,拉旺班珠尔、达木丹瓦齐尔、车登多尔济、伊达木济党苏伦扎布等相继袭爵,历任该旗札萨克。佐领1。

(四)赛因诺彦部(齐齐尔哩克盟)

喀尔喀中路,至京师三千余里。东界博啰布尔哈苏多欢,西界库勒萨雅孛郭图额金岭,南界齐齐尔里克,北界齐老河。

初,所部19旗,后增3旗,附额鲁特2旗。札萨克24,盟于齐齐尔里克,设正副盟长各一,副将军、参赞各一。爵33:札萨克和硕亲王二;附固山贝子一,镇国公一,辅国公二;公品级一等台吉一;公品级三等台吉一;札萨克多罗郡王二,札萨克多罗贝勒二,札萨克镇国公一,附辅国公一;札萨克辅国公五,公品级札萨克一等台吉一;札萨克一等台吉九;附辅国公一;公品级三等台吉一;额鲁特札萨克固山贝子二。[①] 有佐领31。[②]

1. **赛因诺彦旗**　札萨克和硕亲王游牧。牧地当鄂尔坤河源。东至额鲁克台,南至搜吉,西至塔楚河,北至鄂尔坤河,东北至鄂博尔呼济尔图,西北至库尔布拉克灰图山梁,东南至萨音图固里克,西南至鄂罗素图。

丹津喇嘛孙善巴,号额尔德尼岱青,康熙二十七年(1688年),率族属来投。三十年(1691年),编所属佐领,隶土谢图汗部,善巴封札萨克多罗郡王,三十五年(1696年),晋和硕亲王,四十六年(1707年),卒。长子达什敦多布袭,雍正四年(1726年),以老罢。长子喇嘛扎布袭,十年(1732年),以罪削。明年,次子德沁扎布

---

① 《王公表传》,卷六十九。

② 《清史稿》,卷五百二十一。

袭，乾隆二十七年(1762年)，卒。长子诺尔布袭，再诏袭赛因诺彦号，四十六年(1781年)，诏世袭罔替，五十一年(1786年)，以病罢。其后，车登扎布、额璘沁多尔济、朋楚克达什、车林多尔济、德木吹、车林端多布、特固斯瓦齐尔、那木囊苏伦等相继袭爵，历任该旗札萨克。佐领4有半。

2. **中左末旗** 札萨克和硕亲王游牧。牧地当塔米尔、哈绥、齐老图三河源。东至库女河，南至苏布尔干温都尔，西至辉图塔米尔额沁，北至伊克沙巴尔山，东北至绰哝山梁，西北至鞥克岭，东南至桑金陀罗海，西南至库克岭。

善巴从弟策凌，康熙三十一年(1692年)来投，诏授三等轻车都尉，赐居京师，教养内廷，编所属佐领，附察哈尔镶黄旗驻牧。四十五年(1706年)，尚和硕纯懿公主，授和硕额驸，寻赐贝子品级，六十年(1721年)，授札萨克。雍正元年(1723年)，以从征奋勉，封多罗郡王，简任副将军，三年(1725年)，所部凡十九札萨克，别为一部，以其祖赛因诺彦号冠之，不复隶土谢图汗部。九年(1731年)，晋和硕亲王，授喀尔喀大札萨克。十年(1732年)，以额尔德尼昭战功，赐号超勇。晋授固伦额驸，十一年(1733年)，赐定边左副将军印，授盟长。乾隆十五年(1750年)，薨。谥襄，诏配享太庙，祟祀贤良祠。长子成衮札布袭札萨克和硕亲王。三十六年(1771年)，卒。七子拉旺多尔济袭，四十六年(1781年)，诏世袭罔替，嘉庆二十一年(1816年)，卒。其后，巴彦济尔噶勒、车登巴咱尔、达尔玛、那彦图等相继袭爵，历任该旗札萨克。佐领4。

3. **右翼右后旗** 札萨克多罗郡王游牧。牧地当拜塔里克河源。东至鞥克岭，南至扣波尔，西至特及格尔噶什衮，北至札克额沁山梁，东南至查干诺尔，西南至哈查布奇额沁。

善巴从子托多额尔德尼，康熙二十七年(1688年)来投。三十年，授札萨克镇国公，三十一年(1692年)，卒。兄乌巴达袭，四十九年(1710年)，卒。子巴穆袭，五十一年(1712年)，卒。托多额尔德尼嗣子策旺诺尔布袭，雍正二年（1724年），赐贝勒品级，十年（1732年），卒。长子车木楚克札布袭札萨克镇国公，乾隆三年（1738年），晋固山贝子，十九年（1754年），赐多罗贝勒，二十一年（1756年），封多罗贝勒，寻晋多罗郡王，四十三年（1778年），卒。子衮楚克扎布袭，四十六年（1781年），诏世袭罔替。五十三年（1788年），以病罢。其后，德木楚克扎布、图克济扎布、推音固尔扎布、格勒克扎木楚、吹苏隆扎布、扎密多尔济等相继袭爵，历任该旗札萨克。佐领2。

4．**中右旗**　札萨克多罗郡王游牧。牧地当推河源，东至推河，西至哈喇尼敦，东南同，北至库勒赛牙，东北至萨拉噶额沁，西北至库克岭，西南至莫勒楚克。

超勇襄亲王策凌子车布登札布，初授一等台吉。雍正十年（1732年），以额尔德尼昭战功，封辅国公。乾隆十七年（1752年），所属，别为一旗，授札萨克。十九年（1754年），赐贝子品级。二十年，封多罗贝勒。二十一年（1756年），晋多罗郡王。二十三年（1758年），诏继其父超勇号，赐亲王品级。三十七年（1772年），授定边左副将军，盟长，四十五年（1780年），以罪削亲王品级。四十六年（1781年），诏世袭郡王罔替，四十七年（1782年），卒。其后，三丕勒多尔济、达玛琳扎布、楚克苏木扎布、车凌棍布、达尔玛巴札尔、桑噶希哩、车凌多尔济、库鲁固木扎布等相继袭爵，历任该旗札萨克。佐领1。

5．**中前旗**　札萨克多罗贝勒游牧。牧地跨济尔玛台河、鄂尔坤河、翁金河。东至霍罗勒汗山，南至哲楞诺尔，西至杭奇山梁，北至呼图克山，东北至伯尔克山鄂博，西北至奎屯岭，东南至乌兰鄂博，西南至翁金河。

善巴从弟素泰伊勒登，康熙二十七年（1688年）来投，三十年（1691年），授札萨克镇国公，四十二年（1703年），卒。长子洪果儿降袭札萨克一等台吉，四十五年（1706年），卒。子阿努哩袭，五十年(1711年),封辅国公,雍正九年(1731年),晋固山贝子,乾隆二年(1737年),卒。长子多尔济旺楚克袭,十五年(1750年),卒。长子罗卜藏车璘袭,乾隆二十年(1755年),战死,褒晋贝勒爵。子德木楚克扎布袭札萨克多罗贝勒。四十六年(1781年),诏世袭罔替。五十五年(1790年),卒。其后,衮布车璘、绷楚克多尔济、那木济勒端多尔济、希哩巴扎尔扎布、额林沁忠奈、栋多布章沁等相继袭爵,历任该旗札萨克。佐领1。

6. **中左旗** 札萨克多罗贝勒游牧。牧地东至齐老图河,南至伊克沙巴尔,西至特克什乌苏,北至查干索郭图,东北至伊德尔河,西北至色楞格河,东南至伊克沙巴尔哲滚山岭,西南至特尔齐山岭。

善巴叔祖衮布,号昆都伦博硕克图。康熙二十五年(1686年),授札萨克。二十七年(1688年),集众来投。三十年(1691年),封多罗郡王,四十七年(1708年),卒。子额琳沁降袭贝勒爵,四十九年(1710年),晋多罗郡王,寻卒。长子吹扎木三袭,雍正元年(1723年),卒。子纳木扎勒齐素咙袭,乾隆二十五年(1760年),卒。三子齐墨特多尔济袭,乾隆四十六年(1781年),诏世袭罔替,五十五年(1790年),卒。其后,德埒克朋楚克、贡楚克扎布、晋丕勒多尔济、车登索诺木等相继袭爵,历任该旗札萨克。佐领3。

7. **中末旗** 札萨克镇国公游牧。牧地东至海兰台山鄂博,南至哈绥河,北至科布多博里克,东北至塔尔奇伯勒齐尔山鄂博,西北至巴嘎鄂多斯,东南至哈拉多呼鄂博,西南至桑图。

善巴从子阿哩雅,康熙三十一年(1692年)来投,授一等台吉兼札萨克,五十四年(1715年),卒。子格木丕勒袭,雍正十年(1732年)封辅国公。乾隆二年(1737年),晋镇国公。十四年(1749年),卒。子衮格敦丹袭,三十五年(1770年),卒。子当苏咙袭,四十六年(1781年),诏世袭罔替,四十七年,卒。其后,齐旺达什、巴勒沁、车登扎布、刚珠尔扎布等相继袭爵,历任该旗札萨克。

佐领1。

8. **右翼中左旗**　札萨克辅国公游牧。牧地当翁金河源,东至查干库图勒,南至阿哈尔山,西至额鲁克台,北至胡吉尔图,东北至垓察罕莫多,西北至鄂博图河,东南至布尔吉格特,西南至特布什。

善巴次子车棱达什,康熙四十六年(1707年),授札萨克一等台吉,寻晋辅国公,雍正二年(1724年),卒。子敦多布额璘沁袭,八年(1730年),卒。子色纳依袭,乾隆八年(1743年),卒。车棱达什次子贡格袭,十四年(1749年),卒。车棱达什第三子三都克扎布降袭札萨克一等台吉,二十四年(1759年),仍袭辅国公原爵,二十六年,卒。子敏珠尔多尔济袭,四十三年(1778年),以病罢。子车敦扎布袭,乾隆四十六年(1781年),诏世袭罔替,五十年(1785年),卒。其后,达哩克多尔济、达什喇布坦、珠尔莫特旺济勒、达尔玛巴咱尔、德哩克多尔济、达钦拉布坦等相继袭爵,历任该旗札萨克。佐领4。

9. **右翼末旗**　札萨克辅国公游牧。东至特里河,南至绷查干诺尔,西至哈喇沙尔,北、西北至札木图岭,东北至库图库尔岭,西南至绷查干诺尔。

镇国公托多额尔德尼从子图巴,康熙三十年(1691年),授札萨克一等台吉,三十六年(1697年),卒。子实第袭,五十八年(1719年),卒。子齐旺袭,雍正十年(1732年)以功封辅国公,乾隆二十二年(1759年),以病罢。子达什袭,三十一年(1766年)晋镇国公,四十五年(1780年),卒。子喇嘛扎布袭,乾隆四十六年(1781年),诏世袭罔替,嘉庆七年(1802年),病免。其后,车布登多尔济、达拉扎布、拉旺多尔济、达什多尔济等相继袭爵,历任该旗札萨克。佐领2。

10. **右翼前旗**　札萨克辅国公游牧。东至萨哈勒图,南至亲格勒图,西至达朗图陀罗海,北至珠赖布拉克,东北至锡尔噶诺尔,西北至额勒素图,东南至库克和硕,西南至胡努依河。

善巴从叔父阿玉什，康熙二十七年（1688 年）来投，三十年（1691 年），授札萨克一等台吉，三十五年（1696 年），封辅国公，三十九年（1700 年），卒。孙旺扎勒袭，乾隆十二年（1747 年），卒。子三都克车木伯勒袭，二十五年（1760 年），以病罢。子车登扎布袭，二十九年（1764 年），卒。三都克车木伯勒仍袭，三十五年（1770 年），卒。车登扎布长子噶尔玛袭，乾隆四十六年（1781 年），诏世袭罔替，嘉庆八年（1803 年），卒。其后，根丕勒敦多布、达什德勒克、班丹扎布、济克济特多尔济、玛哈萨木丹等相继袭爵，历任该旗札萨克。佐领 1。

11. **中后旗**　札萨克辅国公游牧。东至哈喇乌苏，南至布音图河，西至青林塔拉，北至布音图河源，东北至奔巴图，西北至巴彦布拉克，东南至额捋素台，西南至德勒格尔布隆。

镇国公巴穆长子诺尔布札布，康熙五十一年（1712 年），授札萨克一等台吉。乾隆元年（1736 年），晋辅国公，五年（1740 年），卒。子达木巴多尔济袭，九年（1744 年），卒。子贡楚克袭，四十六年（1781 年），诏世袭罔替。五十一年（1786 年），卒。其后，索诺木巴勒珠尔多尔济、固噜色特、额尔奇木济尔噶郎、乌勒哲依特莫尔、都噶尔扎布等相继袭爵，历任该旗札萨克。佐领 1。

12. **左翼左旗**　札萨克辅国公游牧。牧地当扎布罕河源。东至红果尔，南至莫霍尔嘎顺，西至青林塔拉，北至哈喇乌苏，东北至哈查布齐额沁，西北至赛尔伊尔，东南至奎屯陀罗海，西南至乌斯奇。

善巴从子旺舒克，康熙三十年（1691 年）来投，授札萨克辅国公，雍正元年（1723 年），卒。子扎木禅袭，乾隆十年（1745 年），卒。子巴图蒙克袭，二十一年（1756 年），卒。子丹巴旌准袭，四十六年（1781 年），诏世袭罔替。五十五年（1790 年），卒。其后，罗卜藏多尔济、齐旺扎布、扎木萨兰扎布、喇布坦多尔济、索诺木达什、布尔布扎布等相继袭爵，历任该旗札萨克。佐领 2。

13. **左翼中旗** 札萨克公品级一等台吉游牧。牧地跨哈女河。东至济尔哈朗图,南至霍里木图,西至珠赉布拉克,北至巴勒齐尔,东北至色楞格河,西北至桑图,东南至西捋木台,西南至珠赉布拉克源。

亲王德沁札布次子齐旺多尔济,初授一等台吉。乾隆十九年(1754 年),赐公品级,二十二年(1757 年),晋贝子品级。二十四年(1759 年),德沁札布奏本旗丁户滋众,请增编佐领,授齐旺多尔济辖,别为一旗,诏从其请,授札萨克。三十八年(1773 年),以罪削爵。子三都布多尔济降袭公品级札萨克一等台吉,四十六年(1781 年),诏世袭罔替,五十二年(1787 年),卒。其后,旺沁扎布、倭多布多尔济、达木定扎布、萨莽达巴达尔、乌尔津扎布等相继袭爵,历任该旗札萨克。佐领 1。

14. **左翼右旗** 札萨克一等台吉游牧。牧地东至瑙木干,南至霍尔朔特,西至依萨赉,北至额勒素台,东南至特布什,西北至额勒素台依尔,东南至札克查齐,西南至达噶查。

善巴从弟丹津额尔德尼,康熙二十七年(1688 年),来投。三十年(1691 年),授札萨克一等台吉,五十一年(1712 年),卒。子锡喇扎布袭,雍正六年(1728 年),卒。子满珠习礼袭,九年(1731 年),卒。子吹木丕勒袭,乾隆二十年(1755 年),卒。子敦多布纳木扎勒袭,三十年(1765 年),卒。弟多尔济齐巴克袭,四十年(1775 年),卒。子索诺木衮布袭,乾隆四十六年(1781 年),诏世袭罔替,五十三年(1788 年),卒。其后,罗布桑达什、达玛林扎布、阿巴尔米特、巴拉丹等相继袭爵,历任该旗札萨克。佐领 3。

15. **左翼左末旗** 札萨克一等台吉游牧。牧地跨塔米尔河、胡努依河。东至噶齐固,南至哈喇诺尔,西至哈什隆,北至伊克沙巴尔台,东北至伊玛尔台,东南至巴嘎诺尔,西南至胡努依河。

图巴子纳木札勒,康熙三十五年(1696 年),授札萨克一等台吉,五十五年(1716 年),卒。子巴朗袭,乾隆十三年(1748 年),以病罢。子阿喇布坦袭，二十四年(1759年)，卒。子敦多布袭，三十一年(1766年)，以病罢。子旺济勒三丕勒袭，乾隆四十六年(1781年)，诏世袭罔替。道光二年(1822年)，卒。其后，格济巴勒、扎木萨林扎布、车林棍布、罗布桑海都布等相继袭爵，历任该旗札萨克。佐领1。

16. **右翼中末旗** 札萨克一等台吉游牧。牧地东至特里，南至查干诺尔，西至哈喇陀罗海，北至察查干诺尔，东北至库克，西北至特里，东南至萨音胡都克，西南至绷查干诺尔。

善巴从弟多尔济，初授闲散台吉，附善巴旗。康熙五十一年(1712年)，别为一旗，授札萨克一等台吉，雍正三年(1725年)，以病罢。子呢玛袭，十年(1732年)，卒。子阿保袭，乾隆十八年(1753年)，卒。多尔济次子车璘巴勒袭，二十五年(1760年)，卒。子成衮扎布袭，四十六年(1781年)，诏世袭罔替，五十年(1785年)，卒。其后，德木楚克、车登达什、桑津扎布、车林、布彦济尔噶喇、齐默特巴勒津等相继袭爵，历任该旗札萨克。佐领1。

17. **右翼左末旗** 札萨克一等台吉游牧。牧地跨翁金河。东至乌兰诺尔，南至当那勒台鄂博，西至翁金河，北至查干库图勒，东北至杭奇山梁，西北至杭奇山梁，东南至布尔察克，西南至萨布固勒。

善巴从弟素达尼，旧隶善巴旗，任协理台吉。康熙三十六年(1697年)，别为一旗，授札萨克一等台吉，三十九年(1700年)，卒。子萨喇旺扎勒袭，雍正元年(1723年)，卒。子车布登袭，十一年(1733年)，以罪削。子赉充扎布袭，乾隆二十四(1759年)，卒。弟纳旺车凌袭，乾隆四十六年(1781年)，诏世袭罔替。四十九年(1784年)，以病罢。其后，贡格拉什、贡楚克扎布、占巴拉、车登丕勒济雅、蕴端多尔济、车林多尔济等相继袭爵，历任该旗札萨克。佐领1。

18. **右末旗** 札萨克一等台吉游牧。牧地当伊第尔河源。东至呼雅克图，南至查素台山，西至乌孙追勒，北至桑图，东北至哲滚诺尔，西北至索郭图岭，东南至察罕赛尔，西南至呼济尔。

郡王衮布曾孙额墨根，初授协理台吉，隶贝勒吹札木三旗。乾隆三年（1738 年），授一等台吉，四年，以奉使劳，授札萨克，二十二年（1757 年），卒。子达什袭，二十三，赐公品级，二十五年（1760 年），卒。子班第袭，四十六年（1781 年），招世袭罔替，五十五年（1790 年），卒。其后，达玛璘、哈思巴咱尔、布木达尔、齐默特多尔济、扎木萨林扎布、巴尔瓦喇克察等相继袭爵，历任该旗札萨克。佐领 1。

19. **右翼中右旗**　札萨克一等台吉游牧。牧地当珠尔玛台河源，东至奎屯岭，南至呼吉尔图，南至查干苏木河，北至齐齐尔里克河，东北至奎屯岭，西北至哈尔哈齐老图，东南至鄂尔坤河，西南至鄂尔坤河山梁。

善巴从弟沙鲁伊勒都齐，康熙三十五年（1696 年），授札萨克一等台吉，雍正二年（1724 年），以病罢。子延达博第袭，乾隆二年（1737 年），卒。子罗卜藏敦多布袭，三十二（1767 年），以废疾罢。子衮布多尔济袭，乾隆四十六年（1781 年），诏世袭罔替，嘉庆七年（1802 年），卒。其后，萨木丕勒多尔济、巴达尔、棍楚克吹末勒等相继袭爵，历任该旗札萨克。佐领无。

20. **右翼后旗**　札萨克一等台吉游牧。牧地当哈女河北岸、色楞格河。东至呼布苏古勒山梁，南至额勒素图，西至毕勒齐尔，北至色楞格河，东北至特莫尔图，西北至察罕索霍图，东南至珠赖布拉克，西南至诺勒玛图。

札萨克台吉阿哩雅叔祖萨木济特，康熙三十一年（1692 年）来投，授札萨克一等台吉，五十一年（1712 年），卒。子根敦袭，雍正十三年（1735 年），以病罢。子布达扎布袭，乾隆十七年（1752 年），卒。子车登扎布袭，乾隆四十六年（1781 年），诏世袭罔替。四十七年，以病罢。其后多尔济扎布、罗布桑车林、乌哲依巴达尔呼凌霍等相继袭爵，历任该旗札萨克。佐领1。

21. **中后末旗** 札萨克一等台吉游牧。牧地跨齐老图河。东至布勒鼐辉图山梁，南至达噶山梁，西至海兰，北至达噶阿达克，东北至阿济尔噶，西北至诺罗莫图辉图山梁，东南至珠素朗哈察布齐，西南至齐老图河。

善巴从弟济纳弥达，旧隶善巴旗，康熙四十八年(1709年)，授札萨克一等台吉，别为一旗。雍正二年(1724年)，卒。子特克什袭，乾隆十五年(1750年)，卒。子乌巴什袭，乾隆四十六年(1781年)，诏世袭罔替，五十三年(1788年)，卒。其后，布达齐素咙、衮布多尔济、噶勒桑多尔济、章楚布多尔济、额林多尔济、达扬扎勒保等相继袭爵，历任该旗札萨克。佐领1。

22. **中右翼末旗** 札萨克一等台吉游牧。牧地当塔米尔河南岸。东至哈喇齐老图，南至鄂尔坤河，西至满达勒，北至桑锦陀罗海，东北至乌尔图特莫尔河，西北至哈喇齐老图，东南至鄂尔坤河，西南至鄂尔坤河源。

善巴从弟伊达木，号墨尔根台吉。康熙二十七年(1688年)来投，隶善巴旗。三十五年(1696年)，授札萨克一等台吉，别为一旗。四十八年(1709年)，卒。子达尔济雅袭，雍正六年(1728年)，卒。子齐旺扎布袭，十二年(1734年)，卒。子额璘沁袭，乾隆二十九年(1764年)，卒。子巴勒桑敏珠尔袭，乾隆四十六年(1781年)，诏世袭罔替。五十七年(1792年)，卒。其后，巴扎尔、托克米特、扎布沁扎木楚等相继袭爵，历任该旗札萨克。佐领无。

23. **附额鲁特旗** 札萨克固山贝子游牧。牧地跨珠尔玛台河、鄂尔坤河。东至奎索，南至哈喇图山，西至察罕山，北至鄂尔坤河，东北至翁奎诺尔，西北至巴彦温都尔，东南至博勒克山，西南至鄂尔坤河。

准噶尔噶尔丹从子绰罗斯氏丹济拉，康熙三十六年(1697年)，乃降，授内大臣。四十四年(1705年)，封札萨克辅国公，四十七年(1708 年),卒。子多尔济色布腾袭,雍正元年(1723 年),晋固山贝子,八年(1730 年),晋多罗贝勒,乾隆二年(1737 年),卒。子三都布降袭固山贝子,二十五年(1760 年),卒。嗣子衮贡楚克邦袭,二十六年,诏隶赛因诺彦部。四十六年(1781 年),诏世袭罔替。其后,济克墨特贡桑、车伯克扎勒、扎木彦多尔济、贡格多尔济、车都布多尔济、齐莫特德哩克等相继袭爵,历任该旗札萨克。佐领 1。

24. **额鲁特前旗**　札萨克固山贝子游牧。牧地当塔米尔河北岸。东至鄂罗固坦,南至哈喇图山,西至噶吉图,北至库克和硕,东北至哈喇齐老图,西北至珠尔玛台,东南至翁奎诺尔,西南至珠尔玛台河。

准噶尔噶尔丹从孙绰罗斯氏阿喇布坦,康熙四十一年(1702 年)来投,封多罗郡王,四十二年,授札萨克,寻卒。子车稜旺布袭,雍正六年(1728 年),卒。子札萨克多罗贝勒色布腾旺布晋袭,并两札萨克为一,乾隆十三年(1748 年),卒。嗣子朋素克降袭固山贝子,二十六年(1761 年),诏隶赛因诺彦部,四十三年(1778 年),以罪削。子纳木扎勒袭,四十六年(1781 年),诏世袭罔替,五十三年(1788 年),卒。其后,车凌多尔济、朋素克、多尔济巴勒、察克都尔扎勒、达克丹多尔济、桑都克多尔济等相继袭爵,历任该旗札萨克。佐领 1。①

三、外札萨克额鲁特蒙古

额鲁特,又称“卫拉特”,元代称“斡亦剌”、“外剌”和“猥剌”,明时作“瓦剌”,属原蒙古部落。《元朝秘史》作“斡亦剌惕”,概因其居住在色楞格河以北的贝加尔湖巴儿忽真森林地带,故称“斡亦剌

① 《蒙古游牧记》,卷八。

惕”，“斡亦剌惕”为“斡亦剌”之复数，意为“林木中百姓”。[1] 成吉思汗统一蒙古诸部，令长子术赤收复“林木中百姓”，时该部驻牧叶尼塞河上游的八河流域。[2] 从此，斡亦剌部与成吉思汗家族联姻，逐渐形成具有相对独立领地的部落集团。蒙元时期，在斡亦剌贵族忽都合别乞及其后代统治下，形成著名的斡亦剌四千户。成吉思汗分封子弟贵戚时，按着蒙古人“幼子守灶”的习俗，把蒙古本土从克鲁伦河到吉儿吉思、谦谦州按台山的广大地区和一大部分蒙古千户分给了幼子拖雷。拖雷死后，他的领地和属民又在他的诸子中被重新分配，从而使拖雷妻唆鲁禾帖尼及其幼子阿里不哥分得最大份额。他们的封地包括吉儿吉思、谦谦州直至按台山的广大地区；其属民包括唆鲁禾帖尼初次分得的忙兀、札剌亦儿等五千户，也包括吉儿吉思、谦谦州森林民众及成吉思汗右翼万户中的塔塔儿、朵儿边等部。阿里不哥势力最强时，统辖着吉儿吉思、谦谦州到按台山的广大地区，其属民不仅包括成吉思汗右翼万户各蒙古千户，而且包括斡亦剌、吉儿吉思、谦谦州等森林诸部。在整个元朝和明朝初期，斡亦剌部众由阿里不哥家族统治。明初的瓦剌部，即从阿里不哥属民发展而成。由于斡亦剌部贵族是成吉思汗家族的古列干（驸马），与成吉思汗家族世代联姻，地位高于阿里不哥其他属民，所以他们的部落名字具有了代表性，到了明代将斡亦剌部及其附近其他部落统称为“瓦剌”。后来，由于瓦剌贵族的内讧，阿里不哥家族逐渐失去统治地位，代之而起的是绰罗斯家族。

---

① 拉施特：《史集》载：“这些部落彼此接近。他们被称为巴儿忽惕，是由于他们的营地和住所位于薛灵哥河彼岸，在住有蒙古人并被称为巴儿忽真—脱窟木地区的极边。在那个地区内住有许多其他部落：斡亦剌惕、不剌合臣、客列木臣和另一个也在这一带附近，被他们称做槐因—兀良合的部落；各部都有各自的首领。”余大钧、周建奇译：《史集》第1卷，第1册，198～199页，商务印书馆，1983年。

② 《蒙古秘史》239节；《史集》第1卷，第1册，192～193页载：“这些斡亦剌惕部落的禹儿惕和驻地为八河地区。在古代，秃马惕部住在这些河流沿岸。

明初，瓦剌由克埒古特、绰罗斯、巴儿虎（巴尔虎）、辉特等四部组成，蒙古文史书称其为“四卫拉特”，同时也被称作“西蒙古”，与元裔属众所代表的“东蒙古”相区别。明中叶，瓦剌诸部在绰罗斯部首领托欢和也先的统治下，逐步发展强大，其势力东达兀良哈三卫地域，三卫之福余卫中的不少吾者人加入到卫拉特部中，这些吾者人的首领是哈撒儿后裔乌鲁克铁穆尔。乌鲁克铁穆尔未能从其兄阿鲁克铁穆尔分得好分子，怨之，遂投托欢太师，“托欢太师赐与和硕特之名”。[①] 由此形成“和硕特”部，成为四卫拉特的主要成员。“和硕特”，意为“一对”，或“什之二”，与该部落最初组成形式有关。也先曾在“土木之变”中俘获明英宗，还一度统一蒙古，自称“大元田盛（天圣）可汗”。明景泰五年（1454 年），阿剌知院发动政变，也先被害，也先次子斡失帖木儿太师重建以绰罗斯为主的游牧政权。在诸卫拉特中绰罗斯部居核心地位，故称“额鲁特”（Ögeled），汉意为“魁首之部”。汉籍中的“大瓦剌”[②]便是额鲁特的意译。

时，额鲁特分为四部：曰和硕特，姓博尔济吉特；曰准噶尔，曰杜尔伯特，姓绰罗斯；曰土尔扈特，姓克埒古特。[③] 随着西蒙古额鲁特的衰微，东蒙古成吉思汗“黄金家族”的后裔复盛，屡次兴兵

---

① 噶班沙喇布：《四卫拉特史》，在巴岱、金峰、额尔德尼整理注释：《卫拉特史迹》，新疆人民出版社，1992 年，7 页。

② 汉籍中第一次出现大瓦剌的确切记载已是斡失帖木儿死后十年的阿沙太师时代。1487 年，哈密都督罕慎呈送给明廷的传报称：“大瓦剌阿沙太师与其平章把秃散……欲入边剽掠”。这条史料似乎成了大瓦剌之称始于阿沙太师的证据。其实，这是个误解。这条史料只能证明最迟到阿沙太师时已有大瓦剌之称，但并不能否定此前已有之可能。而且阿沙在位四年，内失君威，外丧国威，毫无建树，不可能首创大瓦剌太师尊号，只是承袭斡失帖木儿的英名而已。参见邢洁晨《大瓦剌汗国考述》，《卫拉特研究》，2003 年第 3 期。

③ 《清史稿》，卷五百二十二，藩部五“青海和硕特”作“土尔扈特，姓不著”。《蒙古源流》记载，最初的卫拉特四万户之一为克埒古特。此时的土尔扈特部的统治者就是克埒古特后裔。

征讨额鲁特。明嘉靖年间，达延汗之孙土默特部俺答汗势力开始向甘肃北部扩展，步步逼近额鲁特驻地，迫使绰罗斯部从哈密北山地区向额尔齐斯河流域及漠北西部原大瓦刺游牧地迁徙。从嘉靖二十年(1541 年)到隆庆二年(1568 年)的 27 年中，俺答汗曾四次亲征额鲁特。蒙古鄂尔多斯部默尔根济农之孙呼图克图彻辰珲台吉和布延巴图尔珲台吉也曾深入额尔齐斯河流域、斋桑淖尔以北草原和唐努山图巴罕地方，分剿额鲁特，大肆掳掠。在返回途中，布延巴图尔珲台吉在克尔齐逊河被辉特人额色勒拜卡袭杀。为了报复，明万历五年(1577 年)呼图克图彻辰珲台吉与俺答汗率领右翼三万户联军再次征伐额鲁特，结果又遭失败。

明万历年间，外喀尔喀左翼阿巴岱汗最先对卫拉特发起进攻，在科布多地区打败和硕特人，杀其首领哈尼诺颜洪果尔，并派其子锡布推鄂勒哲依图珲台吉管辖四卫拉特。阿巴岱死后，卫拉特人趁机反戈，杀死珲台吉，脱离其统治。接着喀尔喀右翼札萨克图汗赉湖尔向西越过阿尔泰山，到达天山北路额敏河口锡拉胡鲁苏地方，多次击败卫拉特，并于原属卫拉特的吉尔吉斯湖、乌布萨湖、贝克木河及萨颜岭南北地区建立了和托辉特部。卫拉特人被迫舍弃杭爱山阳、坤桂河、札布罕河流域，逐步向西南迁居到谦谦州一带，即额尔齐斯河和鄂毕河中上游以及叶尼塞河上游地区游牧。

西迁后的四卫拉特，各部间不相统属，通过“丘尔干”(会盟)来协调关系，盟主则由成吉思汗弟哈萨儿后裔和硕特部首领担任。大约万历年间，在和硕特部首领拜巴噶斯任盟长时期，在他的倡导下四卫拉特皈依藏传佛教。天命二年(1617 年)，拜巴噶斯出义子咱雅班第达，[1]其它诸贵族每人出一子，送往拉萨当喇嘛学经。从

[1] 此人后来成为了著名宗教活动家、社会活动家和学者。他在蒙古地区传播黄教，调解蒙古贵族间矛盾，翻译佛教经典等方面作出了卓越贡献。1648 年，他还创制了托忒文。

此卫拉特和西藏之间建立了密切的联系。天聪四年(1630年),拜巴噶斯在卫拉特内战中丧命,其弟图鲁拜琥继任盟主。同一时期,绰罗斯部贵族哈喇忽兰、巴图尔珲台吉父子在与邻部喀尔喀的角逐中开始崭露头角,逐渐强大。天命五年(1620年),哈喇忽兰联合土尔扈特和杜尔伯特台吉,进攻和托辉特部的大本营乌布萨湖地区,曾一度获胜,后受到对方的夹击而遭到惨败。天命八年(1623年),四卫拉特联军同和托辉特部发生激战,和托辉特部第一代阿勒坦汗乌巴什珲台吉被杀,卫拉特人反败为胜,遂重返天山以北广大地区游牧。[①] 天聪八年(1634年),哈喇忽兰死,其子和多克沁继位,五世达赖喇嘛授予他"额尔德尼巴图尔珲台吉"称号,从此以"巴图尔珲台吉"著称于世,成为四卫拉特盟主,与图鲁拜琥共同主持卫拉特内外事务。

此时,俄罗斯人向西伯里亚草原推进,哈萨克人在西边争夺卫拉特人的牧场。随着卫拉特人口增多、畜群增加,人畜多而草场少的矛盾日益突出。由此引发了封建主之间的矛盾和冲突,[②]彼此争夺草场、属民和财产的现象时有发生,影响了卫拉特的继续发展。经过相互协商,一些封建主通过向外迁徙,以扩大生存空间。天聪二年(1628年),土尔扈特部五万帐在其首领和额尔勒克的率领下,首先向伏尔加河下游迁徙,沿途征服了鞑靼部落,于天聪四年(1630年)到达伏尔加河下游驻牧。乾隆三十五年(1770年),其大部在首领渥巴锡汗的带领下,重归漠西故土,是为清朝土尔扈特

① 《俄蒙关系史料(1607～1636)》,莫斯科,1959年,第47.48.50、55.56.63号。转引自宫胁淳子《17世纪卫拉特与喀尔喀的争逐》,《蒙古学资料与情报》,1987年第2期。

② 关于卫拉特内部矛盾,不仅汉文和俄文史料都有记载,而且托忒文史料也没有回避。如,和鄂尔勒克认为,"如此相互残杀削弱属民,还不如远徙异国近边,和他们打仗获利"。见《土尔扈特诸汗史》(蒙古文),《卫拉特历史文献》,新疆人民出版社,1985年版,第332页。

诸盟之源流。

在组织对外迁徙的同时，卫拉特贵族们还对哈萨克和吉尔吉斯发动了几次战争。天聪九年(1635年)，和硕特顾实汗、杜尔伯特达赖台吉和绰罗斯巴图尔珲台吉等攻伐哈萨克大营地，俘获伊希姆汗之子杨吉尔王子。[①] 崇德八年(1643年)，巴图尔珲台吉和拜巴噶斯之子鄂齐尔图台吉及喀尔喀和托辉特部鄂木布额尔德尼珲台吉等组织联军，进攻杨吉尔，但未获胜。顺治九年(1652年)，鄂齐尔图台吉攻破吉尔吉斯。鄂齐尔之子噶勒丹巴也大破杨吉尔军。[②] 上述对外战争进一步加强了卫拉特人在中亚地区的扩张。

十七世纪以来，沙俄不断用武力蚕食卫拉特的传统游牧地，相继建立了托木斯克、库兹涅茨克、叶尼塞斯克等军事要塞。并强征当地居民的实物税，胁迫他们屈服沙皇的统治。他们还多次派遣使团到卫拉特游说劝降，均遭巴图尔珲台吉等卫拉特首领的拒绝。准噶尔人发动了亚梅什湖之战，以抗击俄罗斯的渗透和入侵。明万历四十一年(1613年)以后，俄国人不断掠夺亚梅什湖的盐源。天聪八年(1634年)，2000余名准噶尔人围攻在亚梅什湖取盐的俄国人，并进攻塔拉和秋明等俄人居住的城市。顺治六年(1649年)，巴图尔珲台吉袭击了托木斯克县境。顺治九年(1652年)，沙俄派一部分哥萨克骑兵侵入萨彦岭地区，行掠返回时，受到当地人民和居住在托木河沿岸的准噶尔部属民帖良古惕人的伏击，全军被歼。[③]

卫拉特人经过两次大规模迁徙和数次发动对外战争后，其活

① 费舍尔:《西伯里亚史》，圣彼得堡，1774年版，第442页。转引自兹拉特金《准噶尔汗国史》，第198页。

② 喇德纳巴得喇:《咱雅班第达传》(蒙古文)，内蒙古人民出版社，1990年版，第155页。

③ 巴德利:《俄国·蒙古·中国》(汉译本)，第二卷，商务印书馆，1981年版，第126～127页。

动范围大大扩展。东起杭爱山西侧，西至卫拉特故地、中亚一部分，直到欧洲东南部伏尔加河、顿河流域，北起额尔齐斯河中下游托波尔河，南至青藏，接壤印度。卫拉特人发展的内外环境得到了空前的改善。土尔扈特部和和硕特部走上了独立发展的道路。由此，留居故土的四卫拉特得以重新组成：准噶尔（绰罗斯）为一卫拉特，一半和硕特为一卫拉特，杜尔伯特为一卫拉特，由辉特代替土尔扈特为一卫拉特。准噶尔部重新取得核心地位，其首领巴图尔珲台吉遂与和硕特部留在原地的拜巴噶斯之子鄂齐尔图台吉同为四卫拉特盟主。但巴图尔珲台吉势力明显强大，尤其在远征中获得许多酬劳，改善了准噶尔部的经济条件，提高了自己的政治地位。他积极发展农业、手工业和其它副业，在和布克赛尔一带建造了若干个固定居民点，引来维吾尔农民在定居点附近种植黍、小麦、大麦和豌豆等农作物。① 从俄国还引进了猪、鸡、狗等家畜家禽进行养殖。还从汉地和俄国请来了能工巧匠，制作各种手工产品和兵器等。居民点也成为了商业贸易的集散地。

天聪九年（1635 年），漠南蒙古诸部被清朝征服。嗣后，外喀尔喀车臣汗、土谢图汗和札萨克图汗先后遣使与清廷通好。崇德三年（1638 年），清廷令喀尔喀三汗进“九白年贡”，不准与明朝贸易。此时的沙俄向西伯里亚地区的扩张，直接威胁卫拉特，并占领喀尔喀所属巴儿浑（巴尔虎）、不里牙惕地区；封建主之间纷争再起，部众逃散，社会动荡。此形势下，漠北喀尔喀和漠西卫拉特都同感巩固内部秩序、加强相互团结、共同抵御外侮之必要性。与此同时，格鲁派宗教集团为了使卫拉特和喀尔喀变成黄教控制下的统一的政治力量，也积极促成了蒙古各部的会盟和解。1640 年 9 月，喀尔喀和卫拉特的贵族们在塔尔巴哈台举行盛大的会盟，有 26 名贵族和 3 位宗教首领出席会盟。伏尔加河流域的土尔扈特

① 巴德利：《俄国・蒙古・中国》（汉译本），第二卷，第 137 页。

部首领和鄂尔勒克也不远万里赶来参加。大会上对很多重大问题达成共识，组成了更为广泛的同盟，并制订了著名的《蒙古—卫拉特法典》。[①] 会盟制订的大法典成为卫拉特和喀尔喀封建主管理诸兀鲁思的法律依据，对以后蒙古的社会、法律和文化产生了重大影响。[②]

顺治十年(1653 年)，巴图尔珲台吉死，第五子僧格继位。以僧格为首的绰罗斯与以鄂齐尔图台吉为首的和硕特联盟基本上控制了漠西蒙古诸领地。康熙五年(1666 年)，鄂齐尔图台吉被达赖喇嘛封为“车臣汗”。[③]

康熙九年(1670 年)，准噶尔部内讧再起，僧格的异母兄车臣和卓特巴巴图尔发动政变，夜袭僧格的牙帐，杀死僧格。僧格同母弟噶尔丹在叔父楚虎尔乌巴什以及鄂齐尔图汗的支持下，击杀车臣，迅速平定叛逆者，夺回政权，迫使卓特巴巴图尔逃往青海，噶尔丹登上了准噶尔最高统治者的宝座。

噶尔丹(1644～1697 年)是巴图尔珲台吉的第六子、僧格之胞弟。是卫拉特人和格鲁派集团指认的温萨活佛的转世。[④] 顺治十三年(1656 年)，噶尔丹十三岁入藏，在拉萨谒见达赖喇嘛后，去札什伦布寺拜班禅额尔德尼为师。康熙元年(1662 年)，四世班禅圆寂后，噶尔丹到拉萨，在达赖喇嘛门下学经。康熙六年(1667 年)，噶尔丹随到拉萨朝圣的僧格夫人策妄札勒姆回准噶尔。

噶尔丹利用自己在卫拉特部众中的威望，继承僧格的珲台吉

---

① 也称《喀尔喀卫拉特法典》或《卫拉特法典》。

② 乌云毕力格、成崇德、张永江：《蒙古民族通史》，第四卷，内蒙古大学出版社，1993 年版，第 54 页。

③ 《咱雅班第达传》(蒙古文)，第 198 页；《五世达赖喇嘛转》(汉译本)，中国藏学出版社，1997 年版，第五八九页。兹拉特金《准噶尔汗国史》，第 227 页、《准噶尔史略》，第 61 页载鄂齐尔图 1657 年被封为车臣汗之说史料来源不明，不足为信。

④ 《蒙古溯源史》，《卫拉特历史文献》，内蒙古文化出版社，1986 年版，第 309 页。

之位，击败曾经支持他的叔父楚虎尔乌巴什以及鄂齐尔图汗，统一了留居故地的卫拉特诸部。

康熙十七年(1678年)，五世达赖喇嘛遣使准噶尔，授予噶尔丹“丹津博硕克图汗”称号。噶尔丹成为专权的大汗、建立了以绰罗斯贵族为核心的诸卫拉特统一政权—“准噶尔汗国”。

噶尔丹为完善国家体制，恢复社会秩序，维护封建统治，采取了一系列措施，使新生汗国趋于巩固。汗廷是汗国的行政中枢，汗有权任命各级军政要员，有权作出国家重大决策和颁布律令。汗的身边有寨桑若干名，辅佐大汗处理日常事物。汗廷之下设有兀鲁思——鄂托克(和硕)—爱玛克—四十户—二十户—十户等组织。诺颜、珲台吉、寨桑、爱玛克之长、得木齐、舒楞额、阿合等大小官员管理汗国事物。准噶尔汗国实行军政合一制，建立了“出师则三分国中人相更番”的军事组织和补充办法。应征参战者须自备物资，一般“殷实者，各备马十匹，骆驼三头，羊十只；窘乏者，马五匹，骆驼一头，羊五只”。[①] 百姓间的各种诉讼由扎尔固齐(审判官)审理，重大案件则由大扎尔固齐裁决。[②]

通过严格的治理，准噶尔社会秩序得到恢复。在此基础上噶尔丹采取发展生产的措施，“招徕投附，礼谋臣，相土宜，课耕牧”，“于是富庶甲于西域”，“马骏而番庶，四方莫或过之”，“人咸莫测其所以”。[③] 噶尔丹还下令铸造货币并使用于流通领域。[④] 制造器械尤为突出，“嘎尔旦(噶尔丹)取沙油汁，煮土成硫磺，取泻卤土煎硝，色白于雪。铜、铅、镔铁之属出地中”，又“作小连环琐琐甲，轻便如衣。射可穿，杀工匠”。[⑤] 康熙十八年(1679年)，噶尔丹向清

① 同上。

② 《卫拉特法典》，附一《噶尔丹珲台吉敕令》，第214.225页。

③ 梁份：《秦边纪略》，第421页。

④ 《养吉斋丛录》，卷二一。

⑤ 梁份：《秦边纪略》，第421页。

廷赠送锁子甲、鸟枪、马驼等礼品,[1]准噶尔汗国“资用极备,不取给远方”,[2]呈现出繁荣的景象。

噶尔丹统一天山北路后,康熙十八年(1679年),占据哈密和吐鲁番。接着向天山南路和中亚地区扩张。十九年(1680年),派兵进入回疆,结束了叶尔羌汗国长达160余年的统治,扶植傀儡,征收赋税。二十年(1681年),噶尔丹继续向西扩张,先后征服哈萨克、吉尔吉斯、乌孜别克、诺盖等部族。最终使准噶尔的势力达到西至巴尔喀什湖东、南一带,北至额尔齐斯河上游鄂木河,东抵阿尔泰、哈密,包括天山南北地区,其游牧中心在伊犁河谷,国力强盛,成为唯一能抗衡清朝的蒙古势力。

噶尔丹即位后,与清朝建立了友好的贸易关系,清廷承认其为“博硕克图汗”。清朝平定“三藩之乱”后,改变对噶尔丹的政策,开始限制准噶尔的进京使节及随从人数,抑制与清朝的贸易量。

康熙元年(1662年),喀尔喀右翼和托辉特部台吉额琳沁罗卜藏杀札萨克图汗旺舒克引起内乱,遂演变为喀尔喀内战,喀尔喀诸部民众纷纷南投清朝。清朝与葛尔丹双双介入其中,涿鹿蒙古高原。康熙二十七年(1688年),清廷为了孤立葛尔丹,与俄罗斯签订了边界协定—《中俄尼布楚条约》,划定了中俄之间的东部边界。以割让尼布楚蒙古土地为代价,换取了俄罗斯的中立态度,为平定噶尔丹势力创造了条件。

康熙二十九年(1690年),噶尔丹追击喀尔喀部众,突入清朝边境,抵乌珠穆沁部领地。在乌尔会河大败理藩院尚书阿喇尼所统清朝军队,继续深入,直到乌兰布通地方,距京师仅七百里,致使京师戒严。康熙帝命皇兄和硕裕亲王福全为抚远大将军,率军两路出发,前往迎战。康熙帝亲征北上,由于生病,半路折回。八月

① 《亲征平定朔漠方略》,卷二。

② 梁份:《秦边纪略》,第421页。

初一日，与噶尔丹军大战于乌兰布通，败之。噶尔丹逃回科布多，部众伤亡多半，遭受重创。

康熙三十五年(1696 年)，噶尔丹离开科布多，进入克鲁伦河流域。康熙帝组织三路大军亲征。西路大军在昭莫多大败噶尔丹军，噶尔丹率少数人马突围。昭莫多之战，使噶尔丹主力丧失殆尽，在塔米尔河流域、阿尔泰山山阳游击过活。于康熙三十六年(1697 年)三月病死，终年五十三岁。

噶尔丹死后，准噶尔汗国在策旺阿喇布坦和噶尔丹策凌的统治下，进入鼎盛时期。与清朝的战争使准噶尔汗国的实力受到极大的削弱，失去了东部大片领土，大量人口损失、流失。策旺阿喇布坦与清朝保持良好关系，同时努力恢复社会秩序，发展经济，使准噶尔汗国很快恢复了元气。噶尔丹策凌继位，继续向西扩张，占据了大量优良牧场。同时发展农业和手工业，商业贸易也得到发展。准噶尔人口繁衍，达“二十余万户，六十余万口。”①

随着准噶尔强盛，清廷与准噶尔的斗争更加尖锐起来。康熙五十五年(1716 年)，策旺阿喇布坦派大策凌敦多布，奇袭西藏，执杀喇藏汗，致使和硕特汗廷土崩瓦解。清廷利用西藏出现的复杂形势，出兵干涉，击败准噶尔军，控制了西藏。

雍正七年(1729 年)，清朝以罗卜藏丹津事件为由，出兵征伐准噶尔。喀尔喀亲王丹津多尔济和额驸策凌等奋力拼杀，迫使准军后退。额驸策凌追击准军，在额尔德尼召大败准军，促成双方歇兵议和。

乾隆十年(1745 年)，噶尔丹策凌去世，准噶尔内部爆发汗位之争，互相残杀。结果由达瓦齐继位，辉特台吉阿睦尔撒纳支持达瓦齐，不久与达瓦齐反目，被达瓦齐击败。阿睦尔撒纳遂投奔清廷，以图利用清朝的力量击败对手，使自己登上权利宝座。内战使

① 傅桓：《西域图志》，卷一，《无章一》，四库全书本。

准噶尔陷入混乱,人口大量逃亡。乾隆十八年(1753 年),杜尔伯特部三车凌投奔清朝,将他们安置在喀尔喀,后成为赛因济雅图盟。

乾隆十九年(1754 年),阿睦尔撒纳诈降清朝,清廷封其为亲王,安置其部于喀尔喀札布堪河一带。二十年(1755 年),阿睦尔撒纳指引清军进攻准噶尔,俘获达瓦齐。乾隆帝封阿睦尔撒纳为双亲王,不久倒戈反叛,使班第、鄂容安自杀,萨喇尔被俘。清军再度深入准噶尔征讨,阿睦尔撒纳退往哈萨克。二十二年(1657 年),在定边将军喀尔喀成衮扎布的率领下,清军大举进攻准噶尔,迫使阿睦尔撒纳逃往俄罗斯,不久在俄罗斯病死。残酷的战争,无情的天花瘟疫,致使准噶尔部遭受灭顶之灾,卫拉特人凡病死者十之三四,逃入俄国及哈萨克境内者十之二三,为清军所杀十之三五。至此准噶尔汗国灭亡。清朝外札萨克额鲁特蒙古诸盟旗,只是准噶尔汗国灭亡之后的残留而已。

(一)青海额鲁特部

地理位置:青海额鲁特诸部,驻牧西宁边外,至京师五千七百里。东及北界甘肃,西界西藏,南界四川,延袤二千余里。明正德年间,始为蒙古部所据。蒙古永谢布领主亦不剌太师和鄂尔多斯领主满都赉阿哈剌忽为首的右翼部落,在反抗达延汗的兼并战争中失利,率部从河套地区向西南方向移牧,在甘、凉边外辗转数年后,最后在青海驻牧下来。随后,右翼各部亦纷纷迁入青海。

诸部源流:青海额鲁特,由和硕特、土尔扈特、准噶尔、辉特四部组成。

和硕特部:元太祖弟哈布图哈撒儿七传至阿克萨噶勒泰,子二,长曰阿鲁克特穆尔,为内札萨克科尔沁、札赉特、杜尔伯特、郭尔罗斯、阿鲁科尔沁、四子部落、茂明安、乌喇特八部之札萨克祖。次曰乌鲁克特穆尔,与兄分家产,不满而脱离,加入托欢,遂号其部为“和硕特”。九传至博贝密尔咱,称卫拉特汗。子哈尼诺颜洪果尔继之，有子六，图鲁拜琥，其第四子也，号顾实汗。

天聪九年(1635年)，外喀尔喀绰克图台吉率兵进入青海。当时，西藏佛教噶举派与格鲁派的矛盾愈演愈烈，前者依靠西藏藏巴汗政权和占据青海之喀尔喀绰克图台吉的势力，竭力迫害以达赖喇嘛为领袖的格鲁派。此年，格鲁派领袖们派出名僧三世温萨活佛(Dben sa sprul sku)到卫拉特求援。崇德元年(1636年)，和硕特顾实汗和绰罗斯巴图尔珲台吉一起率领卫拉特各部联军万余人，应邀南下。和硕特顾实汗军为右翼，绰罗斯巴图尔珲台吉军为左翼，崇德二年(1637年)初到达青海湖北，与绰克图台吉的四万大军决战，大败绰克图台吉，随之青海被联军占领。顾实汗感到青海土地广袤、水草丰美，并有唐古特贡赋之利，因此决定自己留下来，以大量战利品酬劳巴图尔珲台吉并把女儿阿敏达喇嫁给他，让他带联军返回卫拉特。由于绰罗斯巴图尔珲台吉军组成左翼，从此将绰罗斯为主的卫拉特部众被称为"准噶尔"，意即左翼也。是年，五世达赖喇嘛封顾实汗为"丹津却吉札勒布"(持教法王)，顾实汗成为格鲁派的护法王。

崇德五年(1640年)，顾实汗从青海举兵攻打白利土司，占领康区。六年(1641年)，大军向后藏挺进，次年攻克日喀则，生擒藏巴汗，将卫藏诸地置于自己的统治之下。崇德七年(1642年)，顾实汗成立和硕特汗廷，成为全藏三区之王，并将汗廷设在拉萨。从此，顾实汗身居布达拉宫直接管辖西藏和青海，达赖、班禅掌管西藏宗教和寺院经济。和硕特汗廷是以和硕特汗为首的蒙藏僧俗贵族联合统治的政权。

早在崇德元年(1636年)，顾实汗遣使与清朝建立了联系。三年1638年)，派伊拉古克三呼图克图到清廷。于崇德七年(1642年)到达盛京，受到清廷隆重接待。清太宗遣人敦请达赖喇嘛，另函告知顾实汗。顺治九年(1652年)十一月，五世达赖喇嘛应邀前往北京会见顺治皇帝。次年，顺治帝封达赖为"西天大善自在佛所领天下释教普通瓦赤喇怛喇达赖喇嘛”，赐金册、金印。同时册封顾实汗为“遵行文义敏慧顾实汗”，赐以金册、金印。

顾实汗征服青藏地区后，“遣长子辖其众，以达赖巴图尔佐之”。达赖巴图尔，名多尔济，是顾实汗第六子，通过统领青海事务，以辅佐和硕特汗廷。五世达赖赐“达赖洪台吉”称号。

顾实汗将青海以斡木齐形式分给他的诸子。从此，“部落散处其间，谓之西海诸台吉”。[1] 诸台吉以会盟形式处理事务，协调内部关系。会盟的盟所在青海湖东岸的察罕托罗海。会盟的首领为和硕特八台吉。洪台吉为首，总理青海和硕特一切军政事务。会盟向和硕特汗负责，管理左右翼封地。最初的八台吉为顾实汗的八个儿子：鄂木布、达兰泰、伊勒都齐、多尔济、瑚鲁木什、衮布察珲、桑噶尔扎和达什巴图尔。后衮布死而无嗣，顾实汗另一子阿玉什自漠西到青海代之。青海八台吉所领的兀鲁斯，随着为其子孙的进一步分封，形成大小不等的诸多小兀鲁斯，到雍正初年，剩二十一家。多尔济于康熙二十九年（1690 年）去世，顾实汗诸子中唯达什巴图尔在世，遂由他继任多尔济，统领青海，五世达赖封他为“青海总管”。

康熙四年（1665 年），青海额鲁特在达赖喇嘛的协调下，分为左右二翼。顾实汗子达延、鄂木布、阿玉什、达兰泰系属左翼；伊勒都齐、多尔济、瑚鲁木什、衮布察珲、桑噶尔扎、达什巴图尔系为右翼。其右翼长一直由多尔济一系担任。左翼长由达延汗的子孙担任。

左翼所据东自西宁边外东科尔庙，西至嘉峪关边外洮赉河界八百余里，南自西宁边外博罗充克克河北岸，北至凉州边外西喇塔拉界四百余里。东南自西宁边外拉喇山，西北至甘州边外额济纳河四百余里。东北自永昌边外，西南至嘉峪关边外布隆吉尔河岸

① 《大清一统志》，卷 350。张穆：《蒙古游牧记》，卷 12。

二千余里。右翼所据东自东科尔庙西至噶斯池界二千五百余里。南自松潘边外漳腊岭，北至博罗充克克河南岸，千五百余里。东南自洮州边外达尔济岭，西北至嘉峪关边外塞尔腾、西尔噶拉金界二千余里。东北自西宁边外克腾库特尔，西南至穆鲁乌苏河，千五百余里。①

顾实汗于崇德二年(1637 年)向清朝派遣使者，建立了正式联系。此后双方使臣往来不断。康熙十六年(1677 年)，噶尔丹对和硕特部鄂齐尔图汗发动战争，击溃其军队，并俘获鄂齐尔图汗。鄂齐尔图汗部众四处逃散，逃往西藏、青海和西套阿拉善等处。噶尔丹威胁夺取青海，致使青海和硕特转向清朝以自保。康熙三十七年(1698 年)，噶尔丹败亡后达什巴图尔等来京朝觐，次年清廷封达什巴图尔为亲王，其余分别授贝勒、贝子爵。

雍正元年(1723 年)开始，清廷出兵青海，击败达什巴图尔子罗卜藏丹津脱离清朝控制，恢复和硕特汗廷的武装起义。雍正三年(1725 年)，清廷采用陕甘总督年羹尧所提出的《青海善后十三条》和《禁约青海十二事》，在青海正式设立 29 旗。其中和硕特 21 旗，绰罗斯 2 旗，土尔扈特 4 旗，辉特 1 旗，喀尔喀 1 旗。规定每百户编一佐领，不满百户，编为半佐领，几个佐领合编为一旗，由札萨克一人统之。札萨克下设协领、副协领、参领一员，有十佐领以上的大旗，添设副协领一员，佐领两员。各旗每年会盟一次，盟长由“老成恭顺之人”充任，受西宁办事大臣的监督。各旗王公台吉自雍正三年(1725 年)起，“派定人数，令其自备马驼，由边外赴京请安，分为三班，三年一次，九年一周”；与此同时，废除青海及其周围藏族对和硕特贵族的隶属关系，授其头目以土司千户、百户和土司巡检等职，受附近道厅卫所管辖。将青海喇嘛寺庙置于清朝控制之下，严格限制寺庙规模，财政税收归地方管理，“庙之房，不得过

① 《大清一统志》，卷 350。

二百间，喇嘛多者三百人，少者十数人”，“察罕诺们汗喇嘛庙，毋得私聚议事。”最终，改西宁卫为西宁府，下设两县（西宁县、碾伯县）一卫（大通卫），置“办理青海蒙古番子事务大臣”，又称西宁办事大臣，总理青海一切事务。

雍正九年（1731 年），清廷完成安置番民事宜，规定以黄河为界，蒙古牧地在河北，共 25 旗；藏族牧地在河南，另有蒙古 4 旗和察罕诺们汗旗也在河南。插旗定界，不许逾越。由于未能合理地处理蒙藏民族关系，致使藏民经常越界进入蒙旗抢掠，造成长期的矛盾冲突，清廷屡屡调解无果。嘉庆年间，大量河南藏民渡河北迁，迫使海南蒙古绰罗斯南头旗、辉特南旗、和硕特南右末旗、土尔扈特西旗、土尔扈特南中旗、土尔扈特南后旗等六旗，因“屡被番贼抢劫，不能驻守原分游牧地方，遂于嘉庆三年（1798 年），都搬到海北一带地方住牧，”[1]造成雍正三年（1725 年）所划牧地发生了很大的变动。蒙古旗牧地缩小，人口锐减。雍正三年设旗，各旗共计 97 个半佐领，加上诺门汗旗四个佐领就有 101 个半佐领，每佐领编户 150 户，约 15,000 户，每户 4～5 口计，约有人口 75,000 口。嘉庆年间的统计显示各旗总人口为 6,216 户、28,935 口。[2] 宣统元年（1909 年）青海蒙古 28 旗及察罕诺们汗旗共 2,020 户，6,082 口。[3]

青海绰罗斯部：乾隆十九年（1754 年），准噶尔平，绰罗斯大部亡，所剩无几。附牧喀尔喀赛因诺彦部者，曰额鲁特，2 旗。附牧青海者，曰绰罗斯，2 旗。

---

① 才让辑：《青海蒙古事务清史档摘编？贝勒特例巴勒珠尔等六旗呈缴原赏牧地印结》。

② 《湟中杂记》；那彦成：《酌移蒙古诸旗疏》，载《青海方志资料类编》上册，第 675 页。

③ 西宁办事大臣《咨送青海两翼等处各部各寺蒙番僧俗户口册及更正总表》，转引自马大正、成崇德主编，《卫拉特蒙古史纲》，新疆人民出版社，第 371 页。

青海土尔扈特部：青海土尔扈特部，始祖翁罕，六传至玛哈齐蒙克，子二。长贝果鄂尔勒克，子四，其第三子保兰阿噶勒琥，第四子莽海。始游牧青海，与和硕特错居。顺治八年，莽海次子博第苏克始通贡，自称青海土尔扈特台吉。初其族隶和硕特。雍正元年(1723年)，罗卜藏丹津叛，有诺颜格隆者附之，继而乞降，从岳钟琪围剿。事定，宥从逆罪。王大臣议，别设旗，分佐领，令勿隶和硕特族，允之。三年(1625年)，设札萨克4。

青海辉特部：青海辉特部一族，姓伊克明安。有卓里克图和硕齐者，生子第巴，号青诺颜。始游牧青海，附和硕特族。雍正二年(1724年)，王大臣议青海之辉特，请别设旗，分佐领，允之。

青海喀尔喀部：格呼森扎扎赉尔珲台吉季子鄂特还诺颜，有子二。其次子多尔济阿喇布坦伊勒登，徙牧青海。子讷克额尔德尼阿海，生达什惇多布，不复归喀尔喀部，隶和硕特族。雍正元年(1623年)，罗卜藏丹津胁青海、喀尔喀诸台吉附己，讷克额尔德尼阿海从子根惇，迎大军降。王大臣议青海之喀尔喀，请别设旗，分佐领，允之

1. **西前旗**　札萨克亲王品级多罗郡王游牧。顾实汗第六子多尔济次子策旺喇布坦，号达赖岱青，嗣父为和硕特八台吉之一。康熙三十六年(1697年)，与达什巴图尔来朝。四十二年(1703年)，封多罗郡王。四十四年，子额尔克巴尔珠尔袭。四十五年，自杀身亡。子朋素克旺扎勒，降袭多罗贝勒。雍正三年(1725年)，授札萨克，四年复封郡王。乾隆四十七年(1782年)，诏世袭罔替。五十六年(1791年)，以功赐亲王品级。牧地在布喀河南岸，东至乌图起尔沙陀罗海，南至西拉库图尔果库图尔，西至察罕乌苏呼鲁恭纳；北至布喀河滨纳令希楞。有佐领8。

2. **前头旗**　札萨克多罗郡王游牧。顾实汗第五子伊勒都齐孙察罕丹津，号岱青和硕齐。康熙四十年(1701年)来朝，封多罗贝勒。五十六年(1717年)，晋封郡王。雍正元年(1723年)，叙功

封和硕亲王。三年，授札萨克。十三年(1735 年)，卒，绝嗣。诏以察罕丹津从子拉察布之子旺舒克袭爵。乾隆十四年(1749 年)，子旺丹多尔济帕拉木袭爵，嗣复绝。诏以旺舒克从子纳罕多尔济降袭多罗郡王。乾隆四十七年(1782 年)，诏世袭罔替。牧地：初察罕丹津及罗卜藏丹津领青海右翼。察罕丹津牧河东，近松潘。罗卜藏丹津牧河西，近布隆吉尔，以河为界。南当黄河之曲，有小哈柳图河入于黄河。东至拉布楞希拉得布沙，南至和托果尔希里克，西至巴尔鄂博巴彦乌拉，北至额尔德尼布乌鲁勒卜达巴。有佐领 11。

3. **前左翼头旗** 札萨克多罗郡王游牧。顾始汗第三子达兰泰子衮布，号阿齐巴图尔。康熙四十三年(1704 年)，以先诸台吉内附，封多罗贝勒。四十四年，卒。子额尔德尼额尔克托克托鼐袭。五十五年(1716 年)，诏分领青海左翼。雍正元年(1723 年)，晋封郡王。三年，授札萨克。乾隆四十七年(1782 年)，诏世袭罔替。牧地在大通河南岸。东至阿木达赖台，南至固尔班塔拉之北沙拉图，西至齐檫檫尼布楚勒，北至巴彦布拉克。有佐领 9。

4. **西后旗** 札萨克多罗贝勒游牧。顾实汗第六子多尔济孙达颜，康熙五十五年(1716 年)，诏分领青海右翼，封多罗贝勒。五十七年(1718 年)，卒。子旺舒克喇布坦袭，六十一年(1722 年)，卒。无嗣。从子达什车凌降袭固山贝子。雍正三年(1725 年)，授札萨克，诏世袭罔替。牧地跨柴集河，其水注盐池。东至锡喇盐海子察罕托罗海，南至合约尔巴尔古，西至布隆吉尔河源，北至国库图尔希拉库图尔。有佐领 9。

5. **北右翼旗** 札萨克固山贝子游牧。顾实汗第七子瑚鲁木什。顺治六年(1649 年)，助大军讨河西回民，复招降西宁城，赐巴图尔额尔德尼岱青号。有子四，长根扎，再传绝。次哈坦巴图尔，次达尔巴，次秉图。康熙五十七年(1718 年)，准噶尔袭藏，时达尔巴孙车凌惇多布孤幼，母楚克赉纳木札勒以所属唐古特兵万从军。

雍正元年(1723 年),议功,特赐车凌惇多布贝勒爵。寻附罗卜藏丹津叛。大军至,迎降。事定,降固山贝子。三年(1725 年),卒,无嗣。以其从祖秉图次子丹巴袭,授札萨克。乾隆四十七年(1782 年),诏世袭罔替。牧地在青海北岸。东至沙拉哈吉尔,南至库库诺尔齐津,西至吹吉乌立图阿拉尔,北至乌兰和硕。有佐领 6。

6. **北左翼旗** 札萨克贝勒品级固山贝子游牧。顾实汗第八子桑噶尔扎,生子塔萨博罗特,号和硕特。子二,长惇多布达什,次索诺木达什。康熙四十四年(1705 年),惇多布达什封辅国公。雍正元年(1723 年),晋镇国公,寻卒。罗卜藏丹津叛,议索诺木达什邻牧,诱擒之。寻脱归,诏封固山贝子。青海定,遣归牧。三年(1725 年),授札萨克。次子噶勒丹旺札勒,第三子莽鼐相继袭。莽鼐卒,子罗布藏色布腾袭。乾隆三十一年(1766 年),以罪革札萨克,改授闲散贝子。以其弟巴济勒特代掌札萨克,降授一等台吉。四十七年(1782 年),诏世袭罔替。四十九年(1784 年),子拉札布袭,五十六年(1791 年)卒,诏仍以罗布藏色布腾袭,因功赏给贝勒品级。牧地在布隆吉尔河南。东至哈喇诺尔,南至克尔鲁克,西至窝果图尔,北至伊克柴达木。有佐领 3。

7. **南左翼后旗** 札萨克辅国公游牧。顾实汗长子达延鄂齐尔汗之次子多尔济,子垂库尔。生子五,长噶尔丹达什。康熙三十六年(1697 年),从达什巴图尔内附。五十年(1711 年),封辅国公。雍正元年(1723 年),晋镇国公。三年(1725 年),授札萨克,子丹津纳木札勒、索纳木巴勒济相继袭,卒,皆无嗣。乾隆十三年(1748 年),诏以索诺木衮布次子索诺木多尔济袭,降授辅国公,承噶尔丹达什祀。四十七年(1782 年),诏世袭罔替。牧地东至吉噶素台鄂兰布拉克,南至和洛海,西至布都克图乌兰和硕,北至青海。有佐领 1。

8. **北前旗** 札萨克辅国公游牧。达延鄂齐尔汗季子墨尔根诺颜。子二,长车凌。康熙五十年(1711 年),封辅国公。雍正三年(1725年),授札萨克。乾隆四十七年(1782年),诏世袭罔替。牧地东至科依特陀罗海,南至柴吉希巴立台,西至车吉,北至哈达图。有佐领2。

9. **南右翼后旗** 札萨克辅国公游牧。达延鄂齐尔汗第五子索诺木达什。康熙五十年(1711年),封辅国公。五十一年,卒。次子诺尔布朋素克袭。雍正元年(1723年),叙进藏功,增俸。三年(1725年),授札萨克。四年卒。嗣子达什巴勒珠尔袭。七年(1729年),卒,无嗣。诏以其从祖索诺木衮布之子车凌袭,承索诺木达什祀。乾隆四十七年,诏世袭罔替。牧地在青海东岸。东至贺尔,南至哈沙图,西至哈拉素布鲁汉,北至库哭诺尔。有佐领4。

10. **西右翼中旗** 札萨克一等台吉游牧。顾实汗伯兄哈纳克土谢图,孙图瑚尔绰克图,子四。次子达木巴达尔济,次僧格。僧格之子车凌纳木札勒。康熙三十六年(1697年),从达什巴图尔内附。雍正元年(1723年),罗卜藏丹津胁之叛,不从,来投。自编属丁为佐领。青海定,遣归牧。三年(1725年),设公中札萨克。凡三十台吉,以车凌纳木札勒领之,授一等台吉。十年(1732年)卒,无嗣。达木巴达尔济之子巴勒袭。乾隆四十七年(1782年),诏世袭罔替。牧地跨柴达木河,东至诺木罕河,南至诺木罕木鲁,西至消赉,北至袭勒沿。佐领1。

11. **西右翼前旗** 札萨克一等台吉游牧。贝勒纳木札勒之弟阿喇布坦。雍正元年(1723年),罗卜藏丹津胁之叛,不从。三年(1725年),授札萨克一等台吉。乾隆四十七年(1782年),诏世袭罔替。牧地在大通河北岸。东至察罕阿尔吉永安,南至约呼赉口,西至柴达木察罕巴彦陀罗海,北至希立永安。有佐领2。

12. **南右翼中旗** 札萨克一等台吉牧地。博硕克图济农长子岱青巴图尔,有子三,长阿喇布坦札木素。康熙五十九年(1720年),封辅国公。雍正三年(1725年),授札萨克。乾隆五年(1740年)卒,无嗣。诏以其弟惇多布鄂木布之子达什纳木札勒袭,卒。

嗣子礼塔尔袭,时达什纳木札勒有子隆贲幼,礼塔尔母隐匿不告。四十年(1775年),果洛克掠青海牧,礼塔尔为所戕。驻扎西宁大臣以隆贲状闻,诏降袭札萨克一等台吉。四十七年(1782年),诏世袭罔替。牧地当鲁察布拉山之西。东至库克乌松,南至齐克特尼诺尔,西至僧格图木齐,北至库克乌松西山。有佐领5。

13. **南左翼中旗** 札萨克一等台吉游牧。博硕克图济农次子墨尔根诺颜,子拉察布,生子三,长察罕喇布坦,次旺舒克喇布坦,次旺舒克。康熙五十年(1711年),封拉察布辅国公,五十五年(1716年),晋固山贝子。雍正元年(1723年),晋多罗贝勒。未几,附罗卜藏丹津叛,大兵至,奔巴尔喀木。子察罕喇布坦等迎降,招拉察布至,诏降为镇国公。三年,授札萨克。九年(1731年),土尔扈特族诺尔布叛,拉察布复附之。察罕阿喇布坦谏之,不听,携子由索罗母河遁。副都统达鼐率兵追之。察罕喇布坦降,拉察布亦悔罪,归牧青海。谕交察罕丹津严行管辖,授察罕喇布坦札萨克一等台吉。乾隆二年(1737年),子多尔济色布腾袭。四年卒,无嗣。诏以旺舒克喇布坦袭。三十三年(1768年),卒,子纳罕多尔济袭。三十六年(1771年),诏袭其从兄旺丹多尔济帕拉木所遗札萨克,授多罗郡王爵。弟罗布藏丹旌袭所遗札萨克一等台吉。四十七年(1782年),诏世袭罔替。牧地袭滨黄河,有恰克图河东南来流入之。东至巴图哈尔根,南至阿尔坦郭尔,西至伊克图尔根,北至巴哈图尔根。有佐领4。

14. **北左末旗** 札萨克一等台吉游牧。札萨克郡王额尔克巴勒珠尔次子伊什多尔札布。雍正元年(1723年),罗卜藏丹津胁之叛,不从。三年(1725年),授札萨克一等台吉。乾隆四十七年(1782年),诏世袭罔替。牧地东至柴吉齐沁,南至盐海,西至哈堂和硕,北至和特克。有佐领4。

15. **北右末旗** 札萨克一等台吉游牧。墨尔根台吉第六子额琳沁达什,初封固山贝子,晋多罗贝勒。以附罗卜藏丹津叛,削爵。

有子三。雍正三年(1725年),授次子达玛琳色布腾札萨克一等台吉。乾隆十四年(1749年)卒,无嗣。弟博贝袭,二十五年(1760年)卒,无嗣。诏以额琳沁达什长子巴特玛色布腾之子旺札勒袭。四十七年(1782年),诏世袭罔替。牧地在布喀河源沙尔诺尔之西。东至色尔柯克达巴,南至察罕托罗海,西至萨尔鲁克,北至库尔鲁克。佐领有2。

16. **东上旗** 札萨克一等台吉游牧。顾实汗第四子巴延阿布该阿玉什,有子十六,分牧青海及西套。札布其季子也,留处青海。康熙三十六年(1697年),从达什巴图尔内附。雍正三年(1725年),授札萨克一等台吉,辖其族。乾隆四十七年(1782年),诏世袭罔替。牧地在东北岸。东至阿拉赖达巴,南至柴吉,西至青海,北至乌尔宵希巴立台。佐领1。

17. **南左翼次旗** 札萨克一等台吉游牧。郡王额尔德尼额尔克托克托鼐有子四,长阿喇布济。雍正三年(1725年),授协理台吉。九年(1731年),以功晋一等台吉。未几,领额尔德尼额尔克托克托鼐于诸子中选择可袭王爵者,封其三子索诺木丹津长子阿喇布济晋辅国公,寻卒。次子索诺木达什,嗣协理台吉。阿喇布济子多尔济袭辅国公。乾隆十一年(1756年),额尔德尼额尔克托克托鼐请以所属十佐领,给索诺木丹津十之六,给第四子车凌多尔济十之四。以索诺木达什隶索诺木丹津,别设一札萨克,允之。授多尔济札萨克一等台吉。四十七年,诏世袭罔替。牧地有盐池,东至沙拉图,南至海达克,西至努克孙山鄂西齐,北至乌兰墨尔河。佐领9。

18. **南左翼末旗** 札萨克一等台吉游牧。顾实汗次子鄂木布,号车臣岱青。顺治六年(1649年),助大军讨河西逆回,复招降西宁城,赐土谢图巴图尔岱青号,卒。长子墨尔根台吉嗣,诏去巴图尔号,袭土谢图岱青号,卒。子纳木札勒袭,自号额尔德尼。康熙三十六年(1697年)入觐,封多罗贝勒,仍袭土谢图岱青号,卒。

子罗布藏察罕袭。雍正元年,附罗卜藏丹津叛,旋悔罪降,诏置西宁口外,给茶麦养之。事定,议罪削爵。三年(1725年),命仍领游牧众。授札萨克一等台吉。六年(1728年)来朝,封辅国公,乾隆七年(1742年),卒。子多尔济色布腾降袭一等台吉。四十七年(1782年),诏世袭罔替。牧地当博罗充克克河源。东至囊吉里图巴尔布哈,南至图禄根河,西至恰克图北山木鲁,北至恰克图河。有佐领2。

19. **南右翼末旗** 札萨克一等台吉游牧。罗布藏达尔扎,号车臣岱青。父卓里克图岱青,顾实汗次子鄂木布之次子也。康熙三十六年(1697年),和硕特诸台吉入觐,罗布藏达尔扎幼,不获至,母阿勒达尔以闻,诏封辅国公。五十年(1711年)来朝,晋固山贝子,寻授盟长。六十一年(1722年),卒。子济克济札布降袭辅国公。雍正元年(1723年),罗卜藏丹津胁之叛,二年降,议罪削爵。三年,诏仍领游牧众,授札萨克一等台吉。乾隆四十七年(1782年),诏世袭罔替。牧地在黄河北岸,有锡尼诺尔。东至乌兰布拉克,南至黄河舒尔古勒渡口,西至希拉珠尔格西山,北至巴彦布拉克。有佐领1。

20. **西右翼后旗** 札萨克一等台吉游牧。瑚鲁木什第四子秉图,生二子,长色布腾博硕克图。初为闲散台吉,雍正元年(1723年),罗卜藏丹津胁之叛,不从。三年(1725年),授札萨克一等台吉。乾隆四十七年(1782年),诏世袭罔替。牧地跨柴达木河。东至希昔,南至诺门汗,西至乌拉斯台,北至柴达木。佐领1。

21. **西左翼后旗** 札萨克一等台吉游牧。顾实汗弟色棱哈坦巴图尔,有子十一。其第七子名茂济喇克,再传至哈尔噶斯。雍正元年(1723年),罗卜藏丹津胁之叛,不从。三年(1725年),授札萨克一等台吉。乾隆四十七年(1782年),诏世袭罔替。牧地跨柴达木河。东至巴彦陀罗海,南至桑陀罗海,西至乌尔图,北至玛尼图沙纳图。佐领1。

22. **绰罗斯南右翼头旗** 札萨克多罗贝勒游牧。准噶尔绰罗斯族，旧牧阿尔泰。噶尔丹之父巴图尔珲台吉死，子僧格嗣为珲台吉。其异母兄车臣、卓特巴巴图尔弑之。僧格同母弟噶尔丹执车臣杀之。卓特巴巴图尔奔青海。康熙三十六年(1697年)，噶尔丹死，遣使招抚青海。时，卓特巴巴图尔卒，子色布腾札勒幼，未能从和硕特诸台吉至。四十二年(1703年)，来朝，封多罗贝勒。雍正元年(1723年)，罗布藏丹津胁之叛，不从。以功晋封多罗郡王。乱定，王大臣议，勿令隶和硕特族，允之。三年，授札萨克。子车凌喇布坦，孙索诺木多尔济，相继袭。乾隆二十三年(1758年)，索诺木多尔济卒，无嗣。诏以色布腾札勒之子色布腾多尔济袭。三十年(1765年)，卒，无嗣。以其从祖车木伯勒袭。降授多罗贝勒。四十七年，诏世袭罔替。牧地当青海东南岸。东至博尔巴齐他尔察罕鄂博哈喇乌素，南至固尔班他拉贡诺尔，西至窝尔登诺尔伊克察罕哈达，北至青海。有佐领四。

23. **绰罗斯北中旗** 札萨克固山贝子游牧。卓里克图和硕齐，亦巴图尔珲台吉子，避噶尔丹乱，依和硕特族。有子四，其季曰纳木齐札木禅。子阿喇布坦。康熙五十五年(1716年)来朝，授公品级一等台吉，赐札萨克职。雍正三年(1725年)，晋辅国公。乾隆四年(1739年)，卒。子纳木札勒车凌袭。十五年(1750年)，自青海赴唐古特，闻珠尔默特纳木札勒叛，驰至布达拉城，护侍达赖喇嘛。乱定，晋封固山贝子。四十七年(1782年)，诏世袭罔替。牧地在青海西北岸。东至济尔玛尔台，南至布喀沿，西至西尔哈落萨，北至济尔玛尔台。佐领2有半。

24. **土尔扈特南中旗** 札萨克一等台吉游牧。保兰阿噶勒琥子车臣诺颜，生拉玛达什，号图尔根台吉。子索诺木喇布坦多尔济。雍正三年(1725年)，授札萨克一等台吉。七年(1729年)卒。嗣绝，以博第苏克曾孙栋袭。四十七年(1782年)，诏世袭罔替。牧地东至国库图尔，南至国库图尔山木库尔，西至库克乌松，北至衮阿尔台。有佐领4。

25. **土尔扈特西旗**　札萨克一等台吉游牧。莽海曾孙色棱吉斯札布第三子鄂尔齐,有子四,长诺尔布,次色特尔布木,次衮木札布,次拉苏隆札布。雍正元年(1723年),诺尔布附罗卜藏丹津叛,寻悔罪来投。诏宥之。三年(1725年),授札萨克一等台吉。九年(1731年),复叛,色特尔布木不附,且以兵剿之。奖赐银币,袭诺尔布所遗爵。乾隆二十一年(1756年),卒。子乌尔占袭,无嗣。命以衮布札布之子伊达木袭。四十七年(1782年),诏世袭罔替。牧地东至衮阿尔台,南至黄河,西至哈尔古尔希立,北至库克乌苏唐素楞。佐领有4。

26. **土尔扈特南前旗**　札萨克一等台吉游牧。贝果阿尔勒克弟翁贵,生额济内,有子四。其一特穆纳,始游牧青海。子三,阿勒达尔最少。子二,长察罕喇布坦,次达尔扎。雍正元年(1723年),罗布藏丹津叛,察罕喇布坦偕和硕特亲王察罕丹津来投,授札萨克一等台吉。九年(1731年),从诺尔布叛,达尔扎留牧,察罕喇布坦,寻被擒。诏免死,圈禁西宁,以达尔扎袭所遗爵。乾隆十九年(1764年),卒。子色布腾多尔济袭,无嗣,仍以察罕喇布坦之子滚楚克袭。四十七年(1782年),诏世袭罔替。牧地有大哈柳图河,入于黄河。东至古鲁班博尔齐沙拉图,南至黄河,西至宗科尔,北至恰克图。佐领1。

27. **土尔扈特南后旗**　札萨克一等台吉游牧。特穆纳次子阿玉什,有子曰拜博,号额尔克济农。子丹忠,号额尔德尼济农。雍正元年(1723年),罗卜藏丹津胁之叛,不从。三年(1725年),授札萨克一等台吉。乾隆十年(1745年),卒,子纳木锡里策旺袭。十四年(1749年)卒,无嗣。以族弟都勒玛札布袭。四十七年(1782年),诏世袭罔替。牧地东至莫古立源,南至衮阿尔台,西至库克乌松鲁木,北至登纳吉尔尼。佐领有3。

28. **辉特南旗**　札萨克贝子品级辅国公游牧。第巴子五,其第四子曰贡格。雍正元年(1723年),罗卜藏丹津胁之叛,不从。率昆弟子迎降大军,助剿逆党。三年(1725年),授札萨克一等台吉。九年(1731年),晋封辅国公。乾隆四十七年(1782年),诏世袭罔替。五十六年(1791年),贡格曾孙达玛琳复因大兵征廓尔喀,巡绰台站劳,赏贝子品级。牧地当巴彦诺尔之南。东至巴彦诺尔东山木鲁,南至窝兰布拉克僧里鄂博哈立噶图,西至博尔楚尔哈立噶图河,北至纳兰萨兰。佐领一。

29. **喀尔喀南右旗** 札萨克一等台吉游牧。雍正三年(1725年),授根惇札萨克一等台吉。未几,以嗜酒,且与本部诸台吉不睦,不胜任,罢之。命往就通谟克牧。乾隆三年(1738年),以喀尔喀族聚青海,不忍令析处,授达什惇多布札萨克一等台吉。四十七年(1782年),诏世袭罔替。牧地在青海南岸。东至察罕哈达,南至南山,西至鄂兰布拉克,北至青海。佐领1。[①]

(二)套西额鲁特蒙古

1. **阿拉善额鲁特旗** 康熙十四年(1675年),卫拉特鄂齐尔图车臣汗与准噶尔部噶尔丹发生冲突,翌年,噶尔丹击溃鄂齐尔图车臣汗,并俘虏鄂齐尔图车臣汗。不久,鄂齐尔图车臣汗在博尔塔拉去世。随之,鄂齐尔图车臣汗属下和硕特部众,一部分随其妻逃往伏尔加河,并入土尔扈特部,一部分留在准噶尔,还有一部分在顾实汗孙和啰理的率领下,东移到西套地区。二十四年(1685年),康熙皇帝下旨,"鄂齐尔图汗之孙罗布藏衮布与巴图尔额尔克济农(和啰理),当使聚合一处,于所宜居之地,为之经理,令其居处,赐之封号,给以金印册,用昭示朕继绝举废之至意焉。"[②]二十五年,和啰理率部下赴京朝觐康熙帝。不久,清廷派理藩院官员去套西实地勘定牧地,规定"自宁夏玉泉营至贺兰山阴,自甘州镇番口至

① 以上青海各札萨克沿袭以及牧地分布,均采自张穆:《蒙古游牧记》,卷12。

② 《清圣祖实录》,卷一二一,康熙二十四年五月癸未条。

额济纳河，俱以离边六十里为界。”[1]此后，随着噶尔丹与清朝之间的战争，致使和啰理率众西走。三十年（1691 年），清廷遣使至和啰理处加以招抚。三十二年，和啰理等先后受抚，清廷“仍赐牧阿拉善。”康熙三十三年（1694 年），清廷再次招和啰理进京。康熙三十六年（1697 年），噶尔丹败亡，清廷拟在和啰理部编佐领，设札萨克，康熙帝明确指示：“巴图尔额尔克济农授以贝勒，另为一札萨克，给与印信，将其属下人丁，分编作领，住贺兰山。”[2]至此，清廷在阿拉善正式设旗，是为阿拉善额鲁特旗。尔后，清廷又授和啰理子阿宝为和硕额驸，并“赐第京师，命御前行走。”[3]乾隆四年，阿宝，卒。三子罗布桑多尔济袭，二十一年，晋郡王，三十年，晋和硕亲王，四十七年，诏世袭罔替。有佐领 8。

2. **额济纳旧土尔扈特旗**　额济纳旧土尔扈特部在阿拉善额鲁特旗之西。康熙三十七年（1698 年），驻牧伏尔加河的土尔扈特部书库尔岱青之曾孙阿拉布珠尔，受其堂叔父阿玉奇汗之托，陪同自己的母亲和妹妹，率 500 兵及部分属众，远涉万里来到拉萨熬茶礼佛。在西藏住了 5 年，却由于阿玉奇和准噶尔策妄阿拉布坦关系紧张，不得回归，滞留嘉峪关外。康熙四十三年（1704 年），清廷允许他们在嘉峪关外党河等地游牧，并封阿拉布珠尔为固山贝子。康熙五十五年（1716 年），阿拉布珠尔率兵协助清廷防备策妄阿拉布坦。同年去世，其子丹衷袭贝子爵位。雍正七年（1729 年），丹衷到京，因战功晋封多罗贝勒。[4] 其部属几经迁徙到额济纳河流域。乾隆五年（1740 年），丹衷去世，其子罗布藏达尔扎袭爵。乾隆十八年（1753 年），授罗布藏达尔扎札萨克印，成为额济纳额鲁

---

① 俞正燮：《癸巳存稿》，卷六。

② 《清圣祖实录》，卷一八五，康熙三十六年十月丁巳条。

③ 祁韵士：《皇朝藩部要略》，卷一〇，《额鲁特要略二》。

④ 祁韵士：《皇朝藩部要略》，卷一六，《额鲁特要略三》。

特旗第一代札萨克。由此,额济纳旧土尔扈特旗正式成立。有佐领1。

(三)乌讷恩素珠克图南路盟

乾隆三十六年(1771年),居住在额济勒河流域的土尔扈特部首领渥巴锡汗率所部东迁至伊犁,投附清朝。清廷以内外札萨克蒙古盟旗之例安置其部,分所部为新旧二部分,并赐以封爵。乾隆四十年(1775年),又以原有的系统分为五个盟,其中的和硕特部被编为一盟。任命正副盟长,编设札萨克、旗分、佐领,铸造印信。[①] 渥巴锡汗所部系和鄂尔勒克之嫡系,被称为旧土尔扈特,由渥巴锡统领,为乌讷恩素珠克图盟,该盟又分为东西南北四路(四盟),共设10旗。舍楞一支系和鄂尔勒克叔父卫衮察布察齐之后裔,被称为新土尔扈特,为青色特启勒图盟,共设二旗。随渥巴锡投附的和硕特部恭格等被编为巴图色特启勒图盟,共设3旗。

渥巴锡汗所属乌讷恩素珠克图南路盟游牧地起初位于齐尔,当天山以北,乾隆三十八年(1773年)后迁至天山以南喀喇沙尔城以北的珠(裕)勒都斯,故又称该盟为珠勒都斯旧土尔扈特部。乾隆四十年,改定牧齐尔,为旧土尔扈特部南路。南路盟下设各旗绕珠(裕)勒都斯河同牧,其境东越天山,至博尔图岭,南至扣克纳克岭,西至天山,北至喀伦。[②] 该盟下设四旗,有佐领54。嘉庆年间,共计人口13,678。[③] 隶喀喇沙尔大臣兼辖,归伊犁将军节制。

1. **南路汗旗**　设于乾隆三十六年(1771年),系渥巴锡汗直属旗。乾隆三十六年,清廷准渥巴锡仍称汗,统所部,赐号卓哩克图,授札萨克。乾隆三十七年,赐牧天山以北之齐尔,乾隆三十八年,徙牧珠(裕)勒都斯。乾隆三十九年(1774年),渥巴锡汗卒,长子

---

① 《满文土尔扈特档案编译》,民族出版社,1988年,第244页。

② 张穆:《蒙古游牧记》,卷14。

③ 达生潮:《喀喇沙尔志》。

策凌纳木扎勒袭札萨克卓哩克图汗。乾隆四十年(1775 年),清廷改旧土尔扈特部南路定牧齐尔,由策凌纳木扎勒统领,并授盟长,赐札萨克及盟长印。乾隆四十八年(1783 年),诏世袭罔替。乾隆五十七年(1792 年),策凌纳木扎勒卒,长子霍绍齐袭职。[①] 其后,丹津旺济尔、那木济勒多尔济、策登多尔济、那木扎勒珠尔默特策林、玛哈巴咱尔、喇特那巴咱尔、布彦绰克图、布彦蒙库等相继袭爵,历任该旗札萨克。有佐领 50。[②]

2. **中旗** 设于乾隆三十六年(1771 年),系渥巴锡汗从弟额默根乌巴什所部。额默根乌巴什祖父巴图,有子二,长唐阿特,次喀木齐克。额默根乌巴什即唐阿特之子。乾隆三十六年,额默根乌巴什随渥巴锡汗投附,受封固山贝子,赐号巴雅尔图,授札萨克。乾隆三十七年(1772 年),额默根乌巴什卒,长子恭坦袭职。乾隆四十年(1775 年),赐牧齐尔,授副盟长,辖该旗事务,并获得札萨克印。乾隆四十八年(1783 年),诏世袭罔替。[③] 嘉庆十六年(1811 年)卒,子巴勒丹拉什袭职。道光十年(1830),巴勒丹拉什卒,长子蒙库那逊因其父立战功,晋封多罗贝勒,诏世袭罔替。其后,固鲁扎布、乌勒哲依特固斯、恭噶那木扎勒、敏珠尔多尔济等相继袭多罗贝勒爵,历任该旗札萨克。有佐领 2。[④]

3. **右旗** 设于乾隆三十六年(1771 年),系渥巴锡汗从子拜济瑚所部。拜济瑚之父喀木齐克为额默根乌巴什之叔父。乾隆三十六年,拜济瑚随渥巴锡汗投附,被封为辅国公,授札萨克。乾隆三十七年(1772 年),赐牧齐尔,辖该旗事务,并获得札萨克印。乾隆四十八年(1783 年),诏世袭罔替。[⑤] 道光元年(1821 年),拜济瑚

---

① 《钦定外藩蒙古回部王公表传》,卷 103。

② 张穆:《蒙古游牧记》,卷 14。

③ 《钦定外藩蒙古回部王公表传》,卷 103。

④ 张穆:《蒙古游牧记》,卷 15。

⑤ 《钦定外藩蒙古回部王公表传》,卷 103。

卒,子策伯克扎布袭职。其后,巴彦克什克、曼吉多尔济、达尔玛巴勒、诺尔博林沁等相继袭辅国公爵,历任该旗札萨克。有佐领1。[①]

4. **左旗** 设于乾隆三十六年(1771年),系渥巴锡汗从弟伯尔哈什哈所部。伯尔哈什哈之父多尔济喇什乃巴图之弟。乾隆三十六年,伯尔哈什哈随渥巴锡汗投附,被封为札萨克一等台吉。乾隆四十年(1775年),赐牧齐尔,辖该旗事务,并获得札萨克印。乾隆四十七年(1782年),伯尔哈什哈卒,长子纳木扎勒喇什袭职。其明年,诏世袭罔替。[②] 其后,扎尔、和团、额尔德尼、西勒达尔玛等相继袭札萨克一等台吉爵,历任该旗札萨克。有佐领1。[③]

(四)乌讷恩素珠克图北路盟

又称和博克萨里旧土尔扈特部,系渥巴锡汗族子策伯克多尔济所部。乾隆三十六年,土尔扈特部首领渥巴锡汗率所部东迁至伊犁时,随从前来的渥巴锡汗族子策伯克多尔济亦投附清朝。清廷封他为和硕亲王,赐号布延图,授札萨克。乾隆三十七年(1772年),赐牧和博克萨里。乾隆四十年(1775),定牧和博克萨里,为旧土尔扈特部北路,以策伯克多尔济领之,诏授盟长,赐札萨克及盟长印。[④]

策伯克多尔济所属乌讷恩素珠克图北路盟各旗同牧,游牧地当阿尔泰山之西南和博克萨里。其境东至噶札尔巴什诺尔,西至察罕鄂博,南至戈壁,北至额尔齐斯河。[⑤] 该盟下设三旗,有佐领14。嘉庆年间,共计人口11,709。[⑥] 隶塔尔巴哈台大臣兼辖,归伊犁将军节制。

---

① 张穆:《蒙古游牧记》,卷14。

② 《钦定外藩蒙古回部王公表传》,卷103。

③ 张穆:《蒙古游牧记》,卷14。

④ 《钦定外藩蒙古回部王公表传》,卷103。

⑤ 张穆:《蒙古游牧记》,卷15。

⑥ 无名氏:《塔尔巴哈台事宜》,卷1。

1. **北路旗**　设于乾隆三十六年(1771年),系渥巴锡汗族子策伯克多尔济直属旗。策伯克多尔济曾祖衮扎布为土尔扈特部阿玉奇汗之子,衮扎布子敦罗卜旺布有子五,长噶勒丹诺尔布有子三,长策伯克多尔济,次奇哩布,季阿克萨哈勒。乾隆四十三年(1778年),策伯克多尔济卒,其弟奇哩布授札萨克,辖北路右旗事务兼副盟长。乾隆四十四年,袭札萨克和硕布延图亲王,授盟长,其右旗札萨克停袭。乾隆四十八年(1783年),诏世袭罔替。乾隆四十九年(1784年),奇哩布卒,长子车凌乌巴什袭职。[①] 其后,恩克济尔噶勒、策林喇布坦、洞克噜布车德恩、鄂罗勒默扎布等相继袭札萨克和硕布延图亲王爵,历任该旗札萨克。有佐领4。[②]

2. **右旗**　设于乾隆三十六年(1771年),原系亲王策伯克多尔济之弟奇哩布所部。乾隆三十六年,奇哩布授一等台吉,掌右翼札萨克印。后因策伯克多尔济之子恭格车凌年幼,奇哩布袭札萨克亲王爵。乾隆五十年(1785年),恭格车凌授札萨克一等台吉,辖其父属众,掌右翼札萨克印。[③] 其后,策林敏珠尔、喇特那巴咱尔、伊达木车林、里依扎布、棍布扎普等相继袭札萨克一等台吉爵,历任该旗札萨克。有佐领6。[④]

3. **左旗**　设于乾隆三十六年(1771年),系亲王策伯克多尔济另一弟阿克萨哈勒所部。乾隆三十六年,阿克萨哈勒授一等台吉,掌左翼札萨克印。乾隆四十年(1775年),辖左翼旗事务,授札萨克及札萨克印。乾隆四十四年(1779年),授副盟长。乾隆四十八年(1783年),诏世袭罔替。[⑤] 其后,阿咱拉、多尔济那木扎勒、图普伸克什克、车德恩多尔济、哩码扎布、普恩楚克车林等相继袭札萨

① 《钦定外藩蒙古回部王公表传》,卷103。
② 张穆:《蒙古游牧记》,卷15。
③ 《钦定外藩蒙古回部王公表传》,卷103。
④ 张穆:《蒙古游牧记》,卷15。
⑤ 《钦定外藩蒙古回部王公表传》,卷103。

克一等台吉爵,历任该旗札萨克。有佐领4。

(五)乌讷恩素珠克图东路盟

又称库尔喀喇乌苏旧土尔扈特部,系渥巴锡汗族弟巴木巴尔所部。乾隆三十六年(1771年),清廷封他为多罗郡王,赐号毕锡埒勒图,授札萨克。乾隆三十七年(1772年),赐牧济尔哈朗。乾隆三十九年(1774年),巴木巴尔卒,长子车凌德勒克袭职。乾隆四十年(1775年),定济尔哈朗为旧土尔扈特部东路游牧地,以车凌德勒克辖右翼旗务,诏授盟长,赐札萨克及盟长印。[①]

乌讷恩素珠克图东路盟二旗同牧,游牧地当天山之北济尔哈(噶)朗。其境东至奎屯河,西至库尔喀喇乌苏屯田,南至南山,北至戈壁。[②] 该盟下设二旗,有佐领7,共计人口1,220户。[③] 隶库尔喀喇乌苏大臣兼辖,归乌鲁木齐都统及伊犁将军节制。

1. **右旗** 设于乾隆三十六年(1771年),系郡王巴木巴尔所部。巴木巴尔曾祖纳扎尔玛穆特为土尔扈特部阿玉奇汗从弟,纳扎尔玛穆特长子多尔济生罗卜藏,罗卜藏有子三,长巴木巴尔,次叶木沁、季旺丹。乾隆三十六年,巴木巴尔被封为多罗郡王,授札萨克。乾隆四十年(1775年),巴木巴尔长子车凌德勒克袭职,辖右翼旗事务,授札萨克及盟长印。乾隆四十八年(1783年),诏世袭罔替。[④] 其后,巴特玛乌巴什、那木扎勒车登、巴图、巴雅尔、帕勒塔等相继袭多罗郡爵,历任该旗札萨克。有佐领4。[⑤]

2. **左旗** 设于乾隆三十六年(1771年),系郡王巴木巴尔之弟叶木沁子奇布腾所部。乾隆三十六年,奇布腾被封为札萨克固山贝子,赐号伊特格勒,授札萨克。乾隆四十年(1775年),授盟长,

---

① 《钦定外藩蒙古回部王公表传》,卷104。

② 张穆:《蒙古游牧记》,卷15。

③ 《新疆图志》,藩部四。

④ 《钦定外藩蒙古回部王公表传》,卷104。

⑤ 张穆:《蒙古游牧记》,卷15。

辖左翼旗事务，赐札萨克印。乾隆四十八年（1783 年），诏世袭罔替。[①] 其后，玛尔噶锡里、察罕布彦、那逊德勒克、普尔普噶丹、德恩沁阿拉什等相继袭固山贝子爵，历任该旗札萨克。有佐领 3[②]。

（六）乌讷恩素珠克图西路盟

又称精（晶）河旧土尔扈特部，系渥巴锡汗族叔父默们图所部。默们图五世祖罗卜藏诺颜为土尔扈特部首领和鄂尔勒克之子，也是乌讷恩素珠克图东、南、北路盟札萨克同祖书库尔岱青之弟。乾隆三十六年（1771 年），默们图从渥巴锡汗投附，清廷封他为多罗贝勒，赐号济尔哈朗，授札萨克。乾隆三十七年（1772 年），赐牧精（晶）河。乾隆四十年（1775 年），定精（晶）河为旧土尔扈特部西路游牧地，授默们图盟长，赐札萨克及盟长印。该盟下设一旗，有佐领 4，人口共计近 3,000。[③] 不设副盟长。默们图兼旗札萨克及盟长爵。乾隆四十八年（1783 年），诏世袭罔替。

乌讷恩素珠克图西路盟游牧地当天山之北，精（晶）河东岸，至京师一万余里。其境东至精（晶）河屯田，西至托霍木图台，南至哈什山阴，北至喀喇塔拉额西柯淖尔。[④] 该盟隶伊犁将军节制。

（七）巴图色特启勒图盟

又称裕勒都斯中路和硕特部，系和硕特部首领恭格所部。乾隆三十六年（1771 年），游牧于额济勒河的和硕特部恭格与其兄根敦诺尔布等率所部，从渥巴锡汗投附，清廷封恭格为多罗贝勒，赐号土谢图，授札萨克，定所部为巴图色特启勒图和硕特。乾隆三十七年（1772 年），赐牧裕勒都斯。其明年，恭格卒，长子德勒克乌巴什袭札萨克多罗土谢图贝勒职。乾隆四十年（1775 年），授盟长，

① 《钦定外藩蒙古回部王公表传》，卷 104。

② 张穆：《蒙古游牧记》，卷 15。

③ 《新疆图志》，藩部四。

④ 张穆：《蒙古游牧记》，卷 15。

辖所部众，赐札萨克及盟长印。乾隆四十八年(1783 年)，诏世袭罔替。[①] 乾隆五十六年(1791 年)，德勒克乌巴什卒，从弟腾特克袭职。嘉庆二年(1797 年)，腾特克卒，以绝嗣停袭。该盟下设 3 旗，有佐领 11，人口共计 5,174。[②]

巴图色特启勒图盟游牧地位于南路旧土尔扈特部之西，其境东至乌沙克塔尔，西至小裕勒都斯，南至开都河，北至察罕通格山。[③] 该盟隶喀喇沙尔大臣兼辖，归伊犁将军节制。

1. **中路中旗** 设于乾隆三十六年(1771 年)，系恭格族叔父雅兰丕勒所部。[④] 乾隆三十六年，雅兰丕勒随渥巴锡汗投附，清廷封其为固山贝子，赐号阿穆尔灵贵，授札萨克。同年卒，长子布颜楚克袭职。乾隆四十年(1775 年)，授副盟长，辖中路旗务，赐札萨克印。乾隆四十八年(1783 年)，诏世袭罔替。[⑤] 乾隆五十五年(1790 年)，卒，其弟鄂齐尔袭职。其后，巴特玛策凌、普尔普、车德恩多尔济、多尔济那木扎勒、棍布扎布、桑济扎布等相继袭固山贝子爵，历任该旗札萨克。有佐领 4。

2. **中路右旗** 设于乾隆三十六年(1771 年)，系恭格族弟诺海所部。[⑥] 乾隆三十六年，诺海从渥巴锡汗投附，授札萨克一等台吉。乾隆四十年(1775 年)，辖右翼旗务，赐札萨克印。乾隆四十八年(1783)，诏世袭罔替。[⑦] 其后，三齐、乌尔图那逊、巴彦济尔噶勒、棍济克扎布、洞鲁布旺扎勒、贡噶那木扎勒等相继袭札萨克一等台吉爵，历任该旗札萨克。有佐领 3。

---

① 《钦定外藩蒙古回部王公表传》，卷 107。
② 《新疆图志》，藩部四。
③ 张穆：《蒙古游牧记》，卷 14。
④ 张穆：《蒙古游牧记》，卷 14。
⑤ 《钦定外藩蒙古回部王公表传》，卷 107。
⑥ 张穆：《蒙古游牧记》，卷 14。
⑦ 《钦定外藩蒙古回部王公表传》，卷 107。

3. **中路左旗**　设于乾隆四十年(1775年),系恭格族弟巴雅尔拉瑚所部。[①] 乾隆三十六年(1771年),巴雅尔拉瑚从渥巴锡汗投附,授一等台爵。同年卒,长子齐业齐袭爵。乾隆四十年,授札萨克,辖左翼旗务,赐札萨克印。乾隆四十八年(1783年),诏世袭罔替。[②] 其后,桑济策楞、济尔噶勒、图鲁蒙库、喇什德勒克、车伯克多尔济、喇达博堆等相继袭札萨克一等台吉爵,历任该旗札萨克。有佐领4。

(八)青色特启勒图盟

又称布勒罕河新土尔扈特部,系土尔扈特部首领和鄂尔勒克叔父卫衮察布察齐舍楞所部。乾隆三十六年(1771年),舍楞率所部,从渥巴锡汗投附,清廷封他为多罗郡王,赐号弼哩克图,授札萨克,定所部为青色特启勒图新土尔扈特。乾隆三十七年(1772年),赐牧布勒罕河。乾隆三十八年(1773年),授新土尔扈特部盟长,辖左翼旗务,赐札萨克及盟长印。乾隆四十年(1775年),诏世袭罔替。[③] 该盟下设2旗,有佐领3。

青色特启勒图盟游牧地当阿尔泰山南乌隆古河之东,科布多城西南,至京师七千余里。其境东至奔巴图、扪楚克乌兰、布勒干和硕,西至清依勒河、昌罕阿满、那彦鄂博,南至胡图斯山、乌隆古河,北至绰和尔淖尔、那郭干淖尔。[④] 该盟隶科布多大臣兼辖,归定边左副将军节制。

1. **新土尔扈特左旗**　设于乾隆三十六年(1771年),属郡王舍楞直辖旗。乾隆五十七年(1792年),舍楞因病罢免,其子策伯克布袭职。其后,三都克多尔济、多诺鲁布多尔济、凌扎栋固鲁布、密

---

① 张穆:《蒙古游牧记》,卷14。
② 《钦定外藩蒙古回部王公表传》,卷107。
③ 《钦定外藩蒙古回部王公表传》,卷105。
④ 张穆:《蒙古游牧记》,卷16。

什克栋固鲁布等相继袭多罗郡爵，历任该旗札萨克。有佐领1。

2. **新土尔扈特右旗** 设于乾隆三十六年(1771年)，系郡王舍楞从子沙喇扣肯所部。沙喇扣肯之父巴图尔乌巴什为准噶尔部噶勒丹车凌婿。乾隆三十六年，沙喇扣肯随渥巴锡汗投附，清廷封他为固山贝子，赐号乌察喇勒图，授札萨克。其明年，准与舍楞同牧。乾隆三十八年(1773年)，授新土尔扈特部副盟长，辖右翼旗务，赐札萨克印。乾隆四十八年(1783年)，诏世袭罔替。[①] 其后，车林多尔济、乌尔图那逊、精米特、喇特那巴咱尔、玛克苏尔扎布等相继袭固山贝子爵，历任该旗札萨克。有佐领2。

(九)赛因济雅哈图左右翼盟

又称乌兰固木杜尔伯特部，系卫拉特四部之一。乾隆十八年(1753年)达瓦齐与哈萨克汗阿布赉联军蹂躏杜尔伯特部，杜尔伯特部首领车凌携所属3,700余户、车凌乌巴什率所属1,200余户、车凌蒙克领700余户自额尔齐斯河投奔清朝。清廷把杜尔伯特部安置在喀尔喀境内的札克拜达里克、库尔奇勒等地，又赈济羊13,000只。[②] 同年，车凌之从子刚多尔济也携带1,000余户投清，被清朝封为多罗贝勒。[③] 乾隆十九年(1754年)，清政府按内外札萨克蒙古之例，在杜尔伯特部中划分旗和佐领，封设了13个札萨克。[④] 其后，又有一批杜尔伯特贵族受封编旗。同年九月，当阿穆尔撒纳投附之初，清朝“以阿穆尔撒纳之盟，赐号辉特额尔德尼诺颜部落；班珠尔之盟，赐号和硕特清伊扎固尔图部落；纳默库，乃杜

---

① 《钦定外藩蒙古回部王公表传》，卷105。

② 《皇朝藩部要略》，卷12，《额鲁特要略四》。

③ 据《调查西蒙古汗、公爵、札萨克、台吉、官吏、分封喇嘛、居住地之册》(乌兰巴托，2003年)，车凌之从子刚多尔济投清时间应为乾隆十八年，非《皇朝藩部要略》所载“乾隆十八年”。

④ 《清高宗实录》，乾隆十九年五月庚寅条。

尔伯特台吉,赐号赛因济雅哈图部落”。[①] 清代杜尔特部“赛因济雅哈图”左、右翼盟名即来源于此。

有清一代,杜尔伯特赛因济雅哈图部内分左、右两翼盟,左翼12旗,右翼4旗,共计16旗。其中,附辉特2旗。起初杜尔伯特赛因济雅哈图左右翼盟设正副盟长各3,从车凌至者,分左右翼,曰车凌,曰车凌乌巴什,为盟长,曰色布腾、曰车凌蒙克,副之。从纳默库至者,别自为部,以纳默库为盟长,刚多尔济副之。纳默库被诛之后,设正副盟长各2。自乾隆二十七年(1762年)开始,清廷又在杜尔伯特赛因济雅哈图左、右盟各设副将军一名。赛因济雅哈图左、右翼盟16旗同牧于科布多金山至东乌兰固木地,至京师六千余里,授科布多参赞大臣节制。其境东至萨拉陀海、纳林苏穆河,与唐努乌梁海界;西至索果克河,与阿尔泰乌梁海界;南至哈喇诺尔、齐尔噶图山,与科布多牧场及明阿特界;北至阿斯哈图河,与乌里雅苏台卡伦界。[②]

1. **左翼盟十二旗　特固斯库鲁克达赖汗旗**,乾隆十九年(1754年)设。第一任札萨克和硕亲王车凌,系出杜尔伯特部祖博罗纳哈勒。乾隆十九年,受封札萨克和硕亲王,授盟长。乾隆二十年(1755年),诏封杜尔伯特汗,赐特固斯库鲁克达赖号。其亲王职爵和汗号世袭。乾隆二十三年(1758年),卒。长子索诺木衮布袭职。乾隆三十四年(1769年),卒,其子玛克苏尔扎布袭职,授右翼副盟长。其后,旺拉布、拉木扎布、齐旺巴勒楚克、密什克多尔济、散都克多尔济、勒扎勒喇布坦希哩勒珠特、那克旺扎勒禅、噶勒章那木济勒等先后袭职,历任该旗札萨克。乾隆至嘉庆年间该旗有佐领9,闲散台吉一,管旗章京一,管旗副章京一,梅伦章京一,

① 《清高宗实录》,乾隆十九年九月壬辰条。

② 张穆:《蒙古游牧记》,卷13。

扎兰章京(参领)二,苏木章京九,昆都拨什库九,兵丁1,365,喇嘛531。[①]

中旗,乾隆十九年(1754年)设。第一任札萨克多罗郡王车凌蒙克,系特固斯库鲁克达赖汗车凌从叔父。所属700余户中,仅114户为其戚属杜尔伯特人,其余皆巴约特部众。初封贝勒,后封多罗郡王,赐号赛音乌察拉图,诏世袭罔替。诏授右翼副盟长。乾隆二十一年(1756年),卒。其第三子巴雅勒当袭职。乾隆二十二年(1757年),卒。其弟博斯和勒袭职。乾隆二十七年(1762年)诏授右翼盟长。[②] 其后,纳旺索诺木、曼达喇、那逊托克托呼、图克莫勒等先后袭职,历任该旗札萨克。乾隆至嘉庆年间,该旗有佐领1,协理台吉一,三等台吉、四等台吉五,管旗章京一,梅伦章京一,扎兰章京一,苏木章京一,昆都拨什库一,兵丁70(或125),喇嘛52。

中左旗,乾隆十九年(1754年)设。第一任札萨克多罗贝勒色布腾,系特固斯库鲁克达赖汗车凌族弟。被封为多罗贝勒,诏世袭罔替。乾隆二十一年(1756年),卒。子巴桑袭职乾隆二十三年(1758年),诏授右翼副盟长。乾隆二十七年(1762年),诏授右翼副将军。其后,衮楚克扎布、雅林丕勒多尔济、德勒格瓦齐尔、那逊布彦、萨木当扎木吹等先后袭职,历任该旗札萨克。乾隆至嘉庆年间,该旗有佐领1,协理台吉一,一等台吉一,二等台吉一,四等台吉三,管旗章京一,梅伦章京一,扎兰章京一,苏木章京一,昆都拨什库一,兵丁63,喇嘛40。

中前旗,乾隆十九年(1754年)设。第一任札萨克辅国公刚,

① 《调查西蒙古汗、公爵、札萨克、台吉、官吏、分封喇嘛、居住地之册》,第84～91页;富俊撰《科布多政务总册》。说明:括号里的数字和喇嘛数量系《科布多政务总册》记载,以下各旗相关数字如同上述。

② 《调查西蒙古汗、公爵、札萨克、台吉、官吏、分封喇嘛、居住地之册》,第75页。

系特固斯库鲁克达赖汗车凌族弟。其父乌勒木济，为巴特码多尔济之孙。乾隆十九年，刚被封为辅国公，赐号比齐图，[1]诏世袭罔替。乾隆三十年(1765年)，卒。子扎纳巴克袭职。其后，齐默特巴勒、达克敦、多诺尔巴、罗布桑、图们巴雅尔等先后袭职，历任该旗札萨克。乾隆至嘉庆年间，该旗有佐领1，协理台吉一，三等台吉二，四等台吉三，管旗章京一，梅伦章京一，扎兰章京一，苏木章京一，昆都拨什库一，兵丁50，喇嘛41。

中后旗，乾隆十九年(1754年)设。第一任札萨克辅国公巴图蒙克，系特固斯库鲁克达赖汗车凌从叔父。其祖父为巴特码多尔济，父蒙和岱。乾隆十九年，巴图蒙克被封为辅国公，赐号和硕齐，[2]诏世袭罔替。乾隆四十年(1775年)，卒。子乌埒斯袭职。其后，博第格日勒、多尔济扎布、车登扎布、车巴克扎布、图都布等先后袭职，历任该旗札萨克。乾隆至嘉庆年间，该旗有佐领1，管旗章京一，梅伦章京一，扎兰章京一，苏木章京一，昆都拨什库一，兵丁61，喇嘛52。

中上旗，乾隆十九年(1754年)设。第一任札萨克固山贝子玛什巴图，系特固斯库鲁克达赖汗车凌族弟。其祖父为额磷沁巴图尔，生蒙克第，有子二，长巴图蒙克，次玛什巴图。乾隆十九年，玛什巴图被封为固山贝子，赐号双胡尔卓哩克图，[3]二十年(1755年)晋封固山贝子，诏世袭罔替。二十三年(1758年)诏协理所部盟长之务。乾隆三十年(1765年)，卒。长子布延济尔噶勒袭职。授副盟长。其后，和托罗、谔勒哲布图库、索诺木巴尔、喇特那巴咱尔、诺木巴达尔瑚、察克都尔扎布、纳楚克多尔济等先后袭职，历任该旗札萨克。乾隆至嘉庆年间，该旗有佐领1，协理台吉一，三等台

① 《调查西蒙古汗、公爵、札萨克、台吉、官吏、分封喇嘛、居住地之册》，第80页。
② 《调查西蒙古汗、公爵、札萨克、台吉、官吏、分封喇嘛、居住地之册》，第79页。
③ 《调查西蒙古汗、公爵、札萨克、台吉、官吏、分封喇嘛、居住地之册》，第77页。

吉三,四等台吉五,管旗章京一,梅伦章京一,扎兰章京一,苏木章京一,昆都拨什库一,兵丁70(91),喇嘛34。

中下旗,乾隆十九年(1754年)设。第一任札萨克一等台吉达什栋罗布(一说达什敦多克),[①]系特固斯库鲁克达赖汗车凌族叔父。其祖父额尔罗斯,为保伊尔登长子,生扎布,子二,长唐古特,次即达什栋罗布。乾隆十九年,达什栋罗布被封为札萨克一等台吉,赐号达尔汉卓哩克图,[②]诏世袭罔替。乾隆二十年(1755年),卒。子宝贝袭职。其后,布克、乌尔库济库、诺尔布、鄂瓦尔齐等先后袭职,历任该旗札萨克。乾隆至嘉庆年间,该旗有佐领1. 四等台吉十,管旗章京一,梅伦章京一,扎兰章京一,苏木章京一,昆都拨什库一,兵丁33(或106),喇嘛2。

中前左旗,乾隆十九年(1754年)设。第一任札萨克一等台吉额布根,系特固斯库鲁克达赖汗车凌族子。父恩克为巴特码多尔济曾孙,恩克有子五,长蒙克特穆尔,次即额布根。乾隆十九年,蒙克特穆尔被封为札萨克贝子,后因逃叛而被诛。同年,额布根被封为一等台吉,诏世袭罔替。乾隆二十二年(1757年),卒。其弟齐巴克袭职。其后,索诺木丕勒、鄂特伯克扎布、额尔德尼、僧格多尔济等先后袭职,历任该旗札萨克。乾隆至嘉庆年间,该旗有佐领1,四等台吉一,管旗章京一,梅伦章京一,扎兰章京一,苏木章京一,昆都拨什库一,兵丁40(或91),喇嘛34。

中前右旗,乾隆十九年(1754年)设。第一任札萨克固山贝子班珠尔,系特固斯库鲁克达赖汗车凌族子。其祖父蒙和岱为巴特码多尔济长子。蒙和岱有子三,长达赖,次巴图蒙克,季乌勒木济。达赖有子二,长恩克,次根扎卜。班珠尔为根扎卜之子。乾隆十九

---

① 《调查西蒙古汗、公爵、札萨克、台吉、官吏、分封喇嘛、居住地之册》,第80页;《蒙古回部王公表传》等官方史书均误写"达什敦多克"。

② 《调查西蒙古汗、公爵、札萨克、台吉、官吏、分封喇嘛、居住地之册》,第80页。

年，班珠尔被封为札萨克固山贝子，诏世袭罔替。同年，卒。侄子奇塔袭职。其后，罗卜藏萨木坦、拉穆扎布、达木扎布、车林多尔济、车哩布贡堆、达什瓦齐尔、彭泰忠奈等先后袭职，历任该旗札萨克。乾隆至嘉庆年间，该旗有佐领1，三等台吉四，管旗章京一，梅伦章京一，扎兰章京一，苏木章京一，昆都拨什库一，兵丁81(或125)，喇嘛52。

中后左旗，乾隆十九年(1754年)设。第一任札萨克一等台吉恭锡喇，系特固斯库鲁克达赖汗车凌族弟。其祖父额尔罗斯，父扎布。乾隆十九年，恭锡喇被封为札萨克一等台吉，赐号诺木罕布延图，[1]诏世袭罔替。乾隆二十一年(1756年)，卒。子车登袭职。其后，谔勒哲鄂罗斯瑚、乌巴什、巴勒章、车林诺依鲁布、巴图瓦齐尔等先后袭职，历任该旗札萨克。乾隆至嘉庆年间，该旗有佐领1，四等台吉十二，管旗章京一，梅伦章京一，扎兰章京一，苏木章京一，昆都拨什库一，兵丁20(或31)、喇嘛4。

中后右旗，乾隆十九年(1754年)设。第一任札萨克一等台吉巴尔，系特固斯库鲁克达赖汗车凌族子。其父车本为额磷沁巴图尔曾孙。乾隆十九年，巴尔被封为札萨克一等台吉，诏世袭罔替。乾隆三十五年(1770年)，卒。子布达什哩袭职。其后，济卜瑚朗、扎照、布彦德勒格尔、阿巴尔米达、党达尔等先后袭职，历任该旗札萨克。乾隆至嘉庆年间，该旗无札萨克印，俸银、俸缎如同札萨克一等台吉，有四等台吉三，其中，入册者二。[2] 但没有记载该旗佐领、官员或喇嘛数字。

下前旗，乾隆二十年(1755年)设。第一任札萨克一等台吉达玛麟，辉特人，姓伊克明安。系特固斯库鲁克达赖汗车凌之女婿。辉特部祖雅巴干墨尔根，有子乌达纳诺颜。其第十世孙鄂罗哩克

① 《调查西蒙古汗、公爵、札萨克、台吉、官吏、分封喇嘛、居住地之册》，第79页。
② 《科布多政务总册》，《外藩蒙古》。

和硕齐，有子三，长达什，次济木巴，季鄂木布。达什子色布腾，色布腾子班珠尔，班珠尔长子即达玛瞵。乾隆二十年，达玛瞵携六十余户迁居乌里雅苏台。清朝封他为札萨克一等台吉，附车凌而牧。① 诏世袭罔替。乾隆四十一年（1776 年），卒。从子普尔布达尔扎袭职，其后，萨噶、萨木宝多尔济、曼达勒扎布、育木沁、阿巴尔米达、那木噜拉、鄂勒哲依特穆林、巴特码等先后袭职，历任该旗札萨克。乾隆至嘉庆年间，该旗有佐领 1，四等台吉五，管旗章京一，梅伦章京一，扎兰章京一，苏木章京一，昆都拨什库一，兵丁 31（或 61），喇嘛 10。

2. **右翼盟四旗　前旗，**乾隆十九年（1754 年）设。第一任札萨克和硕亲王车凌乌巴什，系特固斯库鲁克达赖汗车凌从子。其曾祖察衮为鄂木布岱青和硕齐次子。察衮有子二，长丹津，次达尔扎。丹津子三，长阿喇布坦，次达克巴，季巴图鄂齐尔。阿喇布坦子二，长达什，次即车凌乌巴什。达什子默纳库以叛被诛。起初，车凌乌巴什被封为多罗郡王，乾隆十九年四月，授副盟长，五月晋封札萨克和硕亲王。乾隆二十六年（1761 年）授右翼副将军，赐号岱青卓哩克图。乾隆四十七年（1782 年），诏世袭罔替。② 乾隆五十五年（1790 年），卒。从侄达瓦丕勒子固鲁扎布袭职，其后，贡噶诺尔布、棍布扎布、索特那木扎木柴等先后袭职，历任该旗札萨克。乾隆至嘉庆年间，该旗有佐领 9，四等台吉十二，管旗章京一，梅伦章京一，扎兰章京二，苏木章京九，昆都拨什库九，兵丁 1，375，闲丁 72，喇嘛 644。

前右旗，乾隆十九年（1754 年）设。第一任札萨克多罗贝勒刚多尔济，系特固斯库鲁克达赖汗车凌从子。其父达克巴为鄂木布岱青和硕齐曾孙。达克巴有子四，长塔尔巴济，次罗垒云端，次即

---

① 《蒙古回部王公表传》，卷 100，传 84。

② 《蒙古回部王公表传》，卷 96，传 80。

刚多尔济，次额尔德尼。乾隆十九年刚多尔济被封为多罗贝勒，而所部台吉默纳库等因长者，分别被封为郡王、贝勒、贝子等衔。乾隆二十一年（1756 年）默纳库等逃叛被诛后，刚多尔济授右翼盟长，[①]赐号赛音乌察拉图。乾隆三十年，卒。[②] 其弟贝子额尔德尼之子达瓦丕勒袭职，为第二任札萨克。乾隆四十七年（1782 年），诏世袭罔替。乾隆五十五年（1790 年），卒。从侄达瓦丕勒子固鲁扎布袭职。其后，齐默特多尔济、巴咱尔咱那、图们济尔噶勒等先后袭职，历任该旗札萨克。乾隆至嘉庆年间，该旗有佐领 2. 四等台吉十二，管旗章京一，梅伦章京一，扎兰章京二，苏木章京二，昆都拨什库二，兵丁 225，喇嘛 111。

中右旗，乾隆十九年（1754 年）设。第一任札萨克固山贝子根敦，系特固斯库鲁克达赖汗车凌族弟。其父巴图蒙克为额磷沁巴图尔孙。巴图蒙克有子五，长即根敦，次多布沁（系闲散台吉），次车本（子巴尔），次双和尔，次巴桑（系闲散台吉）。乾隆十九年根敦被封为札萨克固山贝子，赐号赛音宝音图。[③] 乾隆三十一年（1766 年），卒。其子扣肯袭职。乾隆三十三年（1768 年），卒。其叔父双和尔降袭镇国公。乾隆四十七年（1782 年），诏世袭罔替。其后，谔勒哲鄂罗什瑚、诺尔布、阿育尔扎那、多诺鲁布、巴噶图尔等先后袭职，历任该旗札萨克。乾隆至嘉庆年间，该旗有佐领 1，三等台吉三，四等台吉三，管旗章京一，梅伦章京一，扎兰章京一，苏木章京一，昆都拨什库一，兵丁 23，喇嘛 47。

下后旗，乾隆二十年（1755 年）设。第一任札萨克一等台吉罗卜藏，辉特人，姓伊克明安。系左翼辉特旗札萨克达玛璘之从叔父。其祖父济木巴为鄂罗哩克和硕齐次子，济木巴子卓齐巴，罗卜

---

① 《蒙古回部王公表传》，卷 97，传 81。

② 《调查西蒙古汗、公爵、札萨克、台吉、官吏、分封喇嘛、居住地之册》，第 77 页。

③ 《调查西蒙古汗、公爵、札萨克、台吉、官吏、分封喇嘛、居住地之册》，第 78 页。

藏即卓齐巴之子。乾隆二十年，罗卜藏率属投清。清朝封他为札萨克一等台吉，隶车凌而牧。[1] 诏世袭罔替。乾隆二十一年(1756年)，卒。子衮布袭职。其后，布第扎布、呢玛扎布、贡楚克、噶尔玛、车德恩多尔济、阿育尔扎那等先后袭职，历任该旗札萨克。乾隆至嘉庆年间，该旗有佐领1，四等台吉一，管旗章京一，梅伦章京一，扎兰章京一，苏木章京一，兵丁51，喇嘛3。

以上左、右翼16旗共有佐领32. 管旗章京16. 梅伦章京18. 扎兰章京17. 苏木章京32. 昆都拨什库32. 兵丁3,475(或5,191)、喇嘛1,699。

(十)新和硕特旗

又称哈弼察克新和硕特部，嘉庆元年(1796年)设。乾隆三十七年(1772年)跟随土尔扈特部渥巴锡汗的和硕特部台吉巴雅尔拉瑚之族蒙根率所部投附清朝，并愿附牧新土尔扈特贝子沙喇扣肯之旗。清廷封蒙根为一等台吉，赏半佐领，令其附居。蒙根卒，子布彦克什克袭爵。乾隆五十七年(1792年)，因沙喇扣肯残害所部，命移于杜尔伯特部近处游牧。嘉庆元年，依杜尔伯特之例，授札萨克印。有佐领1。旗地位于科布多城南，至京师七千余里。牧地当阿尔泰山东南之哈弼察克，西临青吉斯河，东至和托鄂博南至布勒干，北至奔巴图，哈弼察克河。本旗之上不设盟长，隶科布多大臣兼辖。[2]

(十一)依克明安旗

依克明安，蒙古语，意为大千户，系北元时期卫拉特之辉特部(卫拉特嫡系)贵族姓氏。乾隆十九年(1754年)，清朝进兵准噶尔所属扎哈沁部，获依克明安台吉阿卜达什所部，并安置于外喀尔喀之塔密尔河，授阿卜达什札萨克一等台吉。乾隆二十年(1755

---

① 《蒙古回部王公表传》，卷100，传84。

② 张穆:《蒙古游牧记》，卷16。

年),清军征达瓦齐抵伊犁,准噶尔部依克明安台吉巴桑率所部300余户投附,清廷安置所部于塔密尔河。同年巴桑入觐热河,被封为辅国公,赏白金千五百。① 乾隆二十二年(1757年),清廷命阿卜达什、巴桑所部徙于黑龙江之通根河与乌裕尔河流域游牧。途中,部分户口留居呼伦贝尔,到达通根河与乌裕尔河流域时,有依克明安部十三户五十余口,鄂吉格斯部十余户百余口,杜尔伯特部十余户百余口,特楞古德部五十余户百二十余口,共计约九十户三百余口。② 编所部为一旗,以氏命旗,称依克明安旗,命阿卜达什掌管旗政,巴桑为闲散辅国公,年俸二百两,免除年班朝觐义务。因旗衙门初设在莽鼐岗,故又称该旗为莽鼐旗。③ 隶黑龙江将军节制。乾隆二十六年(1761年),阿卜达什卒,长子德勒格尔袭职,为第二任札萨克。乾隆四十八年(1783年),德勒格尔卒,长子鄂齐尔袭职,为第三任札萨克,"是年诏世袭罔替。"④嘉庆七年(1802年)托克托瑚卒,其子茂讷海袭职,为第四任札萨克。道光二十四年(1844年),因压榨旗民过甚,被革职削爵。同年,旗札萨克由巴桑系辅国公乌尔图那逊执掌。同治二年(1863年),乌尔图那逊卒,其子巴克莫特多尔济袭札萨克辅国公职。旗地东至谟讷尔河及乌裕尔河源,西至嫩江东岸,南界明水县南边至林甸县东北边一带,北至谟讷尔河。光绪末年,因清廷放荒招垦其地计688,500余垧,旗境速缩,旗治自莽鼐岗迁之大泉子。⑤ 光绪二十八年(1902年)巴克莫特多尔济卒,其子巴勒吉尼玛袭职,为末代札萨克辅国公。

---

① 《钦定外藩蒙古回部王公表传》,卷115。

② 《依克明安旗一般状况》,1940年。

③ 张伯英:《黑龙江志稿》,卷54。

④ 《钦定外藩蒙古回部王公表传》,卷115。

⑤ 《依克明安旗一般状况》,1940年。

四、内属蒙古

(一)察哈尔总管旗

察哈尔部,明代汉籍中音写为“察罕儿”、“擦汗儿”、“叉罕儿”、“插汉”等,清代音写为“察哈尔”。该部最初为成吉思汗赐给四子拖雷夫人唆鲁禾帖尼别吉之属民,其后作为拖雷家族“领户”之一世代继承下来,并逐渐形成蒙古大汗直属万户。到16世纪初,达延汗统一东部蒙古以后建立六个万户,其中“察哈尔万户”即为蒙古大汗直属万户,为蒙古诸部之宗主部。对于“察哈尔”一词历来有多种解释,即波斯语“家人或臣仆”、突厥语“宫廷亲卫军或侍从”、波斯语“四”以及蒙古语“邻近”、“白色”、“孩儿”等之意。

察哈尔部从14世纪后半期以来一直在克鲁伦河中下游地区,南至西拉木伦河,北至鄂嫩河流域一带游牧。从16世纪初开始由于其地位崇高、势力强盛,在蒙古历史上发挥了举足轻重的作用。约于16世纪中叶察哈尔部由克鲁伦河中下游地区南迁西拉木伦河流域,属于察哈尔部的敖汉、奈曼、阿拉克绰特、多罗特等部分布于南至老哈河中下及大凌河上游一带。

17世纪初,林丹汗即蒙古大汗位后曾采取一系列措施,以强化汗权。但蒙古各部贵族各自为政的局面没有得到根本改善。长期的割据助长了蒙古各部贵族的离心倾向,并纷纷称汗。在这种情况下,林丹汗为了统一蒙古各部,采取了武力征讨手段。但结果不但没有使蒙古各部投附于他,反而使得漠南科尔沁、内喀尔喀等部先后与爱新国结盟,甚至属于察哈尔部的敖汉、奈曼等部也投附爱新国。天聪元年开始林丹汗率察哈尔部进入漠南蒙古右翼游牧地区,征服喀喇沁、土默特、应绍不、阿速特、鄂尔多斯等部,控制了东起辽河,西到河套的广大地区。

天聪六年(1632年)爱新国发动对察哈尔部的征讨。女真军队与蒙古喀喇沁、土默特、扎鲁特、敖汉、奈曼、科尔沁以及阿鲁蒙古诸部军队组成联军，从西拉木伦河流域向西北进军。林丹汗得报后，仓促撤退，西渡黄河。爱新国联军攻克呼和浩特城，收取察哈尔部余众。不久，察哈尔属部克什克腾部投附爱新国。天聪八年（1634 年），林丹汗得知爱新国联军再次前来决战，便率部向青海转移，途中病死于大草滩（今甘肃天祝藏族自治县境内）。同年七月，爱新国天聪汗亲率大军至大同、宣府边外，察哈尔部余众纷纷前来投附爱新国。然而，忠于林丹汗的部分蒙古贵族携其幼子额哲（号额尔克孔果尔）东返河套驻牧，不肯向爱新国投降。天聪九年（1635 年）二月，爱新国派遣精兵一万，寻找林丹汗之子额哲。四月末，爱新国军队渡过黄河，突然抵达额哲等之驻牧地——拖里。额哲及其母苏泰太后被迫率部投降爱新国。

爱新国天聪汗封额哲为和硕亲王，尚固伦公主，位冠漠南蒙古四十九旗王公之上，编其直属部落为察哈尔旗，安置在义州边外，归额哲亲王直接管辖。其游牧地大体位于今内蒙古通辽市库伦旗全境、科尔沁左翼后旗西北一角、开鲁县辽河以南的部分和奈曼旗东北一部分。另外，爱新国天聪年间将陆续投降的察哈尔部众编为察哈尔八旗，由八旗蒙古都统统辖。

崇德元年（1636 年），额哲病故，其弟阿布奈袭亲王爵。阿布奈对清朝皇帝不履行外藩蒙古王公所应尽的义务，八年未曾进宫朝请。康熙八年清廷降罪阿布奈，将其拘禁在盛京，由其子布尔尼袭和硕亲王爵，仍领其众。①

康熙十四年（1675 年），布尔尼乘南方发生“三藩之乱”之机，举兵反清。清庭立即派兵镇压，在不足两个月的时间之内完全平息了布尔尼的叛乱。布尔尼与其弟罗布藏战死。阿布奈被处以绞刑，其幼子及布尔尼、罗布藏之子亦被杀。察哈尔旗部众除逃入邻

① 勒德洪撰：《平定察哈尔方略》卷上。《清史稿》把布尔尼记为额哲子，误。

近各旗之人以外,悉数携至北京,令壮丁在八旗满洲佐领下披甲,令老弱妇幼为出征有功军士之奴婢。这样,察哈尔汗后裔被杀绝,察哈尔札萨克旗亦灭亡。

另外,八旗察哈尔从崇德元年开始便与八旗满洲、八旗蒙古一起屡屡出征。康熙十三年发生"三藩之乱"后,征调八旗察哈尔兵出镇南方杭州、江宁等地。陕西王辅臣叛乱后,又从左翼四旗察哈尔调兵丁驻守宣府。布尔尼举兵反清时,左翼四旗察哈尔兵丁在调往大同途中走散,欲响应布尔尼。后经康熙帝遣人招抚归队。清廷平定布尔尼之乱后,将八旗察哈尔迁到宣府、大同边外,为加强管束,每旗设立总官、副总管各一人,照京师八旗之例,随人数设佐领、骁骑校等官,由在京蒙古都统兼辖,隶于理藩院典属司。察哈尔八旗为内属蒙古,官不得世袭,事不得自专,又被称作"察哈尔游牧八旗"。

乾隆二十六年(1761年),清廷设察哈尔都统一人,驻张家口,由驻京八旗蒙古中精通满、蒙语言者和满洲八旗懂蒙语者充任,统辖察哈尔八旗,兼管张家口驻防满蒙军务。①

察哈尔八旗在大同、宣化边外编定后,清廷又陆续把投附的喀尔喀、额鲁特等部零散部众编成数佐,分隶左、右两翼。到乾隆二十五年(1760年)编成察哈尔64佐,苏尼特1佐,乌喇特3佐,伊苏特1佐、茂明安4佐,土尔扈特1佐,察哈尔、茂明安、科尔沁、巴尔虎合编1佐,察哈尔、茂明安合编1佐,巴尔虎14佐,喀尔喀2佐半,科尔沁5佐半,额鲁特15佐、6个半分佐。每佐和半分佐各设佐领一人,共设佐领120人。②

清廷把投附的喀尔喀、额鲁特等部零散部众编入察哈尔八旗的同时,还把察哈尔兵丁调往新疆等地驻防。乾隆朝平定准噶尔

---

① 《大清会典事例》,卷五四五《兵部·官制》。

② 《大清会典事例》,卷九七七《理藩院·设官》。

部之后，于乾隆二十七年(1762 年)第一次从察哈尔八旗选调年轻力壮兵丁 1,000 名到新疆，其中 200 户留驻乌鲁木齐，其余到伊犁地区的赛里木湖周围游牧。后又从中抽调 105 户到伊犁至沙图阿满的七处驿站驻守。乾隆二十八年(1763 年)第二次又抽调 1,000 名察哈尔八旗兵丁(其中察哈尔闲散兵丁 683 名名、新额鲁特兵丁 34 名、其他自愿前往的兵丁 283 名)到赛里木湖周围游牧，后调到博尔塔拉，担负 21 个卡伦和 5 座军台驻防任务。[①]

察哈尔八旗驻地皆由清廷确定，左翼各旗驻宣化边外，右翼各旗驻大同边外。

1. **正蓝旗** 驻扎哈苏台泊。旗地东至克什克腾，西接镶白旗察哈尔，南起御马厂，北抵阿巴噶左翼旗。

2. **镶白旗** 驻布雅阿海苏默。旗地东接太仆寺牧厂及正蓝旗界，西至正白旗察哈尔，南交太仆寺牧厂，北连苏尼特左旗及正蓝旗察哈尔。

3. **正白旗** 驻布尔噶台。旗地东及北接镶白旗察哈尔，南及西邻镶黄旗察哈尔。

4. **镶黄旗** 最初驻喇赖庙一带，乾隆年间，因将坝下土地开放，移驻苏门峰。旗地东起正白旗察哈尔界，西到正黄旗察哈尔界，南接正黄、镶黄二旗牧厂，北交苏尼特右旗。

5. **正黄旗** 原驻木孙忒克山。同治年间，移驻今察哈尔右翼后旗东南大六号乡。[②] 旗地东北至镶黄旗察哈尔，西接正红旗察哈尔，南连太仆寺右翼牧厂，北邻苏尼特右旗。

6. **正红旗** 驻古板拖罗海山。旗地东接正黄旗察哈尔，西南邻镶红察哈尔，南至太仆寺右翼牧厂，北抵四子部落界。

---

① 中国第一历史档案馆等编《清代西迁新疆察哈尔蒙古满文档案译编》，第 4～6 页，全国图书馆文献缩微复制中心，1994 年。

② 《张北县志》，卷一《地理志》上，《张北县各旗群之变迁》。

7. **镶红旗** 驻布林泉。旗地东接正红旗察哈尔,西邻镶黄旗察哈尔,北起四子部落界,南抵山西省大同府边外。

8. **镶蓝旗** 驻阿巴喀嘛山。旗地东接镶红旗察哈尔,西连归化城土默特,南至山西大同府边界,北抵四子部落界。

察哈尔地区早在康熙、雍正年间即以私垦的形式进行开垦。到乾隆中叶,随着平准战争的结束和全国局面的稳定,军马、军驼的需要量大为减少,牧厂逐渐荒废下来,农垦日益发展。乾隆三十六年(1771 年)"始定招垦之制,其后穷荒益开,科赋亦与民地无别"。[①] 据统计,察哈尔右翼升科地亩已达 28,000 顷。光绪八年(1882 年),察哈尔右翼设丰宁荒务局,专理蒙地开垦和押荒事宜。到清末贻谷办垦时,右翼丰(镇)、宁(远)两厅已有熟地 11,000 顷左右,未垦荒地所余无几。[②] 左翼开垦在于右翼,开垦状况更有过之而无不及。

随着察哈尔的开垦和汉户的增多,清政府自雍正年间始,陆续增设了一些民事机构,处理汉民与旗人之间的婚嫁、田土、斗殴、争讼等事件。

雍正二年(1724 年)在张家口设张家口直隶厅,辖察哈尔八旗左翼镶黄一旗、右翼正黄半旗蒙汉交涉、逃匪命案等事,及口内蔚州、怀安、万全、宣化、保安、西宁、蔚县等七州县旗、民事务。

雍正十年(1732 年)析张家口直隶厅东北境,在多伦诺尔地方置多伦诺尔直隶厅,辖察哈尔左翼正蓝、镶白、正白、镶黄四旗等旗、民交涉事务,并"查缉逃匪,审理汉铺户争讼,窃劫人命"等案。

雍正十二年(1734 年)复析张家口东境,在长城要隘独石口设独石口直隶厅,分辖察哈尔左翼四旗"逃匪、命案"事务,及口内延庆、怀来、龙门、赤城四州县旗、民互讼案件。

---

① 《山西通志》,卷六五,《田赋略》。

② 《丰镇县志书》,卷五《田赋》。

以上三厅，均隶口北道，合称口北三厅。[①]

乾隆元年(1736年)再于察哈尔左翼四旗置四旗直隶厅。[②] 乾隆四十三年(1778年)改为丰宁县，隶于承德府。[③]

除以上厅县外，在察哈尔右翼还设有丰镇、宁远、兴和、陶林四厅。

丰镇厅设于乾隆十五年(1750年)，由雍正十二年(1734年)所设之丰川卫与镇宁所改设，管理察哈尔右翼各旗蒙、民交涉事务，隶于山西大同府。[④] 光绪十年(1884年)升为直隶厅，改隶归绥道。[⑤]

宁远厅，设置时间与丰镇厅同，由雍正十二年所设之宁朔卫与怀远所改设，分理察哈尔右翼四旗蒙、民交涉事务，隶山西朔平府。[⑥] 光绪十年升为直隶厅，改隶归绥道。[⑦]

兴和厅和陶林厅均设于光绪二十九年(1903年)，分别析丰镇厅和宁远厅而设，均隶于归绥道。[⑧]

(二)归化城土默特都统旗

归化城土默特，由16世纪初达延汗所建立的六万户之一——土默特万户演变而来，是右翼三万户之一，其首领为达延汗三子巴尔斯博罗特次子俺答(阿拉坦)汗。俺答汗玄孙博硕克图汗时，为察哈尔林丹汗所征服。天聪六年(1632年)，皇太极率兵西征察哈尔，驻兵归化城。博硕克图汗子俄木布和所属头目杭高、古禄格、

① 《口北三厅志》，卷四《职官志》。
② (档案)《乾隆元年三月二十九日朱批张廷玉题奏》。
③ 《清高宗实录》，卷一〇五〇。
④ 《清高宗实录》，卷一四二；(档案)《乾隆十五年十二月十八日朱批傅恒题本》。
⑤ 《山西通志》，卷三〇《府厅州县考》。
⑥ 《清世宗实录》，卷一四二；(档案)《乾隆十五年十二月八日朱批傅恒题本》。
⑦ 《山西通志》，卷二八《府厅州县考》。
⑧ 《清德宗实录》，卷五〇六。

托博克等集众投附爱新国,仍驻牧原处。

天聪九年(1635 年),归化城土默特首领俄木布以叛清罪名被俘,清令古禄格、杭高、托博克分守归化城土默特。崇德元年(1636 年),编所属壮丁 3,300 余人为左、右两翼,左翼 25 佐领,右翼 22 佐领,以都统二人领之。古禄格为左翼都统,杭高为右翼都统(杭高死后,其子因罪削职,由托博克继任),均世袭,被称为归化城土默特左右二都统旗。①

康熙二十二年(1683 年),增设副都统二人,②择旗内贤能官员,由理藩院会同兵部引见补授。乾隆二年(1737 年),山西右卫将军移驻兴建中的绥远城,改称建威将军,下设副都统二人,均以京员补放。乾隆十三年(1748 年),停袭土默特左翼都统,以在京旗员补授,裁副都统二人,所余二人改由兵部补授,分驻左右两翼。③ 乾隆二十年(1755 年),右翼都统停袭,改由京员补授。④

乾隆二十一年(1756 年),原隶归绥城土默特左翼都统旗之一等台吉、博硕克图汗后裔喇嘛扎布,因追剿叛清的青衮扎布有功,被封为札萨克辅国公,⑤划大青山后的土默特四佐领归其管辖,称为归化城土默特札萨克旗,隶于乌兰察布盟。⑥ 乾隆二十五年(1760 年),因喇嘛扎布"违例妄行",被革去札萨克职,归化城土默特札萨克也随之裁撤,喇嘛扎布由札萨克辅国公变为闲散辅国公,仍隶归化城副都统管辖。⑦

乾隆二十六年(1761 年),改建威将军为绥远城将军,统管绥

① 《土默特旗志》,卷二《源流》。
② 《大清会典事例》,卷九七六《理藩院·设官》。
③ 《大清会典事例》,卷五四五《兵部·官制》。
④ 《大清会典事例》,卷九七六《理藩院·设官》。
⑤ 《钦定外藩蒙古回部王公表传》,卷一一二。
⑥ 《晋政辑要》,卷八《户制》。
⑦ 《土默特旗志》,卷二《源流》。

远城驻防事务，节制并监督归化城土默特都统旗及乌兰察布和伊克昭两盟。同时，裁归化城土默特都统一人，以所余一人总理两翼事务。乾隆二十八年（1763 年），复裁归化城都统，所有土默特蒙古事务，均由绥远城将军管辖，所余副都统二人，一驻归化城，一驻绥远城。① 乾隆三十一年（1766 年），又裁绥远城副都统，②所属事务由归化城副都统兼辖，并直隶于绥远城将军。

归化城土默特二都统旗东起镶蓝旗察哈尔，南到长城与山西省大同接壤，西连乌喇特和鄂尔多斯左翼前、后二旗，北至乌兰察布盟茂明安旗和四子王旗界。

在归化城土默特都统旗境内，有归化、绥远二城。归化城系明之库库和屯。崇德三年（1639 年），喀尔喀札萨克图汗拥兵南进，逼进归化城，被清兵击退。皇太极遂令扩建归化城，加固城垣，屯兵其上。③ 康熙和乾隆年间又加修缮。道光中，整齐筑土垣为郭。该城战略地位重要，被称为“京畿之锁钥，晋垣之襟带，乌、伊诸盟之屏蔽”。④ 归化城土默特都统、副都统驻于此城之中。

绥远城，即今呼和浩特市新城，在归化城东北五里，雍正十三年（1735 年）奉旨兴建，乾隆四年（1739 年）竣工，赐名“绥远城”。⑤此城建成后，逐渐取代了归化城的位置，成为清廷统治漠南蒙古和用兵西北的重要军镇。

归化城土默特地近黄河，土质肥沃，适于农耕。早在明代，这一地区的农业就已有相当规模。入清以后，农业发展更为迅速。据乾隆八年（1743 年）统计，归化城土默特共有土地 75,048 顷，已

---

① 《大清会典事例》，卷五四五《兵部・官制》。

② 《大清会典事例》，卷九七六《理藩院・设官》。

③ 《土默特旗志》，卷二《源流》。

④ 《土默特旗志》，卷四《城垣》。

⑤ 《绥远城驻防志》，《城垣》。

垦土地60,780顷,牧场地仅剩14,268顷,约占总数的五分之一。[①] 乾隆六十年(1795年)和嘉庆二年(1797年),又丈放山后八旗牧厂地6,955顷。[②]

这样大量丈放的结果,使土默特地区很快就变成了农业区。随着土默特农业区的形成,清廷在这一地区陆续增设了管理蒙汉地方事务的各厅,并于乾隆六年在各厅之上设立隶属于山西省的归绥道。

归化城厅,雍正元年(1723年)清廷在归化城设置理事同知,隶山西大同府,[③]雍正七年(1729年)改属朔平府。[④] 乾隆六年(1741年)升为直隶厅,[⑤]置抚民理事同知,分理蒙汉事务,隶于山西归绥道。

绥远城厅,乾隆四年(1739年)清在绥远城置绥远城厅,设理事同知一人,专管归化、绥远一带的粮饷,隶山西归绥道。[⑥]

萨拉齐厅,雍正十二年(1734年),清廷在归化城西的萨拉齐置协理笔帖式,办理该地蒙汉交涉事务。[⑦] 乾隆四年置协理通判。乾隆六年(1741年),隶归绥道。乾隆二十五年(1760年)增设通判,兼理与乌喇特三旗、鄂尔多斯左翼中旗、左翼后旗等蒙、民交涉事务。同治四年(1865年)改置同知,光绪十年(1884年)改为抚民同知。[⑧] 该厅西境的包头镇,同治十年(1871年)时为村镇,光绪二

---

① 《清高宗实录》卷一九八。

② 《土默特旗志》卷五《赋税》。

③ 《清高宗实录》卷十。《清史稿》及《山西通志》记属朔平府,误。

④ 《清高宗实录》卷七九。

⑤ 《山西通志》卷二八《府厅州县考》。

⑥ 《乾隆府厅州县图志》卷十三《山西布政司》;《皇朝文献通考》卷二七三(舆地考)。

⑦ 《乾隆府厅州县图志》卷十三《山西布政司》;《皇朝文献通考》卷二七三(舆地考)。

⑧ 《归绥道志》,卷五《十二厅治考》。

十八年(1902 年),清廷命贻谷为钦差垦务大臣,在包头设立办理伊、乌两盟垦务事宜的垦务分局,三十一年(1905 年),改为西盟垦务总局,包头渐为商民辐辏之所,成为内蒙古西部一大市镇。

清水河厅,乾隆元年(1736 年)清廷在归化城南的清水河地方置协理通判,办理该处蒙汉事务。乾隆六年(1742 年)隶山西归绥道。乾隆二十五年(1760 年)改理事厅,光绪十年(1884 年)改抚民通判。兼辖该厅与鄂尔多斯左翼前旗等蒙、民交涉事务。[①]

和林格尔厅,康熙年间清廷在归化城以南设二十家子台站,蒙语二十家为"和林格尔",故该地后来被称为和林格尔。雍正十二年(1734 年)在该地置协理笔帖式。乾隆元年(1736 年)置协理通判。乾隆二十五年(1760 年)升为理事厅,光绪十年(1884 年)改置抚民通判,隶归绥道。管理该处蒙、民交涉事务。[②]

托克托城厅,雍正十二年(1734 年)清廷在归化城西南的托克托城设协理笔帖式,办理该处蒙汉交涉事务。乾隆元年置协理通判。乾隆二十五年(1760 年)升为理事厅,光绪十年(1884 年)改置抚民理事通判。隶山西归绥道。兼辖与鄂尔多斯左翼前旗等蒙汉交涉事务。[③]

(三)呼伦贝尔都统旗

1. **陈巴尔虎二旗**　巴尔虎系蒙古古老的部落之一,隋唐时期的拨野古(巴尔虎之音译)人有众六千户。[④] 13 世纪居住于贝加尔湖以东之巴尔古真河一带,属蒙古林木中百姓之一。北元时期,巴尔虎人的部分部众从属永谢布等万户之外,大部分仍居住于从呼伦贝尔到鄂嫩河、石勒喀河的广阔地区。16 世纪末 17 世纪初,

---

① 《归绥道志》,卷五《十二厅治考》。

② 《清史稿》,卷六〇《地理志》。

③ 《清史稿》,卷六〇《地理志》。

④ 《新唐书・回鹘传》,中华书局标点本,6139～6140 页。

巴尔虎人从属于外喀尔喀车臣汗部。康熙二十七年(1688 年),准噶尔汗国噶尔丹进兵外喀尔喀,时巴尔虎人的一部分移入黑龙江及其以南地区,共计三千余户,万余口。其中一部分被组成 18 个牛录,驻防吉林、盛京管辖的各城。另一部分在齐齐哈尔和墨尔根之间的博尔多驻防。雍正十年(1732 年),黑龙江将军朱尔海将驻防于布特哈地方的索伦甲丁 1,636 名,达斡尔甲丁 730 名,巴尔虎甲丁 275 名,鄂伦春甲丁 359 名,共计 3,000 壮丁及其家属移牧到呼伦贝尔驻防,并按八旗建制把他们编为索伦左右两翼八旗,下设佐领 50(后留 24)。① 巴尔虎甲丁 275 名及其家属构成了索伦八旗中的左翼正蓝、镶白二旗。为与后来迁居呼伦贝尔的巴尔虎人相区别,称该二旗巴尔虎人为陈巴尔虎。索伦左右翼与新巴尔虎左右翼及额鲁特旗构成清代呼伦贝尔五翼总管旗,②隶呼伦贝尔副都统管辖,归黑龙江将军节制。

有清一代,索伦左翼四旗驻牧于沿俄罗斯边界一带,右翼四旗起初驻牧于沿外喀尔喀边界的哈拉哈河一带,新巴尔虎移入后右翼四旗则移驻到呼伦贝尔城以南。其中,左翼正蓝、镶白二旗的陈巴尔虎人驻牧于呼伦贝尔城北部。其牧地东自库都尔河起,西至锡林布日都诺尔,北自古日巴勒吉布拉格卡伦起,南达辉河。③ 二旗各有 6 佐领。同治三年以前,二旗人口共计 830 户。④ 清朝末年,二旗人口共计男 2,163 人,女 2,315 人。⑤

---

① 《呼伦贝尔副都统衙门册报志稿》,边长顺、徐占江译,呼伦贝尔盟历史研究会编印,1986 年,第 31 页。

② 内蒙古档案馆藏呼伦贝尔副都统衙门档案,全宗号 501,目录号 1,案卷号 7。

③ 《呼伦贝尔副都统衙门册报志稿》,边长顺、徐占江译,呼伦贝尔盟历史研究会编印,1986 年,第 12 页。

④ 《黑龙江通省舆图总册》,载《清代黑龙江孤本方志四种》,黑龙江人民出版社,1989 年,第 84～85 页。

⑤ 《呼伦贝尔副都统衙门册报志稿》,边长顺、徐占江译,呼伦贝尔盟历史研究会编印,1986 年,第 27 页。

2. **新巴尔虎八旗** 16世纪末17世纪初，新巴尔虎人同陈巴尔虎从属于外喀尔喀车臣汗部。雍正十二至十三年（1734～1735年），因与贝子延楚布多尔济等札萨克不和，车臣汗部八个旗的约3,700户巴尔虎人在清朝的劝动下迁移到呼伦贝尔。此时，呼伦贝尔已有陈巴尔虎人驻牧，故史称其为新巴尔虎。清廷分给他们西接索伦八旗的牧地，并按索伦八旗建制，以其15岁以上壮丁共3,984名中选出2,400名，编为新巴尔虎左右两翼八旗，以60名壮丁编为一佐领，每旗下设5佐领，共设佐领40。左右两翼各设总管一员，旗设副总管一员，佐领5员，每佐设佐领一员、骁骑校一员、催领六员。规定官员赏半俸，兵丁赏一两俸银。[①] 新巴尔虎左右翼与索伦左右翼及额鲁特旗构成清代呼伦贝尔五翼总管旗，隶呼伦贝尔副都统管辖，归黑龙江将军节制。

有清一代，新巴尔虎左翼四旗驻牧于哈勒哈河、乌尔逊河、呼伦湖东侧和海拉尔河下游，新巴尔虎右翼四旗驻牧于贝尔湖北部、乌尔逊河和呼伦湖西侧，克鲁伦河下游。同治三年以前，新巴尔虎左翼四旗人口共计1,206户，右翼四旗人口共计1,019户。[②] 清朝末年，新巴尔虎左右翼八旗人口共计男4,653人，女7,044人。[③] 新巴尔虎人中有伊克准、达浪古特、永谢布、乌里雅特、浑通、贵车里克、呼岱、噶勒珠特、哈勒宾、沙来特、萨尔图勒等蒙古姓氏。

3. **额鲁特旗** 呼伦贝尔额鲁特部原系准噶尔汗国噶尔丹属下丹津阿喇布丹所部。康熙四十一年（1702年），丹津阿喇布丹携

---

① 达·古柏礼：《诸蒙古始祖记》，胡·都嘎尔扎布等整理，民族出版社，1989年，第159页。

② 《黑龙江通省舆图总册》，载《清代黑龙江孤本方志四种》，黑龙江人民出版社，1989年，第84～84页。

③ 达·古柏礼：《诸蒙古始祖记》，胡·都嘎尔扎布等整理，民族出版社，1989年，第106页。

其子车凌旺布及弟色布登旺布等投附清朝，丹津阿喇布丹被封为多罗郡王，其弟色布登旺布受封和硕额驸，并赐牧洪郭尔阿济尔罕之地。雍正元年(1723 年)，色布登旺布晋封多罗贝勒。雍正四年(1726 年)，丹津阿喇布丹长子多罗郡王车凌旺布、多罗贝勒色布登旺布、贝子茂海等分别授札萨克，所部编为 4 佐领。① 雍正九年(1731 年)，准噶尔汗国噶尔丹车凌率兵东进科布多以东地区，与清军交战。时茂海等归顺噶尔丹车凌，多罗贝勒色布登旺布所属四宰桑，420 户仍留居推河牧地，并奏请清廷赐给牧地。雍正十年(1732 年)，多罗贝勒色布登旺布所属额鲁特 2 佐领徙牧于喀尔喀河以东，编所部为一旗，下设佐领 2，以多罗贝勒色布登旺布为该旗总管，归索伦八旗总管达巴汗、布勒本车管辖。②

乾隆二十二年(1757 年)，经乌里雅苏台将军成衮扎布、阿兰泰等奏请，杜尔伯特台吉布图呼、布林、得木齐拜拉噶克咱，噶勒珠特部德什策克伯和明阿特部得木齐布珠里等三部新额鲁特移牧到呼伦贝尔，并将其并入旧额鲁特 2 佐领。③ 此次迁来的额鲁特人共计 147 户。④

有清一代，额鲁特旗又称额鲁特镶黄旗，系呼伦贝尔五翼总管旗之一。有总管一，佐领 2，骁骑校二，催领六，什长二，兵丁100。⑤ 牧地位于呼伦贝尔城东南，南自毕留图胡硕起，北至锡尼很河，东从呼和朝鲁山起西至伊敏河之哈日呼吉日诺尔。⑥ 清朝

① 《清世宗实录》，卷 5。

② 《呼伦贝尔副都统衙门册报志稿》，边长顺、徐占江译，呼伦贝尔盟历史研究会编印，1986 年，第 31 页。

③ 《额鲁特部简史》，呼伦贝尔档案馆藏手抄本。

④ 《清高宗实录》，卷 575。

⑤ 达·古柏礼：《诸蒙古始祖记》，胡·都嘎尔扎布等整理，民族出版社，1989 年，第 166 页。

⑥ 《呼伦贝尔副都统衙门册报志稿》，边长顺、徐占江译，呼伦贝尔盟历史研究会编印，1986 年，第 13 页。

末年，额鲁特旗人口共计185户，其中，男227人，女230人。[①]

（四）伊犁察哈尔八旗与额鲁特八旗

1. **伊犁察哈尔八旗**　乾隆二十五年(1760年)，乌鲁木齐办事大臣安泰等奏调内地察哈尔官兵牧放马群，以备军需。二十六年(1761年)正月，大学士傅恒等奉旨寄安泰等，不必往乌鲁木齐另行调派内地蒙古兵丁，所有牲畜均解往伊犁，移交阿桂，编设牧群，牧放取孳。[②] 鉴于塔尔巴哈台位于西北边界，与俄罗斯、哈萨克相距甚近，不能不派兵驻守。又若驻兵而不屯田，则运送粮石亦困难。阿桂等奏请迁移近边蒙古杜尔伯特、扎哈沁等部到卡伦内游牧。九月，大学士傅恒等奉旨议奏，“现拟选派之一千名察哈尔、额鲁特兵，著富德、巴图济尔噶勒驰驿前往察哈尔游牧地方拣选。”乾隆皇帝允准后，理藩院尚书富德与巴图济尔噶勒于十年十月到达张家口边外多伦诺尔地方，从察哈尔左右翼选得察哈尔及新旧额鲁特精壮兵丁共一千名，拟携带家眷，俟来年三月草青后移往伊犁、乌鲁木齐。[③] 经过周全的安排部署，于二十七年(1762年)三月二十六日至二十九日间，陆续起程，择水草之地，徐徐移行，六月底抵达喀尔喀乌里雅苏台附近前行。经过修整补充，于七月十二日起程，由札布堪河以南地方通过萨拉布喇克，在布尔干、察干托辉至阿济比济之间过冬后，于乾隆二十八年(1763年)二月，抵达乌鲁木齐。一千兵丁中的二百名携家属共五百四十二口留驻乌鲁木

① 《呼伦贝尔副都统衙门册报志稿》，边长顺、徐占江译，呼伦贝尔盟历史研究会编印，1986年，第13页。

② 吴元丰、胡兆斌、阿拉腾奥其尔、刘怀龙主编《清代西迁新疆察哈尔蒙古满文档案全译》，“乾隆二十五年十二月十七日乌鲁木齐办事大臣安泰等奏调察哈尔官兵牧放牲畜缘由折”，“乾隆二十六年正月初五大学士傅恒等寄安泰等不必往乌鲁木齐另行调派蒙古兵牧放牲畜谕”，新疆人民出版社，第1页。

③ 同上，“乾隆二十六年十月十四日富德等奏遵旨前往多伦诺尔挑选拟迁伊犁等处察哈尔兵丁情形折”、“乾隆二十六年十月二十日理藩院尚书富德等拣选携眷移驻伊犁等处察哈尔官兵并筹办起程事宜折”，5～6页。

齐，其余八百兵丁，一千六百多口继续前往伊犁，于四月间到达赛里木湖，在登努勒泰地方立脚。[①] 伊犁将军明瑞将此八百多名察哈尔兵丁，加上同来之额鲁特一百六十户，编为六个佐领，每佐领选派章京、副章京各一名，领催四名。这部分察哈尔兵丁逐渐移牧，最后到达博洛塔拉定居。七月，伊犁将军明瑞从中抽出披甲150名，令守伊犁至沙图口新设的七座驿站。[②]

乾隆二十八年（1763年）正月，傅恒等奉旨组织第二批一千名察哈尔兵的挑选和移驻事宜。察哈尔都统巴尔品鉴于察哈尔左右翼闲散余丁足够派遣，遂决定不分翼旗，将其身强力壮，堪以当兵者，拣选委派。[③] 直到四月，拣选兵丁一千名，其中八旗闲散兵丁六百八十三名，情愿前往之兵二百八十三名，新额鲁特三十四名，加上随行家属共计人口二千六百一十名。此次移往伊犁之察哈尔，分两批前行。前队不带家眷的五百名兵丁，偕同近百名随军牧民等，于四月九日动身，随水草，解送四万余羊只徐徐前行，七月间到达推河，八月抵达札布堪，十月抵达齐齐格图诺尔越冬。二十九年（1764年）三月离开越冬地，六月十一日抵达伊犁。路途遭遇瘟疫，致使牲畜损失较多，四万多只羊剩三万多只。[④] 将这部分兵丁分为三个佐领，暂隶索伦营。

后队五百兵丁，携带前队兵丁以及自己家属一千户，于乾隆二十八年（1763年）四月二十五日起行，经过乌兰察布盟，进入喀尔喀中路领地，于七月底抵达推河，八月初达札布堪。经过修整和补充，于月底起行，前往巴尔坤。九月底抵达巴尔坤，在喀喇乌苏地方越冬。二十九年（1764年）正月十九日，从喀喇乌苏起行前往乌

① 同上，47页。

② 同上，53页。

③ 同上，28～31页。

④ 同上，72页。

鲁木齐,二月二十三日抵乌鲁木齐近边高木图地方。三月一日起行,十一日达玛纳斯,二十二日达喀喇乌孙,四月底抵达伊犁。此时共有二千零十一口安全到达目的地。

伊犁将军明瑞遂将征伐达瓦齐而留驻伊犁的额鲁特兵丁一千名,加上先后两次移来的一千八百名察哈尔兵丁,分为三个昂吉,第一、第二昂吉由察哈尔兵丁组成,每昂吉下属六个佐领,每佐领统辖一百五十个披甲,共设十二佐领。额鲁特为其第三营,分设六个佐领,组织情形与察哈尔营同。每昂吉设总管、副总管各一名,下设十二佐领章京等有差。派巴尔品为都统,总领察哈尔、额鲁特三昂吉。

乾隆三十二年(1767 年),明瑞议奏将察哈尔兵丁安置在博洛塔拉,为永久驻防,获得允准。从此两昂吉察哈尔永久驻牧耕耘在博洛塔拉,成为新疆的"察哈尔营"。是年六月,左右两翼察哈尔又各增 2 个佐领,每翼下各设 4 旗,每旗各设 2 个佐领,共计 8 旗 16 佐领。全营设领队大臣一员,总管二员,副总管二员,佐领十六员,骁骑校十六员,空蓝翎六员,委官十六员,委笔贴式四员,领催六十四员,委领催十六员,披甲 1,720 名和附住额鲁特 200 名。作为伊犁驻防八旗的一部分,主要承担驻守卡伦驿站,换防城池,牧放牲畜,开垦种田等任务。

乾隆三十年(1765 年)九月,明瑞奏议,拟将乌鲁木齐和库尔喀喇乌孙两地之察哈尔、额鲁特兵丁迁往塔尔巴哈台驻守,以加强边境防守。十月,大学士傅恒奉旨回复允准,遂将乌鲁木齐的 150 户察哈尔、109 户额鲁特编为一佐领,库尔喀喇乌孙的 50 户察哈尔、17 户额鲁特以及驻守塔尔巴哈台 147 户额鲁特编为一佐领,于三十一年派往塔尔巴哈台驻守。四月抵达塔尔巴哈台后,从两地迁来之察哈尔、额鲁特中抽出部分人户,从事农业,其余披甲都驻守三个卡伦驿站。

自此,察哈尔八旗在新疆成为永久驻守民丁,屯垦戍边,直到清朝覆亡。

2. **伊犁额鲁特八旗** 乾隆二十四年(1759年)平定准噶尔后，清廷着手整治边疆事务，以强防务。二十七年(1762年)，设立总统伊犁等处将军，驻惠远城，管理当地军政事务。为了加强对伊犁地区的军事防御，除了驻防满汉兵丁外，还从内地迁来索伦、察哈尔、锡伯等兵丁，携带家眷移驻伊犁，组成"索伦营"、"察哈尔营"、"锡伯营"等军事单位。同时以当地准噶尔余众及内地遣回的额鲁特兵丁组成"额鲁特营"，与其他营一道分驻伊犁地区，以为屏障。

额鲁特营来源有三。一为清廷出兵伊犁时逃亡哈萨克、不路特等地后陆续返归之准噶尔人。清廷妥善安置他们的同时又用银两从哈萨克赎回部分准噶尔人口，"会人收养之额鲁特官为买出，送伊犁安插。"[①]最初，将其设为2个佐领，二十七年增至6个佐领，二十八年置一昂吉。三十年(1765年)编为额鲁特右翼。招抚的额鲁特人口逐渐增加，两年后达768人。[②] 二为乾隆二十九年(1764年)自热河携眷移驻准噶尔的原准噶尔达什达瓦部属及在京的额鲁特官兵。达什达瓦系准噶尔小策凌敦多布后裔，内讧中被杀，其妻率部与乾隆二十年(1755年)内迁至巴里坤，投附清廷。二十三年(1758年)，迁热河安置。二十八年(1763年)十二月，清廷议定，从驻热河600名额鲁特官兵中抽调500名健壮者，于来年春天携眷迁往伊犁。他们与在京额鲁特官兵中愿往伊犁者65人中选出的25人，一并遣往伊犁，于乾隆三十年(1765年)编为一昂吉，称左翼。三十二年(1767年)，伊犁将军明瑞奏准将左翼编为6个佐领，3个旗，称上三旗。右翼编为8佐领，5个旗，称下五旗。三十五年，扩编为10佐领。三为乾隆三十六年随土尔扈特东返的大喇嘛罗布藏丹增属下沙毕纳尔860余人，以及部分额鲁特人十

① 《清高宗实录》，卷658，乾隆二十七年四月己巳。

② 《清高宗实录》，卷659，乾隆二十七年四月癸未。

几户，编为4个佐领，编入额鲁特右翼管辖。①

左翼上三旗，镶黄、正黄、正白三旗，分布于特克斯河以西、察林河、大小霍诺海等地。右翼下五旗，镶白、正红、正蓝、镶红、镶蓝，游牧于崆吉斯河、喀什河流域。沙毕纳尔4苏木分布在特克斯河下游地区。由于右翼五旗人丁多，清廷于乾隆三十八年（1773年）、四十四年（1779年）、五十四年（1789年）三次拨出420户划入察哈尔营。

额鲁特营设领队大臣一员，左右翼各有总管，副总管一人负责。下设佐领、骁骑校、世袭云骑尉、空蓝翎、委笔贴式、领催若干，共有食一两披甲500名，食五钱披甲1,077名。② 额鲁特营兵丁驻守卡伦32处，看守台站5座，同时于察哈尔兵丁一道驻守塔尔巴哈台。有清一代，驻守边陲，抵御外敌，立下战功。

（五）扎哈沁部与明阿特总管旗

扎哈沁，蒙古语，意为“守边汛卒”，与包沁一同为准噶尔汗国十二新鄂托克之一，有宰桑三，所部共计2,000户。起初，扎哈沁牧地自阿尔泰、布拉罕、察罕托海至镇西所属乌兰乌苏，沿准噶尔汗国东境游牧防汛。③ 乾隆十九年（1754年），扎哈沁部宰桑额鲁特人玛木特被捕，招所部六百余户投附清朝，清廷赐牧于其阿尔泰。乾隆二十年（1755年），玛木特被阿睦尔撒纳缢杀。乾隆二十一年（1756年），玛木特孙扎木禅袭三等信勇公，赐牧哲尔格西喇呼鲁苏。乾隆二十六年（1761年），编所部二千余口为一旗，下设佐领9，授扎木禅旗总管印，辖其众。乾隆四十年（1775年），扎木禅卒。时非玛木特之族的扎哈沁之阿拉巴图撤出佐领，另设总管一旗，属科布多参赞大臣。嘉庆五年，扎木禅之孙托克多巴图之属

① 《满文土儿扈特档案译编》，乾隆三十六年九月十三日折，143～144页。

② 《新疆识略》，卷5，《官职兵额》。

③ 《西域图志》，卷二十九，官制；卷九，疆域二。

已足 150 丁，复编一佐领，为公旗，以托克多巴图为总管，并授银印。[①]

有清一代，扎哈沁二旗旗境东至外喀尔喀札萨克图汗部，西至阿尔泰乌梁海，南至新疆镇西，北至科布多屯田官厂。归科布多参赞大臣管辖。嘉庆年间，有扎兰章京一，佐领 4，兵丁 802，喇嘛 50。[②] 清朝末年，公旗贫民有 356 丁口，总管旗贫民有 356 丁口。[③]

明阿特为准噶尔汗国十二新鄂托克之一，时所部共计三千户，有宰桑二，牧地在特穆尔图淖尔。[④] 康熙五十年（1711 年）投附清朝，归喀尔喀和托辉特部亲王青滚扎卜管辖。乾隆二十一年（1756 年），亲王青滚扎卜反清被诛后，该部并入到和托辉特公多尔济车登旗，即喀尔喀札萨克图汗部中左翼左旗。后，旗公额伯勒因庇护所部而排斥该部，明阿特人在乌里雅苏台将军的请奏下，于乾隆三十年（1765 年）撤出，移牧科布多，编所部为一旗，归科布多大臣管辖。嘉庆年间，该旗有扎兰章京一，佐领 2，兵丁 300，壮丁 261，喇嘛 50。[⑤]

（六）唐努乌梁海、阿尔泰乌梁海、阿尔泰诺尔乌梁海总管旗

唐努乌梁海、阿尔泰乌梁海、阿尔泰诺尔乌梁海部均为蒙古古老的部落兀良哈的后裔。兀良哈，或译为温娘改、兀良罕、乌梁海、五两案等等，始见于辽太祖时期。13 世纪初居住于贝加尔湖东西侧的林木中百姓中，有森林兀良哈部落。而在肯特山一带，又有从事游牧经济的草原兀良哈部落。大蒙古国建立后兀良哈人虽然编入到诸千户中，但继续在故地游猎的兀良哈人仍然很多，故有元一

---

① 《钦定外藩蒙古回部王公表传》，卷 115。

② 富俊：《科布多政务总册》，外藩。

③ 《清史稿》，卷 523，藩部六。

④ 《西域图志》，卷二十九，官制；卷一，天山北路图三。

⑤ 富俊：《科布多政务总册》，外藩。

代该部常作为所有森林部族的泛称。北元时期,兀良哈人中有兀良哈万户和朵颜卫兀良哈之外,另有森林兀良哈人。

北元后期,唐努乌梁海部分布于贝加尔湖西南至额尔齐斯河流域的森林中,属外喀尔喀札萨克图汗和和托辉特部首领管辖。康熙五十四年(1715 年),清廷通过和托辉特部首领博贝等招抚唐努乌梁海。同年,其头目和罗尔迈率所部投附清朝。乾隆二十一年(1756 年),和托辉特部首领博贝之孙青滚杂卜发动"撤驿之变"失败后,其管辖之内的十六鄂托克唐努乌梁海人改由定边左副将军管辖。乾隆二十三年至二十七年之间(1758～1762 年),清廷在原唐努乌梁海所属特斯、奇木、托济、锡尔克腾等四部十六鄂托克基础上,编成了唐努(主体由特斯部构成)、萨拉吉克(主体由奇木部构成,俗称该旗为奇木河乌梁海)、托锦(主体由托济部构成,俗称该旗为托吉诺尔乌梁海)、库苏古尔(主体由锡尔克腾部构成)4旗,16 佐领,总人口为 1,100 余户,4,800 余口,并任命达什、额琳沁、巴图、伊特格勒等为四旗总管。[①] 乾隆二十七年(1762 年),清廷将"唐努乌梁海四旗总管之印"暂交与外喀尔喀三音诺颜汗部副都统衔莫尼扎布掌管。[②] 乾隆二十九年(1764 年),清廷将驻牧于克穆齐克河一带的准噶尔丹津阿喇布丹之孙贝勒丹拜所属部分乌梁海人收归定边左副将军直辖,编所部为一旗,10 佐领,补放总管一员,原被丹津阿喇布丹收服的该部分乌梁海人首领萨尔达木后裔砂尔巴成为该旗首任总管。[③] 因该旗驻牧于克穆齐克河一带,故俗称为克穆齐克旗。

乾隆三十年(1765 年),唐努旗总管达什晋封唐努乌梁海五旗

---

① 《中俄关系史料—外蒙古》,台北中央研究院近代史研究所编,1959 年,第 201～202 页。

② 《平定准噶尔方略》,续编,第 17 卷;《平定准噶尔方略》,正编,第 50 卷。

③ 《中俄关系史料—外蒙古》,台北中央研究院近代史研究所编,1959 年,第 200～202 页。

之副都统，掌管五旗印务。[1] 先是，唐努乌梁海五旗有东西之分，唐努等四旗为西乌梁海，设有副都统衔一员，颁有总管四旗印信，库苏古尔旗为东乌梁海，距离西乌梁海四旗甚远，设有总管一员，无印信。同治十一年(1872 年)，清廷颁给库苏古尔旗印信，光绪二十五年(1899 年)，又颁给克穆齐克旗印信。[2] 至此，库苏古尔旗和克穆齐克旗归定边左副将军直辖，唐努旗副都统仅执掌唐努、萨拉吉克、托锦三旗事务。

唐努乌梁海部位于乌里雅苏台之北，东南至土谢图汗部，南接三音诺颜汗部，西至阿尔泰乌梁海，西南接札萨克图汗部，北至俄罗斯。清朝末年，唐努乌梁海诸部有 46 佐领又一鄂托克加库伦哲卜尊丹巴呼图克图所属沙毕纳尔佐领，[3]共计 49 佐领。其中，唐努旗驻牧于唐努山北坡卡登湖及达格台湖、绍尔木克河、马扎雷克及乌宗～卡拉希一带，有佐领 4，总管居于唐努山南萨穆噶勒台；萨拉吉克旗驻牧于乌鲁克穆河、华克穆河流域及台里湖盆地周围的山区，有佐领 4，总管居于唐努山以北的阿奇克地方；托锦旗驻牧于贝克穆河流域，西起乌特河，东与北以萨彦岭与俄罗斯界，有佐领 4，总管居于托吉诺尔地方；库苏古尔旗驻牧于库苏古尔湖周围，北与东北以萨彦岭与俄罗斯界，有佐领 4，总管居于库苏古尔湖附近；克穆齐克旗驻牧于克穆齐克河、恰库里河、乌鲁克穆河一带，有佐领 10，总管居于佳达拉河地方；三音诺颜汗部额鲁特贝子旗所辖唐努乌梁海部 17 佐领错居于克穆齐克旗境内；札萨克图汗部杜尔赤王旗所辖乌梁海人 2 佐领错居于唐努山北唐努旗境内；

---

① 《中俄关系史料—外蒙古》，台北中央研究院近代史研究所编，1959 年，第 200～202 页。

② 《宫中档光绪朝奏折》，第 13 辑，台北故宫博物院故宫文献编辑委员会编，1974 年，第 308～309 页。

③ 《中俄关系史料—外蒙古》，台北中央研究院近代史研究所编，1959 年，第 112 页。

札萨克图汗部达赖公旗所辖乌梁海人1佐领错居于唐努山前特斯河附近；札萨克图汗部阿海公旗所辖乌梁海人1鄂托克错居于库苏古尔旗沙尔多罗地方；[①]哲卜尊丹巴呼图克图所属乌梁海之达尔哈特沙毕纳尔3佐领[②]驻牧于唐努旗东，库苏古尔旗西。

有清一代，唐努乌梁海总管五旗共有纳贡户786户，每年向清廷进贡貂皮4,144张。另外，五旗兵丁定期（每两月更代）轮换前来乌里雅苏台、科布多城担任防卫事宜，或为过境官员安设台站，提供差马饩羊。

阿尔泰乌梁海原属准噶尔汗国，其牧地在乌兰古木和吹河一带。乾隆十九年至乾隆二十二年（1754～1757年），相继投附清朝。清廷将游牧于乌兰古木一带的原准噶尔汗国宰桑通玛木特、库克新、赤伦、车根、察达克所属阿尔泰乌梁海部众编为3个总管旗，共设7个佐领，并授赤伦、车根、察达克为总管，通玛木特为散秩大臣。其中，察达克所属46户编1佐领，作镶黄旗；赤伦所属205户编3佐领，作正黄旗；车根所属67户编1佐领，作正白旗，另有雅尔都属135户编2佐领，附镶黄旗。[③] 乾隆二十三年（1758年），清廷将他们移牧于阿尔泰山以南，[④]故有清一代称该部分乌梁海为阿尔泰乌梁海。

乾隆二十七年（1762年），因阿尔泰乌梁海部人口增加，清廷将原3旗扩为7旗，并内分左右两翼，授察达克左翼总管印，图布慎授右翼总管印，缴销察达克原领阿尔泰乌梁海7旗总管印。[⑤]其中，左翼4旗分别为乌梁海左翼旗（俗称太文贝子旗）、左翼左旗

① 《中俄关系史料—外蒙古》，台北中央研究院近代史研究所编，1959年，第112页。

② 《清史稿》，卷524，藩部7。

③ 《清高宗实录》，卷482，乾隆二十二年二月乙卯。

④ 《清高宗实录》，卷477，乾隆十九年十一月丁酉。

⑤ 《清高宗实录》，卷676，乾隆二十七年二月庚子。

（俗称察罕索颜旗）、左翼右旗（俗称哈尔索颜旗）、左翼后旗（俗称麦林盖旗）；左翼3旗分别为乌梁海右翼旗（俗称巴伦贝子旗）、右翼右旗（俗称沙如勒旗）、右翼左旗（俗称阔库木恰克旗）。左右两翼实行会盟，左翼会盟于太文贝子旗，右翼会盟于巴伦贝子旗。起初，7旗统归科布多参赞大臣管辖。光绪三十二年（1906年），清廷将阿尔泰乌梁海部从科布多参赞大臣管辖划出，专门设置阿尔泰办事大臣驻承化寺，管理阿尔泰乌梁海等部。

阿尔泰乌梁海部7旗驻牧于阿尔泰山以南的额尔齐斯河、青格里河、乌伦古河、哈巴河、科布多河上游一带，东临科布多城，东南界扎哈沁、及新土尔扈特、新和硕特，北至阿尔泰诺尔乌梁海部，南接和布克赛尔旧土尔扈特部。嘉庆年间，该部左翼4旗有散秩大臣一，总管2，副都统一，参领一，佐领十五，兵丁1,803名；左翼3旗有散秩大臣一，总管2，副都统一，参领一，佐领十二，兵丁905名，喇嘛60名。[①] 有清一代，阿尔泰乌梁海部总管7旗各级官员实行年班制和围班制，分班轮流进京朝觐或到热河参加木兰围猎，缴纳贡赋。旗民每户每年向清廷进贡貂皮2张。[②] 另外，7旗兵丁驻守阿拉克别克、阿克塔斯、克杂那阿斯、萨斯、呼吉尔图布拉克、乌松呼吉尔图、胡布苏、讫罗盖布等卡伦，定期巡查。[③] 七旗旗民中，有察罕索颜、哈尔索颜、沙如勒、阔库木恰克等大姓氏以外，还有奥尔次克、土默特、郭恩茨嘎、乌梁海、桑、木尔古特、特凌古特、辉特、夏那嘎齐、哈特特须、哈拉萨勒、鄂尔楚克、色尔瓦、明阿特、厄尔克特、佳格都瓦、匈古尔、魁克等蒙古姓氏。[④]

阿尔泰诺尔乌梁海同阿尔泰乌梁海，初属准噶尔汗国，其牧地

① 富俊：《科布多政务总册》，外藩。

② 富俊：《科布多政务总册》，外藩。

③ 《清史稿》，卷524，藩部7。

④ 《阿勒泰地区图瓦人调查资料集》，上册，新疆社会科学院民族研究所编。

在汗哈屯山一带。乾隆二十二年(1757年),阿尔泰诺尔乌梁海部宰桑特勒伯克扎尔纳克等率所部投附清朝,清廷封特勒伯克扎尔纳克等为总管。其明年,编所部为2旗4佐领,各设总管一,岁贡貂皮如例,隶科布多参赞大臣。道光年间,俄罗斯人始入居该部驻牧的吹河一带。

有清一代,阿尔泰诺尔乌梁海部驻牧于科布多西北之吹河一带,其境东临唐努乌梁海,南至阿尔泰乌梁海,西与北界俄罗斯。

(七)达木蒙古八旗

达木蒙古由蒙古永谢部与和硕特部的后裔所组成。明朝末年,有一部分永谢布人在西进的林丹汗的冲击下,开始涌入西藏。《五世达赖传》记载说:"(1632年)蒙古永邵卜的四位官人迁移到恰达木地方,其原因是察哈尔王林丹汗毁掉了他们的统治。"[①]崇德七年,顾实汗引兵入藏,建立起和硕特汗廷,确立了在西藏的统治。和硕特汗廷的军队,分为藏军和蒙古军。藏军"其实兵民不分,系按各寨番民,定以派兵数目","戴本平日无兵可管,遇事调遣,只在各寨抽派,与派乌拉人无异"。[②] 蒙古军则是驻藏军队的主力,顾实汗命其长子达延鄂齐尔汗统领,驻藏北腾格里湖畔的达木草原,以控制西藏政治中心地区。驻藏大臣松筠作如下记录:"达木系草地,所居官兵本青海蒙古。初,青海额鲁特固什汗剿灭藏巴弟巴,因留兵二千余住此护卫达赖、班禅。后因固什汗曾孙拉藏汗于康熙年间被准噶尔戕害,达木蒙古亦被掳去十分之九。雍正初年,青海罗布藏丹津构衅,该游牧人众有避兵投藏住达木者。自是达木所居新旧蒙古共八百余户,遂为八鄂托克。后置固山达、佐领、骁骑校各八名,分管所属,因呼为达木八旗,固宜劝之教之,

① 阿旺罗桑嘉措著,陈庆英译:《五世达赖传》,中国藏学出版社,1997年,125页,

② 《卫藏通志》,卷8,《兵志》。

用成武备。”[①]又《卫藏通志》载:“青海蒙古王丹津,于五世达赖喇嘛时,带领蒙古官兵赴藏护卫,留驻五百八十户,在达木地方住牧。”[②]蒙古王丹津,即为顾实汗,因五世达赖喇嘛授其“丹津却吉札勒布”,意为“持教法王”。

达木蒙古做为护卫西藏政治中心的武装力量,最初由和硕特汗廷领导。拉藏汗被准噶尔弑杀后,达木蒙古陷入混乱,四散而走。雍正元年(1723年),青海罗卜藏丹津叛,致使青海和硕特奔逃西藏,再次入住达木草原。雍正六年(1728年),颇罗鼐平定阿尔布巴内乱,清廷以功封其为贝子,总理全藏事务,不久又晋封多罗郡王。其次子珠尔默特纳木札勒封为头等台吉,管理藏北三十九族和达木蒙古。自此,达木蒙古由藏族贵族统辖。乾隆十二年(1747年),颇罗鼐卒,珠尔默特纳木札勒袭爵。十五年(1750年),驻藏大臣傅清和帮办大臣达什被珠尔默特纳木札勒属下杀害,清廷派兵镇压。事后,四川总督策楞提出将达木蒙古改归驻藏大臣管辖,获得允准。[③] 策楞《酌定西藏善后章程》第十三条称:“达木蒙古,应遵旨安插。查该蒙古,前经颇罗鼐奏请,由该王差遣管属。自珠尔默特纳木札勒被诛后,伊等因无人管辖,竟而潜回达木。该蒙古等原属无罪之人,向系游牧为主,与唐古特情形迥异。即遵旨询及本人,亦情愿归回达木,听候差遣。自应体仰皇仁,善为安顿。从前原系编为八个佐领,惟是该头目等所有名号,或称宰桑,或称台吉,均系颇罗鼐、珠尔默特纳木札勒混行加给职衔,于体制亦有不符。应酌定将现有之头目八人,均授与固山达名色。属下仍选择八人,授为佐领。再选八人,授为骁骑校。俱照例给以顶戴,递相管束,俱归驻藏大臣统辖。每佐领派人十名,共八十名,驻藏以

① 松筠:《丁巳秋阅吟·达木观兵》序言。

② 《卫藏统治》,卷15,《达木蒙古》。

③ 《清高宗实录》,卷378,乾隆十五年十二月戊寅条。

备差遣，并护卫达赖喇嘛。其实用口粮仍着旧例，向达赖喇嘛仓上支取。一切调拨，均依钦差大臣印信文书遵行，噶隆、代奔等，不得私自差遣。一切革除补放，俱由钦差大臣商明达赖喇嘛施行。”[①]从此达木蒙古划归驻藏大臣统辖，平时游牧，战时征调奔赴前线。乾隆五十三年，廓尔喀侵藏，乾隆皇帝谕令“巴勒布地方，距后藏甚近……，著雅满泰即酌带绿旗暨达木额鲁特兵，前赴扎什伦布，将班禅额尔德尼加意抚慰。”[②]五十六年(1791 年)，廓尔喀再次入侵，驻藏大臣保泰急调达木兵五百，酌带绿营兵丁，至扎什伦布寺，安抚人众。[③] 此次战役，“达木兵受伤阵亡亦多”，乾隆皇帝下令“详细查明具奏，再降谕旨，交部议恤。”[④]

到清末，达木蒙古逐渐藏化，组成曲科尔、恩果、巴加尔、阿托、班加、果才仆、阿许和索布等八个部落。

(八)牧厂

为了满足军队、皇室、王公大臣马匹、肉食、乳制品等的需要，清廷在口外沿边地区设立了许多牧厂。自清太宗征服察哈尔后，既认为宣、大塞外，水草丰沃，宜于畜牧，“遂置公私牧厂于此”。[⑤]顺治以后，又在此基础上陆续设立了隶属于内务府和太仆寺等机构的牛羊群和驼马厂。同时，还以赏赐、借住等名义给一部分王公圈定了数处牧厂。

1. **上驷院牧厂** 上驷院是清代内务府所属三院之一，设于顺治十年(1653 年)，初名御马监，顺治十八年(1661 年)改为阿敦衙门，康熙十六年(1677 年)改为上驷院，专管宫廷所用驼马。其所属牧厂专门牧放驼马，不养牛羊。上驷院所属牧厂有大凌河牧厂、

---

① 张其勤:《清代藏事辑要》，西藏人民出版社，1983 年，182～183 页。

② 《清高宗实录》，卷 1309，乾隆五十三年七月丁亥。

③ 《清高宗实录》，卷 1385，乾隆五十六年八月甲子。

④ 《清高宗实录》，卷 1386，乾隆五十六年九月丁丑、丁亥。

⑤ 黄可润《口北三厅志》，卷六《考牧》。

上都达布逊淖尔牧厂、达里冈爱牧厂。

上都达布逊淖尔牧厂分部在两处，一在上都河，一在达布逊淖尔，合称上都达布逊驼厂，因曾隶御马监，又称御马厂，俗称大马群。

上都牧厂位于独石口东北的博罗城，东接围场，西、北至镶白旗察哈尔，南接边墙。大体相当于今锡林郭勒盟多伦县全部、正蓝旗南部、正镶白旗东南部、太仆寺旗东北部和河北省沽源县的大部。

达布逊牧厂大约在察哈尔镶黄、正白二旗南，正黄、镶黄二旗牧厂北，约今商都、化德、张北和康保等县交界地带。因厂内有一盐池，蒙古名作达布逊淖尔，故有此名。该牧厂驼马除在本厂放牧外，在苏尼特右旗还有一块放牧地，是雍正年间上都达布逊牧厂衙门奏请划定的。其四至大约东起戈勒拜尔，西到萨姆布鲁河，北起桑图，南至诺云隆。约在今苏尼特右旗布图木苏木和桑宝拉格苏木境内。①

上都达布逊淖尔牧厂自顺治年间设立后，即由外八旗察哈尔蒙古人充当牧丁。初设蒙古总管 1 人，管理牧事，管理牧事。康熙四十年因驼马蕃息，始于内八旗大臣中拣选总管 1 人，原设蒙古总管改为副总管，协同总管管理牧事及所辖牧丁②，另有蒙古笔帖式 10 人，效力笔帖式 5 人，协领 6 人，副协领 12 人，每牧群设牧长、副牧长各 1 人，牧丁 7 人，防御 2 人，骁骑校 2 人，护军校 12 人，护军 345 人。

达里冈爱牧厂在多伦诺尔西北，察哈尔东北部，地处外札萨克喀尔喀蒙古车臣汗部、土谢图汗部之间，南起察罕齐老山，北至济

① [俄]阿·马·波兹德涅耶夫：《蒙古及蒙古人》第一卷第九章《从库伦到张家口》。刘汉明、张梦玲、卢龙译，内蒙古人民出版社，1989 年版。

② 《口北三厅志》，卷六《考牧》。

尔亥图，东起哈鲁勒陀罗海，西至额固特，南邻锡林郭勒盟阿巴哈纳尔右翼旗、阿巴噶右翼旗和苏尼特左翼旗，北部和西部分别与车臣汗部左翼后旗、中末右旗接界，东部与车臣汗部右翼后旗接壤，西部与土谢图汗部左翼中旗接界。康熙三十年（1691 年）“多伦诺尔会盟”之后，车臣汗、土谢图汗将达里冈爱献给清廷，成为清代最大的皇家牧厂。属内务府上驷院，由庆丰司所属张家口群牧处兼辖。该牧场有骒马 60 群，走马 1 群，乌梁海骒马 3 群，以上各种马群一群一般为 200～500 匹，驼 16 群（100～200 峰不等）。以上各群同属上驷院总官、副总官管辖，另有协领 1 人，每群设牧长，牧副各 1 人，牧丁 7 人，防御 1 人，骁骑校 1 人，护军校 3 人，护军 100 人。另外，该牧场有羊 110 群，以 500 只为一群，牛 5 群，以 120 头为一群，属商都达布逊诺尔牧场总管兼辖，设协领 1 人，每群设牧长，牧副各 1 人，牧丁 7 人，防御 1 人，骁骑校 1 人，护军校 3 人，护军 100 人。

2. **庆丰司牛羊群牧厂**　庆丰司是内务府七司之一，初名“三旗牛羊群牧处”，康熙十六年（1677 年）并归掌仪司。康熙二十三年（1684 年）另设庆丰司，主管宫廷坛庙祭及牛羊群畜牧事务。其所属牛羊牧厂有察哈尔牛羊群牧厂、达里冈爱牛羊群牧厂和养息木牧厂。

察哈尔牛羊群由察哈尔镶黄、正黄、正白三旗牧放，故又称作察哈尔镶黄、正黄、正白三旗官牛羊群牧厂。

察哈尔牛羊群下分牛、羊群五处：一、镶黄旗牛群，乾隆间位于镶黄旗南，北起吗呢图，南至什巴尔台，东起音图，西到插汉巴尔汉逊。[①] 清中叶以后，由于吗呢坝以南已被垦为农田，牛群逐渐转移至张北县北部。光绪三十二年（1906 年），镶黄旗牛群再次北移到

① 《口北三厅志》，卷六《考牧》。据《大清一统志》，元代沙城，土名插汉巴尔哈逊，即今白城子。

正白旗明安地方。[①] 二、镶黄旗羊群乾隆年间位于镶黄旗察哈尔北，翁闻山迤南。[②] 清末民初，该群北移到今镶黄旗北部的翁贡淖尔一带，称翁贡羊群。[③] 三、正黄旗羊群原驻殷子川，乾隆间，北移到阿尔泰军台第三、第四台南。光绪三十二年再次北移到达布逊牧厂地。[④] 四、正黄旗牛群原驻康湖地方，在正黄羊群驻地殷子川西南。[⑤] 后因牧场被垦，渐次北移。先移至阿尔泰军台三、四西南、西路文书台第四台北。[⑥] 再移至镶黄旗羊群西大马群地。五、正白旗牛、羊群，乾隆年间在乌兰巴尔噶苏以北，盎吉尔图一带。后北移到上都牧厂以北。[⑦]

以上三旗牛羊群，初设总管 1 人，副总管 2 人。雍正十一年增置防汛三旗牧厂副总管 1 人，防守尉章京 4 人。[⑧]

3. **太仆寺左、右翼牧厂**　太仆寺是专掌马政的机构，左翼牧厂由察哈尔游牧八旗的镶黄、正蓝、正白、镶白四旗放牧，因而又称骒群四旗，后又从四旗中抽出一部分男丁组成骟群组。太仆寺右翼牧厂也由察哈尔游牧八旗的正黄、正红、镶红、镶蓝四旗放牧，也分为骒群和骟群。

太仆寺左翼牧厂在张家口东北 140 里的喀嘛尼敦井，东西距 130 里，南北距 50 里。

太仆寺右翼牧厂初在张家口西北 310 里的齐齐尔汉河。东西距 150 里，南北距 65 里。乾隆间，牧厂由齐齐尔汉河向东移至文

① 《张北县志》,《察哈尔清代蒙旗沿革略图》。
② 《口北三厅志》,卷六《考牧》。
③ 《察哈尔蒙古族史话》,第一章《察哈尔历史沿革》。
④ 《张北县志》,卷一《地理志》上。
⑤ 参见《口北三厅志》,卷六《考牧》及《张北县志》,《察哈尔清代蒙旗沿革略图》。
⑥ 《张北县志》前引图。
⑦ 《口北三厅志》,卷六《考牧》;《张北县志》前引图。
⑧ 《口北三厅志》,卷六《考牧》。

书台西路第三台西马莲渠地方。嘉庆以后，牧厂再次移动，骒马群移到原上都马厂所在的多伦大北沟、大联地、特莫图山和上都河一带。骟马厂则移至打拉齐庙，光绪三十二年(1906 年)亦移至上都河，与骒马群并为一处。①

乾隆四十三年(1778 年)设统辖两翼牧厂副都统衔总管一人，由内八旗大臣中选任。每翼各设总管一人，由清廷在察哈尔佐领内选任。②

4. **兵部八旗牧厂**　八旗牧厂系季节性牧厂。顺治初年规定，八旗左、右翼各简用副都统一人，于立夏后四日，率领官兵陆续赶赴口外八旗牧场，择水草丰茂之处放牧，叫出青。至深秋八月，由兵部察验备案，在赶进口内，叫回青。③ 其在察哈尔地区的牧厂，清中叶以前方位如下：

镶黄旗牧厂在张家口北一百里控果罗鄂博冈。④ 东西距 140 里，南北距 150 里。

正黄旗牧厂位于张家口西北 100 里诺木浑博罗山。东西距 130 里，南北距 250 里。⑤

其他六旗牧厂在镶黄旗牧厂东，依次是正蓝旗牧厂，在张家口北；镶蓝旗牧厂在张家口东北，正蓝旗牧厂及镶黄旗牧厂东；镶白旗牧厂，在独石口外红城子西北；正白旗牧厂在独石口外红城子北；正红旗牧厂在独石口东北，老彰沟西，椴木梁东；镶红旗牧厂不

---

① 《张北县志》，卷一《地理志》上，《垦务奏议》，文海出版社。

② 《八旗通志》，卷四一《兵制·马政》。

③ 《八旗通志》，卷四一《兵制·马政》；《皇朝文献通考》卷一九三《兵十五·马政》。

④ 据《大清一统志》，旧兴和城在厂西南 20 里，又沙城在厂西北 20 里。旧兴和城即今张北县城、沙城即今张北县城北的白城子，则控果罗博冈在张北县城东北 20 里，白城西南 20 里处。

⑤ 《口北三厅志》，卷六《考牧》。

具。[①]

由于八旗牧厂是季节性牧厂，又主要用于牧放军驼、军马。乾隆以后战事减少，军马、军驼需量大减，厂地不断缩小。道光后，由于八旗留存马匹无多，无须牧场放牧，遂致荒废，所余厂地并入上都达布逊牧厂和牛羊群。

5. **礼部牧厂** 礼部为六部之一，其所属牧厂主要用于朝廷祀祭、馈赠、膳食等用，由礼部委官管理。其所属牧厂方位是张家口西北220里的查喜尔图插汉池。东西距46里，南北距65里。清中叶以后渐废。

6. **王公大臣官员等牧厂** 这类牧厂多散处在察哈尔八旗和各大牧厂间，并且随着这些王公大臣爵位的升降而时有变动，或撤或增。到清末时，察哈尔八旗境内，共有王公牧厂25处。其中左翼15处，即镶黄旗境内的和亲王牧厂、松公牧厂、宝公（阿公）牧厂；镶白旗境内的毓公、堃公、肃亲王、恒贝勒、葵公牧厂；正白旗境内的礼亲王、德公牧厂；正蓝旗境内的怡亲王、豫亲王、德公、睿亲王、顺贝勒牧厂；[②]右翼10处，即正黄旗的启侯、德公、嵩公、克公牧厂，正红旗境内的湘公牧厂，镶红旗境内的庄亲王、克勤郡王牧厂，镶蓝旗境内的郑亲王、禄公、继公牧厂等。这些牧厂在清中叶以后，即陆续开垦，到清末民初已经全部放垦。[③]

以上牧厂在清中叶以后尚存的有上都达布逊牧厂、太仆寺左、右翼牧厂和牛羊群牧厂，在清末文献中称为四牧群，进而与察哈尔八旗合称察哈尔八旗四牧群，或察哈尔十二旗群。

7. **养息木牧厂** 养息木牧厂在盛京锦州府广宁县北210里，

---

① 《口北三厅志》卷六《考牧》。

② 察哈尔左翼垦务局奏《谨将左翼四旗境内各王公马厂地亩已未办结各情形膳具清折恭呈鉴核由》，光绪二十九年十二月十七日。《钦差垦务大臣》，全宗档案，内蒙古档案馆藏。

③ 参见前引《钦差垦务大臣》，全宗档案。

彰武台边门外,养息木河畔杜尔笔山,东西150里,南北250里。顺治初,为科尔沁左翼前旗地,后献为三陵牧养地,即养息木牧厂,系内务府上驷院所属牧场。牛羊各十群,后又增设马群。康熙年间又新增牛羊群各十群。牛每群50头,羊每群500只。养息木牧厂专养红牛,黑牛。清中叶以后渐被开垦,光绪二十九年设彰武县,隶新民府,面积大约有22,000平方里,其中大部分属养息木牧厂,只有一小部分属科尔沁左翼前旗。

五、蒙古八旗

蒙古八旗为清代八旗的三个主要组成部分之一。俗称"八旗蒙古"。旗色、官制与八旗满洲同,惟地位略低于八旗满洲,而高于八旗汉军。

明万历四十三年(1615年)努尔哈赤创建八旗时,已编有蒙古牛录76个,并将部分蒙古人编入女真牛录,分隶女真大臣之下。天命六年(1621年),"蒙古喀尔喀部内古尔布什台吉、莽果尔台吉率民六百四十五户并牲畜业归",努尔哈赤授二人总兵官之职,赐以"满洲一牛录三百人,并蒙古一牛录,共二牛录。"[①]二牛录均隶八旗满洲之下。天命七年(1622年)初,蒙古察哈尔兀鲁特、喀尔喀二部明安、恩格德尔等十七人来投,带来人口凡三千余户。努尔哈赤致书来投蒙古各部:"我思喀尔喀前来之诸贝勒编为一旗,自察哈尔前来之诸贝勒编为一旗。我念尔等来投,故编尔等为二旗。"[②]蒙古二旗的左翼固山额真是吴讷格,右翼固山额真是鄂本岱,蒙古二旗常常被称为旧蒙古二旗,或者称为左、右营,天聪八年

① 《满洲实录》,卷七。

② 《满文老档》,太祖朝卷40。

改称蒙古左翼兵和蒙古右翼兵。[①]

爱新国把这些天命时期投附的蒙古人编成牛录，组成八旗游牧蒙古，作为一个整体参加各种行动。这些蒙古牛录成为天聪九年成立的八旗蒙古的一个组成部分。“八旗游牧蒙古”又叫“满洲移营蒙古”，他们因主要从事畜牧业生产，所以有自己的驻牧地，其牧地随形势的变化而有所变化。八旗游牧蒙古也多次参加了爱新国的军事行动。[②]

天聪六年（1632 年）取消了喀尔喀、兀鲁特二旗建置，由蒙古二旗管理其属下人众。喀尔喀、兀鲁特二旗的贝勒们分散入满洲八旗各个旗下。恩格德尔及其子囊努克、满敦、翁诺和等入正黄旗，古尔布什及其弟达赖、善巴，古尔布什之子色楞、多尔济等入镶黄旗，巴拜及其子阿玉石入镶白旗，拉普什喜及其子班济入正白旗。[③] 兀鲁特旗明安及其子昂坤、多尔济入正黄旗，琐诺木入正蓝旗，奇普塔尔入镶黄旗，拜音岱及其弟密赛入正红旗，布颜岱入镶红旗，达赖入镶蓝旗，布当及其叔恩格垒入正蓝旗，常奇入正黄旗，伊林齐入正白旗，鄂尔齐图入正蓝旗，塞冷入正黄旗。[④]

天聪八年（1634 年）起，开始对投附的漠南各部编旗的准备—划定地界和分配民户，由阿什达尔汉、达雅齐主持。涉及的蒙古部有翁牛特、巴林、敖汉、奈曼、四子、扎鲁特、阿鲁科尔沁等。在该年十月划定地界时，第一次出现了蒙古两黄旗、两红旗、两白旗、两蓝旗等蒙古八旗名称，同时与投附蒙古各部划得了牧地。

天聪九年（1635 年）二月“编审内外喀喇沁蒙古壮丁，共一万

---

① 《清太宗实录》，卷 18。

② 参考赵琦：《试论后金时期蒙古八旗的形成》，内蒙古大学硕士学位论文，1996 年。

③ 《八旗满洲氏族通谱》，卷 66。

④ 《八旗满洲氏族通谱》，卷 66。

六千九百五十三名，分为十一旗。”[①]除外喀喇沁的九千一百二十三名壮丁组成固噜斯奇布旗、俄木布楚虎尔旗及耿格尔与善巴同管旗，仍属外藩蒙古三旗之外，其余八旗皆由原八旗满洲下的蒙古牛录加上这次新附的内喀喇沁壮丁七千八百二十名混编而居，成为与八旗满洲并列的八旗蒙古。至此，八旗蒙古正式建立。但是，八旗蒙古成立之后，与八旗满洲、八旗汉军共为二十四旗，并非形成以族别为划分标志的三个并列的八旗，而是仍然以原八旗满洲为格局，将八旗蒙古、八旗汉军分别按旗色与八旗满洲组成新的八旗。[②] 天聪九年正式编立八旗蒙古，每旗设固山额真（汉名都统）1人，梅勒章京（汉名副都统）2人，甲喇章京（汉名参领）2人，分统所属蒙古牛录（汉名佐领）。

入关前，前往锦州驻防的，有满洲亲王、贝勒统率的满兵，也有祖泽润、石廷柱旗下的汉军，还有八旗蒙古兵丁，在更番轮戍的同时，满洲统治者已准备遣兵于锦州永驻，[③]只是因形势急转清军入关才使这一设想未能实现。

之后，续将投附蒙古人众编入，到崇德末年共有佐领117个、半分佐领5个，雍正年间增至204个，遂为定制，不再增加，直至清末未变。

（一）驻防畿辅蒙古八旗

清制，驻守畿辅和各地的八旗官兵，称为“驻防八旗”。顺治二年（1645年）始置，以后于各冲要之地陆续增派驻防，各按专城设将军、都统、副都统、城守卫、防守尉等为驻防长官（下设协领、佐领、防御、骁骑校等职），统率所属官兵，镇守一方，控制险要。凡驻

---

① 《满洲实录》，卷22。

② 姚念慈：“略论八旗蒙古和八旗汉军的建立”，《中央民族大学学报》，1995年第6期。

③ 蒋良骐：《东华录》，卷4，崇德八年十二月。

防八旗官兵均合满洲、蒙古、汉军以为营(骁骑营),其官兵旗籍仍隶于京旗,防守事务则统于兵部。据《光绪会典》记载,畿辅驻防26处,东三省驻防44处,各省驻防24处,以及陵寝、围场、边门、察哈尔、打牲处各驻防,共有官兵12万7千人。

禁卫兵大类有二:曰郎卫,曰兵卫。凡佐领亲军,镶黄旗满洲八十五佐领,蒙古二十八佐领,每佐领亲军二人;正黄旗满洲九十三佐领,蒙古二十四佐领;正白旗满洲八十六佐领,蒙古二十九佐领。三旗亲军选六十人随侍卫行走,余皆值宿。兵卫之制,定鼎初,即以上三旗守卫紫禁城宫阙,以护军统领、参领、前锋统领率之。噶布什贤超哈满洲、蒙古八旗分左右翼备宿卫。凡满、蒙、汉各旗共选四千八百人为养育兵,训练技艺。嗣后兵额屡增。乾隆中,满、蒙养育兵至二万三百余人。康熙初,定内九门外七门设城门校,辖十六门门军。其步军营汛守皇城内各汛专用满洲,城外各汛兼用蒙古、汉军。

畿辅驻防兵制,顺治初,独石口、张家口、山海关、喜峰口、古北口并设防御一人或二人,采育里、固安县设防守为尉、防御有差。康熙十四年(1675年),察哈尔八旗,每旗设总管一人,副总管一人,参领三人,佐领、骁骑校、护军校各有差。捕盗官每旗二人,亲军、前锋各二,护军十七,领催四,骁骑二十五。在京蒙古都统兼辖之。山海关总管一人,防御八人,满、蒙、汉兵七百有奇。雍正三年(1725年),设天津水师营都统一,协领六,佐领、防御、骁骑校各三十二,旗兵千六百人,蒙古兵四百人,分左右两翼。八年(1730年),改山海关总管为副都统,增协领、佐领诸属,满、蒙、汉兵共八百人,分左右翼。乾隆二十六年(1761年),设察哈尔都统一人,驻张家口,理八旗游牧,兼辖防兵,副都统二人,驻左右翼游牧边界。四十五年(1780年),设驻防密云满、蒙兵二千。嘉庆三年(1798年),增热河围场副都统。九年(1804年),改总管。十五年(1810年),改设都统一人。以额鲁特达什达瓦降众徙居科布多,旋分其属为三旗，设总管、副总管、佐领、骁骑校等。寻移至热河，作为官兵。先是，康熙中，建避暑山庄于热河，设总管、守备、千总分、守各行宫。乾隆间，木兰围场总管一人。康熙季年，设有防御八旗满、蒙兵百余。迨乾隆中年，增左右翼长二，骁骑校八，驻兵共八百人。每一兵给地一顷二十亩，或地不宜耕种，则改给牛羊。

畿辅驻防始终以满洲统治者最倚重的八旗满洲兵丁为主，顺治初期间有八旗蒙古兵丁，康熙朝又有添设，但八旗汉军始终不预其内，这是与其他各省驻防殊为不同之处。直省最早的两处驻防点即江宁和西安，虽然最初也是由满蒙兵丁驻扎，但到康熙中期，清廷即原驻汉中的部分八旗汉军调往西安。杭州、京口自一开始就是满、蒙、汉合驻的，其他临时驻防之点更是以八旗汉军为多。两相对比，畿辅驻防之被高度重视，是不言而喻，也是一望而知的。[①]

（二）驻防直省蒙古八旗

各直省驻防制，顺治二年（1645 年），始设江南江宁左翼四旗，陕西西安右翼四旗，皆置满、蒙兵二千，弓匠二十八，铁匠五十六。六年（1649 年），于山西太原设正蓝、镶蓝二旗满、蒙驻防兵，暨游牧察哈尔兵。初，太宗亲征察哈尔，降土默特之众，后编为二旗，设左右翼，都统部众得同办事。旋裁都统，以旗务掌之将军、副都统，与内八旗等。至是，游牧察哈尔遂列于山西驻防。十一年（1654 年），设山东德州镶黄、正黄二旗满、蒙领催、马甲暨弓、铁匠。十五年（1658 年），设浙江杭州满、蒙八旗马甲、步甲、弓匠，汉军马甲、步甲、弓匠、铁匠，满、汉棉甲兵，共四千有奇。康熙十三年（1674 年），增西安右翼四旗满、蒙马甲千，弓、铁匠十四，汉军马甲等。十五年（1676 年），设陕西宁夏八旗满、蒙领催、马甲、步甲、弓铁匠。十九年（1680 年），设福建福州左翼四旗汉军领催、马甲、步

① 定宜庄：《清代八旗驻防研究》，辽宁民族出版社，2003 年，第 21 页。

甲、铁匠及满、蒙步甲。二十二年(1683年),设湖广荆州八旗满、蒙领催,马甲,步甲,弓、铁匠,共二千八百有奇,寻增至四千人。是年又增西安将军,增满洲左右翼副都统各一,汉军左右翼亦如之,八旗满、蒙协领各八,汉协领、佐领、防御、骁骑校不等,满、蒙、汉军兵共七千,满、蒙步军七百,暨弓、铁匠等。二十三年(1684年),增设杭州驻防八旗满、蒙、汉兵共三千二百人。三十二年(1693年),设山西右卫八旗满、蒙、汉护军、领催、马甲、铁匠共五千六百有奇,以将军统之。雍正三年(1725年),设宁夏将军一人,副都统二人,协领六人,佐领二十四名,防御二十六名,骁骑校二十四名等,共计甲兵二千二百,另有步兵六百名,编八旗满洲十六佐领,八旗蒙古八佐领,兵丁携带家眷,共计一万二千余口,出杀虎口,经鄂尔多斯进横城口,直到宁夏。[1] 雍正七年(1729年),设青州驻防将军、副都统各一人,协领四,佐领、防御、骁骑校十六,暨八旗满、蒙兵弓、铁匠。八年(1730年),增右卫驻防兵五百人,自将军及两翼副都统以下,设协领,佐领,防御,骁骑校,满、蒙前锋,满、蒙、汉领催等,及骁骑校三千有奇。十三年(1735年),设甘肃凉州八旗满、蒙、汉兵凡二千人。设驻防庄浪八旗满、蒙、汉兵凡千人。乾隆二年(1737年),设驻防绥远城,以征准噶尔之满、蒙、汉开户家丁二千四百,热河驻防兵千,及右卫蒙古兵五百,凡三千九百人。设凉州将军、副都统各一人,满、蒙、汉佐领、防御、骁骑校、步军尉及八旗骁骑二千人,步军六百人。又设庄浪驻防副都统一人,满、蒙、汉协领、佐领、防御、步军尉及八旗骁骑一千人,步军四百人。二十八年(1763年),以土默特二旗归绥远城将军统辖。设归化城副都统一人。

---

① 《雍正朝满文朱批奏折全译》,雍正二年十一月十五日。滕绍箴先生曾有专文论述宁夏八旗驻防("论清代宁夏八旗驻防及其历史贡献",《北方文物》1997年第4期。)

河南一省“居天下之中，地形四达，为九州之腹心，诸夏之阃域”。[①] 康熙五十七年(1718 年)兵部等衙门会议于开封设置八旗驻防，再逾年正式设立，共驻扎满、蒙兵八百名，设城守尉一员管辖。[②] 郑家距京仅十余公里，清廷于此设八旗满洲、蒙古、汉军总领城守尉一员。八旗满、蒙两旗合为一佐领，共立四佐领，汉军四旗合为一佐领，共为二佐领。共有甲兵六百名，匠役十二名。[③]

东三省驻防兵制，在盛京，天聪间始设驻防于牛庄、盖州，兵九十六人。顺治元年(1644 年)，世祖将迁燕京，设盛京八旗驻防兵，以正黄旗内大臣和洛会总统之，以镶黄旗梅勒章京统左翼，正红旗梅勒章京统右翼。每旗设满洲协领一，佐领四，蒙古、汉军佐领各一。雍正十年(1732 年)，设呼伦贝尔统领一，索伦、巴尔呼总管、副总管各二，佐领、骁骑校各五十，兵三千，寻增兵二千有奇。额鲁特总管、副总管各一。乾隆八年(1743 年)，改呼伦贝尔统领为副都统。

新疆驻防兵制，乾隆二十九年(1764 年)，调绿营兵千，在伊犁河岸筑惠远城。以察哈尔移驻兵一千八百户编两昂吉，领队大臣统之，设十二佐领，分左右二翼，每佐领设兵二百。又拨锡伯兵、热河满、蒙兵各一千，及达什达瓦额鲁特兵五百，俱携眷驻伊犁。三十年(1765 年)，以投出之额鲁特人编一昂吉，与达什达瓦部众俱为额鲁特昂吉，以领队大臣统之。原额鲁特兵作额鲁特右翼。自领队大臣以下，二三等侍卫、蓝翎侍卫无定员。三十二年(1767 年)，定左翼额鲁特六佐领为上三旗，右翼额鲁特共十佐领编为下五旗。三十七年(1772 年)，以投诚之沙毕纳尔人等归入下五旗额鲁特，增设四佐领统之。嘉庆二十年(1815 年)，于沙毕纳尔四佐

① 《雍正朝汉文朱批奏折汇编》，雍正二年十二月二十七日田文镜奏。

② 《清代八旗驻防研究》，第 53 页。

③ 《八旗通志初集》，卷 28。

领内增副总管一人。同治六年,以哈萨克人东犯,饬李云麟训练额鲁特蒙古兵以防之。增布伦托海办事大臣,督率喇嘛,建署治事,并设帮办一人。新疆南路,乾隆二十四年(1759 年)以后,于乌什驻办事大臣、阿克苏驻办事大臣、协办大臣各一人,叶尔羌设办事大臣二人,及章京、卡伦侍卫等。满洲营设副都统一人,统健锐营前锋参领、副参领等,安西满洲营佐领五品官、索伦五品官、察哈尔佐领等,绿营总兵、游击以下各官。又于和阗驻领队总兵官及游击以下。又喀什噶尔驻总兵、理回疆事务大臣、协办大臣各一。满洲营设副都统一,领队侍卫二。领队侍卫兼统索伦兵。索伦设委署副总管及佐领各二,察哈总管一,副总管二,及护军校以下。英阿萨尔驻领队总兵官一,兼统索伦、察哈尔、绿旗兵。咸丰七年,以喀城肃清,撤回土尔扈特蒙兵,留伊犁官兵防守。①

八旗驻防有满蒙汉、满蒙、满汉合驻以及满兵或汉兵单驻等多种形式。清代驻防因地制宜是一个突出特点,除最关要害之处如畿辅、江宁、荆州等处以满洲兵丁为主之外,南方汉族人口集中之地和设立水师之处多由汉军单驻或与满兵合驻;长城各口与蒙古相邻,蒙古兵丁占据更大比重;伊犁原为额鲁特牧地,所遣驻防披甲便多为与其生产形态和习俗相近的锡伯、索伦和察哈尔兵丁。雍正以后主要为解决生计问题而设的驻防如青州和开封,则只有满兵而无蒙古和汉军。②

---

① 《清史稿》,卷一百三十“志一百五・兵一・八旗”;〔光绪〕《大清会典事例》卷1128。

② 《清代八旗驻防研究》,第 225 页。

六、喇嘛旗

(一)锡勒图库伦札萨克喇嘛旗

清朝在蒙古地区设立的七个喇嘛旗之一,也是在内札萨克蒙古地区设立的唯一的喇嘛旗,俗称"锡勒图库伦"或"满珠习礼库伦"。16世纪中叶,出生于青海阿木多地方之萨木鲁家族的阿兴希日巴(又称阿升满珠习礼,号"额齐格喇嘛")喇嘛曾建议土默特部阿拉坦汗迎奉黄教。[①] 16世纪末,阿兴希日巴喇嘛从蒙古右翼进入东部的喀喇沁等部传经布法。天聪年间,与后金皇太极建立联系,被迎至盛京,受到优礼。后移住法库山,号法库山满珠希礼呼图克图或喀喇沁部落满朱习礼呼图克图。[②] 天聪八年(1634),奏请皇太极,获准移住库伦,并划定领地。皇太极又令蒙古各部派遣喇嘛、班第居住库伦,规定每年从国库拨银一千两做为香火之用。[③]

崇德元年(1636)八月,阿兴希日巴喇嘛圆寂,皇太极封其弟囊苏喇嘛为锡勒图达尔汗绰尔济,掌管库伦宗教事务,并设四个札萨克喇嘛,四个德木齐辅佐,又从内札萨克蒙古各部征若干户移居库伦做属民,并由喀喇沁四旗(包括卓索图盟喀喇沁左、右、中旗和土默特左旗)每年送米粮千斛,作为供养,[④]锡勒图库伦之号即由此来。顺治三年(1646),囊苏喇嘛圆寂,清廷遣盛京实胜寺喇嘛西布扎衮如克来库伦,被授予盛京锡勒图库伦札萨克大喇嘛印,赐锡勒图绰尔济封号,统领政教。至此,锡勒图库伦札萨克喇嘛旗的政教

---

① 《阿勒坦汗传》,珠荣嘎译注,内蒙古人民出版社,1987年,第79～85页。

② 《旧满洲档》,台湾故宫博物院影印本,1967年,第2939页。

③ 《吉祥佛陀教法源流之传记》,库伦旗人民委员会办公室油印本,1960年。

④ 《吉祥佛陀教法源流之传记》,库伦旗人民委员会办公室油印本,1960年。

合一制度基本形成。雍正七年(1729),清廷又确认了锡勒图库伦札萨克大喇嘛的世袭制。[①] 顺治十四年(1657),西布扎衮如克圆寂。其后,兰占巴晋巴扎木苏、鲁扎兰占巴、额布根喇嘛、墨尔根绰尔济札木彦丹森、额尔德尼绰尔济、斯钦绰尔济云丹桑布、兰占巴阿旺却木丕勒、登森兰占巴、呼图克图阿旺札木场,嘎布楚林沁桑如布、兰占巴札木彦丹森扎木苏、兰占巴达木却润如布、嘎布楚罗布桑藏杰巴等相继任札萨克大喇嘛职。而这些喇嘛多出身于青海藏区的萨木鲁家族。旗地位于养息牧牧厂西北,养息牧河上游。东北与科尔沁左翼前旗及后旗交界,南与土默特左旗毗连,西北和喀尔喀左翼旗及奈曼旗接壤。

锡勒图库伦札萨克喇嘛旗的政教合一体制中,掌印札萨克大喇嘛为一旗之长,总理全旗政教事务,由清廷任免。雍正七年(1729),清廷规定:“锡勒图库伦掌印札萨克大喇嘛缺出,应将墨尔根绰尔济之孙补放,或于徒众内择其才堪胜任者保送到院补放。”[②]历任札萨克大喇嘛列入清朝制定的藏传佛教上层参加的洞礼年班之列。札萨克喇嘛辅佐掌印札萨克大喇嘛,管理旗政教事务,共有四缺,内分旗务札萨克三员,仓务札萨克一员。其中,印务札萨克喇嘛的权力最大,可行使行政和刑法权力,或替行札萨克大喇嘛的职权。札萨克喇嘛的任免由掌印札萨克大喇嘛上报理藩院备案,并由理藩院颁发给札符。德木齐相当于札萨克旗的梅伦章京,共有四缺,协助掌印札萨克大喇嘛、札萨克喇嘛办理旗内政教事务。德木齐之下格斯贵有四缺,相当于札萨克旗的参领,但无任何行政权力,他们主要管理寺庙及喇嘛。札萨克、德木齐、格斯贵的空缺,一般由具有名望或办事能力强的喇嘛充任。此外,还有大笔帖式一、笔帖式八、拨什库(领催)四缺,他们从事翻译或文案,或

---

① 《吉祥佛陀教法源流之传记》,库伦旗人民委员会办公室油印本,1960年。

② 《清会典事例》,卷974。

担任征收租税等事务。其他若干尼日巴、格依格、果尼尔等均系勤务人员。“则”(又称“索干对”)会是札萨克大喇嘛主持的审议全旗重要的政教事务的例会。札萨克大喇嘛的印务处(旗衙门)和寓所设在象教寺。

有清一代,锡勒图库伦札萨克喇嘛旗境内有一千个左右喇嘛,多座寺庙。顺治、康熙、乾隆年间建成的兴源寺、象教寺、福缘寺和吉祥天女神庙等规模较大的寺庙是由历代掌印札萨克大喇嘛建造,并集中在旗印务处附近,其余 24 座小寺庙是由旗民集资建造。[①] 该旗喇嘛受大戒后可回家居住,继承家业,娶妻生子。旗民分为旗属哈力亚图、仓属哈力亚图和庙属哈力亚图,他们不服兵役,但世代向旗札萨克大喇嘛等上层僧侣和寺庙纳贡服役。哈力亚图中的富裕户(又称达尔罕户)分别属于上层喇嘛,并向他们交纳数额不等的达尔罕阿拉巴(赋役);种地的农户按耕作的土地为单位交纳安吉存阿拉巴(犁杖捐);非农户交纳孟根阿拉巴(银两捐);出卖劳动力的旗民交纳沙布达干阿拉巴(户籍捐)。[②]

锡勒图库伦札萨克喇嘛旗的政教事务费用主要由清廷拨发的固定经费、喀喇沁四旗的供给和旗民交纳的赋役以及各种宗教活动收入等构成。清廷拨发的固定经费中,除了每年从国库中拨发一千两银(后减为八百两,由盛京户部支付)以外,盛京户部每年又支给锡勒图库伦札萨克喇嘛粳米一石、面一石、雉百、鱼百、梨千枚、杜梨八斗、葡萄八斗、蜂蜜一瓶、盐二箩。[③] 喀喇沁四旗供给该喇嘛旗的主要是每年送米一千斛,后额定的粮谷可以折银支付。[④]

有清一代,锡勒图库伦札萨克喇嘛旗的地方行政隶属关系多

① 齐克奇:《锡勒图库伦喇嘛旗》,载《库伦旗文史资料》,第 4 辑,2002 年。

② 齐克奇:《锡勒图库伦的政教合一制》,载内蒙古文史资料,第 45 辑,《内蒙古喇嘛教纪例》1997 年。

③ 《清会典事例》,卷 521。

④ 内蒙古档案馆蒙文档案,全总号 504,目录号 1,案卷号 3279。

有变更。清初隶属邻近的卓索图盟盟长。乾隆三十九年(1774),锡勒图库伦蒙古与汉人交涉事件由三座塔厅处理。乾隆四十三年(1778),承德府附带管理该旗。嘉庆六年(1801)改属朝阳府。嘉庆十六年(1811)划入热河道都统管辖。光绪二十九年(1903),由新设立的阜新县兼管该旗。光绪三十四年(1908),随着境内汉族移民的增多,设绥东县,治小库伦,从此锡勒图库伦札萨克喇嘛旗境内出现了"旗县并存"的局面。

(二)哲布尊丹巴呼图克图旗

第一世哲布尊丹巴呼图克图咱纳巴乍尔做为喀尔喀土谢图汗衮布多尔济、额鲁特杜尔伯特部达赖台吉之女杭达嘉木茨之幼子,生于第十一绕迥木猪年九月二十五日。天聪九年(1635 年),五岁时被尊为喀尔喀宗教首领,土谢图汗为自己的幼子赠送 108 个 7～8 岁的儿童为沙毕僧徒。土谢图汗衮布多尔济去世后,咱纳巴乍尔的三个兄弟提出分家产的要求,咱纳巴乍尔表示反对。然而三位兄长分走 70 多个鄂托克属众的同时,每人只捐出 10 户,后来其叔父都勒格齐诺颜又捐出 2 户,此 32 户成为哲布尊丹巴呼图克图最初的沙毕纳尔属众。[①]

此后,哲布尊丹巴呼图克图属众逐渐增多,分散在各地、各旗,没有指定的领地。康熙六十一年(1722 年)、嘉庆十一年(1806 年)、道光三十年(1850 年),喀尔喀四部举行会盟,指定各旗境内哲布尊丹巴旗沙毕纳尔的领地。然而,这些领地只是供这些沙毕纳尔使用的草场和农田而已,所有权还在各札萨克旗。所以各旗与哲布尊丹巴喇嘛旗之间的土地纠纷始终未断。为此,盟、额尔德尼商卓特巴衙门、清廷理藩院等采取调解措施,声称"向来未曾给哲布尊丹巴呼图克图划拨领地,其沙毕纳尔分住喀尔喀四部诸旗。哲布尊丹巴呼图克图系喀尔喀部众所信仰之大喇嘛,此后不应使

① L. Hurelbatar,《苍穹之白鳳——咱纳巴乍尔传》,乌兰巴托,1996 年,36 页。

其沙毕纳尔无所归依”，只是利用民众之信仰来调解土地纠纷和矛盾而已。

属于哲布尊丹巴呼图克图旗的库布苏古尔湖畔之达尔哈特地方的民众，因其居住故地，所以称其为哲布尊丹巴沙毕纳尔地方。

为了与其他喇嘛旗沙毕纳尔区别，称哲布尊丹巴呼图克图徒众为“博格达沙毕”、“大沙毕”和“哲布尊丹巴呼图克图沙毕”。哲布尊丹巴呼图克图的僧徒不断增长，成为喀尔喀最大的喇嘛旗。其徒众来源有五：首先是各旗札萨克诺颜、台吉等为自己或父母双亲祈求来世福祉而敬献的阿拉巴图属户；其二是哲布尊丹巴徒众生计好于其他旗的随丁人众，所以愿成为该旗沙毕纳尔者甚众；其三是将准噶尔战争中俘获人口交给呼图克图养活；其四是各旗札萨克将由于灾害或其他原因陷入贫困的民户以及孤寡人口，以捐赠形式转给呼图克图。其五是哲布尊丹巴呼图克图之额尔德尼商卓特巴衙门采取措施，所增加的人口。据乾隆三十八年(1773 年)的统计，哲布尊丹巴呼图克图所属沙毕纳尔总户数达 9,916 户，人口 83,983 口。据清末的统计，博格达的沙毕人数达 86,000，其中的 70,000 左右分处喀尔喀四部，16,000 口左右人众居住在库布苏古尔湖周围的达尔哈特地方。属于哲布尊丹巴呼图克图的沙毕纳尔，不仅限于喀尔喀四部，也有为数不少的漠南诸部，如阿巴噶、苏尼特、察哈尔等处的徒众。据清末统计，有 1,308 口，267 户来自于上述漠南地区。[①]

额尔德尼商卓特巴衙门或大沙毕衙门是管理哲不尊丹巴呼图克图属下所有僧徒、沙毕纳尔的最高行政机构。雍正元年(1723 年)，雍正皇帝颁发管理哲布尊丹巴大库伦诵经以及喇嘛、僧徒事务之堪布诺门汗，管理库伦事务以及处理政教事务的额尔德尼商卓特巴之敕命及印鉴。印文为“掌管敷教安民哲布尊丹巴喇嘛徒

① D. Cedev，《大沙毕》，乌兰巴托，1964 年，25，26 页。

众办理库伦事务额尔德尼商卓特巴之印”。[①] 在设立额尔德尼商卓特巴衙门之前，哲布尊丹巴呼图克图僧徒之事务由土谢图汗管理。光绪八年(1882)，清廷进一步扩大了额尔德尼商卓特巴衙门的权限，使其享有与盟长同等的权利，可用朱格公文纸书写公文。该衙门直接受驻库伦大臣衙门的统辖。哲布尊丹巴呼图克图之沙毕纳尔诸鄂托克、巴克，库伦之30多个爱玛克、10个大仓、西库伦、庆宁寺，丹巴达尔嘉，额尔德尼召等大型寺院和哲布尊丹巴仓等都归商卓特巴衙门管辖。商卓特巴衙门由额尔德尼商卓特巴、大喇嘛、宰桑、毕扯齐、虾等官员组成，其各有职数。

大库伦艾玛克的形成始于第一世哲布尊丹巴呼图克图时期。在一世活佛的倡导下，顺治八年(1651年)，呼图克图的宫帐在席勒图查干诺尔时，设立了为仓务、膳食、诸诺颜和官员等服务的七个固定机构，被称为七个爱玛克。[②] 库伦之三十个爱玛克、十所大仓成为喀尔喀宗教活动的中心，吸引无数来自不同札萨克的喇嘛僧众在此学习修炼。这些喇嘛的驻所被分为三十个区域，由格斯贵喇嘛加以管理督导，防止与世俗人口相混杂。这些爱玛克内部由十个噶栅分开，由噶栅长带领。

此外，堪布诺门汗、副堪布等专司僧徒聚会、法会以及喇嘛事务。堪布诺门汗也具有与商卓特巴同等的权利，是协助处理宗教事务的哲布尊丹巴呼图克图的副手。他们不属于额尔德尼商卓特巴衙门管辖而独立从事宗教事务。额尔德尼商卓特巴的人选根据哲布尊丹巴呼图克图的意见，经库伦大臣提名后由皇帝任命产生，并接受哲布尊丹巴呼图克图的领导。他们分别使用各自的印信。雍正元年也获敕印，印文为“掌管哲布尊丹巴呼图克图经坛，总理

① 妙舟:《蒙藏佛教史》第5篇。

② C. Icinnorov,《温都尔格根扎那巴咱尔传及其相关问题》，乌兰巴托，2005，88页。(西里尔蒙古文)

番僧事务堪布诺门汗之印”。[1]

大喇嘛之职，形成于乾隆三十二年（1767 年），职数有二。此前称作“赛特”。宰桑是在商卓特巴衙门轮流执事的官员。无特定职数，通常有 16 位喇嘛宰桑，36 位黑徒宰桑，前者三月轮换，后者一月一换。每一轮约由四位喇嘛宰桑、一至三位黑徒宰桑轮值。商卓特巴衙门公文主要以蒙古文行文，有十名毕扯齐从事文书工作，分为门房毕扯齐、档册毕扯齐、见习毕扯齐等。该衙门还设有蒙古字学，以培养满蒙文人才。

商卓特巴衙门审理属众的诉讼事宜，遵循《喀尔喀吉鲁姆》断决较大事端，琐碎小事则依《乌兰喀齐尔图》。重大事件，需与相关札萨克协同，依《理藩院则例》断事。在诸鄂托克没有监狱，罪犯送交商卓特巴衙门处置，那里设有监狱。僧徒不断增加，便设鄂托克加以管辖。最初只有一个鄂托克，叫做“搏克喇嘛鄂托克”，一世哲布尊丹巴坐床庆典时，一位“搏克喇嘛”摔跤得头名，因此得名。[2]乾隆初年，始有 12 鄂托克，不久增 5 鄂托克。从此被称为“圣库伦沙毕纳尔十七鄂托克”，大体分布在车臣汗部、土谢图汗部领地内。札萨克图汗部等处的属于哲布尊丹巴呼图克图的沙毕纳尔，则迁到大库伦附近安置，因此围绕大库伦的沙毕纳尔逐渐增多。他们遭逢雪旱灾时，可以寻找良好牧场搬迁，而不允许迁回原籍。据清末的统计数字，哲布尊丹巴之沙毕纳尔分属 179 个鄂托克，分布在喀尔喀各地，鄂托克皆有首领加以管束。[3] 各鄂托克分属各地，大小不一，牲畜头数多寡不等。最大者 200～300 户，少者仅有 10～20 户。大鄂托克下分巴克，是沙毕纳尔机构的最小单位。鄂托克

① 妙舟：《蒙藏佛教史》，第 5 篇。

② D. Cedev，《大沙毕》，乌兰巴托，1964 年，30 页。（西里尔蒙古文）

③ I. M. Maiskiy，《近代之蒙古》，C. Otgon 蒙译，乌兰巴托，2005 年，321 页，（西里尔蒙古文）

有长，之下有舒楞格（鄂托克长之副），得木齐（舒楞格之副），阿济格（办事人）等。鄂托克长由商卓特巴衙门提名，由驻库伦大臣首肯，报理藩院获准注册。

首任商卓特巴多尔济旺楚克，雍正元年（1723 年）上任；宰桑喇嘛棚楚克伊仁丕勒，乾隆八年（1743 年）继任；贝布尔齐喇嘛衮布多尔济，乾隆十九年（1754 年）继任；格斯贵喇嘛噶尔玛策凌，乾隆三十年（1765 年）继任；多尼尔喇嘛达姆查喇布嘉，乾隆三十五年（1770 年）继任；随本喇嘛洛布桑衮齐格，嘉庆十二年（1807 年）继任；之后十六年（1811 年）大喇嘛衮布札布继任；大喇嘛洛布桑达什随之于道光十六年（1836 年）继任；十八年（1838 年）由大喇嘛纳旺崔木丕勒继任；二十四年（1844 年）由大喇嘛洛布桑楚勒特木继任；三十年（1850 年）由大喇嘛纳木济勒多尔济，咸丰八年（1858 年）由大喇嘛洛布桑巴勒珠尔，同治元年（1862 年）大喇嘛策等多尔济，光绪十一年（1885 年）宰桑喇嘛索诺木多尔济，十二年（1886 年）前任大喇嘛达什多尔济，二十二年（1896 年）大喇嘛巴达玛多尔济等继任。[①]

大库伦之堪布喇嘛相继由 20 名喇嘛担任。他们是：1. 洛布桑占卜喇丹森；2. 巴喇济尔喇不丹；3. 洛布桑丹津降曾；4. 格力喇不丹多尔济；5. 洛布桑达尔嘉；6. 嘉木巴喇多尔济；7. 策温多尔济；8. 洛布桑敦多布旺楚克；9. 章齐布多尔济；10. 洛布桑普仁赉丹达尔；11. 仁钦札布；12. 洛布桑锡喇布；13. 洛布桑海达布；14. 洛布桑札米扬；15. 多尔济；16. 洛布桑纳木济勒；17. 洛布桑却勒特木济格米德；18. 巴勒登崔布勒；19. 彭错克；20. 洛布桑海木错克。

喀尔喀哲布尊丹巴呼图克图的前世出现于印度。在印度转世

① 有关哲布尊丹巴呼图克图库伦事务档册，哲布尊丹巴传，孛·孟根达赖校勘释读，民族出版社，北京，2006 年，125，126 页。

五次，后在西藏转世十次，再在喀尔喀转世二次，之后又在西藏转世六次，总共转世二十三次。后八世哲布尊丹巴呼图克图做为喀尔喀最高喇嘛引领喀尔喀佛教事务几近三百年。

哲布尊丹巴一世现世于古代印度多罗那他地方，是释迦牟尼五百僧徒之一。在印度、西藏分别转世十五世，十五世多罗那他是觉囊派高僧，于万历四十二年(1614年)来到喀尔喀，蒙古汗王尊称他为“哲布尊丹巴”。他于天聪八年(1634年)圆寂，天聪九年(1635年)土谢图汗衮布多尔济幼子诞生，被指认为多罗那他转世，为喀尔喀哲布尊丹巴一世，法名哲布尊罗布桑旺丹丹毕札勒森。喀尔喀蒙古人又称之为“温都尔格根”。甫六岁，于崇德五年(1640年)在希勒图查干诺尔在喀尔喀七旗诺颜的拥戴下坐床，受绕黄带之帐幕。顺治四年创建西库伦，是其修建的众多寺院中中心寺院，所以被称为温都尔格根之老寺。此后，又在肯特山阳，克鲁伦河畔修建一寺，称作东库伦。顺治六年(1649年)，十五岁，赴西藏学经。由班禅额尔德尼受戒，五世达赖喇嘛授予哲布尊丹巴号；从此改宗黄教。顺治八年(1651年)回到喀尔喀，大力弘扬黄教，还亲自塑造佛像，成为后世珍宝。

康熙二十五年(1686年)参加库伦伯勒齐尔会盟，被额鲁特噶尔丹指责为对达赖喇嘛使臣不恭，遂成噶尔丹入侵喀尔喀之一口实。在此会上，西蒙古达尔哈特三鄂托克宣布成为温都尔格根之沙毕纳尔，从此一直被称为“温都尔格根之三鄂托克”，直至清朝终了。康熙二十七年(1688年)，噶尔丹大举进攻喀尔喀，哲布尊丹巴带领土谢图汗及其属众逃入漠南，投附清朝。三十年(1691年)，康熙帝亲自主持多伦会盟，哲布尊丹巴亲率诸汗晋谒，旨升为大喇嘛，任以喀尔喀宗教事务管理之全权，待以喀尔喀百官有司首班之礼。[①] 此后，多在京师居住。噶尔丹败亡后，回归喀尔喀主持

① 妙舟:《蒙藏佛教史》，第五篇。

教务。康熙六十一年(1722 年),康熙帝崩,哲布尊丹巴呼图克图以九十高龄与土谢图汗惇多布多尔济同赴北京吊丧,于次年在京圆寂。雍正帝亲往赐恤致祭,并以理藩院之请,谕“泽卜尊丹巴呼图克图,应照班陈(班禅)、达赖喇嘛之例,给与封号,赐金印敕,授为启法泽卜尊丹巴喇嘛”。[①] 发帑银十万两,在大库伦建造庆宁寺,存放其舍利,同时做为后世哲布尊丹巴呼图克图的驻锡之所。

在喀尔喀转世的二世哲布尊丹巴呼图克图,法名哲布尊罗布桑丹毕栋米。雍正二年(1724 年)出生于亲王固伦额驸惇多布多尔济家。七年坐床,众多喀尔喀王诺颜参加其坐床典礼,上万名喇嘛聚集诵经,无数信徒前来布施。乾隆二十一年(1756 年),敕封为“敷教安众大喇嘛”,乾隆二十二年(1757 年)圆寂,时年三十三岁。

三世哲布尊丹巴罗布桑伊什丹毕尼玛,乾隆二十三年(1758 年)生于西康,由乾隆皇帝认定为二世哲布尊丹巴之转世。从此禁绝哲布尊丹巴呼图克图在蒙古地方、蒙古汗王家族中的传世,而在西藏地方指认转世灵童。乾隆二十八年(1763 年),由章嘉呼图克图受戒,迎至库伦坐床。乾隆三十八年(1773 年)圆寂,寿十五岁。

四世哲布尊丹巴呼图克图哲布尊罗布桑图布登旺楚克,乾隆四十年(1775 年)生于西藏,系八世达赖喇嘛伯父之子,由达赖指定为转世灵童。乾隆四十三年(1778 年),在布达拉宫受戒,四十六年迎至库伦坐床。嘉庆十八年(1813 年)圆寂,寿三十八。

五世哲布尊丹巴呼图克图哲布尊罗布桑楚勒图木济格米德,嘉庆二十年(1815 年)生于西藏,二十五年(1820 年)坐床。道光二十三年(1843 年)圆寂,时年二十八岁。

六世哲布尊丹巴呼图克图哲布尊罗布桑楚勒特木济格米德丹毕嘉勒森,道光二十二年(1842 年)生于西藏,由七世班禅抽签选

① 《理藩院则例》,《柔远清吏左司下》。

定为转世灵童。道光二十八年(1848 年)迎入库伦坐床,当年病逝,年仅六岁。

七世哲布尊丹巴呼图克图哲布尊纳旺却济旺楚克普仁赉嘉木茨,道光三十年(1850 年)出生于西藏拉萨附近,咸丰元年(1851 年)经班禅选定为转世灵童。五年(1855 年),迎至库伦坐床,同治七年(1868 年)病逝,享年十八岁。

八世哲布尊丹巴呼图克图为哲布尊阿格旺罗布桑却济尼玛丹增旺楚克,同治八年(1869 年)生于西藏,十三年(1874 年)迎至库伦坐床。该呼图克图在位五十余年,宣统三年(1911),称"大蒙古国日光皇帝",改年号为"共戴元年",宣布脱离清朝独立。不久放弃独立,推动自治。1924 年圆寂,享年五十四岁。

据清末统计,属于哲布尊丹巴呼图克图大沙毕的喇嘛僧众为 21,309 名,其中的位居高层的喇嘛,享受徒众的布施,生活优越。下层喇嘛则靠庙中的微薄收入来维持生计,甚至还要靠自己家庭的资助才能勉强生活。尽管如此,蒙古牧民还是愿意将家中的一个或更多的儿子送给寺院当喇嘛。一来可以为来世后代积福,二来多子家庭可以合理地逃避徭役,同时有可能成为高僧,以享富贵荣华。

哲布尊丹巴库伦之大仓管理僧徒所献整体财物。光绪二十二年(1896 年),驻库伦大臣限定大仓年收入为七万两白银。大仓分外仓和内仓,大仓收入来源于诸鄂托克,内仓收入来源于信徒布施,这部分收入专用于哲布尊丹巴个人开支和寺庙内部事务之上。

(三)额尔德尼班第达呼图克图旗

赛因诺彦部额尔德尼班第达呼图克图喇嘛旗的设立与在喀尔喀转世的二世额尔德尼班第达呼图克图洛布桑旺丹巴喇布尔时代相关。

二世额尔德尼班第达呼图克图出生于康熙四十二年(1703 年),其父为喀尔喀巴纳札布塔布囊。乾隆二年(1737 年)秋,奉敕发给印信，并赐“额尔德尼班第达呼图克图”号，赋予管理喇嘛黑徒之权利，从而形成另一喇嘛旗。

二世额尔德尼班第达呼图克图创建自己的商卓特巴，以管理喇嘛旗诸事务。齐齐尔力格盟和赛因诺彦部诸旗为该喇嘛旗割出大量土地。从此，该呼图克图致力于召集徒众，兴办各业，繁衍牲畜，稳固寺院经济，保障徒众的生计。牲畜以大畜、小畜分类，分别组成苏鲁克，使其沙毕纳尔牧放。每年做详细的清点，注册典簿，详尽无遗。[①]

二世额尔德尼班第达呼图克图洛布桑旺丹巴喇布尔于乾隆三十四年(1769 年)、三十九年(1774 年)、五十年(1785 年)进京年班，向皇帝请安。五十三年(1788 年)，乾隆帝赐其一寺名“soyol～i barlaγci süm～e”，并赐四体文匾。该年冬十一月十三日圆寂。

额尔德尼班第达呼图克图喇嘛旗领地西与赛因诺彦部达尔汉公旗、岱钦王旗相接，北与色臣亲王旗，阿齐图公旗为邻，东与赛因诺颜汗和额尔德尼莫尔根诺颜呼图克图旗为界，东南与约色图贝子旗，西南与札萨克图汗部卓嫩王旗接壤。[②]

额尔德尼班第达呼图克图系统源于印度、西藏。传至第十二世，在达延汗后裔喀尔喀鲁耶额尔克楚虎尔家得以转世。十二世活佛法名洛布桑丹津降曾，生于崇德四年(1639 年)，出生地在杭爱山阳乌力济鄂博地方。[③] 崇德七年(1642 年)被确认为额尔德尼呼图克图的转世而迎入库论坐床成为喀尔喀第一世额尔德尼班第达呼图克图。十多岁，派往西藏学法，经过多年的深造，精通五明学说，成为学问精深的高僧。回到故乡，修建寺院，广收门徒，弘扬佛法。他所著述的有关医学和历法著作，流传至今，文集四卷，曾

① 喀尔喀额尔德尼班第达喇嘛旗帐簿，蒙古国国家图书馆，MS：971～973。

② 《蒙古百科全书》II，蒙古国科学院，乌兰巴托，2000 年，1177 页。

③ B. Laagan，《喀尔喀掌印喇嘛呼图克图简史》，乌兰巴托，2004 年，73 页。

在北京木雕印刷。[①] 康熙二十八年(1689 年)所撰历书成为当今研究该种历法体系的必备参考。

一世活佛在自己的寺院严格遵循西藏扎什伦布寺的规章制度,施行一切宗教活动。诵经之藏语声调也仿扎什伦布寺,保留了藏语古文学语言特点,并与蒙古语音相结合,形成独特的诵经风格。

他还游历全喀尔喀,以弘扬佛教。康熙元年被任命为哲布尊丹巴大库伦之堪布喇嘛。他的徒弟中产生了著名的洞库尔活佛降巴拉桑布、咱雅班第达洛布桑普仁赉、诺门汗喇布坛等高僧。是当时传播佛教教义功德最高三大僧人之一。康熙四十一年(1702 年)十二月十九日圆寂。

三世活佛洛布桑策文札布,乾隆五十八年(1793 年)经金瓶掣签,从额尔德尼班第达喇嘛旗所属黑徒之五个灵童中被选出。其父名伊特格勒,其小名策文札布。二世活佛于乾隆五十三年圆寂,转世活佛的产生成为关键。当时该寺商卓特巴等意在蒙古王公贵族中寻找转世灵童,为此乾隆皇帝下旨制止,并派专员负责从普通黑徒子弟中选出转世活佛。[②] 从此,禁止从王公贵族子弟中寻找转世灵童,成为定制。他于嘉庆十三年赴藏学法,于嘉庆八年(1803 年)、二十一年(1816 年),道光二年(1822 年)和六年(1826 年),亲自赴京,向皇帝请安。道光六年(1826 年)、十年(1830 年),捐驼 300 峰以赞军务。道光二十六年(1846 年)圆寂。

四世活佛是多尔济扎布子希尔巴咱尔,咸丰元年延请至库伦坐床。不久于十一年秋去世。

五世活佛是洛布桑札布之子楚伦,于同治三年(1864 年)确认

---

① 同上,74,75 页。

② 御前行走议政大臣齐齐尔力格盟盟长札萨克多罗郡王书,蒙古国国家历史档案馆,M77, D1, XH—1, 公文 5,SUC31271—312172。

为额尔德尼班第达呼图克图之转世，取法名为洛布桑丹增普仁赉托克米德。同治九年((1870 年)回民暴动，突入边境，毁 soyol－i barlaγci süm－e，焚皇帝为上世活佛所赐敕命。光绪五年(1879 年)，为清军捐赠 1,860 两白银，赐“yeke tusatu”号。① 十一年(1885 年)，赴京请安，并参加洞礼年班。十八年(1892 年)、二十年(1894 年)，赐准乘用绿帘黄棚车。卒年不详。

额尔德尼班第达呼图克图喇嘛旗沙毕纳尔中不设鄂托克，所有僧俗事务在八所大仓中加以议处。拥有四十多座寺院，八个大仓，2,000 多名僧侣。该旗资产仅次于哲布尊丹巴呼图克图旗，在格根库伦生活着数千僧众就是其庙仓盈实的一个例证。据道光十八年的统计，额尔德尼班第达呼图克图的马群由 64 户，骆驼由 65 户，牛由 34 户，羊群由 200 多户分别牧养，各类牲畜共计 99,800 头只。② 每年都由庙仓组织清点，登记造册，加以严格管理。喇嘛旗苏鲁克，以 15 头只为损耗底线，超此数，则需赔偿。超出所定孳生数，则以超出部分加以悬赏，激励之。

该旗盈实的另一个原因是与汉地商人及蒙古地方进行贸易。咸丰六年(1856 年)至光绪七年(1881 年)间的该旗财务收支档案中载有如下内容：咸丰七年(1857 年)售予张家口民人珠格德尔山羊 106 只，小绵羊 24 只，骒马、骟马 65 匹；同治元年(1862 年)售予张家口民人宾特尔大羯绵羊 310 只，价 620 两，小羯绵羊 11 只，价 16 两。同治三年(1864 年)售予归化城民人大个子乌力济图大小绵羊 154 只，每只售价 1.8 两，母绵羊 28 只，每只 1 两；售予张家口民人多朗呼珠图大羯绵羊 120 只，每只售价 1.2 两。贩卖砖茶 128 块，每块售 8 钱，共得银 102 两；还售出青布 132 匹。同治

① A. Ochir，Z. Lonjid，C. Torbat《蒙古国史纲》，蒙古历史资料系列 28，乌兰巴托，2006 年，368 页。

② 喇嘛格根资料，蒙古国国家历史档案馆，全宗号—4，XH～38.

五年(1866 年)与张家口民人巴图商定,秋后售出大羯子羊 500 只,每只售价 1.2 两。同治六年(1867 年),赴上都城购买米面,以大青布 33 匹,每匹换白面 50 斤。十二年(1873 年),售大库伦民人巴雅尔大羯羊 30 只,每只换取茶 33 包,小羯羊每只 22 包。母羊每只换砖茶 2 块,一匹马 16 块砖茶,5 匹骒马 16 块砖茶,总共 271 块砖茶。光绪四年(1878 年),该旗库伦宰桑赴大库伦,受大仓委托携带羔羊皮 100 张,山羊皮 20 张,马皮 1 张,以其值换取 25 匹绸缎。七年(1881 年)大仓派宰赛赴大库伦,出售羔羊皮 232 张,熟绵羊皮 31 张,山羊皮 63 张,并以其值购买茶叶等物。①

喇嘛旗徒众的另一重要营生是修建寺院,准备建筑材料与工具,还为寺院诸仓搜集搬运薪柴。沙毕纳尔还要为庙仓熟制皮货,缝制冬衣。②

(四)札雅班第达达呼图克图旗

喀尔喀一世咱雅班第达呼图克图圆寂后,土谢图汗部喀尔喀北路右翼左旗梅林班珠尔之子被认定为二世活佛转世,法号洛布桑囊达克格力那木札勒。雍正元年(1723 年)六月坐床,雍正十年(1732 年)从额鲁特逃到漠南,皇帝嘉奖并赐银五百两。乾隆二年(1737 年),应定边左副将军额驸策凌之请,赐满蒙藏三体"总管喀尔喀咱雅班第达呼图克图沙毕纳尔之印"银印。乾隆元年赴拉萨学经,获达赖喇嘛"Shasin～i toduraγuluγci"称号。遵循前世道行,经营寺院经济,改建翻新寺院建筑,修建起 2～3 层大殿,使咱雅班第达库伦焕然一新,威严雄壮。雍正六年(1728 年)、十一年(1733 年),乾隆九年(1744 年)和二十六年(1761 年),赴京请安,于乾隆三十年(1765 年)圆寂。

---

① 札萨克图汗部色臣萨尔图喇旗 1922 年冬录副档案,蒙古国国家情报处档案馆,全宗 A,59, XH.8。

② 喇嘛旗资料,蒙古国国家历史档案馆,全宗号—4,XH—38。

乾隆二年(1737年),谕令赋予管领属下沙毕纳尔之权,自此便以咱雅班第达呼图克图喇嘛旗著称,接受赛因诺彦部齐齐尔力格盟的节制。

咱雅班第达寺院位于塔米尔河北岸,布喇甘山之阳,景色秀丽。寺院布局以古时市镇排列,早在百年前就已形成规模。主殿位于中央,周围设大小召仓、塔院、法轮等。寺庙大都由蒙古工匠建造,围绕寺院形成市镇,成为远近闻名的集市和居住中心。除了僧侣,各种工匠、汉俄商人、香客麇集于此。上下库伦相距十里,下库伦由二十八座寺院、僧侣驻所组成,正中是咱雅葛根的主殿和拉布楞;上库伦有六爱玛克,下库伦有二爱玛克。

赛因诺彦部之咱雅班第达活佛源于印度,经五次转世到西藏,第九世始在喀尔喀以"赛因诺彦"著称,是成吉思汗后裔诺诺和伟征诺颜之第三子图蒙肯。他主持政教,开通喀尔喀与西藏的交通,拜见达赖喇嘛和班禅额尔德尼,被授予"诺门汗昆都仑楚虎尔"称号和银制册文。并被达赖喇嘛指认为罗吉锡哩之转世。学者并不认为他就是喀尔喀咱雅班第达一世,而十世罗吉锡哩之转世咱雅班第达洛布桑普仁赉却被认为一世活佛。

在喀尔喀转世的一世咱雅班第达呼图克图洛布桑普仁赉做为赛因诺彦策思札卜昆都伦乌巴什之子生于崇德八年(1643年)。年届十八,赴藏学经,从顺治十七年至康熙十八年(1660～1679年),通过十九年的苦学,达到精通五明,学养精深的地步。返回喀尔喀,广泛布教,弘扬佛法,与哲布尊丹巴一道参与库伦伯勒齐尔会盟。将新建的咱雅库伦加以扩建,建成沙都布朴勒济林寺。康熙三十年(1691年),与众僧徒一道参与多伦诺尔会盟,投附清朝。康熙皇帝赐"咱雅班第达"称号和呼图克图地位,使其僧徒和沙毕纳尔免于赋税,专司诵经。咱雅班第达为康熙皇帝祈求平安,在归化城建寺院,赐"Buyan－i iledgegci süm－e",后又在喀尔喀塔米尔河畔布喇克地方修建寺院,赐名"Buyan－i delgeregülekü süm

一e”。康熙二十二年至三十九年(1683～1700年)间,咱雅班第达呼图克图在漠南蒙古的察哈尔、乌珠穆沁、土默特等处游历,修建了若干寺庙。[1] 咱雅班第达呼图克图与哲布尊丹巴呼图克图一道,屡次拜见康熙皇帝,康熙皇帝赐他御用车辇和其它什物。他著述丰富,其藏文著作四卷在北京刻印出版。于康熙五十五年(1716年)正月二十日圆寂。

第三世咱雅班第达洛布桑济格米德多尔济,是定边左副将军成衮札布第八子。乾隆三十五年(1770年)谕令其坐床。乾隆三十九年(1774年),嘉庆四年(1799年)、七年(1802年)赴京请安,参与洞礼年班。最后一次赴京请安,嘉庆皇帝赐橘红轿车,给予很高的礼遇。嘉庆八年(1803年)圆寂,皇帝遣使吊唁,赠白银三百两。

第四世咱雅班第达呼图克图洛布桑济格米德纳木济勒,出生于赛因诺彦部三丕勒多尔济王旗之下头等台吉达木林家,嘉庆十三年(1808年)坐床。道光元年(1821年),赴西藏学经。回到喀尔喀,被允乘坐前世所用轿车。道光十年(1830年),回民暴动,捐驼一百三十峰为军需。嘉庆二十二年至道光十三年(1817～1841年)间,共七次赴京请安,参加洞礼年班。为祈求皇帝平安,道光十五年(1835年)和同治七年(1868年)在诺尔布林地方修建两座寺庙,皇帝赐名“保安”和“同庆”。咸丰十一年(1861年),在其领地图纳木勒塔拉地方修建寺庙,名“福兴寺”。同治六年(1867年)十一月圆寂。

五世活佛为洛布桑却津旺楚克,生于赛因诺彦部四等台吉旺钦巴咱尔家。同治十一年(1872年)五月被封为咱雅班第达活佛。光绪六年(1880年)为军需捐助银两,获“nebterekei secen”称号。

① S. Purevjav,《蒙古黄教通史》,乌兰巴托,1978年,47页。

十三年(1887 年)参加京城皇宫举行的洞礼年班,被赐橘红篷车。[1]光绪三十年(1904 年)圆寂。

第六世洛布桑东多布却济尼玛,出生于咱雅班第达喇嘛旗宰桑索诺木多尔济家。光绪三十四年(1908 年)坐床。

咱雅班第达喇嘛旗西、西北与赛因诺彦部色臣亲王旗和额以泰公旗为邻,东与莫尔根公旗、萨茹喇公旗、土谢图公旗、毕西日勒图贝子旗相连,南与伊勒登王旗、卓哩克图公旗、阿齐图公旗接壤。其人口、牲畜头数在喇嘛旗中属于多者。清末,该旗统计数字显示,有人口 8,500 多口,1,700 多户。马 2,500 多匹、牛 1,500 多头,羊 20,000 多只,庙宇数为 35 座。

该旗从自己属下黑徒沙毕纳尔征收一定数量的什物赋税。每年约征收汤羊 360 只,精面粉 1,200 斤,点灯酥油 360 斤,砖茶 48 块、盐碱 1 9 锅,奶牛 16 头,薪柴 650 车。[2] 据光绪十三年(1887 年)夏五月十七日对该旗大仓苏鲁克户达瓦桑布一家牲畜进行盘点,获得如下数字:上月共有 28 只大羊,17 只小羊,25 只母羊,55 只山羊,该月为庙会支出大羊 2 只,使臣哈喇塔尔用羊 12 只,现余 26 只大羊,17 只小羊,13 只母羊,55 只山羊,共计 106 只。由此可见其沙毕纳尔生计及其苏鲁克之一斑。

(五)青苏珠克图诺门罕旗

清朝在喀尔喀赛因诺彦部设立的五个喇嘛旗之一。青苏珠克图诺门汗旗的设立与一世诺门汗罗布桑诺尔布什拉布在喀尔喀问世有关。雍正十一年(1733 年)以来,罗布桑诺尔布什拉布前后六次赴京谒见雍正皇帝,参与法会,为朝廷诵经,屡获皇帝赏赉。乾隆十六年(1751 年)冬十月十日,乌里雅苏台将军成衮札布奏:

---

① A. Ochir, J. Lonjid, C. Torbat,《蒙古国传》蒙古历史资料汇编系列,28,乌兰巴托,2006 年,374,375 页。

② Sh. Nachugdorji,《喀尔喀史》,乌兰巴托,1963 年,192 页。

“喀尔喀部额尔德尼诺颜绰尔济罗布桑诺尔布什拉布属下喇嘛、黑徒及沙毕纳尔已达二百余户，以致札萨克罗布桑敦多布不便管辖。奏赐罗布桑诺尔布什拉布印信，以管教其沙毕纳尔属众。”乾隆帝谓罗布桑诺尔布什拉布本是台吉出身，熟谙佛经，以札雅班第达例，颁发印信，并赐猞猁狲褥垫。二十年(1755 年)，趋阿睦尔撒纳牧地，劝止阿睦尔撒纳属下喇嘛楚鲁木班珠尔为首的部众随其叛逆，深得皇帝赞赏。乾隆二十年秋八月二十六日赐罗布桑诺尔布什拉布“青苏珠克图诺门汗”号，并颁满、蒙、汉、藏文字银印，并给商卓特巴度牒，以管理其沙毕纳尔属众。当其拜见皇帝，令其在章嘉活佛、甘丹锡勒图和济隆活佛之上就座。允准设立喇嘛旗，使赛因诺彦部额尔德尼王旗、绰克图公旗割土，以建青苏珠克图诺门汗旗。旗地主要集中在杭爱山阳，直属赛因诺彦部齐齐尔力格盟。

至清末，青苏珠克图诺门汗旗户口约 270，男口 1,027，女口 639，人口约 1,660 多。[①]

尽管该旗设置与其他喇嘛旗无异，该呼图克图库伦却有其特点。皇帝曾赞赏青苏珠克图诺门汗旗印务处较其他喇嘛旗优越，哲布尊丹巴呼图克图曾以公爵位封赏该旗商卓特巴喇嘛巴桑巴图。第一世青苏珠克图诺门汗之呼毕勒罕罗布桑诺尔布什拉布学问该贯，著述颇丰，善词令，会歌曲，自谱曲而吟诵，自成一代风气，以致影响其后世及其喇嘛属众。三世活佛策登巴勒珠尔时代，在呼图克图库伦之两所大仓内，不仅学习佛法，吟诵经文，还教授各种语言文字，翻译满文和藏文经典。该库伦之喇嘛，不仅来自赛因诺彦部，而且也来自札萨克图汗部、土谢图汗部和内蒙古地区，其中有额鲁特、维吾尔、吉尔吉斯、乃蛮、和硕特等部人众。该喇嘛旗财富丰裕，历世活佛，善于治理，远近闻名。

---

① I. M. Maiskiy，《近代蒙古》，C. 奥特根俄译蒙，乌兰巴托，2005。原始资料之 35 页。

青苏珠克图诺门汗源于印度,从第七世开始在西藏甘丹寺、拉萨大召寺、哲蚌寺、布达拉宫、扎什伦布寺转世,十二世始在喀尔喀转世。在喀尔喀转世的第一世青苏珠克图诺门汗罗布桑诺尔布什拉布是赛因诺彦部札萨克沙喇和其妻萨木耳的儿子。生于康熙四十年(1701 年),出家修法,勤奋刻苦,被哲布尊丹巴呼图克图封为"额尔德尼诺颜呼图克图"称号,列入喀尔喀高僧行列。雍正十年(1732 年),在内蒙古鄂尔多斯修建庙宇,弘扬佛法,深受当地僧俗拥戴,鄂尔多斯郡王札木央多尔济、喀尔喀亲王德钦札布等向达赖喇嘛、班禅额尔德尼询问其先世佛身,回复为以上十二世为其先世转世。遂在其时,青苏珠克图诺门汗旗得以设立。他在鄂尔多斯修建的寺庙御赐匾额,并授驻锡喇嘛四十、主持喇嘛一名之度谍。

罗布桑诺尔布什拉布在杭爱山阳查干齐齐尔力格地方修建庙宇五座,塔四座,铸塑佛像,召集喇嘛念经礼佛。[①] 该活佛善于自撰佛赞,以美妙之音吟诵,深受僧徒喜爱。他还记录蒙古长调民歌,其众多著述中七部文集流传于世。

一世青苏珠克图诺门汗抵制哲布尊丹巴活佛在西藏转世,二世哲布尊丹巴逝世后,自立哲布尊丹巴活佛转世灵童,加以豢养。此事引起驻库伦大臣桑斋多尔济的注意,曾致书清廷告白。乾隆皇帝下令,将此转世灵童带到北京加以培养,以阻绝在蒙古地方哲布尊丹巴呼图克图转世的希望。从此,清廷将哲布尊丹巴活佛的转世制度化,一律从西藏寻找灵童转世。一世青苏珠克图诺门汗于乾隆三十三年圆寂。

二世青苏珠克图诺门汗为洛布桑丹达尔旺楚克,是赛因诺彦部超勇亲王策登札布之第三子,经达赖喇嘛、班禅额尔德尼确认,于乾隆四十一年(1776 年)六月坐床。洛布桑丹达尔旺楚克从乾

① A. Ochir, Z. Lonjid, C. Torbat,《蒙古国传》,《蒙古历史资料系列》,28,乌兰巴托,2006 年,363、358 页。

隆四十一年至道光七年(1776～1827年)间多次前往京城,为三代皇帝参加年班或举行法会。嘉庆十二年(1807年),他在一世活佛修建的庙宇旁,再建八十一间的寺庙一座,雕塑佛身多座,加以供养。经理藩院上报,获赐寺名为 Saibar suduluγci süm-e。道光六年(1826年),捐驼五十峰,以赞军务。最后一次赴京年班时于道光七年(1827年)春正月二十一日在京圆寂。

三世活佛巴德玛多尔济生于道光十年(1830年),是哲布尊丹巴旗下黑徒巴图济尔嘎喇之子。理藩院于道光十四年(1834年)四月确认其为三世转世活佛后,七月使其坐床,与沙毕纳尔汇合。由于多病,未能年班进京,向皇帝请安。同治九年(1870年),蒙古西南地区遭受回民暴动骚扰,应乌里雅苏台军需,捐白银一千两。同治帝赐号"uqaγatu sayin"号。光绪八年(1882年)三月二十二日圆寂。

四世活佛洛布桑丹增生于土谢图汗部策登索德诺睦公旗属下披甲都噶尔家。光绪十二年(1886年)七月坐床。曾患天花,病愈后,勤修佛法,于光绪十九年(1893年)三月六日因病去世,享年十一岁。

五世活佛策登巴喇珠尔生于光绪二十二年(1896年),是锡巴锡勒图呼图克图属下沙毕纳尔札米央噶尔布之子。不久坐床,进而获"ünen acitu mergen uqaγatu sayin cing süjügtü nom-un qan"号及"额尔德尼堪布诺颜呼图克图"职衔。进京年班,位居雍和宫札萨克首席大喇嘛之上。谒见哲布尊丹巴呼图克图,位居诸亲王之上。精通蒙汉满藏语言文字,佛法精深,善于理财。曾向独立后的哲布尊丹巴呼图克图捐赠银两。

清末,该旗拥有牲畜头数达二十万之巨,其喇嘛、黑徒和沙毕纳尔善作文学与歌曲艺术,且由庙仓赞助之。[①]

---

① B. Laagan,《喀尔喀掌印呼图克图传略》,乌兰巴托,2004年,82页。

青苏珠克图诺门汗旗位于赛因诺彦部额尔德尼王旗之东北，绰克泰公旗西北。

（六）那鲁班禅呼图克图旗

喀尔喀纳鲁班禅呼图克图喇嘛旗的设立与第二世纳鲁班禅呼图克图有关。二世纳鲁班禅呼图克图于乾隆三年（1738 年）五月，出生在鄂尔多斯贝子那旺巴勒登策凌旗台吉达锡登德布家。法名纳旺却德格丹增加木查。纳鲁班禅呼图克图于乾隆十九年（1754 年）、三十八年（1773 年）、四十五年（1780 年）、五十七年（1792 年）以及嘉庆三年（1798 年）、十四年（1809 年）亲赴京城请安，参加年班。乾隆三十七年（1772 年）赐满蒙藏三体铜制“总管纳鲁班禅呼图克图沙毕纳尔印”，喀尔喀纳鲁班禅呼图克图喇嘛旗正式成立。此前，他在家乡鄂尔多斯达拉特旗之汗托亥地方修建 87 楹庙宇，雍正三年（1725 年）获得 20 张度谍。嘉庆年间，又在赛因诺彦部札布汗河畔钦达姆尼地方修建一座 120 楹庙宇。遂奏请理藩院赐名。后经理藩院奏请嘉庆皇帝，嘉庆八年（1803 年）分别赐名“Soyol～i badaraγuluγci süm－e”和“Shasin－ü irügeltü süm－e”。[①] 二世呼图克图于嘉庆二年（1797 年）圆寂。从此呼图克图始，该呼图克图旗跻身赛因诺彦部 24 旗之列，成为拥有管理所属徒众权利的喇嘛旗。赛因诺彦部为该旗从和硕齐莫尔根旗南部割出部分土地，在札布汗河北岸修建了纳鲁班禅呼图克图喇嘛旗印务处和商卓特巴。该旗面积不大，东西 120 里，南北 30 里。人口在清末仅有 150 户左右，不足千口。每 16 户组成一个部，共有 12 个部，各部都有首领管理。

该旗由纳鲁班禅呼图克图和迪鲁巴呼图克图共同管理。迪鲁巴呼图克图在康熙年间被承认为活佛，并赐名迪鲁巴呼图克图。从此转世五次，直到清朝灭亡。迪鲁巴呼图克图的前世在鄂尔多

① 国家中央档案馆，M－77，D－1，XH－2 折。

斯时,纳鲁班禅呼图克图曾是他的徒弟。后来纳鲁班禅呼图克图在喀尔喀转世,并得到扶持。不久迪鲁巴呼图克图也在喀尔喀转世,纳鲁班禅呼图克图便邀请他分享庙产。从此,迪鲁巴呼图克图从属于纳鲁班禅呼图克图喇嘛旗,共同管理徒众,在徒众中享有很高的声誉。

纳鲁班禅呼图克图源于古代印度,是迪鲁巴的徒弟。以后在西藏转世,之后于康熙三十八年(1699 年)四月在喀尔喀赛因诺彦部衮齐格公旗台吉古尔札布家转世,康熙皇帝赐名纳鲁班禅呼图克图。经常赴京请安,参加洞礼年班。此为在喀尔喀转世的第一世纳鲁班禅呼图克图。他于乾隆二年(1737 年)圆寂。

第三世为图格济札布。道光八年转世于西藏安多地方。经道光皇帝恩准,于道光十一年(1831 年)坐床。道光十六年(1836 年)、十九年(1839 年)、二十四年(1844 年),咸丰七年(1857 年),赴京参加洞礼年班,新年礼班。于咸丰十一年圆寂。

第四世为比日瓦。同治元年在喀尔喀札萨克图汗部土谢公旗札兰绰克苏木家出生。同治四年(1865 年)坐床,光绪九年(1883 年)十一月圆寂。

第五世为普尔布札布。光绪十年(1884 年)出生于本旗沙毕纳尔多尔济家。光绪十五年(1889 年)奏请皇上,十八年(1892 年)获准坐床。该呼图克图性格暴戾,造成大量债务,使本旗沙毕纳尔受尽苦难。二十七年(1901 年)去其活佛号,光绪二十九年(1903 年)去世。

第六世为珠格德尔纳木济勒。光绪三十年(1904 年)转世于本旗沙毕纳尔洛布桑策凌家。宣统二年(1910 年)坐床。

该旗僧徒生计实属穷困之列。据 1918 年的统计数字,该旗拥有寺庙 4 座,马 54 匹,骆驼 39 峰,牛 84 头,羊 2,135 只。

(七)察汉诺们罕旗

清朝在蒙古地区设立的七个喇嘛旗之一,以清代青海德千寺转世喇嘛封号“察汉诺们罕”命名。第一世察汉诺们罕原名措尼嘉措，因出生于西藏达孜县拉莫村，故又称拉莫·措尼嘉措。曾受三世达赖喇嘛之命赴青海蒙古地区传教，明神宗封他为阿噶白色转世活佛，并赐金印。① 二世察汉诺们罕拉莫·洛追嘉措系明末青海蒙古土默特部首领火落赤之子，曾奉五世达赖喇嘛之命，调解喀尔喀与卫拉特之间的冲突。三世察汉诺们罕拉莫·阿旺罗桑丹贝坚赞是由五世达赖喇嘛认定为上一辈拉莫·洛追嘉措的转世。康熙四十四年（1705 年）该喇嘛赴京，受封为“察汉诺们罕”，同时受封为札萨克喇嘛。至此，察汉诺们罕成为其影响区域内的政教统治者，拥有合法的土地和属民，而青海和硕特部各台吉均尊他为上师。康熙五十三年（1714 年）察汉诺们罕已是七世达赖喇嘛的受戒堪布和主要经师，后被封为“阿齐图诺们罕”。② 雍正三年（1725 年），清廷将其土地和属民编入青海和硕特盟旗，并鉴于察汉诺们罕札萨克喇嘛的特殊地位，将其属民编为 4 个佐领，立于青海和硕特 29 个札萨克旗之外特殊的喇嘛旗，即察汉诺们罕旗。有清一代，该旗牧地多有变化。起初，其牧地在贵德厅属德庆寺一带。嘉庆二年（1797 年），由德庆寺一带北迁至贵德所属黄河以南地区。③ 后又与刚咱等族一同迁至黄河以北。旗民中不仅有蒙古族，而且还有相当多的藏族。嘉庆年间，该旗旗民共计 596 户，3,725 口，至宣统元年（1909 年）减少到 396 户，705 口。④ 四世察汉诺们罕洛桑图丹格勒坚赞出生于玛沁雪山附近的阿里克桑杰家族，曾被七世达赖喇嘛受封为青海和硕特蒙古左右翼各旗的上师。其后，五世察汉诺们罕潘德旺秀克尊嘉措、六世察汉诺们罕阿旺却珠丹

① 《卫拉特蒙古简史》（下册），新疆人民出版社，1996 年，第 61 页。

② 《安多政教史》，第 257～258 页。

③ 《青海方志资料类编》，第 606.674.675 页转载“那彦成有关奏折”。

④ 《湟中杂记》；《青海右翼正盟长造送本翼十二旗及察汉诺们罕旗所属蒙古百姓户口清册》，载才让编辑《青海蒙古事务清史档摘编》。

贝坚赞、七世察汉诺们罕根敦丹增诺尔布贝桑布等相继转世，历任该旗札萨克喇嘛职。有清一代，德千寺是察汉诺们罕旗境内的最大寺庙，拥有属庙 40 余座。

第二章　政治制度

在满洲贵族建立清朝、统一全国的过程中，蒙古封建主及其军队立下了很大功劳。作为以少数民族入主中原的清王朝，需要有一个可靠的统治盟友和稳固的后方。同时，由于尚未被征服的强悍的蒙古部落曾长期与清朝对峙、对抗，清朝为最终征服统一蒙古耗费了百余年的武力。所以，清朝统治蒙古，在以羁縻抚绥、因俗而治为主的同时，也采取了严格控驭、分割统治等政策措施，使其无法形成统一的意志和力量。按照统治管辖体制的不同，清代蒙古分为外藩札萨克旗、内属总管旗和蒙古八旗三大部分。除了蒙古八旗与满洲八旗制完全相同之外，清朝统治蒙古的基本政策和体制主要体现在外藩和内属蒙古上，其中又以外藩蒙古为主。

一、管理机构

（一）蒙古衙门—理藩院—理藩部

为了处理和管理日益增加的蒙古事务，天聪八年（1634 年）设立蒙古衙门，阿什达尔汉为承政。崇德三年（1638 年）改蒙古衙门为“理藩院”，专管外藩蒙古事务。随着清朝统治范围的不断扩大，理藩院成为总理外藩蒙古、内属蒙古、西藏、回部以及西南地区土司事务的机构。另外还曾办理与外国通商交涉事务。光绪三十二年（1906 年），改理藩院为理藩部，除原有职掌外，凡移民、开垦、练兵、兴学等有关筹边固圉诸事，皆归其管理。理藩院暨理藩部是清廷管理蒙古以及其他边疆少数民族的最高行政机构，在皇帝的直接领导下，从政治、经济、军事、法律等各方面严密控制着蒙古族。

（二）机构及职能

理藩院设有旗籍、王会、典属、柔远、徕远、理刑六司，以及满档房、汉档房、蒙古房、司务厅、当月处、督催所、银库、饭银处、俸档房等机构。旗籍司掌管内札萨克划定疆域、封爵、会盟、驿递、军旅等事，以及归化城土默特部和达呼尔三旗任免引见事。王会司掌管发放内札萨克王公等的俸禄，办理朝贡、赏赐等事务。典属司掌管外札萨克划定边界、会盟、屯戍、封袭、驿递等事外，还管理蒙藏各地喇嘛事务，掌管察哈尔、巴儿虎、额鲁特、札哈沁、明安特、乌梁海、达木、哈萨克等处游牧人。外藩贸易和中俄恰克图贸易、廓尔喀入贡等也是其管辖范围。柔远司掌管发给外札萨克及喇嘛的俸禄、安排朝贡、赏赐等事务。徕远司专管回部及西南土司事。理刑司掌管外藩各部的刑罚之事。该司制定的有关蒙古的法律有《蒙古律例》和《理藩院则例》。理藩部下设领办处，为全署公务总汇之区。此外设局、司、厅等机构。

二、盟旗制度

（一）札萨克旗制

太祖努尔哈赤曾说过："云合则致雨，蒙古合则成兵，其散犹如云收而雨止也。俟其散之，我当亟取之。"[①]太宗皇太极，依其父训，采取"分而击之"的策略，把漠南蒙古各部纳入其统治之下。继而在漠南四十九名王公贵族的协助下创立了清王朝。为了维护清朝的统治，清廷对蒙古诸部实施"分而治之"以削弱其实力的政策。

① 《清太祖实录》，卷八，天命八年五月乙未条。

清朝逐步征服蒙古各部之后，蒙古原有的鄂托克、爱马克等众多封建贵族领属集团，绝大部分被整编为由札萨克世袭统治的旗，蒙语称为和硕。其中，漠南即内蒙古地区的称为内札萨克蒙古，漠北、漠西等其它地区的称为外札萨克蒙古，统称为外藩蒙古或藩部。每个旗的所辖地域，也按照山川地理走向固定下来，被称为某某札萨克或旗的“游牧”。

外藩蒙古的札萨克旗，在地域和人口上占据了蒙古民族的绝大部分，所以札萨克旗制度成为清代蒙古的最基本的政治统治和社会制度。札萨克旗与内属、八旗蒙古及内地省县制度的最大区别是，拥有封建领主性“君国子民”之权，对本旗的山林、土地、矿产资源有传统所有权，并且不承担国家赋税，不由朝廷委派各级职官。他们虽在各自的旗地上保持着基本的领主地位，但互不统属，不能结成为一个自己管理自己的自治共同体，而是直接受清朝理藩院的管辖。

旗是清代蒙古最基本的社会组织单位。外藩札萨克世袭统治的旗，具有军政合一的性质，构成封建领主性领户集团——领地，同时，它也是清朝大一统体制下特殊的一级地方行政建置。旗是经过编组佐领，安置属民，分给牧地，划定旗界，任命札萨克而形成的。

札萨克旗除战时承担兵役和羊、马军需，部分旗承担平时站役，不承担其它常年国家赋税、差役。为清朝提供后备武装力量，是盟旗对国家承担的最基本义务。每个旗均须定期编审丁册，将18～60岁的男丁登记造册，呈报理藩院，并且须经常整饬装备、武器，以备随时奉调出征。

札萨克是一旗之主，由清廷任命，以王公台吉世袭担任。亡故出缺，或获罪罢免，经理藩院报请皇帝批准由其嫡子或亲族子弟承嗣袭任。旗内各级职官，均由本旗贵族或平民担任，不由朝廷委派。札萨克对旗内贵族、官员、平民、奴隶，有程度不同的支配权力、人身隶属关系，被旗民俗称为王爷。在清朝原则性律令规定之下，札萨克全权管辖治理旗民，处理旗内行政、司法、财政，征派赋役、职官任免等各种事务，对旗内山林、土地有传统支配权。

札萨克旗的职官设置，有协理台吉（塔布囊）、管旗章京、副章京、梅伦（梅林）等。协理台吉（塔布囊）每旗 2～4 人，蒙语称为图萨拉克齐，秉承札萨克意旨处理旗政，只有贵族台吉或塔布囊才能担任，并且须呈报理藩院经皇帝批准。札萨克因故出缺、常年驻京或未及 18 岁不能亲政，例由协理台吉执掌印信，代行札萨克职权。管旗章京 1 人，蒙语称扎黑鲁克齐，在札萨克、协理台吉之下主持日常旗务。管旗副章京、梅伦等官员，协助分掌各种旗务，其中有专管军事、统领旗府武装的统兵梅伦。旗的基层组织是佐，亦称佐领，蒙古语称为苏木（意为箭），一般由 150 个丁户组成，也是军政合一的。每个佐设佐领（苏木章京）一员统领管辖所属丁户。佐领较多的旗，由 6 个佐领组成一个参领，参领官称为扎兰章京，札萨克为全旗的最高军事长官。札萨克以下各级官员，均无任期限制，除协理之外，其他均由札萨克任免，并且可从平民中选任。

（二）会盟制度

若干札萨克旗组成盟，形成会盟制度，并且以固定的会盟地点命名。这种札萨克旗制，也称为盟旗制度。

盟，蒙古语称为楚古拉干。它来源于蒙古传统的各部首领会盟议决大事的习惯制度，清朝将其转变为固定的体制。每个盟设盟长、副盟长各一人，内蒙古多数盟还设有帮办盟务，也称协办盟长，均由王公札萨克（包括闲散王公）兼任。每个盟还设有专管军务的备兵札萨克，由盟长、副盟长王公札萨克兼任（不包括闲散王公）。清初规定，全盟各旗札萨克和贵族官员率所属兵丁，每年会盟一次，由皇帝派大臣主持，后来改为每三年一次，由盟长自行主持。盟不是一级军政建置，没有专设衙署和职官。其职能，主要是督察军备，承转奏报或处理全盟重大事务。清后期，随着社会政治生活的日益繁杂，全盟性事务不断增多，盟长的职能权限也逐渐扩大，盟也开始向一级地方行政建置转变。盟的建立，标志着漠南地区盟旗制度的最终确立。这种制度与清朝几乎相始终。

外藩蒙古盟旗的大体分布为：内蒙古六盟49旗。其中哲里木盟10个旗，会盟地点哲里木；卓索图盟5个旗，会盟地点卓索图；昭乌达盟11个旗，会盟地点昭乌达；锡林郭勒盟10个旗，会盟地点锡林郭勒；乌兰察布盟6个旗，会盟地点乌兰察布；伊克昭盟7个旗，会盟地点伊克昭。会盟分两班，哲里木、昭乌达和卓索图三处会盟为一班；锡林郭勒、乌兰察布和伊克昭三处会盟为另一班。会盟原为每年一次，六月准备，七月正式会盟。乾隆五年（1740年）以后，改为二至三年会盟一次，“清理刑名，编审丁籍。”[①]哲里木盟10旗分由东北盛京、吉林、黑龙江三将军兼摄统辖，卓索图、昭乌达二盟由热河都统兼摄统辖，锡林郭勒盟由察哈尔都统统辖，乌兰察布、伊克昭二盟由绥远城将军兼摄统辖。外藩喀尔喀蒙古四盟86旗。土谢图汗部20旗会盟于汗阿林；车臣汗部23旗会盟于克鲁伦巴尔和屯；赛因诺彦部22旗、额鲁特部2旗，会盟于齐齐尔哩克；札萨克图汗部18旗、辉特部1旗会盟于札克毕喇色钦毕都里雅诺尔。喀尔喀四部有乌里雅苏台定边左副将军和驻扎库伦办事大臣节制。漠西地区，绰罗斯部会盟于楚克阿雅噶果尔图；杜尔伯特、辉特二部会盟于赛音济雅噶图，和硕特部会盟于赛因卓里克图。嘉庆以后，杜尔伯特15旗分左右两翼会盟。土尔扈特部分五处会盟，旧土尔扈特10旗会于乌讷恩素珠克图，新土尔扈特2旗会于青赛特奇勒图、和硕特3旗会于巴图赛特奇勒图。青海蒙古各旗每三年会盟一次，由西宁办事大臣负责召集，会盟地点在西宁察罕陀罗海。

若干旗部会盟，会盟召集人便是盟长。盟长由参加会盟的各

① 《理藩院则例》，《会盟》。

旗札萨克中选任。盟长有权对所属札萨克进行监督。盟长、副盟长、帮办盟务，均自各旗札萨克王公中选命，盟内各旗札萨克每年派员在盟长处轮值，每年分十月和十二月两班。

阿拉善和硕特一旗、额济纳土尔扈特一旗，科布多和硕特一旗，皆不参与会盟，“凡旗之畸者不设盟”①归邻近总督、大臣监督。这样的制度安排，使蒙古诸部划入众多的互不统属的封建领地内，札萨克王公获得朝廷的特殊优待，旗内又可以行使独立的札萨克统治权，满足了蒙古统治上层的政治经济利益，有效地防止了蒙古民族的凝聚，确保了边疆的稳定和安全。

三、等级制度

清代蒙古的封建社会，由多种阶级、阶层构成。王公、台吉、塔布囊是贵族阶层，箭丁、随丁、庙丁等构成平民阶层。王公札萨克、上层官员、喇嘛是统治阶级，下层台吉和普通平民是被统治阶级。同时，无论外藩、内属蒙古，僧俗上层、中高级官员，与其辖属均有程度不同的人身依附关系和人身支配权力。

清代蒙古族社会与内地不同的另一特点是，从国家民政、人口管理角度，也自成体制。王公入世谱，平民入丁册，喇嘛入度牒，而均不属一般的“编户齐民”。所以，进入蒙地的非蒙旗籍人，被称为民人(irgen)。而随公主下嫁或世代为王公贵族充当工匠、仆役的汉族或其他各族人，只要纳入旗籍，成为蒙旗庄丁、陵丁，其社会身份也成了蒙古人。

(一)王公贵族

清朝根据蒙古贵族的家世高低、部众多寡、功劳大小等，分别授予亲王、郡王、贝勒、贝子、公、台吉、塔布囊等爵位，喀尔喀四部、

① 《大清会典》,《典属清吏司》。

杜尔伯特部、土尔扈特部的部长特许袭用汗号。[1] 贵族阶级不管是否任职或闲散，都领俸银、俸缎等年俸。这种俸禄并非授予官职得，而是赐予王公身份得。[2]

王公札萨克是蒙旗最高统治者。其中，身份地位最为显赫的是科尔沁三亲王：科尔沁右翼中旗札萨克土谢图亲王，科尔沁左翼中旗札萨克达尔罕亲王、闲散卓哩克图亲王。王公札萨克除了全权执掌旗政，还有直接隶属、供其世代役使的随丁。贵族台吉、塔布囊和中层以上官员，也有自己的随丁户。同时，一些旗的闲散王公和贵族台吉，还保留着与原有属民之间的某种领属关系。如闲散王公最多的科尔沁左翼中旗，卓里克图亲王、温都尔郡王等，除属民之外还有划定的领属地域。贵族有权从属于他们而组成苏木的属户可以征收一定比例的阿勒巴（赋役）。内属蒙古的总管旗，许多总管、佐领等官，往往是由少数显贵家族变相世袭，而且有的佐领本身就是世管佐领，即由佐领官世袭管领。

清代蒙古贵族在法律上也享有特权，与平民以下人不同，他们受审时不受拷打，免除他们的宣誓义务，判决都要经理藩院裁决。[3] 清朝对蒙古的民刑罪罚、赋税额度等均有原则性律令规定。但由于王公札萨克的封建领主性特权，往往滥施刑罚、随意征敛。札萨克有自己的府邸，履行旗政有专设衙署，但王府与旗署的职能权限、财产财务，往往没有严格区分。一些王公札萨克往往以年班进京、诵经拜佛、婚丧嫁娶等各种名目增加旗民的赋役负担，甚至将个人债务变相摊派给旗民缴纳偿还。

随着家族、人口的繁衍和经济生活变化，一般台吉、塔布囊阶层也逐渐分化，出现了许多没有随丁、失去贵族特权的下等台吉、

① 《大清会典》，理藩院·封爵；《大清会典事例》卷 967～973。

② 田山茂：《清代蒙古社会制度》，第 129 页。

③ 田山茂：《清代蒙古社会制度》，第 135 页。

塔布囊，实际社会和经济地位已与平民无异。

（二）宗教僧侣

清代蒙古地区喇嘛僧侣有转世喇嘛、札萨克喇嘛、寺庙喇嘛、在家喇嘛、沙毕纳尔等。寺庙喇嘛还有达喇嘛、副达喇嘛、得木齐、格斯规、经头、涅尔巴、书记、清扫、给茶、格隆、班第、额外教习喇嘛等。僧侣也和俗人一样，分为贵族、平民和奴隶三种身份。僧侣中有可以算作贵族的人，他们有职位，有学位，在信仰、宗教仪式、寺院财政、教育等各方面都站在统治者立场，享有法典或习惯规定的特权，保有特殊的生活方式。[①] 据《喀尔喀吉鲁姆》规定，如拒绝对活佛服运输差役的人，其全部财产将被没收，如果是汗，仅没收其半数。活佛的使者有请求十辆车的权利，汗的使者不过八辆。窃取活佛和寺院所有嘉许的人，没收其全部财产，并笞八十鞭，为促使犯人悔悟，必须绕寺院走三百周，跪拜九千次。[②] 蒙古领主当喇嘛僧侣们的庇护人，修造寺院、献纳财产、捐献属户、并免除僧侣的兵役和服役。因此，寺院拥有领地、隶民、家畜等，上层喇嘛也就成了无异于一般领主阶级的人，还出现了王公当喇嘛的情况。[③] 于是，有权势的喇嘛的世俗权力亦随之增大。

（三）阿勒巴图

即箭丁，蒙语称为阿勒巴图（意为赋役义务承担者），是蒙旗最广大平民，个体牧民或农民。平时承担本旗赋役，战时承担国家兵役，是其基本封建义务。清朝规定的蒙旗常年赋税额，依拥有畜种和物质生产特点的不同，大体以 20 只羊每年上缴 1 只为基准。王公札萨克进贡、会盟、移营、婚嫁，可另行征赋，也有一定限额。

---

① 参看桥本光宝：《喇嘛僧的种类及喇嘛学校》（善邻协会《调查月报》第六十六号）；又他的《蒙古的喇嘛教》，第八章。但王公当喇嘛的事，后来被清朝法令所禁止。

② 《喀尔喀吉鲁姆》，第一部第一、二、三、六条；第二部第一条，第四部第一至五条。

③ 参见符拉吉米尔佐夫：《蒙古社会制度史》，第 439～448 页。

至于旗、佐的各种差徭，则无明确限定。实际上箭丁的赋役负担往往随札萨克和各级旗官的意旨而定，或藉各种名目滥肆征敛。清朝规定，箭丁如果藉故不缴纳赋税，可任由王公札萨克自主惩处；王公札萨克逾额征赋一倍，却只受罚俸一个月的处分。在人身依附关系色彩十分浓厚的蒙旗社会，一般箭丁、平民即使受到超额赋役盘剥，也往往想不到或不敢去更高的衙门控告自己的王爷。

箭丁可以充当旗、佐下层官吏。得到王公札萨克特殊宠信者，也可出任佐领、参领、梅伦以至管旗章京等中高级官员。随着政治经济地位的变化，阿勒巴图阶层也发生贫富分化，出现牧主、地主和缺少或没有牲畜土地的贫苦农牧民。

(四)哈木济勒嘎

随丁，蒙语称为哈木济勒嘎，是按照清朝制度指拨给王公贵族或旗官，供其役使的箭丁。贵族爵位、职官级别不同，领属的随丁数量也不同，如亲王 60 人，郡王 50 人，贝勒和固伦额驸 40 人，一等台吉 15 人，四等台吉 4 人；管旗章京 4 人，参领、佐领 1 人，等等。隶属王公贵族的是随人箭丁，主人固定，世代继承；隶属官员的是随缺箭丁，主人随官员更替而转移。随丁为主人从事牧业生产和承担各种杂役，身份、地位近似家奴。随丁不承担本旗其他赋役，不服正式兵役，但可随侍主人出征。一般都有自己的牲畜、财产或划拨的谋生土地。受到王公札萨克宠信的随丁，也可担任王府总管等职官，有的还可破例充任旗府官吏，跻身官僚阶层。

(五)沙比那尔

在清代蒙古民族的社会和人口构成中占有重要位置的，还有大量黄教出家僧侣——喇嘛。寺庙、喇嘛及其所属庙丁，自成一个社会组织体系。由于笃信神佛和社会、政治(如清朝的黄教政策)等各种原因，蒙古族家庭一般兄弟 2 人即有一人出家，致使清代蒙古族人口中喇嘛竟占成年男子的五分之一甚至四分之一以上。喇嘛中虽也有上层、下层，贫穷、富裕，压迫与被压迫之分，但均以佛事为业，受世俗社会的贡奉、布施供养。地位低微的下层徒众，也主要是承担繁重的寺内杂役，不事社会性物质生产。

庙丁，蒙古语称为沙毕纳尔（本意为佛教徒众，但此处非指出家喇嘛）或哈里亚特（意为寺庙属民）。是隶属于寺庙、活佛的人户，专门为寺庙承担牧业生产和各种赋役征派。其来源，有的是蒙古平民（为崇佛或躲避兵役等各种繁重差役）主动投附，有的是王公贵族将自己的属民划拨、“贡奉”给寺庙、活佛。但入清以后，无论投附、贡奉为庙丁，已逐渐受到清廷的明令禁止和限制。庙丁一般也有自己的牲畜、财产，是个体经营牧民或农民，也可分化为贫富阶级。喀尔喀地区都有寺院领地，其沙比纳尔之数在三万人以上。沙毕纳尔被编成鄂托克或爱马克，还设有统治这种鄂托克或爱马克的行政机关。① 库伦、多伦、西宁等五大庙宇里，为管理众多僧徒，设有“商卓特巴”。

（六）奴仆

清代蒙古社会中残存着奴隶阶层，他们虽然人数不多，却挣扎在社会最低层。这些人蒙古语称为菠斡勒，或扣波特。汉文一般记载为家奴。其来源有如下几种：一、投附清朝以前即是奴隶或奴隶子孙，入清后其身份被延续下来；二、战争俘虏；三；触犯刑法而籍没为奴者；四、因经济破产卖身为奴者；五、外来户，在本旗无户籍之黑户，私户人口也被视同奴仆。② 这种奴隶并非完全是物件，不如说是半人半物，比较合适。他们被当作转卖、赠与、抵押等的对象，但也可以缴纳身价赎身为平民。他们在某种程度上还可以有私人财产，独立经营经济生活等。③

---

① 参看迈斯基：《外蒙古共和国》，上，第 98 页；符拉基米尔佐夫：《蒙古社会制度史》第 445～448 页。转引自田山茂《清代蒙古社会制度》，第 144 页注释。

② 参考《蒙古民族通史》，第四册，第 344 页。

③ 后藤十三雄：《蒙古游牧社会》，第 124 页；迈斯基：《外蒙古共和国》，上，第 108 页。转引自《清代蒙古社会制度》，第 141 页。

除此之外，清代蒙古社会还有庄丁、陵丁和驿丁。庄丁，是专为拥有农田的王公札萨克、公主额驸耕种土地的人户。陵丁，是专门守护显赫王公或公主额驸的陵墓，负担岁时祭祀的人户。其中包括许多随公主下嫁而来的满族和汉族人，他们同主人有严格的人身隶属关系，身份、地位类似随丁。驿丁，又称站丁，蒙语称为乌拉齐，是被征调专门承担蒙古地区驿站义务的箭丁。有的是拨给贫困箭丁牛马等畜，使其充当驿丁。驿丁常年驻牧、生活在驿路台站，负责供给往来王公、官员、信使的役马、食用牛羊和住宿，有的世代充役，有的数年一换。

四、军府制度

由于蒙古各盟旗都是相对独立的军政组织，札萨克王公拥有一定的军权。为了有效地防范和控制蒙古王公，确保藩部的稳定，清廷在蒙古地区设立将军、都统、大臣等地方最高军事长官，以监督、控驭各地盟旗，统一征调蒙古兵以镇戍地方，加强边防。凡是将军都统设立之所，都有满蒙汉军八旗兵驻防。

（一）将军

1. **绥远城将军**　绥远城始建于雍正末年，驻地在归化城东北五里。这里是通往漠北及漠西地区的必经之地。乾隆二年（1737年）移右卫将军驻绥远城，称绥远城将军。驻有副都统2人，八旗满蒙汉协领、佐领、防御、骁骑校47人，马甲兵丁3,900余人。绥远城将军负责统辖驻防官兵及土默特二都统旗兵马，兼摄乌兰察布、伊克昭二盟军事。

2. **定边左副将军**　在喀尔喀地区设立的最高军事长官。始设于雍正十一年（1733年），初为对准噶尔用兵所设。驻地乌里雅苏台，亦称乌里雅苏台将军。主要职责是训饬兵备，处理兵营事务，统辖喀尔喀四部之兵。初无衙署，乾隆三十二年（1767年）始建城池公署，内设将军衙门、参赞衙门、以及户部、兵部、理藩院的司官衙署。将军之下设有参赞大臣2人（满洲一员驻城内，蒙古一员驻城外），驻防兵丁2,400余名。城外还设有驻班蒙古副将军一员，由喀尔喀四部副将军轮值。同时听值的还有喀尔喀札萨克王公一人，台吉、协理台吉、管旗章京、副章京等若干名，兵丁200名，每季一换。

定边左副将军，初期一直由策凌家族内出任，由征伐准噶尔统帅逐渐成为军政官署设置。其职责由统辖喀尔喀四部兵马，以平定准噶尔转为监督喀尔喀部，总理四部军政事务为主。乾隆五十一年（1786年）后，权限进一步缩小，只统辖札萨克图汗、赛因诺颜汗二部及唐努乌梁海五总管旗军政事务。①

3. **伊犁将军**　削平准噶尔之后，乾隆二十七年（1762年）在新疆设立伊犁将军，驻惠远城。总统南北二疆，直辖若干城池，分驻满汉官兵。由蒙古察哈尔营、额鲁特营及索伦达呼尔营、锡伯营也环伊犁地区分防驻牧，各设领队大臣统之。② 伊犁将军之下设总兵1人，领队大臣5人，总管、副总管、协领、佐领、骁骑校、前锋校若干；管粮同知、抚民同知、理事同知各1人。所辖军队为满营官兵6,000余人；察哈尔、额鲁特、锡伯、索伦达呼尔各营官兵5,400余人；绿营官兵1,000余人。

伊犁将军还统辖乌讷恩素珠克图四盟十旗及巴图塞特启勒图盟之新和硕特三旗兵马。

（二）都统

1. **察哈尔都统**　始设于乾隆二十六年（1761年），驻张家口，亦称张家口都统，总理察哈尔八旗。另设副都统2人，于左右翼游牧边界驻扎。察哈尔都统负责统辖张家口驻防官兵、游牧察哈尔

① 参见田山茂：《清代蒙古社会制度》，第101页。

② 祁韵士：《西陲总统事略》，卷1。

八旗、察哈尔地区四大群牧兵马。兼摄锡林郭勒盟军务并管理阿尔泰军台。

2. **热河都统** 康熙末年，由于兴建避暑山庄以及开发皇家围场，热河地区成为清廷直辖地区。作为京畿门户，雍正二年(1724年)开始派官兵驻防。初设总管1人，副总管2人，辖佐领16员，骁骑校16员，马甲800名，分驻热河、喀喇和屯、桦榆沟三地。乾隆末年，总管改副都统，驻承德。驻防甲兵增至2,000名。嘉庆十五年(1810年)升副都统为都统，直至清末。热河都统辖昭乌达、卓索图二盟内的州县，兼理上述地区蒙汉交涉事件，军事上兼摄昭卓两盟16旗军务。

3. **呼伦贝尔副都统** 呼伦贝尔地处北陲，毗连沙俄，地位重要。雍正二年(1724年)初设呼伦贝尔统领。乾隆八年(1743年)改为副都统衔总管。光绪八年(1882年)始改设呼伦贝尔副都统，受黑龙江将军节制，驻海拉尔。呼伦贝尔副都统统辖游牧在该地区的额鲁特、陈巴尔虎、新巴尔虎、索伦等旗五总管91佐领兵马。

(三)大臣

1. **库伦办事大臣** 全称驻扎库伦办事大臣，满蒙大臣各一人，蒙古大臣设于乾隆二十三年(1758年)，满洲大臣设于乾隆二十六年(1761年)，[①]驻库伦。满洲大臣由清廷自京师满蒙大臣中简派，蒙古大臣则由喀尔喀王公内特简。大臣之下，设有理藩院派驻司官2员，笔贴式2人。负责管理卡伦及会哨各札萨克处理边务。满洲大臣权利最重，乾隆五十一年(1786年)始，库伦办事大臣开始分掌喀尔喀军政。主要职责：负责对俄罗斯交涉；负责北部边防；统辖土谢图、车臣两部兵马；兼管喀尔喀喇嘛事务及盗案审

① 黄成垿口述、陈箓笔译：《蒙古逸事》，第四章，上海商务印书馆代印。田山茂认为满洲大臣设于乾隆二十二年，见《清代蒙古社会制度》，101页。《清代蒙古政教制度》称满洲大臣置于乾隆二十七年，见121页。

理。

2. **科布多参赞大臣**　设立于乾隆二十六年(1761 年),置大臣二人,驻科布多,归定边左副将军节制。[①] 乾隆三十二年(1767 年)始建参赞衙署,设印房、兵部司署、蒙古事务处等机构。设官,参赞大臣一员,帮办大臣一员,章京 3 人,户部、兵部、理藩院司官各一名,驻防官兵 300 余。驻班札萨克一人,协理台吉一人,每季一换。驻班各部王公、官员若干,每二月一换。此外还有屯田参领、佐领、骁骑校官兵。[②]

科布多参赞大臣管辖杜尔伯特左翼十一旗,右翼三旗,辉特二旗,乌隆古土尔扈特二旗,哈弼察克新和硕特一旗等 19 旗兵马及阿尔泰乌梁海七旗、阿尔泰诺尔乌梁海二旗,札哈沁、明阿特、额鲁特三旗共 12 总管旗军政事务。管理所属台站,办理商民部票,查阅驼、马场等。[③]

3. **塔尔巴哈台参赞大臣**　清廷于乾隆二十九年(1763 年)在原伊克明安部牧地雅尔设置塔尔巴哈台参赞大臣,后移驻楚呼楚。该参赞大臣受伊犁将军节制,下设领队大臣、总管、副总管等。[④]负责巡查东西路卡伦,官兵 2,000 余。还统辖驻扎该地区的额鲁特、察哈尔八旗(营)兵马。

4. **青海办事大臣**　雍正初年平定青海和硕特部亲王罗布藏丹津叛乱后,于雍正三年(1725 年)设立办理青海蒙古番子事务大臣,简称青海办事大臣,驻西宁,亦称西宁办事大臣。青海办事大臣辖一道、一府、二县,下设理藩院司官一人,军需司官、总兵、副总兵各 1 人,驻防兵 5,000 余。其主要职责是统辖蒙古和硕特部 21

---

① 佚名:《乌里雅苏台志略》。

② 富俊辑:《科布多政务总册》,《中国近代史资料丛刊》本,台北。

③ 《科布多政务总册》。

④ 《大清会典事例》,卷 977。

旗、绰罗斯部2旗，土尔扈特部2旗及附牧的喀尔喀1旗、辉特一旗共29旗兵马，审理狱讼。

五、年班与围班制度

(一)年班制度

即朝觐制度。清廷规定年班来京朝觐之内外札萨克汗、王、贝勒、贝子、公、台吉、塔布囊等于每年十二月十五日以后、二十五日前到齐。元旦，清廷举行隆重典礼，来京朝觐的蒙古王公台吉等与宗室王公、文武百官一道朝贺欢庆。朝觐正值新年正月，进献贡品的同时可获得皇帝的赏赐燕食，亦可随带货物，沿途或在京贸易。其来京路费也有朝廷支出。除此之外，还有部分蒙古王公及其子弟在宫廷入值当差，常年驻京。年班进京、入值当差，做御前、乾清们行走，既可出入宫廷，又可享受京城生活，因此蒙古王公驻京人数逐渐增多，建立了许多王府官邸。清廷议定内札萨克王贝勒贝子公、札萨克台吉塔布囊等年班朝觐，定为三班，轮班来京，其不值班之札萨克，令该旗协理旗务台吉一人来京。清廷为每个札萨克汗王的班次作了详细的规定。如喀尔喀四部汗、王、贝勒、贝子、公、札萨克台吉等年班，定为六班，由院按班具题，指名咨调，令其来京朝觐。[①] 对他们进京的驿道、到京后的住所、在各种筵宴中的座次、礼仪都做了严格而具体的规定。蒙古王公的年班进京，不仅仅是一种特权，同时又是必须履行的义务，凡托词不朝者，均要题参治罪。年班制度，使蒙古王公熟悉了京城生活及朝廷政治，开阔了眼界，产生了一批懂得汉、满语言文字的王公贵族，在清朝政治中发挥了重要作用。同时，年班制度使久居草地之王公贵族开始向往奢侈的宫廷生活，纷纷效仿，“一切府邸车马服用，悉效京城

---

① 《理藩院则例》，卷16，“朝觐”。

王府款式”。蒙古阿拉善王府，建有房屋五百多间；哲里木盟土谢图亲王府邸，不仅建有洋式楼阁厅台花园，而且室内陈设也用洋货，由京津采买过来，所有费用皆取之于旗民。奢华的生活，加重了旗民的负担。有些王公为了满足个人生活的欲望，大肆举债，最终走上出卖土地牧场的道路。

（二）围班制度

即木兰随围活动。康熙二十年（1681年）平定三藩，蒙古王公献出热河周围大片山林草原，以示庆贺。康熙皇帝遂在此建立木兰围场。康乾嘉三朝，为演练八旗兵，每逢秋季八月十五以后，皇帝亲临围场进行射猎。围期一般20天左右，称“秋狝大典”，或“木兰秋狝”。清廷规定，蒙古各部王公台吉等须按年分班轮流带射手、杂役人员赴木兰随围。由于年班朝觐在冬春之交“痘症”流行之时举行，清廷规定凡未曾出痘之蒙古王公不必来京朝觐，可按年赴热河随围瞻觐。围班班次、内容、待遇、赏赐与年班基本相同。围猎期间，皇帝在避暑山庄万树园举行典礼和筵宴，招待蒙古王公。①

六、卡伦、鄂博制度

卡伦、鄂博制度作为清代蒙古地区的一项重要政治、军事制度，在清代蒙古历史上占有重要地位。卡伦、鄂博则设于蒙古边境地区或各盟、部、旗之间，派兵丁巡防、驻守，负责执行国境的巡逻和警戒任务，或以此作为各盟、部、旗游牧地的分界，防范盗贼，维持治安。有清一代，由于蒙古地区地处清朝北部、东北部和西北部边疆地带，台站、交通四通八达，卡伦、鄂博秩序井然，对清朝统治蒙古地区，乃至巩固大清北部边疆的防御起了重要作用。

---

① 《理藩院则例》，卷16，“朝觐”；卷21，“扈从事例中”，卷22，“扈从事例下”。

(一)卡伦制度

卡伦,是蒙语音译,意为哨所或岗哨,满语中卡伦为其借词,意为“更番候望之所”,或称斥堠、哨,其实际功能主要在于边防哨所,即执行各种巡查、传递或征收等任务,并驻兵把守的据点。按其性质,清代卡伦可分为内地卡伦、边境卡伦。各地卡伦均设有卡伦章京或侍卫统领兵丁巡防、驻守。就边境卡伦而言,相邻两个卡伦之间又设鄂博一处,使相邻两个卡伦官兵不时从各自的卡伦至鄂博之间进行巡查。到鄂博后双方会哨,并汇报各自的情况,以便上报边情。地方军政官员也在不同的时间内,按规定的路线带兵巡查边境,视察卡伦官兵的驻守情况。鄂博又译敖包,为蒙古语,意为“堆”。鄂博在蒙古地区有祭祀鄂博、路标鄂博、界标鄂博之别,与卡伦相对应的就是界标鄂博。但其功能与卡伦有所不同,它的目的和作用仅在于分明各种区域或疆域之间的界线或边界,[①]并无其他功能。

清代内蒙古地区卡伦始设于康熙初年。盛京、吉林地区与内蒙古东部各部之间的卡伦是沿着盛京边墙—柳条边设置的,卡伦走向是“东为崖口,西为济尔哈朗图,北为色堪达巴汉色钦等处,又西为库尔图罗海等处,又南为木垒喀喇沁等处,又南而西为珠尔噶岱等处,又南为海拉苏台等处,又南而东为巴伦格得依等处”,“老柳边在外,卡伦在内”。[②] 昭乌达盟翁牛特、敖汉、奈曼、喀尔喀左翼等部牧地均在此范围内。索伦、达呼尔等部驻地与哲里木盟杜尔伯特、郭尔罗斯等部游牧地之间的卡伦原设于哈达雅地方,与墨尔根村庄相近。康熙二十九年(1690年)移至席令吉齐山顶安设扎赉特三卡伦原靠近索伦游牧之处,后作调整。其中,将东卡伦移

① 宝音朝克图博士学位论文:《清代北部边疆卡伦研究》,中国人民大学,2002年。

② 《理藩院则例》,《录勋清使司下》。

至柴河北山顶，中卡伦移至伊罕克勒河山顶，西卡伦移至库如勒齐山顶。科尔沁三卡伦原在内地，因“与各处鸟远”，遂将东卡伦移至哈布齐河山顶，中卡伦移至纳哈拜扎尔汉山顶，西卡伦移至哈麻尔口北山顶。①

热河木兰围场属大清皇家猎苑，是清廷很早划定的禁区。围场周围先后设卡伦四十处，“规取高地为之，或于岗、或于阪、或于山川之隙随宜设置”。这些卡伦均以驻防八旗兵丁驻守，防止蒙汉人民出入围场，“盗伐木植，偷打牲畜”。②

内蒙古地区总管旗牧地周围也设卡伦守护。如呼和浩特土默特地区卡伦设于乾隆十九年(1754 年)，共设十一座。它是土默特与邻近诸蒙古旗之间的边界，有防范盗贼抢劫之功能。这些卡伦以翁滚达巴为中心，分东北—东南、东北—西南两条线分布。东北—东南线排序为翁滚达巴、哈喇沁、鄂奇特、乌里雅苏台、和林格尔；东北—西南线排序为翁滚达巴、珂乳库、特门库珠、嘎鲁第、苏勒哲、乌达、察罕鄂博。这些卡伦的大部分地处大青山峡谷中，每卡领催一名，兵丁五名，这些兵丁均自土默特二旗中抽调，每次值勤一个月，每年十一月由绥远城将军派出满族官员前往视察各卡伦的情况。③

雍正十二年(1734 年)，清朝在呼伦贝尔巴尔虎与外札萨克喀尔喀车臣汗牧地分界处初设十六座卡伦，这些卡伦是哈布齐海图、阿拉勒图、扎拉、布尔格尔、呼尔海图、哈西雅图、音沁、阿鲁布拉克、默敦哈西雅图、扎木音呼都克、布隆德日素、乌兰杭噶、额布都克布拉克、锡林呼都克、诺木汗布日图、乌默黑布拉克等。道光二十七年(1847 年)又增设三卡伦。即西拉沁、合热木图布拉克、西

① 《盛京通志》，卷 52。

② 《蒙古民族通史》，第三卷，内蒙古大学出版社，1993 年，第 235 页。

③ 波兹德涅夫：《蒙古及蒙古人》，刘汉明等汉译，第 2 卷，第 152～153 页。

巴尔图布拉克。这些卡伦系内卡伦，其中，前十六座卡伦每卡伦派兵丁十名，两卡伦间派官员一名，后三座卡伦每卡伦派官员一名，兵丁十名。①

呼伦贝尔与布特哈之间的库鲁克、哲尔库来、根郭勒、鄂勒呼奴、博鲁、莫日勒格等六座卡伦建于咸丰十年(1860 年)，这些卡伦虽系内卡伦，但其职责仍然是防止俄罗斯人越境，驻守兵丁由布特哈城派遣。②

此外，清朝在额尔古纳河沿岸设置了大批边境卡伦，并据其地理位置分为外卡伦和内卡伦，其职责均为执行国境的警戒和巡逻任务。其中，额尔古纳河东岸的外十二卡伦初设于雍正五年(1727年)。其自东而西顺序为珠尔特依、西巴尔布喇克、巴延珠尔克、乌雨勒噶齐、巴雅斯呼朗图温都尔、巴图尔和硕、库克多布、额尔德尼托鲁盖、蒙克西里、阿巴垓图、苏克特依、察罕敖拉。光绪十年(1884 年)，清朝为了禁止俄罗斯人越界采金等现象，在额尔古纳河下游沿岸又增设了莫里勒格、牛尔郭勒、温郭勒、伊木郭勒、额勒合哈达等五处外卡伦。每卡伦设官员一名，兵丁三十名，每三个月轮换一次，并派总兵一名，佐领二名每月协助查核。③ 这些兵丁来源于呼伦贝尔副都统(总管)所辖驻牧八旗，其职责主要是每日巡查，遇有越境俄罗斯偷盗牲畜者归总管呈报办理。④ 但由于外卡伦防守多有疏漏，时有发生俄罗斯人越界现象。雍正十一年(1733年)，根据黑龙江将军卓尔海等人的建议，在距外卡伦一至二百里

① 《呼伦贝尔概要》，金峰等整理：《卫拉特史迹》，内蒙古出版社，1992 年，第 151～154 页。

② 《呼伦贝尔概要》，金峰等整理：《卫拉特史迹》，内蒙古出版社，1992 年，第 151～154 页。

③ 《呼伦贝尔概要》，金峰等整理：《卫拉特史迹》，内蒙古出版社，1992 年，第 151～154 页。

④ 《盛京通志》，卷 52。

的地方重设库勒都尔河、特尔么勒津河、特尼格、崇古林山沟、依拉盖图哈齐、西拉乌苏、萨勒奇图、温都尔鄂勒苏、翁衮、敖兰冈噶、布朗图 、莫盖图、套鲁盖图、乌尔图布拉克等十五座内卡。[①] 咸丰七年(1857 年),因内外卡伦之间的距离过远而“仍不足资联络”,“恐稽查难周”,[②]于是将以上内卡伦全部设在距离外卡伦三十至四十里处,以便协助外卡伦守边。其中,原十五座内卡中三座(包古图、依尔盖图、新布拉克)变为台站以外,其余均以新设置的地点而另起名。重新设置的十二座内卡是西巴尔阿玛、迈罕图、察勒齐阿玛、色格勒齐布拉克、郭尔毕布拉克、阿鲁呼都克、锡林呼都克、奔巴诺尔、郭勒特格、阿尔山布拉克、乌噶拉吉布拉克、达西玛克布拉克。[③]

(二)鄂博制度

有清一代,内蒙古边境地区遍布着驻扎兵丁的镇守国境之卡伦以外,还有标志国界的鄂博。如呼伦贝尔境内的塔尔巴干塔呼山鄂博是在乾隆二十五年(1760 年)划分中俄边界时堆起的。[④] 标有内蒙古各旗游牧界限的鄂博遍布在各旗交界处,“蒙古二十五部落、察哈尔牧场、八旗各如其境,以鄂博为防”。[⑤] 道光二十七年(1847 年),清朝为了界定喀尔喀与巴尔虎游牧界限,先后堆起了十二座鄂博。[⑥] 土默特与鄂尔多斯之间因黄河频繁改道而多次发

---

① 《呼伦贝尔概要》,金峰等整理:《卫拉特史迹》,内蒙古出版社,1992 年,第 151～154 页。

② 《黑龙江志稿》,卷 32。

③ 《呼伦贝尔概要》,金峰等整理:《卫拉特史迹》,内蒙古出版社,1992 年,第 151～154 页。

④ 《呼伦贝尔概要》,金峰等整理:《卫拉特史迹》,内蒙古出版社,1992 年,第 151～154 页。

⑤ 《清史稿》,卷 137 ,《兵八》。

⑥ 《呼伦贝尔概要》,金峰等整理:《卫拉特史迹》,内蒙古出版社,1992 年,第 151～154 页。

生边界纠纷，为了界定边界，双方自康熙年间起多次派遣官员堆起鄂博。[1] 道光五年(1825年)因四子王旗与察哈尔镶蓝旗之间游牧界限纠纷不断，双方派遣官员，在两旗交界处挖沟或堆起鄂博。[2] 光绪十一年(1885年)，绥远城将军令相关旗札萨克衙门，重新修复了土默特与四子王旗、土默特与达尔罕贝勒旗、土默特与茂明安旗、土默特与乌喇特中旗边界鄂博。其中，土默特与茂明安旗之间的新旧边界鄂博共有七十座。[3] 另外，清代蒙古寺庙和呼图克图活佛因拥有大片牧场，寺庙牧场与邻近各旗之间亦立鄂博界定边界。如乾隆三十五年(1770年)，在五当召牧场与茂明安、四子王旗、乌喇特等旗交界处立鄂博六十九座，界定边界。[4]

漠北地区卡伦设于雍正六年(1728年)中俄《布连斯奇条约》签定以后。漠北四部境内有边境卡伦28座，位于车臣汗部、土谢图汗部与俄国接壤的边境地区。两部各派札萨克一员、卡兵200名坐卡巡逻。乾隆二十六年(1761年)以前，所有卡伦事务均由清廷授权的“办理俄罗斯事务”喀尔喀汗王管辖。之后，收归库伦办事大臣及其委派的总管卡伦札萨克管辖。边境卡伦的主要职责是稽查边境，禁止中俄双方人员越界游牧、居住；监督中俄贸易，查验出入卡伦贸易的商民执照。[5] 内地卡伦主要设于唐努乌梁海、科布多、赛因诺彦、札萨克图汗诸部交界地带。其走向自东向西向南，自恰克图以西察罕乌苏至玛尼土噶图勒共45座。按规定“在

---

① 金峰主编:《呼和浩特史蒙古文献资料汇编》，第一辑，内蒙古文化出版社，1989年，第399页。

② 金峰主编:《呼和浩特史蒙古文献资料汇编》，第一辑，内蒙古文化出版社，1989年，第407～410页。

③ 金峰主编:《呼和浩特史蒙古文献资料汇编》，第一辑，内蒙古文化出版社，1989年，第412～423页。

④ 金峰主编:《呼和浩特史蒙古文献资料汇编》，第一辑，内蒙古文化出版社，1989年，第396～398页。

⑤ 《清史稿》，卷一三七“兵八”；(嘉庆)《大清会典事例》，卷七四六。

喀尔喀等部落之卡伦，按其游牧远近，每卡设章京一员，率兵丁携眷驻守，遇森林丛杂，难立鄂博、卡伦之处，则削大树而刊识之。”[①]凡卡伦札萨克、台吉、章京、兵丁均为一年一换，卡伦侍卫三年一换。[②] 内地卡伦的职责一是禁止内地商民前往唐努乌梁海地区贸易；二是防范境外哈萨克侵入乌梁海地区游牧，以保护这一地区作为边疆前沿的特殊地位，安定边疆地区的统治秩序。[③]

漠西地区的卡伦始设于乾隆二十三年（1758 年）的准清战争中。初设于斋桑湖以西，布昆河一带。乾隆二十六年（1761 年）西陲平定后开始大规模安设，卡伦设置渐趋严密。塔尔巴哈台所属卡伦与科布多地区卡伦毗连，以额尔齐斯河为界。塔尔巴哈台所属卡伦分东西两路。东路卡伦有两线，自辉迈拉扈到乌里雅苏台共计 13 座，为夏季安设；丛玛尼土噶图勒干至锡伯图共 8 座，为冬季安设。西路卡伦界连伊犁，丛巴克图到阿鲁沁达兰共 8 座。卡伦由京师派出的卡伦侍卫率各驻防营兵丁防守，由领队大臣管辖。伊犁东北地区卡伦大小 23 座，卡伦以外为哈萨克游牧地区。再向西向南至伊犁河北岸设卡伦 8 座。上述卡伦由索伦营领队大臣专辖。自伊犁河向西向南设卡伦 16 座，由锡伯营领队大臣专辖。自锡伯营卡伦迤西向东南方向，设卡伦 17 座，由额鲁特营领队大臣专辖。其东南与旧土尔扈特南路四旗、和硕特中路三旗游牧地毗邻之处，设卡伦 8 座。也由额鲁特领队大臣专辖。[④]

除此之外，在清代青海蒙古地区也设过卡伦。

清代的卡伦制度有一整套严密的制度和措施。如巡查制度，将军、大臣负有总责，领队大臣、卡伦札萨克及卡伦侍卫职在专管。

---

① 《清史稿》卷一三七“兵八”。

② 《大清会典事例》，卷九七四；姚莹《卡伦形势记》，《小房壶斋舆地丛钞》第二帙。

③ 《蒙古民族通史》，第四卷，第 262 页。

④ 《清史稿》，卷一三七“兵八”。

再如对坐卡官兵的奖惩制度。巡防妥善,不出事故者,其官可加级记录;否则,官被革职、罚牲,兵丁受鞭刑。[①]

七、台站制度

台站是军台与驿站的合称,主要负责蒙古地区的军事通讯和物资转运。蒙古地区地处北部边陲,连接长城各关口,清廷通过各口台站传递政令、军令,押解或押运军饷、火药、钱粮、器械、犯人及农具等。清代蒙古地区的台站按设置机关可分为官设台站和苏木台站两种。官设台站是指清政府直接安设,官兵饷需及驿递车马均由国家负责的台站。苏木台站则是各盟旗以佐领为单位自行安设的台站。按其规模大小,又有正站(正台)和腰站(腰台)之别。正站为大站,腰站为小站。在某种意义上说腰站可视为正站的派出机构或分站。[②]

(一)驿站制度

起初,清朝在长城各口及其附近陆续安设了汉站,这些汉站称作内地驿站。其后,为了便于应付各种差使,内札萨克不少旗在各自的旗境内安设苏木台站。如喀喇沁左旗境内有喜峰口驿站克依斯呼之外,旗内自行设置的白宫台站。从此,蒙古原有的乌拉制度被驿站制度代替。康熙三十年至三十二年(1691～1693 年)之间,清政府根据准噶尔战争的需要,在喜峰口、古北口、独石口、张家口、杀虎口外设置了五路驿站,[③]总称内蒙古五路驿站。五路驿站与长城五口以内的汉站相连,直达京师。有清一代,把上述五路

① 《理藩院则例》,卷六三;(乾隆)《大清会典事例》"理藩院"。

② 金峰:《清代蒙古地区台站通名的产生与命名》,内蒙古地名,1981.1.2 期。

③ 《清圣祖实录》,卷一五三,康熙三十年冬十月丙申;《清圣祖实录》,卷一五五,康熙三十一年夏五月甲申。

驿站又称作口外五路驿站或边外五路驿站。

喜峰口驿站，自喜峰口至扎赉特旗哈岱罕，共设十八站，总长一千六百里，通达内札萨克蒙古卓索图盟喀喇沁右中左三旗、土默特右左二旗、昭乌达盟喀尔喀左翼旗、敖汉旗、奈曼旗、扎鲁特左右二旗、哲里木盟科尔沁左翼后中前三旗、科尔沁右翼中前后三旗、郭尔罗斯前后二旗、杜尔伯特旗、扎赉特旗等三盟二十旗。这些站自南向北的顺序是喜峰口、宽城、浩沁塔宾格尔、克依斯呼、托郭图、伯尔克、黄郭图、沙尔诺尔、库库车勒、三音哈克、希讷郭勒、奎苏布拉克、博罗额尔济、诺木齐、哈沙图、阿勒坦克勒苏特依、仲堆、哈岱罕。[①] 其中，喜峰口、宽城为汉站之外，其余均为蒙古站。该路驿站共设官马九百二十匹，兵丁九百六十八名，当差壮丁五十名，兽医二名，马夫四十六名。喜峰口驿站是清廷规定的卓索图盟和昭乌达盟王公入京朝觐、年班的必经路线。也是连接北京到内蒙古东部各盟旗的主要通道。特别在后来与齐齐哈尔接通后，成为北京到东北最为迅捷的驿路，清代许多紧急军国奏折都经此路传递，被称为递折路。

古北口驿站，自古北口至乌珠穆沁左翼旗阿噜噶木尔，共设蒙汉十六站，总长九百二十三里，通达内札萨克蒙古昭乌达盟翁牛特左右二旗、扎鲁特左右二旗、巴林左右二旗、阿鲁科尔沁旗、锡林郭勒盟乌珠穆沁左右二旗等二盟九旗。这些站自南向北的顺序是古北口、鞍匠屯、王家营、红旗营、什巴尔台、坡赖村、美耳沟、希尔哈、阿美沟、卓苏、陈图博、赉散琥图克、色拉木伦、噶察克、海拉察克、阿噜噶木尔。[②] 其中，前六站为汉站，其余为蒙古站。该路驿站共设官马四百九十五匹，兵丁九百七十四名，当差壮丁八十名，兽医六名，马夫二十八名，骄夫四十八名。此路驿站最初为征伐准噶尔

---

① 《理藩院则例》，卷三十一，邮政上。

② 《理藩院则例》，卷三十一，邮政中。

而设立，后来成为内蒙古最主要的商路之一。

独石口驿站，自独石口至浩齐特左翼旗胡鲁图，共设蒙汉六站，总长六百八十五里，通达内札萨克蒙古昭乌达盟克什克腾旗、锡林郭勒盟阿巴噶左右二旗、阿巴哈纳尔左右二旗、浩齐特左右二旗等二盟七旗。这些站自南向北的顺序是独石口、奎腾布拉克、额楞、额默根、卓索图、锡林郭勒、胡鲁图。① 其中，独石口站以外，其余均为蒙古站。该路驿站共设官马三百二十九匹，兵丁三百名，兽医一名，马夫四十三名。独石口路驿站是锡林郭勒盟部分札萨克旗王公进京的主要通道。康熙三十五年(1696 年)康熙皇帝率中路大军由此路北上克鲁伦河，与西路大军夹击准噶尔汗国噶尔丹，于昭莫多地方大胜噶尔丹。

张家口(东口)驿站，自张家口至四子部落旗吉斯黄郭尔，共设蒙汉十九站，总长五百五十里，通达内札萨克蒙古锡林郭勒盟苏尼特左右二旗、乌兰察布盟喀尔喀右翼旗、茂明安旗、四子部落旗等二盟五旗。这些站自南向北顺序是张家口、察罕托罗海、布尔哈苏台、哈留台、鄂罗依琥图克、奎苏图、扎哈苏台、明垓、察察尔图、庆岱、乌兰哈达、本巴图、锡喇哈达、布鲁图、鄂伦琥图克、察罕琥图克、锡喇穆楞、敖拉琥图克、吉斯黄郭尔。② 下接外札萨克喀尔喀蒙古土谢图汗部境内五站。其中，张家口驿站为汉站之外，其余均为蒙古站。该路驿站共设官马四百九十七匹，兵丁三百三十名，兽医一名，军夫、马夫各二十四名。张家口驿站另一道则西至归化城，路径驿站有察罕托罗海、叟吉、昭化、塔拉布拉克、穆海图、和林格尔。③ 此路可达察哈尔右翼四旗和归化城土默特左右二旗之外，从北京到阿拉善额鲁特左右二旗和额济纳土尔扈特旗的官方

① 《理藩院则例》，卷三十二，邮政中。

② 《理藩院则例》，卷三十一，邮政上

③ 《嘉庆重修一统志》，卷五三四。

人员也经过这条驿站行走。

杀虎口（西口）驿站分两路，西路自杀虎口至察罕扎达垓，共设蒙汉十二站，总长一千三百三十里，通达归化城土默特左右二旗、伊克昭盟左右翼七旗。这些站自南向北顺序是杀虎口、八十家、二十家、萨勒沁、归化城、杜尔格、栋素海、吉克苏台、巴彦布拉克、阿鲁乌尔图、巴尔素海、察罕扎达垓。[①] 其中，杀虎口站以外，其余均为蒙古站。该路驿站共设官马二百八十匹，兵丁五百二十八名，兽医一名，马夫二十名。北路自杀虎口经归化城土默特左右二旗，到达乌兰察布盟乌喇特前旗居住地哈达马尔（铁柱谷），[②]总长达四百八十里。有清一代，该路作为伊克昭盟和乌喇特诸旗贡道，一直发挥着重要作用。清中叶以后更成为山、陕流民走西口的主要通道。

此外，呼伦贝尔地区的台站属齐齐哈尔至呼伦贝尔的西北路台站。其中齐齐哈尔境内有七家、甘井子、那奇希三站，布特哈境内有木尔棍楚、和尼必喇昂阿、西巴尔哈里、巴林、嘎尔乾哈达、延博霍托等七站，呼伦贝尔境内有伊尔克特、库尔克特衣、们都克依、扎敦必喇雅克萨、喀勒和硕、扎拉木太、哈克鄂模、呼伦贝尔城、博霍托、依尔该图、新布拉克等十一站，最终连接中俄边界的库克多博卡伦。[③]

除以上的五路驿站外，还有通往东北的八虎路，齐齐哈尔西北路台站和齐齐哈尔南路台站。清初，开辟山海关驿路，哲里木 10 札萨克旗王公由此路进京朝觐、年班。后来的八虎路从法库门出发，经哲里木盟左翼各旗、郭尔罗斯前旗、扎赉特旗到郭尔罗斯后旗的茂兴，纵贯哲里木盟，全长约 800 余里，途经 36 站。因为地势

① 《理藩院则例》，卷三十二，邮政中。

② 《嘉庆重修一统志》，卷五四二。

③ 《呼伦贝尔概要》，光绪二十三年满文手抄本。

平坦，后成为内蒙古东部重要商道。齐齐哈尔西北路台站随着中俄关系的发展延伸到1,250余里，计有21站，齐齐哈尔界内3站，布特哈界内7站，呼伦贝尔界内11站。此路从齐齐哈尔直抵中俄边界的库克多博卡伦（今额尔古纳右旗黑山头），是东北通往沙俄的重要交通路线。此外，呼伦贝尔通往北京的驿路还有两条，都是向西南经锡林郭勒盟直抵北京。第一条路是从呼伦贝尔城（今海拉尔市）出发，西南渡喀尔喀河，经外蒙古车臣汗部左翼，内蒙古锡林郭勒盟乌珠穆沁左右两旗，昭乌达盟克什克腾旗，进入多伦诺尔，然后由古北口进京。全长约3,000余里。另一条是从呼伦贝尔城出发，西南渡乌尔汎河，经外蒙古车臣汗左翼中后旗境，过锡林郭勒盟乌珠穆沁右翼旗、浩齐特左旗、阿巴噶右旗、正蓝旗察哈尔，然后从张家口至北京，全长约3,300余里。

（二）军台制度

漠北地区的官设驿站，也称北路驿站或阿尔台军台。主要是在清准战争和同沙俄交涉过程中设置起来的。从康熙中期始设到乾隆中期完成，经理了大约60余年的时间。漠北驿站包括五条线路：阿尔台军台、库伦台站、乌里雅苏台北路台站、科布多北路台站和科布多南路台站。阿尔台军台横跨漠北境内，自喜喇穆呼尔经赛尔乌苏、乌里雅苏台至科布多。总分三段，第一段自漠南、漠北交界处的喜喇穆呼尔至漠北交通枢纽赛尔乌苏，共5站，通过土谢图汗部南部地区。第二段自赛尔乌苏以西和尼奇至乌里雅苏台以南的察罕瘦尔共25站，通达土谢图汗、赛因诺彦两部地区。第三段自乌里雅苏台以西的呼都克乌兰至科布多以南的哈喇乌苏共6站，通达札萨克图汗部和科布多东部地区。

库伦台站包括南、北两段。南路自赛尔乌苏至库伦，共14站，通过土谢图汗南部地区。北路自库伦至恰克图，共6站，通过土谢图汗北部地区。

乌里雅苏台北路台站，自乌里雅苏台至察罕托罗海共7站，通过赛因诺彦部、札萨克图汗部北部地区到达唐努乌梁海地区。科布多北路台站，自科布多至索果克卡伦共5站，西与漠西地区台站相接。通过明阿特旗、额鲁特旗到达乌梁海7旗。科布多南路台站，自科布多至搜吉卡伦共8站，通达札哈沁旗、新和硕特旗、新土尔扈特二旗。漠北地区的台站管理制度非常严密。首先是各地军事长官分段统辖，阿尔台军台一分为五，南段赛尔乌苏以南由察哈尔都统负责；赛尔乌苏以北至哈喇尼敦特设阿尔台军台都统管辖；哈喇尼敦至乌里雅苏台则由乌里雅苏台将军统辖；乌里雅苏台至科布多再分两段，东段归乌里雅苏台将军；西段归科布多参赞大臣管辖。库伦台站由库伦办事大臣统辖。乌里雅苏台北路归乌里雅苏台将军统辖。科布多南北两路统归科布多参赞大臣。将军、都统、大臣之下，赛尔乌苏设管站司员（员外郎）1名、笔帖式1名管理；其它各路台站则分别由当地蒙古部旗委派管站台吉负责。各个具体台站则设参领、副参领、章京、骁骑校、领催督理。[①] 康熙三十二年（1693年）军台设置的情况为“阿尔泰军台共大站二十九，腰站十五。总理军站事务，总管一员，副总管一员，张家口驿传道一员。塞尔乌苏驿传道一员，笔帖式三员，蒙古参领四员，章京二十二员，骁骑校二十二员，领催四十四名，蒙古甲兵三百零五名，站丁四百四十名。”[②]

漠西，蒙古地区台站清代属天山北路台站，设置于清准战争中。经过漠西蒙古地区的台站有三条线路：乌鲁木齐北、西两路和塔尔巴哈台军台。乌鲁木齐北路由哈密向北经过巴里坤、古城，然后由东北向南绕路到乌鲁木齐。其中自巴里坤至乌鲁木齐，共14站。阿睦尔撒纳事件发生后，由京师到伊犁的无论是捷报处急用飞递军台或者是皇华驿普通快马驿站，均不经过北路，而是走乌鲁

① 《蒙古民族通史》，第四卷，第267～268页。

② 《口北三厅志》，卷六“台站志”。

木齐南路，即由哈密向西经过吐鲁番到乌鲁木齐，然后仍接乌鲁木齐西路到达伊犁。乌鲁木齐西路由乌鲁木齐向西北经过奎屯、晶河、塔勒奇阿满到伊犁。西路是天山北路的北段，也是整个嘉峪关驿路或西路军台的最后一段，自乌鲁木齐至伊犁，共 20 站。[①] 塔尔巴哈台军台，自库尔喀喇乌苏至塔尔巴哈台，共 12 站。通过旧土尔扈特西路旗和塔尔巴哈台地方。漠西地区各路台站分辖于各地都统、大臣。

清代蒙古地区驿站担负着"宣传命令，通达文移"[②]的重要使命。战争时期作为兵站，传报公务、押送军饷、火药、钱粮、农具、器械、押解遣犯、护送降人，任务更加繁重。平时，驿站也是蒙古王公等人员和各部落入京进贡的主要渠道。蒙古地区驿站线路长，人员多，途经地区社会、地理环境复杂。因此在管理上不同于内地驿站。除了地方上实行派出官员与地方札萨克等行政长官双重管理体制外，在中央也同样实行以理藩院旗籍清使司为主、兵部车驾清使司为辅的双重领守体制。另外，地方都统、将军也有兼管之责。如热河都统兼管喜峰口、古北口驿站，察哈尔都统兼管张家口、独石口驿站，绥远城将军兼管杀虎口驿站，呼伦贝尔副都统兼管齐齐哈尔至呼伦贝尔的西北路台站。每路专设管驿蒙古员外郎一名，笔贴式二名负责。每站再设领催一人具体负责。古北口一路则特设管站同知一人，与该路员外郎协同管理。

为了保证台站的畅通无阻，台站在管理和使用上形成了诸多制度和措施。如乘驿人员需持专用票、牌驰驿；官员非因公务则不能驰驿；驰驿人员不得勒索驿站；驿站须按规定提供差马、饮食，不得违误；驿用牲畜得按一定比例报损，超过比例须由驿站人员陪

---

① 金峰：《清代新疆西路台站》，《蒙古史论文选集》，第三辑，1983 年，第 418～421 页。

② 《清朝通典》，卷二十六。

补。从人员配备上，一般来说每个正站需要五十名兵丁（又称五十家）或乌拉齐（站丁）服役，腰站需要二十名（二十家）兵丁服役。服役时间有的几个月，有的几十年，甚至两代。站丁所要承担的主要任务有传递文报，转运物资，接送过往人员；为过往人员提供转运所需的车、马、牛、驼等交通工具；无偿为过往人员提供食宿。清政府规定："蒙古部落，照本院（理藩院）所发印文，供应差马饩羊，不许规避。如不供应差马者，罚牲畜三九；不供应饩羊者罚牛一九"。[1] 若遇紧急情况，更是强征勒索。站丁多是穷困的蒙古人，甘愿携带家口服站役以求栖身之所。他们要自己耕牧，获取生活资料，加之承担过往人员食宿，生活实在艰难。清政府不得不"每丁各给乳牛五头、羊三十只，以此养赡"。[2] 但是，每逢灾年这点牲畜很容易损失殆尽，站丁只好自行买补。另外，站丁经常遭受到过往差官的无理勒索和凌虐。如"雍正元年谕，理藩院人员来往蒙古地方，有不肖之徒、肆行无礼，勒索凌虐者"。[3] 清廷虽然多此下令禁止这种行为，但屡禁不改。到了清朝末年，"台站往来各差，近来每籍官差贩带货物，在台任意需索驼马稍不如意，辄加鞭打"。[4] 站役不仅苦累广大旗民，而且逼迫他们付出了巨额的生产和生活资料，给蒙古地区的社会生产带来极大的消极影响。道光十年，察罕浩特驿站的喀喇沁右、中旗站丁因干旱或水灾，地无收获多年，无法维持生活。[5] 贫苦站丁在无法承受繁重差役的情况下，以四处溃散或逃避来反抗站役。光绪年间，"察哈尔所属站台因往来差使络绎、驼马倒毙甚多，以致溃散四台。各台兵丁困苦难堪，势将

① 《理藩院则例》，《录勋清使司下》。

② 《理藩院则例》，《录勋清使司下》。

③ 《理藩院则例》，《录勋清使司下》。

④ 《理藩院则例》，《录勋清使司下》。

⑤ 内蒙古档案馆档案，全宗号503，目录号2，案卷号3962。

纷纷逃避”。[①]

八、法律制度

清朝统治蒙古的另一个基本政策和制度，是颁布各种律令，约束蒙古各部的活动。从太宗朝开始清廷对漠南蒙古实施了较为有效的法律支配[②]。天聪三年（1629年）正月“颁敕谕于科尔沁、敖汉、奈曼、喀尔喀王部落，令悉遵我朝制度。”[③]同年三月，“遣国舅阿什达尔汉同尼堪等赍敕谕归顺各部落蒙古诸贝勒。”[④]总之，随着清朝统治的深入对蒙立法也逐渐完善了起来。

（一）《蒙古律例》

《蒙古律例》是清初为蒙古制定的专门法规，嘉庆年间的《理藩院则例》是在其基础上形成的。天聪七年（1633年），“颁钦定法律于科尔沁土谢图济农。”[⑤]崇德八年（1643年），“颁给蒙古律书。”[⑥]这是清朝对蒙古立专门法的开端，是目前所知《蒙古律例》的最早版本。其后，清朝又对《蒙古律书》进行过几次增补。至今流传下来的有康熙六年（1667年）的《蒙古律书》。这部《律书》是对康熙六年以前所颁布蒙古例的系统整理和编辑。[⑦] 乾隆年间对《蒙古律例》也进行过数次修订。乾隆五十四年（1789年）编纂系统的《蒙古律例》。共12卷，收例209条，卷末附增订则例23条，

---

① 《清德宗实录》，光绪元年十月甲午。

② [日]楠木贤道：“天聪年间爱新国对蒙古诸部的法律支配进程”，《蒙古史研究》第七辑，内蒙古大学出版社，2003年。

③ 《清太宗实录》，卷五。

④ 《清太宗实录》，卷五。

⑤ 《清太宗实录》，天聪七年八月癸酉条。

⑥ 《清圣祖实录》，康熙六年九月癸卯条。

⑦ 达力扎布：“《蒙古律例》及其与《理藩院则例》的关系”，《清史研究》2003年第4期。

共 232 条。分官衔、户口差徭、朝贡、会盟行军、边境卡哨、盗贼、任命、首告、捕亡、杂犯、喇嘛例、断狱 12 门。《蒙古律例》每次修订后都要刊刻，颁给外藩蒙古各盟、旗使用，因此，在清初似乎主要以蒙古文刊刻和颁行，至今未发现有清初的满、汉文本传世。正因如此，从乾隆初年开始把《蒙古律例》译为满文、汉文。乾隆五十四年(1789 年)校订本就是满、蒙、汉三种文字的版本。①

(二)《理藩院则例》

《理藩院则例》是治理蒙古和西、北地区其他边疆民族的行政法规。它规定了蒙古王公及西、北地区其他民族上层人士种种特权，制定了清朝对西、北各族地区的许多禁令，记载了多种处理喇嘛教事务的条例。此外，还有俄罗斯事例若干条。嘉庆年间，在《蒙古律例》的基础上扩展内容，初次纂修了《理藩院则例》。嘉庆十六年(1811 年)，理藩院编纂则例，二十二年(1817 年)刊行汉文本，不久满文和蒙古文本亦陆续问世。当时，《理藩院则例》共有七百十三条，对旧例进行了较大规模的在增删。《理藩院则例》比《蒙古律例》的内容更为广泛，不仅限于蒙古内部事务，还有理藩院的机构及职掌、理藩院驻扎各地方管理蒙古与内地交涉事务司员及驻防大臣的职守，全面反映了当时清朝对蒙古地区管理上的变化和发展。② 此后，随着对蒙古地区管理的需要，几次增删修订《理藩院则例》。道光三年(1823 年)，《理藩院则例》再行修纂，六年完成(1826 年)。光绪年间亦有续纂。除满、蒙文本外，现在较为常见的汉文本《理藩院则例》，有海清阿等修纂的道光六年(1826 年)刻本，六十四卷；文康等续修的光绪十七年(1891 年)刊本，亦六十

① 《蒙古律例》及其与《理藩院则例》的关系。

② 达力扎布上文。

四卷，以及清末及民初刊印的版本。①

(三)《理藩部则例》

清末，随着国内外政局的急剧变化，清朝调整了对蒙政策，其中也包括《理藩院则例》部分内容的改动。光绪三十二年(1906年)，理藩部虽重新排印《理藩部则例》，但对其内容并没有改动。宣统二年(1910年)，理藩部向朝廷提出："藩部预备宪政，首在振兴蒙务，开浚利源，莫重于辟地，启牖蒙智，莫急于化畛域，通文字诸大端。谨先酌将旧例量为变通，以为筹办蒙务措手之方。"建议废除《理藩院则例》中对蒙古的各种禁令。② 理藩部的建议得到清廷批准，禁止出边开垦各条、禁止民人聘娶蒙古妇女之条、禁止蒙古行用汉文各条等规定正式被废除。除此之外，在清末始终未能进行对蒙古旧例的完整的修订工作。③

(四)《大清会典》

《大清会典》包括会典、则例(事例)、图说等部分，是清代典章制度的总汇集。它记载清朝政府各部门的职掌、百官奉行的政令，以及职官、礼仪等制度。会典的写法，是"以官统事，以事隶官"，即以政府机构为纲，实以各样政事，如光绪朝分立宗人府、内阁、军机处、吏部、户部、礼部、兵部、刑部、工部、理藩院等三十三纲目。在每一官衙项下，叙其内部构成、官员、职掌以及它们的变化，这样的表现手法，查阅时方便，按纲目寻找，能迅速获得所要的资料。

康熙朝《大清会典》修于康熙二十三年(1684年)，成于二十九年(1690年)，162卷，其中理藩院4卷。雍正朝《大清会典》修于雍正二年(1724年)，成于十年(1731年)，250卷，其中理藩院2卷。

---

① 参考赵云田："清代理藩院、理藩院资料和理藩院研究"，《清代理藩院资料辑录》，全国图书馆文献缩微复制中心，1988年。

② 《宣统政纪》，卷四一"刑法一"。

③ 参考乌力吉陶格套：《近代以来蒙古特别法体系的演变》，内蒙古大学博士学位论文，2003年。

乾隆朝《大清会典》修于乾隆十二年(1747年),成于二十九年(1764年),会典100卷,其中理藩院2卷;则例180卷,其中理藩院5卷。其关于理藩院的材料辑到乾隆二十七。嘉庆朝《大清会典》修于嘉庆六年,成于二十三年,会典80卷,其中理藩院5卷;事例920卷,其中理藩院9卷;图132卷,其中理藩院内容分置有关卷中。光绪朝《大清会典》修于光绪十二年,成于二十五年,会典100卷,其中理藩院6卷;事例1,220卷,其中理藩院35卷;图270卷,其中理藩院内容亦分置有关卷中。[①]

(五)蒙古地方法规

清廷也曾颁布过地方性的法令,以解决地区内的各种民刑事案件的审理。这些法令一直到乾隆时期还是漠北地区审理案件的依据。[②] 雍正二年(1724年),清朝为了加强对青海地区的控制,制定了《青海善后事宜十三条》和《禁约青海十二条》两个法律文书。雍正十三年(1735年)又颁布了《西宁青海番夷成例》六十八条,作为适用于青海地区的三部特别法规。在此基础上,道光年间制定的"青海番子事宜八条"和"青海蒙古番子事宜六条"。

尽管清朝在蒙古地区制定了统一的法规,但并不排除蒙古各部可以根据民族地区特点自行制定适用于本地区的单行法规条例。如喀尔喀蒙古地区的封建主们在康熙四十八年—乾隆三十五年(1709～1770年)间陆续制定了《喀尔喀吉鲁姆(律令)》(亦称《三旗大法典》)。《喀尔喀律令》在蒙古法制史上占有重要的地位,这个法典是清代蒙古地方法的一个代表作。清代在喀尔喀地区专门设立管理宗教事务的沙毕衙门,制定了《乌兰哈其尔图(红脸

① 参考冯尔康:《清史史料学》,沈阳出版社,2004年,第67～69页;郭松义:《清朝的会典和则例》,《清史研究通讯》1985年第4期。

② [日]萩原守:"18世纪喀尔喀的法律变迁",《蒙古学资料与情报》1991年第4期。

谱)》,这是一部案例法规,由《乌兰哈其尔图法规》、《名为忽古尔海的制度旧档》、《衙门规章》等三部法规所组成。这部法规记录了1820～1913年的93年间审断的487类案例,作为审断将来发生的类似案件的参考依据。

阿拉善和硕特额鲁特蒙古第四任札萨克玛哈巴拉亲王,于道光元年(1821年)作为定例立档留存在蒙文档案中的律例,有单行法规21件,札萨克令和批复令44件,民、刑案件判例95件,共160件。今称为《阿拉善蒙古律例》,是蒙古地区盟旗自行制定颁布的地方法规中最有代表性的一例。

蒙古贵族皈依黄教以后,佛教在蒙古地区广泛传播。在清朝政府扶持喇嘛教的政策的鼓励下,蒙古地区寺庙林立,出家的人数与日俱增。诸多寺庙依照藏传佛教格鲁派的宗教戒律模式再结合民族特色,制定了庙法庙规。察哈尔正镶白旗的《查干乌拉庙规》,就是一部独具时代特征和民族特色的寺庙法规。

九、满蒙联姻制度

(一)"世缔国姻"

封王联姻是清朝治蒙政策的最基本特点之一。从努尔哈赤时代开始的满蒙贵族联姻,入清以后也延续下来。如,明万历四十年(1612年)努尔哈赤娶科尔沁部台吉明安女为妃;明万历四十二年(1614年),内喀尔喀扎鲁特部汗内齐之妹嫁与努尔哈赤五子莽古尔泰;扎鲁特部又一个台吉额尔济格将女嫁给了努尔哈赤第十子德格类;清太宗皇太极的孝庄皇后,即科尔沁诺延宰桑之女,曾辅佐、扶持其子顺治帝、其孙康熙帝秉政、成长。明万历四十三(1615年)年努尔哈赤自己也纳科尔沁台吉孔果尔女为妃。清皇族公主、格格,依等级分为固伦公主、和硕公主、郡主、县主等,娶其为福晋(夫人,蒙语称为哈屯)的蒙古王公台吉也相应称为固伦额驸、和硕额驸、郡主或多罗额驸、县主或固山额驸。与此同时，天命二年(1617 年)以后努尔哈赤开始将满洲贵族的女嫁给蒙古王公贵族。当年努尔哈赤以达尔汉巴图鲁郡主舒尔哈齐四女逊戴嫁给蒙古内喀尔喀巴岳特部恩格德尔台吉为妻。天命十年(1625 年)科尔沁满珠习礼、天聪元年(1627 年)科尔沁土谢图汗奥巴都娶皇女成为额驸。从此到入关后直至清末满蒙显贵之间的联姻不断。

总计入关前后的整个清朝，满蒙联姻达 586 次[①]，其中入关前的 32 年间，为 84 次，入关后的 268 年间，为 502 次。这总计 586 次的通婚，满族皇家出嫁给蒙古的女子(包括皇女公主及其他宗女格格)多达 430 名，其中入关前 27 名，入关后 403 名。满族皇帝及宗室王公子弟娶蒙古王公之女 156 名，入关前 57 名，入关后 99 名。出嫁公主、格格的人数以乾隆朝最多，最频繁，乾隆 60 年间，嫁与蒙古的皇家女儿多达 179 人，平均每年出嫁 3 人，最多的年份为乾隆四十四年(1779 年)，出嫁 8 人，这与当时乾隆皇帝严格地执行指婚蒙古的制度有一定关系。[②]

清代的满蒙联姻与汉唐"和亲"最大的不同，是它的制度性。清朝皇帝掌握着皇室及宗室王公子女的婚配权，以指婚的形式决定他(她)们的婚姻。皇子皇孙及宗室王公子弟的婚配，是由皇帝(皇帝幼小、垂帘听政时则由太后)从八旗中选出的"秀女"指配，有时也择取蒙古王公的女儿拴婚。皇女、皇孙女及宗室王公的女儿，则由皇帝(或太后)择取八旗及蒙古王公的适龄俊秀子弟，指配聘嫁。满族帝王之家的这种指婚制，从清入关前一直实行到清末。乾隆以后，由于皇族人口的大量繁衍，需指婚的人太多，因而把指婚的范围缩小到近支宗室，即当朝皇帝之皇祖派衍下的各辈及龄子女。自乾隆起，指婚制度也进一步完善、正规，尤其是对皇族女

① 据《清朝满蒙联姻研究》，第 3 页，这数字为 595 人次。

② 杜家骥："中国古代史研究清朝的满蒙联姻"，《历史教学》2001 年第 6 期。

儿格格的指嫁，每年年底，管理皇族事务的宗人府都要将皇族中正值婚龄的格格开列报告给皇帝，由皇帝指嫁与蒙古王公子弟或八旗旗人子弟。针对有些宗室王公不愿将女儿远嫁蒙古的现象，当时的指婚蒙古甚至带有强制性。乾隆二十四年(1759年)，由于有的亲王、郡王将女儿隐匿不报，提前私聘与京城旗人，宗人府获知后上报，乾隆帝专门发布谕旨，令将私嫁女儿的亲郡王罚俸一年，并且强调："嗣后凡亲王郡王之格格，俱遵照旧例，候朕旨指给蒙古台吉等。其间或有因原系姻亲熟视蒙古等，情愿自行许给，尚属可行，伊等可自行定议奏闻。其不行奏闻而私行许聘京师旗人者，著永远禁止。"[①]可见，根本目的是为了与蒙古联姻，只要是将女儿嫁与蒙古王公贵族之家，私聘也可。指婚，不过是实现政治联姻的手段。指婚制，保障了满族皇家与蒙古各部领主王公贵族持续性的长期联姻。

入关前，多达80余次的满蒙联姻，形成两个民族首领阶层间的亲谊关系，姻亲往来、情感密近，加强与促进了两个民族的结合，这种带有亲谊性的结合关系，不仅巩固了双方军事上的联合、政治上的结合，为满清政权统辖蒙古、统一东北、出征明朝进而入主中原发挥了重要作用。入关后，清朝皇帝以统一的清帝国之君主身份掌握着满蒙联姻的指配权，主动向边疆蒙古诸部领主贵族"下嫁"尊贵的皇家公主、格格，既是恩赐性的笼络举措，同时也是在远离中原的蒙古边区保持姻亲关系，巩固蒙古对中央的隶属关系，并繁衍根植姻亲势力、培植统治边区代理人的战略性措施。后一种功能，在清皇室与阿拉善额鲁特和喀尔喀部的联姻关系中表现的尤为突出。此外，满蒙联姻的频繁对两个民族的接近、交流和亲和也有积极意义。[②]

---

① (光绪)《大清会典事例》卷一"宗人府·天潢宗派·嫁娶"。

② 参考杜家骥：《清朝满蒙联姻研究》，人民出版社，2004年，第587～589页。

（二）“备指额驸”

备指额驸制度的产生，缘于嘉庆前期以后满蒙联姻中出现的新问题—漠南蒙古与清廷联姻部落已显著减少，因而清帝为维持与蒙古不断联姻的祖制，保持与漠南蒙古联姻部落的广泛性和持续性，而对漠南蒙古方面制定一种指令性措施。这就是所谓“备指额驸”制度及其由来。①

嘉庆二十二年（1817 年）底，嘉庆帝向负责联姻事务的宗人府、理藩院发布了一道谕旨，“嗣后指派额驸时，著由长五岁、小五岁之蒙古子嗣内选择报部，若有及岁者隐匿不报，一经查出，定行治罪。”②这规定也列入了“则例”和“会典”的理藩院部分，“凡指额驸，行文科尔沁左翼札萨克固山贝子旗、科尔沁右翼札萨克图什业图亲王旗、巴林右翼札萨克郡王旗、喀喇沁右翼札萨克都楞郡王旗、科尔沁左翼前札萨克宾图郡王旗、科尔沁左翼后札萨克郡王旗、科尔沁右翼前札萨克图郡王旗、奈曼札萨克达尔汉郡王旗、翁牛特右翼札萨克都楞郡王旗、土默特札萨克达尔汉贝勒旗、敖汉札萨克郡王旗、喀喇沁中札萨克固山贝子旗、喀喇沁左翼札萨克头等塔布囊旗等十三旗，查取各该旗王贝勒贝子公之嫡亲子弟、公主格格之子孙内，十五岁以上、二十岁以下，有聪明俊秀堪指额驸之台吉、塔布囊，将衔名、年命注明，每年于十月内送院。此内如有患病残疾事故，由该札萨克出具印结报院开除。其已开送联名人等，令其父兄于年节请安时各带来京备指额驸。”③这一规则明确规定七部十三旗，为的是与已中断多年的蒙古部落重建通婚关系。明确的备指额驸规制，应当是在嘉庆二十二年就产生了。道光十九年

① 《清朝满蒙联姻研究》，第 251 页。

② 《宗人府则例》，卷 2“天潢宗派·请旨指婚”。

③ （道光）《理藩院则例》卷 25；光绪《大清会典事例》，卷 978“理藩院·户丁·备指额驸”。

(1839年),为扩大额驸的选择面,又规定蒙古方面于18岁长5岁少5岁者均承报理藩院,选指的年龄段已是13～23岁的10岁范围,比原来的15～20岁的5岁范围又扩大1倍。[①]

① 参考《清朝满蒙联姻研究》,第252～253页。

第三章　社会经济

一、人口、城镇

（一）人口发展趋势

清代，蒙古地区人口构成的总格局是以蒙古族为主体和多数。关于清代蒙古族人口数量的增减，蒙古文文献中极少见到。清代官书、汉文文献中的记载也是十分零散。有些档案留下了部分人口方面的资料，但也没有得到很好的研究。这种状况使我们无法全面了解这一时期蒙古族人口发展变化的较准确形势。

清初，因审丁编旗、佐留下了有些人口方面的数据：

天聪九年（1635 年）二月甲申编审壮丁：

部旗名	
古鲁斯辖布（喀喇沁右翼旗）	5,286
俄木布楚琥尔（喀喇沁左翼旗）	1,826
耿格尔、善巴	2,011
合计	9,123①

崇德元年（1636 年）九月，希福、阿什达尔汉清查翁牛特等十

① 《清太宗实录》，天聪九年二月甲申。

五部户数如下：

部名	旗名	户数
翁牛特	杜稜郡王(右翼)旗	1,300
	达尔汉岱青(左翼)旗	1,830
巴林	阿玉石(右翼)旗	620
	满珠习礼	880
四子部落	达尔汉卓里克图	2,194
穆章		3,000
札鲁特	桑噶尔(右翼)旗	1,980
	内齐(左翼)旗	1,430
乌喇特	乌喇特旗	1,855
敖汉	敖汉旗	1,300
奈曼	达尔汉郡王旗	1,210
色根		530
色波合依		290
茂明安		480
土拜色楞		410
元敦		82
萨里依		100
贡格		50
合计		19,531①

① 《满文老档》,崇德元年十一月六日。

崇德元年(1636)十月调查土谢图等十一旗户口数：

部(旗)名	户数
土谢图亲王旗	2,900
札萨克图郡王旗	2,050
扎赉特旗	2,750
喇嘛旗	1,800
杜尔伯特旗	3,200
卓里克图亲王旗	1,950
木赛旗	600
噶勒图旗	450
栋果尔旗	2,930
郭尔罗斯(奔巴)旗	1,700
郭尔罗斯(古木)旗	2,050
合计	22,380[①]

以上数字只是清初投附清朝的部分东部蒙古人的人口数字，并不表明当时蒙古人人口总体情况。另外，因统计的单位为“丁”或“户”也给把握准确人口数字造成了多一层的难度。其实，最初投附清朝的蒙古人大多数都被编入八旗内。入关前蒙古八旗拥有兵丁 16,840 名。[②] 入关后，此数亦有增减。

康熙中叶，外喀尔喀部投附清朝。至乾隆中叶，卫拉特部全部

① 《满文老档》，崇德元年十一月六日。

② 《圣武记》，“武事余记、兵制兵饷”。

并入清朝及土尔扈特部返回伊犁。清朝对包括内蒙古地区在内的这些地区陆续推行旗佐制度。据嘉庆初年的官方统计数字，当时内札萨克共有49旗、1,274佐领；外札萨克有86旗、179佐领；西套蒙古二旗9佐领。西北蒙古32旗、131佐领（不包括乌隆古尔土尔扈特二旗，此二旗佐领数不详）；青海蒙古情况比较特殊，其编佐"每百户编一佐领"，[①]共有28旗、106佐领。内属蒙古中察哈尔八旗，120佐领；归化城土默特二旗49佐领；其它札哈沁、额鲁特、伊犁察哈尔、明噶特、阿尔泰乌梁海、阿尔泰诺尔乌梁海、达木蒙古等合计63佐领。[②]

当初，准噶尔部"共计二十余万户，六十余万口"。[③] 但是，经过长年的战争，到18世纪中期被清朝征服时其人口数锐减，剩下的还不到原数一半。

据记载，最初苏木以五十家为单位，后来改为一百五十户（一部分是一百户）。据《满文老档》（崇德元年十一月六日）载：崇德元年的二十二旗苏木由五十至五十一户组成；天聪九年，土默特、喀喇沁三旗苏木约以二十九户编成。据《蒙古游牧记》载：乾隆十八年，乌兰固木杜尔伯特部十四旗苏木，由九十户编成；乾隆三十六年，土尔扈特部十六旗苏木约以二十户编成。

清代中期，特别是乾隆以后中国人口大发展的时期，从乾隆年间到清末汉人人口增加了三倍多，相比之下，蒙古族的人口增长显得相当缓慢或有些地方出现了人口的副增长。究其原因，首先是喇嘛人口比例过大。"家有三丁，则度其一为喇嘛，五丁则致其二"[④]。这是清朝扶植、利用喇嘛教政策的直接恶果。清末"内蒙

---

① 《东华录》，雍正二年五月戊寅。

② 《东华录》，雍正二年五月戊寅。

③ 《西域图志》，卷一"天章一"。

④ 《东三省政略》，"蒙务上·蒙旗篇"。

古的喇嘛官和喇嘛共有十二万八千余人，加上不食国家奉粮者，共十五万之众”①。在外蒙古，雍正七年已达2万5千人。至1918年猛增到105,557人，占男子总数(237,203人)的44.6%，总人口的27.8%。按照清代法律及教规，喇嘛严禁婚娶，这样占人口相当部分的男子不承担生育后代的任务，遂使人口增长不能呈正常的几何基数来增加。② 战乱、疾病也是影响人口增长的重要因素。清中叶的清朝与蒙古准噶尔部的战争、晚清的“陕甘回民暴动”、清末卓索图盟地方的“金丹道暴动”等较大规模的战乱直接涉及到蒙古地区，也导致了蒙古人口的减少。尤其是性病等各种疾病也在人口缓慢增长过程中起了重要的作用。此外，自然灾害、移民、生活日益贫困化都对蒙古族人口的发展和地域分布都产生了不可忽视的影响。

清末，理藩部组织的两次蒙古地区人口调查材料尽管许多地区缺漏，但大部分地区的统计数字是详实的：

漠南地区		
昭乌达盟	13旗	20万
卓索图盟	7旗	22万
哲里木盟	10旗	50万
锡林郭勒盟	10旗	5万
伊克昭盟、乌兰察布盟、西土默特、阿拉善	17旗	20余万
黑龙江伊克明安旗		1万

① 监川花楞：《内蒙古纪要》，第21页，1916年版。

② 《蒙古民族通史》第四卷，第365～366页。

呼伦贝尔地区	17旗	3万
奉天彰武县	新陈苏鲁克旗	2万
吉林扶余县纳尔罕蒙古		1万
察哈尔十四旗		3万①
	合计	127万

另外，据王士达《民政部户口调查及各家统计》1911年内蒙古各盟旗人口数如下：

哲里木盟	106,126(户)	484,996(口)
卓索图盟	45,942	209,955
昭乌达盟	25,534	116,741
锡林郭勒盟	14,803	67,650
乌兰察布盟	6,812	31,131
伊克昭盟	35,914	164,127
归化城土默特	6,419	29,335
阿拉善旗	1,048	4,789
额济纳旗	131	599
合计	242,729	1,108,832

对比两种数字相差不远，从此可知清末内蒙古地区蒙古人人数的基本情况。

清末，漠北和漠西地区的统计资料也很零乱，较有价值的有如

① 《清朝续文献通考》，卷二五"户口一"。

下一些。一是清末户口调查时的人户数，见于《清朝续文献通考》。其中库伦大臣所属（包括土谢图、车臣二部及哲布尊丹巴所属）正户 40,105 户。乌里雅苏台将军所属（包括札萨克图、赛因诺颜及唐努乌梁海）正户 13,445 户。塔尔巴哈台大臣所属 3,887 户。科布多大臣所属 17,108 户。西宁大臣所属（青海）正户 1,221 户，附户 811 户。① 二是《库伦志》所载统计数字：土谢图汗盟正户 6,457，车臣汗盟 26,998，赛因诺颜盟 7,267，扎萨克图汗盟 2,246，哲布尊丹巴呼图克图沙毕纳尔户 6,223，唐努乌梁海户 3,932，另外科布多所属户数仅记有杜尔伯特部 2,198 户，札哈沁部 589 户，额鲁特部 314 户，明阿特部 320 户。《库伦志》的统计数字缺漏太多，但它可以验证《清朝续文献通考》材料的可信程度。如漠北四盟、哲布尊丹巴所属及唐努乌梁海合计 53,123 户，而《清朝续文献通考》合计 53,550 户。二者十分接近，可证《清朝续文献通考》的数字比较可信。② 按清末车臣汗部户平均人口 4.1 口计，约有正户人口 22 万左右，加上鳏寡孤独及喇嘛人口当在 33 万左右。再加如上新疆和青海等地区蒙古族人口合计应为 48 万左右。

综合上述诸多人口数字，清末蒙古族总人口约在 200 万左右。③

（二）城镇的兴起

蒙古地区城镇的兴建，是与当地的政治、经济、文化的发展分不开的。

清朝在漠南蒙古设了绥远城将军、察哈尔都统、热河都统、呼伦贝尔副都统，在漠北喀尔喀蒙古设乌里雅苏台将军（定边左副将军）、科布多参赞大臣、库伦办事大臣，这些将军、都统、大臣所在的政治中心逐渐发展成为蒙古各个地区政治、经济、文化的中心城

① 《清朝续文献通考》，卷二五，“户口一”。

② 参考《蒙古民族通史》，第四卷，363～364 页。

③ 参考《蒙古民族通史》，第四卷，第 357～366 页。

镇。此外，藏传佛教传入蒙古地区之后，蒙古地方广建寺院，前往朝拜的蒙古人络绎不绝，手工业者和商人也在附近建造房屋，从而逐渐形成了定居区。尤其是从18世纪大量民人移入蒙古地区后，他们的商业活动和人口增长更加加速了蒙古地方城镇的发展。

漠南蒙古较著名的有归化城、多伦诺尔、热河、丰镇、赤峰、郑家屯等，漠北有库伦、乌里雅苏台、科布多等。漠西地方也形成了一些小型城镇。

1. **归化城** 始建于16世纪末期，蒙古名“库库和屯”，明朝人称为归化城。清初，归化城是一处重要的储运站，西北诸部与喀尔喀蒙古来往贡使都要在此停留。到康熙中叶，“外番贸易者络绎不绝于此，而中外之货亦毕集”，“货物齐全”、“商贾丛集”、“马驼甚多，其价亦贱”。[①] 乾隆初年，因与准噶尔部的战争原因，在原归化城的东北面又筹建一座军事城镇。其工程在雍正十三年至乾隆十四年（1735～1749年）间完成，新城名为绥远城。绥远城是绥远城将军所驻地，与归化城通称为归绥城。后来的发展当中两座城市逐渐趋于一体。乾隆朝以后，归化城商业大发展，位居塞外诸城榜首。声名显赫的大商号大盛魁、元盛德、天义德等年贸易额分别达500～1,000万两白银。小商号更为多。归化城内分别设立四处税卡栅栏，“其南栅系杀虎口孔道；北栅通山后部落喀尔喀札萨克等；东栅通察哈尔蒙古八旗；西栅通乌拉特、鄂尔多斯地方。”[②]来自草原的蒙古商队通过各处税卡栅栏进归化城内贸易，而“内地商民持布币往者，轮蹋万计”。[③] 蒙汉商人“番语侏离译不明，相看都用手传情”。[④]

① 《清圣祖实录》，康熙三十五年十月乙未、丙申。

② 《古丰识略》，卷四十“税课三”。

③ 《清朝文献通考》，卷二六“税榷”。

④ 《口北三厅志》，卷十五“艺文志三”。

2. **多伦诺尔** “多伦会盟”之后，清廷在多伦诺尔地方敕建汇宗寺，为该地区的商业发展和城镇的起步起了促进作用。康熙四十九年(1710年)，多伦诺尔建成了东西宽为2里，南北长4里的买卖营。康熙五十二年(1713年)，“居民鳞比，屋庐望接，俨然一大都会也”。[①] 雍正八年(1730年)，设多伦诺尔理事同知，十年(1732年)设多伦诺尔厅，成为直隶口北三厅之一。嘉道年间，多伦诺尔“买卖最盛，约有三千家之多”。咸丰元年(1851年)，在多伦诺尔从事蒙古贸易的商铺已达4,000户，[②]买卖十分兴隆。

3. **热河** 热河城是随着避暑山庄的营建而兴起的。主要街道有西大街的头道牌楼、二道牌楼、三道牌楼，这是热河的主要商业区或称买卖城。此外还修建了二仙居街、旱河沿街、土地祠、皮袄街、马市街、草市街等。这些街市热闹繁华。乾隆年间，买卖街最称繁富，“左右市廛，连亘十里”。[③] “商贾辐辏，酒旗茶旌，辉映相望，里闾栉比，吹弹之声彻夜不休。”[④]

4. **赤峰** 乾隆三十九年(1774年)，在翁牛特右旗的乌兰哈达地方设乌兰哈达直隶厅，管理昭乌达盟部分蒙旗的垦地和蒙汉交涉商民事务。乾隆四十三年(1778年)，改乌兰哈达厅为赤峰县。[⑤] 光绪三十四年(1908年)升为直隶州。[⑥] 州治乌兰哈达地理位置优越，北经乌丹可达内蒙古腹里，东经三座塔直抵锦州，南过平泉可抵天津，西南经由热河可入北京，西部可达多伦诺尔等地，可谓四通八达。据记载，“乾隆戊辰仲夏，兹土设立郡治，开土地，辟草莱，

① 玄烨：《汇宗寺碑文》。
② 《察哈尔口北六县调查记》，第34页。
③ 仆趾源：《燕岩集》，卷五“漠北行程录”。
④ 仆趾源：《燕岩集》，卷一“热河”。
⑤ 《清高宗实录》，卷九五九、一〇五〇。
⑥ “光绪三十四年二月十五日朱批会议政务处奏折”(档案)。

商民渐渐云集，地方日益兴盛……。”[①]商业盛况在内蒙古诸城镇中，除了西部的归化城几无可比。[②]

5. **郑家屯** 辽源州州治，原为八虎道(即法库门至齐齐哈尔驿路)上的一个小站，由于地理位置优越，渐从牛马市场发展成为一大贸易市镇。特别是光绪三十二年(1906 年)三江口水运埠头开设以后，商贸益发隆盛。至宣统二年(1910 年)，在市东南的刘家沟又新开一埠头，使郑家屯成为内蒙古东部最大的贸易市场之一。交易额仅农产品一项，每年就达 50 万石以上。市街东西绵延 8 里，南北 4 里，商铺饭店栉次鳞比，蔚为大观。[③]

6. **库伦** 库伦又名大呼勒，为北部蒙古，即喀尔喀蒙古最重要的城市。“一方面，这个城市自古以来是俄国人、中国人、蒙古人相互贸易的地方。库仑在这方面的历史几乎早在十七世纪就开始了；另一方面，库仑是蒙古的宗教中心，因而某种程度上也是政治中心，库仑的这种地位是在不久前才获得的。”[④]库伦城由三部分组成：1. 呼勒(又称库伦或寺院)，为哲布尊丹巴呼图克图所居之地；2. 甘丹，为参尼殿堂所在地，对佛教教义进行深造的喇嘛也住在那里；3. 买卖城，即商业城。

7. **乌里雅苏台** “尽管按居民人数和城市大小来说，乌里雅苏台在北部蒙古的城市中占第二位，但由于它是统治全蒙的将军的官府所在，在行政地位上须把它看作是喀尔喀最主要的一座城市。”[⑤]魏源的《圣武记》第三卷中说：“乾隆中叶乌里雅苏台与科布多二城业已建成。”乾隆中叶，而这两座城市远在这个时期以前就已存在。19 世纪末时，乌里雅苏台由两部分组成：一部分是乌里

① 《赤峰市文史资料选辑》，第三辑。

② 《满蒙の旅囊》、《满蒙都邑全志》。

③ 参见《满蒙全书》，第七卷“都市”；《蒙古地志》，下卷第十一卷“都邑概况”。

④ 《蒙古及蒙古人》，第一卷，第 72～73 页。

⑤ 《蒙古及蒙古人》，第一卷，256 页。

雅苏台城堡本身，里面集中了许多固定衙署机关，还住着一部分清朝军队；另一部分是乌里雅苏台买卖城，离城堡约一俄里远，中间隔着一条扎噶苏图河。“乌里雅苏台城内的主要居民始终是为保卫中国政权而在此轮流驻防的士兵，他们的人数，在不同时期在三千五百至八百人之间。”①

8. **科布多** “在准噶尔人入侵时期，西部蒙古所建的许多堡垒中，最初建立的就是科布多，因为它是距准噶尔地区最近的一个岗哨。”②康熙五十六年(1717 年)或五十七年(1718 年)间，当时的大将军傅尔丹奉旨从土默特兵中征集一千人屯田于科布多河附近地区。在开始拓垦这些地区时，傅尔丹就在科布多河畔建起了一座小镇，以供垦荒者居住。③ 城里建筑有两座昂邦府邸、格萨尔庙、清真寺、监狱等。此外还有买卖城。有大盛魁、天义德等归化城方面来的大小商人，也有俄商。

漠西地方，投附清朝前的 17 世纪中期就有小城镇，“霍博克萨里系由三五个小镇构成，但这里所谓小镇仅指一两幢砖房，通常只是一座喇嘛庙。几个小镇很分散，彼此相距都是一日路程，中央的那个镇当时还在兴建中，所有的小镇大概都位于霍博克河河谷。巴图尔决定在这里建立一个定居点，其形式也许是模仿他曾多次听说却未见过的西伯利亚城镇的样子。他请来了西藏喇嘛，引入了的一切规矩。他还将布哈拉的农业人口迁到这里。”④可见，卫拉特地区的定居点和城镇以其独特的形式发展起来了。乾隆中，漠西新疆地区投附于清朝版图，此后在蒙古聚住地区的附近兴起了伊犁、塔尔巴哈台、巴里坤等城镇，促进了当地的社会经济的

① 《蒙古及蒙古人》，第一卷，263 页。

② 《蒙古及蒙古人》，第一卷，第 257 页。

③ 《蒙古及蒙古人》，第一卷，第 327 页。

④ 兹拉特金：《准噶尔汗国史》，166～167 页。《十七世纪俄中关系》，第一卷，173 页，莫斯科，1969 年。

发展。

二、畜牧业

畜牧业自然经济是清代蒙古社会生产的主要形式。牲畜在牧业经济中既是生产资料，又是生活资料，是社会物质财富的主要体现。蒙民过着饥食其肉、渴饮其酪、寒衣其皮、驰驱其用，无一不取自于牲畜的游牧生活。

（一）牧地划分

清朝在蒙地划分牧地、设旗编佐是在原大小封建领主所辖鄂托克和爱马克基础上划分的区域行政组织，是清朝在蒙古地区推行的盟旗制度之基础。其目的主观上在于“众建以分其势”，客观上成为清廷对蒙古地区实行的管理牧业的重要措施。

早在天聪八年，爱新国划分已投附的邻近蒙古各部与满洲八旗之间的牧地，核定各部落户口。巴林、奈曼、翁牛特、敖汉、四子部落、阿鲁科尔沁、扎鲁特等蒙古部落，分定的户口多则二千四百余户，少则八百户，各部落合计有二万五千余户。蒙古各部与满洲八旗有了牧地界限，并规定若有越此界者，视以侵犯之罪，至于往来驻牧，勿彼会齐，同时移动，不许参差。[①] 自崇德元年(1636 年)开始，清朝在外藩蒙古地区各部编设佐领(苏木)，设立札萨克旗，至康熙九年，在漠南地区共设立 49 个札萨克旗，对率领所部投附的蒙古王公，或安置所部故地，或赐予新地安居，大致划分各旗牧地四界。顺治七年(1650 年)规定，外藩蒙古“每十有五丁，给地广一里，纵二十里”。[②] 外喀尔喀三部和卫拉特各部先后并入清朝版图后，清廷依漠南蒙古制编设佐领(苏木)，设立札萨克旗，划分各

① 《满文老档》，天聪八年八月戊辰。

② 《康熙朝大清会典》，《丁册》。

旗牧地。其中,外喀尔喀地区设立四部(盟)86旗,青海地区设立左右翼2盟29个札萨克旗,科布多地区设立杜尔伯特赛音济雅哈图左右翼2盟16个札萨克旗,伊犁地区设立乌恩苏珠克图南北东西4盟10个札萨克旗以及青塞特启勒图盟2个札萨克旗、巴图塞特启勒图盟4个札萨克旗。另外,清朝在内属蒙古察哈尔、归化城土默特以及呼伦贝尔、唐努乌梁海、伊犁等地区同样编设佐领(苏木),设立总管旗或牧厂,境内蒙民皆有编籍,牧地也经朝廷划定划分各旗牧地。旗界一般以山顶、湖泊、河川或鄂博为界限。清制,旗与旗之间划定牧场,各旗蒙民在划定的牧地内游牧,不得越界放牧、狩猎、也不能随意离开所属旗分。"凡内外札萨克王公贝勒贝子公、台吉、塔布囊,越入他人地界者,罚俸半年,其不管旗之王公、贝勒、贝子、公、台吉、塔布囊及蒙古官员、平人,均罚一九牲畜,仍责令移回本界。但有侵占情形,加一等科罪"。[①] 然而,外札萨克喀尔喀四部和卫拉特地区的旗界,至19世纪后半期尚无明显的界定,旗民时而越界游牧为正常现象。

划分牧地之举一定程度上避免了长期以来蒙古各部之间的牧场纠纷,但造成了各旗只能在旗界内牧放牲畜,不能远距离、大范围自由转场,易于导致过渡放牧,造成草场退化,有碍牧场植被的恢复或牲畜之繁衍,尤其每当遇到灾荒之年,反而限制了牲畜的避灾之余地,阻碍了蒙古传统游牧业的正常发展。

(二)苏鲁克制

苏鲁克,意为畜群,清代苏鲁克制本是封建领主征用劳役的一种形式。因牧主占有大量牲畜,自己的劳动力无法牧养,遂将畜群贷给贫困的牧户寄养。放牧者可以役使牲畜,甚至还可得到一些畜产品。有富户苏鲁克、边商苏鲁克、皇室苏鲁克、庙仓苏鲁克、蒙古王公贵族和上层僧侣苏鲁克之分。有清一代,这是由富裕的

---

① 《理藩院则例》,卷53,违禁。

牧户、清朝皇室或寺院、商号、蒙古王公贵族、上层僧侣和个体的贫困之牧户游牧形式中分化而出的一种新的畜牧业生产关系。这种制度由畜群占有者和劳动蒙民双方构成，前者为放苏鲁克一方，可称为苏鲁克主，后者为接苏鲁克一方，称为“苏鲁克户”或“看护苏鲁克者。[①] 这是一种特殊的雇用关系，其剥削形式类似农业地区的租佃关系。双方租佃条件一般为牲畜除因天灾疾病等正常原因死亡之外，其他损失概由接苏鲁克户赔补，孳生仔畜归牧主即苏鲁克主所有，牧户要向牧主交毡子、皮张、黄油、奶制品等；牧户只能得到很少的一点仔畜和畜产品、如可少量剪羊毛、挤奶子等；一般情况下，牧户可以自由役使牲畜。

苏鲁克制在文献上出现，最早记载于顺治四年(1647 年)的东土默特地区。[②] 清朝皇室是最大的放苏鲁克者，如养息木牧厂是清皇室之苏鲁克，其放牧者蒙民为清廷放牧牛羊。苏鲁克制的形成和发展，对蒙古地区畜牧业的发展有一定的作用。它虽然是有畜者和无畜者双方建立的剥削性质的租佃关系，但对双方多少有利，无畜或少畜者，可以获得一部分仔畜，接苏鲁克一方对仔畜的部分所有权，一定程度上改善了接方的经济生活条件，对放苏鲁克一方，也能增加牲畜的总头数。

在畜牧业生产关系中，苏鲁克这种特殊的雇用关系典型表现是边商苏鲁克和庙仓苏鲁克的寄养形式。

边商苏鲁克，亦称买卖苏鲁克。康熙年间开始内地商人趁战事涌入蒙古地区后，针对蒙民一般“不用银钱，最喜中国红茶、蓝梭布，往往牵牛、羊、马、驼来作交易”之特点，从蒙民那里收购牲畜及畜产品，再贩卖各种日常生活用品，从中获取高额利润。久而久

① 《呼和浩特史蒙古文献资料汇编》，第 4 辑，内蒙古文化出版社，1988 年，第 427 页。

② 《彰武县志》，二《政治志》。

之，一些汉商逐渐在蒙古地区居住下来，并设立诸多商号、店铺、住宅和仓库，作为收取畜产，供应蒙民货物的固定据点。汉商经商或放高利贷索债而廉价得到的大量幼畜、仔畜，并非全部运回内地，而是以苏鲁克形式贷给当地牧民饲养，或用倒租之方法，贷给蒙古原主牧养，订立契约，待牲畜成年膘满肉肥时再出售，以便获取牲畜增殖部分的利润。“初不将去，仍留原主牧养，比三四年，牛已为长大，然后驱入内地，可售价四五十两。蒙人弃数十倍之利，反以寄养于家，可食牛乳为得计”[①]便证明边商苏鲁克的经营形式。至光绪三十二年(1906年)左右，科尔沁左翼中旗境内仍有十四家商号，拥有牲畜达34,000余头。[②] 这些商号仍以依托苏鲁克的形式获取牲畜增殖部分的利润。边商与接苏鲁克一方的契约条件是仔畜归苏鲁克主，但饲养较好的接苏鲁克户可得到对部分仔畜的所有权；死亡牲畜归苏鲁克主的损失，不许赔偿，畜皮交回；接苏鲁克户可自由役使犍牛；畜产物(奶制品、牛粪)皆归接苏鲁克户。[③]

庙仓苏鲁克和上层僧侣苏鲁克在蒙古地区更为普遍。此类苏鲁克一般分布于寺庙所属牧场(划归寺庙之禁地)或施主所在之蒙旗境内。一般情况下，蒙古社会各阶层向呼图克图、活佛或寺院各吉萨(仓)施舍的牲畜首先成为寺院畜牧业生产的基本生产资料——苏鲁克，寺院管事喇嘛、德木齐、尼尔巴等把这些施舍得来的牛、马、羊、骆驼等牲畜分给呼图克图、活佛或寺院所属沙毕纳尔放牧。光绪九年，地处大青山以北席力图呼图克图牧场居住的黑徒达尔玛一人放牧的牲畜中有22头牛，一群羊。[④] 而这些黑徒

① 《东三省政略》,《蒙务》。

② 大渡政能:《关于东部蒙古地区苏鲁克事业》,载《满铁调查月报》第21卷,第11号。

③ 大渡政能:《关于东部蒙古地区苏鲁克事业》,载《满铁调查月报》第21卷,第11号。

④ 《呼和浩特市蒙古文献资料》,第3辑,内蒙古文化出版社,1988年,第203页。

(沙毕纳尔)放牧牲畜的自然繁殖及畜产品的大部分归所属呼图克图、活佛或寺院各吉萨,沙毕纳尔仅仅食用牲畜的乳汁和绒毛而维持生活。五当召庙仓苏鲁克及该寺住持洞科尔班第达呼图克图所属苏鲁克主要分布于五当召附近牧场及施主所在邻近喀尔喀右翼旗、茂明安旗、四子部落旗境内。五当召所属沙毕纳尔居住在该召周围的牧场境内,义务放牧各庙仓所属牲畜,档案中又称他们为"看管苏鲁克者"或"保管牲畜者"。这些沙毕纳尔放牧的苏鲁克之自然繁殖归寺院,而他们只能可以食用奶食和绒毛。但是,各地区庙仓苏鲁克和上层僧侣苏鲁克的租佃或剥削形式有所不同。阿巴嘎右旗展旦召与无畜牧户之间议定的苏鲁克契约条件是牲畜头数分别为900头牛,60峰骆驼,1,000只羊以上苏鲁克,牛增加在30%以上的头数,归接苏鲁克户所有,羊生双羔可拥有一只羊羔,部分幼驼可归接苏鲁克户所有;牛死亡后须将牛皮交回庙里,以作证明,免除赔偿;遭狼害或被盗,不许赔偿;接苏鲁克户可自由挤奶食用,役使骆驼;羊毛归接苏鲁克户,驼毛须交到庙里;庙里每年检查牲畜头数。[①] 这种雇用关系在各类苏鲁克形式中,属剥削程度最轻,对接苏鲁克的贫困牧户更为有利。

(三)传统畜牧业

清朝在蒙古地区推行划分牧地,设旗编佐,严禁蒙古各部跨旗迁徙或游牧后,蒙古族同族集体远距离游牧的历史基本结束,而在旗内较小的范围里游牧成为清代蒙古畜牧业生产方式的重要特点之一。

清代蒙古传统畜牧业中,驼、马、牛、羊、山羊仍是主要饲养的牲畜。其中,牛主要饲养于山区,马、羊饲养于戈壁和草地交错地带,戈壁地带则以饲养驼、羊为主。羊对游牧民来说最为重要,其

① 大渡政能:《关于东部蒙古地区苏鲁克事业》,载《满铁调查月报》第21卷,第11号。

数量在五种牲畜中也是最多。马主要用于行驶或运输,牛的主要用途在于饮食肉汁或用于运输。一般情况下,驼为最贵,每峰驼值18～30两,接下来是马,每匹值8～12两,牛8～10两,羊一两,山羊5钱。清代蒙古传统畜牧业仍处在自然的控制之下,生产水平落后。但是牧民在生产实践中逐步积累生产经验,生产技术和管理有所改进,有些地区打井、搭棚、筑圈、冬贮牧草。每当遇到灾荒之年,为避免灾害带来的更大损失,广大蒙古牧民时而越界避灾游牧。呼伦贝尔陈巴尔虎、新巴尔虎各旗蒙民每当遇到雪灾,可远距离游牧到外喀尔喀车臣汗部或乌珠穆沁旗一带。而避灾之另一种方法则是每当雪暴发生时,帐包下方围车辆拴住牛,置马于其旁后寻羊,并以此保证畜群在雪暴中停留而不失散。牧民还特别注意草场的四季利用,如根据季节或草种,放牧畜种。在卫拉特蒙古地区,有一种分群放牧的形式。总之,蒙古地区逐水草游牧的生产方式没有根本改变。随着牧区商业的出现和发展,畜产品有了远销售和深加工,这些促进了畜牧业的发展。另外,清朝在保证其赋税收入的前提下,对各级官吏和王公贵族的横征暴敛加以限制,或在内札萨克蒙古地区设仓贮米石,遇天灾时予以赈济,或严禁开垦牧场等措施客观上也有利于畜牧业生产的发展。

经过蒙旗蒙民的辛勤劳作,康熙中叶以后内札萨克蒙古地区的畜牧业经济基本恢复,各盟旗拥有的牲畜数量大增。蒙古草原驼、马、牛、羊遍满山谷,在口外草地行走七八天,沿途牲畜络绎不绝。康熙三十五年(1696年)“近边口,于沿途见蒙古生计,阿霸垓、苏尼特等旗骆驼皆健,马匹较少,牛羊饶裕”,而鄂尔多斯地区“牲畜蕃盛,较它蒙古殷富”。[①]察哈尔牧场牧养的马牛驼羊总数约有300余万头。[②] 17世纪末18世纪中叶,内札萨克蒙古地区的牲

① 张穆:《蒙古游牧记》,卷六。

② 《口北三厅志》,卷6,《考牧志》。

畜数量稳步增长，盟旗蒙民可以“带有无鞍马驼，成群牛羊进口贸易”。雍正十年(1732年)，清廷在内札萨克蒙古地区采马匹十万，羊四十万，山羊十万。乾隆十九年(1754年)，又在内札萨克六盟采马六万，羊二十万，驼五千。内札萨克各盟旗除牧放各自的牲畜外，还协助管理官方牧厂，牧放马驼。乾隆四十八年(1783年)，锡林郭勒盟所属十旗协助牧放大凌河牧场的马匹，三年内增加了二成。乾隆五十八年(1793年)，科尔沁、喀喇沁、土默特、锡林郭勒盟牛马繁衍孳生数千，清廷将额余马匹赏给各旗。

清朝末年，随着蒙古地区被卷入国内外商品贸易市场，尤其是内地汉族人口的大量涌入，土地之大面积开垦，内札萨克蒙古和八旗察哈尔地区的牧场面积大幅度萎缩，卓索图盟、昭乌达盟、哲里木盟、八旗察哈尔等地已变成为半农半牧区，蒙古传统畜牧业面临空前的危机。察哈尔牧场牧养的马牛驼羊总数从康熙年间约有300余万头[①]降到39万5千头(只)。[②] 哲里木盟十旗中，除了达尔罕旗(科尔沁左翼中旗)牛马羊三类牲畜总数计有145万头(只)以外，其他各旗牲畜头数大量减少。其中，博多勒噶台王旗(科尔沁左翼后旗)约有30万头(只)，郭尔罗斯前旗约有20万头(只)，扎赉特、镇国公(科尔沁右翼后旗)、图什业图(科尔沁右翼中旗)诸旗分别有8万、7万、5万头(只)，杜尔伯特、宾图(科尔沁左翼前旗)二旗牲畜共有3万余头(只)，札萨克图(科尔沁右翼前旗)、郭尔罗斯后旗共计仅有2万余头(只)。[③]

清代漠南蒙古地区的官牧厂也有较大的发展。康熙年间，口外马厂牲畜数量，马有10万匹，牛6万头，羊20余万只。[④] 雍正初

① 《口北三厅志》，卷6，《考牧志》。

② 《蒙古鉴》，卷3，《实业》。

③ 《东三省政略》，《蒙务》。

④ 《清朝文献通考》，卷193。

年，太仆寺左右二翼牧厂有马4万匹。乾隆十九年（1754年），庆丰司三旗牧场有羊21,500余只，达里冈爱牧场有羊83,200余只。乾隆二十五年（1760年），商都达布逊诺尔、达里冈爱牧场内，有马驼总计128,000余，牛30,900余头，羊349,800余只。

18世纪中叶至19世纪中叶，外札萨克喀尔喀地区的传统畜牧业也得到迅速恢复和发展。一般情况下，“富者驼马以千计，牛羊以万计，即赤贫之家亦有羊数十只，以为糊口之资”。[①] 道光二十一年（1841年），车臣汗部有马157,327匹，驼26,479峰，牛203,790头，羊837,145只，共计1,224,741头。[②] 清代哲卜尊丹巴呼图克图所属大沙毕纳尔牧户牧放的畜群在外喀尔喀四部畜牧业中占很大比例。乾隆至道光年间，大沙毕纳尔牧户及其牧放的牲畜头数[③]分别为：

年代	户	人口	驼	马	牛	羊	牲畜总计（头）
乾隆二十九年（1764年）	8,513	61,286	11,117	102,013	203,201	117,533	433,864
乾隆五十三年（1788年）	14,670	77,654	29,747	289,896	309,484	1,377,734	2,395,182
嘉庆五年（1800年）	15,630	82,403	34,743	268,365	269,482	1,235,644	2,006,861
道光元年（1821年）	16,195	82,224	33,788	202,837	197991	1076811	1511427
道光五年（1825年）	16,653	83,687	34,630	204,179	118,530	1,092,379	1,446,718

18世纪中叶准噶尔汗国被清朝征服后，外札萨克卫拉特蒙古地区的畜牧业也有了一定的恢复和发展。乾隆五十八年（1793年），伊犁将军所属额鲁特营放牧牲畜中，共有本马28,569匹，本

① 《乌里雅苏台志略》，《风俗》。

② 蒙古国国立档案馆档案，道光二十一年车臣汗部总牲畜档册。

③ 蒙古国科学院历史研究所存档案XH149—170号。

牛 11,845 头,本驼 4,176 峰,本羊 140,695 只。[①] 19 世纪中叶,科布多参赞大臣所辖额鲁特、明噶特、杜尔伯特等旗境内经营的旅蒙商牲畜中,仅有骆驼 5,000 余峰,每年向呼和浩特运送的羊为 8～10 万只。清朝末年,青海和硕特蒙古 16 个旗马、牛、羊共计 131,4 万头。[②]

(四)经营和生产

清朝在蒙古地区推行划分牧地,设旗编佐,严禁蒙古各部跨旗迁徙或游牧后,蒙古传统畜牧业中实行的逐水草而同族集体远距离游牧的"古列延"经营方式基本结束,而在旗界内较小范围里游牧的"阿寅勒"成为清代蒙古畜牧业经济的主要经营方式。"阿寅勒",意为牧户。它是从"古列延"经营方式中分离出来的一家一户或少数几个牧户(浩特)在一起屯营,在某一公共牧地上放牧的有一定数量,且规模较小的牲畜的个体经营方式。自 16 世纪中叶起,蒙古传统畜牧业经济中,"阿寅勒"经营方式逐渐代替了"古列延"经营方式。尤其是到了 19 世纪,"大多数蒙古人的牧业畜已没有从前那样的规模了。牲畜的数量到处在减少,大规模、远距离的移牧成了极为少见的现象,通常是以个别家庭或以二三家组成的小团体—独立牧户(阿寅勒),在一块不大的地面上游牧"。[③]

"阿寅勒"畜牧业经营方式有以下几个特点。一、阿寅勒个体游牧生产,是在旗界范围以内,指定的牧场区域放牧或移牧。不再进行以部落的集体远距离的迁徙游牧,使畜牧业生产能够在相对稳定的环境中休养生息;二、以个体家庭或阿寅勒、浩特为单位进行单独放牧,不再是同一部族成员的集体游牧,使每个阿拉巴图牧

① 《西垂总统事略》,卷 9,《牧场》。

② 马大正/成崇德主编:《卫拉特蒙古史纲》,新疆人民出版社,2006 年,第 375 页。

③ 符拉基米尔佐夫:《蒙古社会制度史》,刘荣焌译,中国社会科学出版社,1980 年,第 296 页。

户，在有限的生产范围内，首先取得索必需生产资料，从而使每个牧户有能力摆脱对集体游牧经济的依赖性；三、在固定的牧地范围内，从事个体家庭的阿寅勒游牧，有利于改善生产技术和经营管理，对促进畜牧业生产的发展，开创了有利的条件。

三、农业与工商业

（一）农业

明季，萧大亨《北虏风俗》记述内蒙古西部地区农业发展状况："可观诸夷耕种与我塞下不甚相远。其耕具有牛，有犁。其种子有麦，有谷，有豆，有黍。此等传来已久，非始于今日。"[①]其实，在此之前蒙古地方已有零散的农业经济。

1. **移民与农区的形成**　清初，清朝在口外近边地区设立各类官庄，招民垦种，开了向内蒙古地区移民的先河。[②] 接下来，为解决内蒙古的粮食问题，又鼓励发展农业，康熙帝就曾派内阁学士黄茂等"前往教养蒙古"，并说"朕适北巡，见敖汉、奈曼等处田地甚佳，百谷可种。如种谷多获，则兴安等处不能耕种之人，就近贸易贩籴，均有裨益，不须入边买内地粮米，而米价不至腾贵也"。[③] 康熙末年，卓索图盟的蒙地开垦亦有了很大规模。山东人往来口外垦地者，"多至十万"[④]，这些人都进入了近边的卓索图盟和昭乌达盟南部各旗。乾隆十二年（1747 年），八沟以北及塔子沟通判所辖地方，已有汉民垦户"二三十万之多"。根据乾隆十三年清廷对卓索图盟的调查，该盟租给汉民耕种的地亩，土默特右旗为 1,643 顷

① 萧大亨：《北虏风俗》，明刻本。
② 参见田山茂：《清代蒙古社会制度》，第 337 页。
③ 《清圣祖实录》，康熙三十七年十二月丁巳条。
④ 《清圣祖实录》，康熙五十一年五月壬寅条。

30亩，喀喇沁左旗为400顷80亩，喀喇沁中旗为431顷80亩。这一年仅喀喇沁中旗一旗已有汉佃103屯，42,924户。[1]

一直到乾隆初年，清朝政府从临时性需要考虑，在内蒙古地区的移民开垦政策是较积极的。至雍正朝，推行"借地养民"政策，谕令内地乏食民人可往蒙地垦荒谋生，"乐于就移"者，"免其田赋"，蒙旗王公"欢迎入殖"者，"特许其吃租"。[2] 乾隆十三年（1748年）以后虽然推行了较为严格的封禁政策，但仍然是禁中有垦，一遇荒年，就下令酌开边门，令民出口谋生。由于张家口和杀虎口各处长城至蒙古地方的东西面而分别被称为"东口"和"西口"，也因内地汉人主要通过这两个边门到蒙古地方，叫民人的出口、移民蒙古地方称之为"走东口"、"走西口"。移民从长城东段的山海关出口也叫"闯关东"。清代汉人的移民主要是通过这三条道路实现的。

清初到清中叶的乾隆年间，随着移民的进入内蒙古地区的农业也得到了较大的发展，逐渐形成了农耕移民聚住的农业地带，其中东部的卓索图盟、中部的察哈尔十二旗群和西部的归化城土默特地区农业发展尤为快速。其后，东部的哲里木盟南部地区和西部鄂尔多斯周边地区的农业也跟随着发展起来。

到乾隆中叶，内蒙古中部的察哈尔地区农垦日益发展。乾隆三十六年（1771年）"始定招垦之制，其后穷荒益开，科赋亦与民地无别。"[3]据统计，乾隆末年，察哈尔右翼升科地亩已达28,000顷。光绪八年（1882年），察哈尔右翼设奉宁荒务局，专理蒙地开垦和押荒事宜。到清末，右翼丰镇、宁远两厅已有熟地11,000顷左右，未垦荒地所余无已。[4]

---

① 王玉海：《发展与变革》，第15页。

② 《凌源县志》，卷头三"纪略"，辽宁图书馆藏油印本。

③ 《山西通志》，卷六五"田赋略"。

④ 《丰镇县志书》，卷五"天赋"。

归化城土默特地近黄河，土质肥沃，适于农耕。早在明代，这一地区的农业就已有相当规模。入清以后，发展更为迅速，据乾隆八年(1743 年)统计，归化城土默特共有土地 75,048 顷，已垦土地 60,780 顷，牧场地仅剩 14,268 顷，约占总数的五分之一。[①]

鄂尔多斯部垦事最早。乾隆以后，是部招垦民人近陕西者，分隶陕西神木、定边两理事同知，及神木、府谷、怀远、靖边、定边等县。近山西者，分隶萨拉齐、托克托城、清水河三厅，偏关、河曲等县。而因地滋争之案亦时有。道光八年(1828 年)，达拉特旗之才吉、波罗塔拉地方，以抵还债项，奏准租给商种五年。十四年(1828 年)，绥远城将军彦德奏:“达拉特旗台吉人等招民私垦驿站草地，致越界侵种，其旗游牧地方贝子亲往驱逐。民人恃众，砍伤二等台吉萨音吉雅等。”诏山西巡抚鄂顺安派员捕治之。其后相沿奉部文而承种者有之，由台吉私放者有之，由各庙喇嘛公放者有之。开垦颇多，产粮亦盛。

随着形势的发展，移民及其从事的农耕等经济活动影响到蒙古社会结构。对此，清政府改变其原前的政策采取了保守的保护政策即严厉的封禁政策。乾隆十三年(1748 年)，清朝下达了典地回赎令，禁止蒙古人向汉人典卖土地。[②] 从此开始了清朝对内蒙古的严格禁垦时期。此后又于乾隆三十七年(1762 年)、嘉庆十一年(1806 年)、道光十九年(1839 年)数次重申禁垦令，并进行了补充和完善，对私招私垦的札萨克王、贝勒、贝子、公、闲散王及失察之盟长按照招民的多寡处以罚俸、罚牲畜、革职等处分。

但是，政府的禁令最终并没有实现清统治者希望的初衷。在从乾隆末年至清末的一百多年当中，主要以河北、山东和山西、陕西等内地的民人不断走出他们原籍，通过“闯关东”、“走西口”，来

① 《清高宗实录》，卷一九八。

② 《光绪会典事例》，卷九七九“理藩院”。

到内蒙古安家落户。他们的大多数依然从事着与中国华北地区相同的农耕经济。

乌兰察布盟乌喇特部也是较早移民开垦的地方之一。乾隆三十年(1765年),即将沿河牧地私租民人耕种。五十七年,以积欠商人二万两,允佃种五年之限。道光十二年(1832年),札萨克镇国公巴图鄂齐尔充乌兰察布盟盟长,以茂明安等旗争地不报归化城副都统,辄向理藩院越诉,夺盟长。光绪二十三年(1897年),山西巡抚胡聘之请开乌喇特三湖湾地方屯垦。既得谕旨,理藩院以蒙盟呈有碍游牧,搁其议。二十九年(1903年),议山西巡抚赵尔巽、吴廷斌先后奏置五原厅统知,以是既鄂尔多斯之达拉特、杭锦两旗寄居民人村落隶之。时兵部侍郎贻谷督垦,派员劝报地。三十三年(1907年),奏乌喇特前旗以达拉特旗东之什拉胡鲁素、红门兔等地段,后旗以黄河西岸之红洞湾地段,中旗以黄河西岸熟地莫多、噶鲁泰两段报垦,并修坝工,扩渠道,防冲突,畅引灌。仍以民多官少,防范难周,蒙人时有争渠租垦情事入告。[①]

科尔沁诸旗以距奉天近,皆招佃内地民人开垦。嘉庆十一年(1806年)十月,盛京将军富俊等以左翼后旗昌图额勒克地方招垦开荒,经历四载,民人四万有奇,请增置理事通判治之。达尔汉王旗界内所留民人,亦交通判就近并治,时诸旗札萨克、王、公等多招民人垦荒,积欠抗租,则又请驱逐。廷议非之,严定招垦之禁,已佃者不得逐,未垦者不得招。道光元年(1821年),左翼中旗札萨克达尔汉亲王布彦温都尔瑚竞以垦事延不就鞠,夺札萨克。然私放私垦者仍日有所增,流民游匪于焉密集。光绪二十八年(1902年),右翼前旗札萨克郡王乌泰以放荒事屡被劾,命礼部尚书裕德会增祺勘治。四月,复奏言:“乌泰已放荒界南北厂三百余里,东西宽一百余里,外来客民有一千二百六十余户。乌泰不谙放荒章程,

① 《清史稿》。

以致嗜利之徒，任意垦占，转相私售，实已暗增数千余户，新开荒地又增长三百余里，宽一百余里。梅楞齐莫特、色楞等复袒护荒户，阻台吉壮丁在新放荒地游牧。协理台吉巴图济尔噶勒遂以敛财聚众，不恤旗艰，控之理藩院。经传集乌泰等亲自宣导，均各悔悟，愿湔洗前愆，驱除谗慝，和同办理旗务。请将乌泰、巴图济尔噶勒暂革，仍准留任，勒限三年，限满经理得宜，由该旗呈请开复，否则永远革任；齐莫特、色楞等均分别屏黜，不准干预旗务。并为定领荒招垦章程，荒价则一半报效国家，一半归之蒙旗。升科则每晌以中钱二百四十为筹晌设官等经费，以四百二十作蒙古生计，自王府至台吉、壮丁、喇嘛，各有德数。仍酌留余荒，请求牧养。"均报可。十月，增祺又奏勘明是旗洮尔河南北已垦未垦之地，约有一千余万亩，派员设局丈放。于是科尔沁六旗垦地几遍，郡县亦最多，诸札萨克王公等得租丰溢，而化沙砾为膏沃，地方亦日臻富庶。[①]

光绪二十八年(1902 年)以后，由于国内外形势的变化，清朝改变其一贯的做法，在内蒙古大力推行放垦蒙地政策，大张旗鼓地鼓励移民开垦，使清代内蒙古的移民开垦出现了一个前所未有的高峰，[②]从此私垦就变成为官垦。

二十八年(1902 年)，命兵部侍郎贻谷办晋边垦务，咨调乌、伊两盟长诣归化商订，迄未至，而呈理藩院请免开办。廷旨下院严饬盟迅速与贻谷等会商，不得推委。于是贻谷等先以赎还达拉特旗教案熟地二千顷给银十七万两者，为垦务入手之策。二十九年(1903 年)，达拉特旗、杭锦两旗始派员就议报垦，郡王、鄂拓克、乌审、准噶尔、札萨克五旗亦相继报地，而杭锦旗贝子阿尔宾巴雅尔时充盟长，仍请缓办，坚拒出具交地印文。三十年(1904 年)，贻谷

---

① 《清史稿》，卷五百十八，列传三百五，藩部一。

② 本节部分段落参考引用了王玉海研究成果(《发展与变革：清代内蒙古东部由牧向农的转型》，内蒙古大学出版社，2000 年)，以下不一一注明。

以抗不遵办，掣动全局劾之，以副盟长乌审旗贝子察克都尔色楞代署。三月，套匪滋事，山西练军平之。九月，察克都尔色楞等以乌审、札萨克两旗公中之地，北起阿拜素、南至巴盖补拉克一段，归官报垦，祝皇太后七旬万寿。予察克都尔色楞郡王衔，沙克都尔扎布镇国公衔。三十一年（1905 年）二月，阿尔宾巴雅尔复呈悔过情形，报出杭锦旗中巴噶地一段。贻谷奏乌、伊两盟地皆封建，与察哈尔之比于郡县者不同，定押荒岁租皆一半归官，一半归蒙，别提修渠费。旨下所司知之。七月，贻谷奏："杭锦、达拉特两旗地户将原有各渠报效归公，因改长胜渠名长济，缠金渠名永济，挑浚深通，老郭等渠以次及之，计可溉田万顷。后套地必附渠，渠日加多，即地日广。就现在应收之款，悉归工作，回环挹注，务竟其功。请各旗押荒地租各款应归公者，均暂缓提拨，备渠工大修之费。"九月，准噶尔旗协理台吉丹丕尔不悦于垦，纠众抗阻，攻劫局所，贻谷遣兵捕治之。三十二年（1906 年），贻谷奏定郡王等五旗旱地押荒岁租。陕西巡抚恩寿会奏以郡王、札萨克两旗垦地置东胜厅，隶山西归绥道。三十三年（1907 年），贻谷蒙谴，复阿尔宾巴雅尔盟长。信勤、瑞良等相继为垦务大臣。①

经过两个多世纪的时间，随着移民的北上和他们带来的农耕生产方式的影响之下，农牧分界线也不断北进。做为其结果在内蒙古地区与内地交界的长城沿边地区形成了农牧交错地带。到清末时，这分界线已经远远超过了自然条件允许的界线。最早向北延伸的农牧交错带分布于喀喇沁、呼和浩特、固阳和托克托一带，这些地区在乾隆十五年至光绪二年（1750～1876 年）期间完成农业渗透。集宁南部地区、伊克昭盟南部的农业开发完成于光绪三年到光绪二十六年（1900 年）。河套地区虽然早就有农业存在，但直到光绪二十六年至宣统三年期间，农业扩展才完毕。以哲里木

① 《清史稿》卷五百二十，列传三百七，藩部三。

盟为例，在18世纪末到20世纪初的“请旨招垦”时期，导致农耕北界从清代初期的“柳条边墙”北上至今长春、四平、昌图以及敖汉、翁牛特旗南部。哲里木盟东南部、卓索图盟大部以及昭乌达盟南部变成农牧并举、以农为主的农牧交错地带。到清末时期，农垦推到洮儿河下游及西辽河两岸地区，此时的农耕北界北起黑龙江大庆县，经白城西、通辽北、开鲁县到林西县。今吉林省西部、辽宁省北部以及西辽河沿岸地带发展成为以农为主的农牧交错地带。内蒙古西部的农牧分界线已越过阴山山脉，深入到了原蒙古游牧地带的中心地区。另外，伊克昭盟东部地区的开发也是在这时期完成的。[①] 在这些地区完成了从散游牧业到集约农业变化的过程中，一直处于农牧交错状态，与农业扩展的同时，社会经济的整合也在进行当中。

随着内地移民的往北推进，至晚清时，内蒙古南部的蒙古人在生存问题上面临着两种选择，即放弃传统的畜牧业从事农业经济，或从故土流离往北移民到有水草之处继续从事传统的畜牧业经济。较早始已开垦的归化城“土默特部近边外，其服食起居竟与内地民人无异，渐至惰窳成性，有地而不习耕耘，无畜而难为孳牧，惟赖民人租种其地，彼才有粮食可食，有租可用。故现在该蒙古以耕牧为生者十之二三，借租课为生者十之七八。至该旗所谓游牧地户口地者，自康熙年间以来，久已陆续租给民人。以田以宅，二百年于兹矣。”[②]蒙古族由牧转农，也有相当一部分是出于无奈的选择。由于牧场减少，蒙古牧民为了生存不得不放弃传统的畜牧业，学会从事农业经济。

---

① 赵松乔、董勉、过鉴懋：《内蒙古自治区农牧业生产配置问题的初步研究》，(北京)科学出版社，1958年，图8。

② 张之洞：《张文襄公奏稿》，卷六，“口外编籍无碍游牧折”，光绪十年二月二十六日。

2. **农业生产** 蒙古族学习耕作技术，大部分是在汉族移民影响下进行的。符拉基米尔佐夫说“渐染汉俗，始从事种植”。[1] 康熙在一首山田诗中也反映了此情：“蒙古佃贫民，种田得租多。即渐罢游牧，相将艺黍禾”。[2] 归化城土默特汉族移居较早，这里的蒙古人转事农业也很早。康熙年间，归化城土默特旗曾经澂磁被清廷调往喀尔喀、新疆等地，担当屯田军的主力。陕北靖边县边外的乌审、鄂托克两旗南部的部分蒙古人，在与出塞汉农的长期交往中，也学会了种田，“男少知耕，其播种早，其谷宜糜，间有莜燕麦数种，味均逊内地”。[3] 光绪十九年(1893 年)俄国人波兹德涅耶夫经过地属察哈尔镶红旗的孔岱村时，看到这里的察哈尔蒙古人都“从事农业，完全不搞畜牧业”。[4]

蒙古人耕种原来极其粗放，称为“满撒子”。这种农耕方式有清一代也一直延续着。到乾隆年间，蒙古人耕作渐趋精细。乾隆曾作诗称赞这一变化：“蒙古昔种田，撒种委之去，谓曰靠天收，秋成乃刈获”；“而今则不然，均习耕耨务，课雨与量晴，不殊三农虑”[5]。到清末，内蒙古东部地区“近边诸旗，渐染汉俗……凡设郡县之区，类皆农重于牧，操作亦如汉人”。[6] 清末民初时，在自然条件较好的地方，蒙古农民还掌握了开渠灌溉技术和园艺技术。归化城土默特蒙古人还办起了塞外稀见的果园。[7]

荞面和炒米自古以来就是蒙古人的吃粮。加工方法是用石臼舂成米食用。没有碾子和磨。开始经营汉式农业以后，汉人从关

---

① 《蒙古社会制度史》，第 294 页。
② 和珅：《热河志》(乾隆四十六年)，卷 92“康熙三十三年山田诗”。
③ 丁锡奎：《靖边志稿》，卷 4“杂志·蒙俗”。
④ 《蒙古及蒙古人》，第二卷，第 181 页。
⑤ 和珅：《热河志》，(乾隆四十六年)卷 75“藩卫”。
⑥ 徐世昌：《东三省政略》，“蒙务下·纪实业”。
⑦ 本段参考闫天灵：《汉族移民与近代内蒙古社会变迁研究》，第 309 页。

内引来了高粱、谷子、玉米、豆子等五谷，还引来了芝麻、菸、萝卜、白菜、葱、韭菜、茄子、辣椒等在蒙古地方种植起来。有许多地方不能种稻子，但小麦却长得很好。种棉花的地方不广，从喜峰口起长城一带生长棉花，喀喇沁和土默特的大凌河流域盛产棉花，也盛产桃和各种水果。长城西段有盛产糌粑面的地方，南部沿长城一带的作物和关内差不多。由于从事农业，村落中也广泛应用碾子、磨。粮食交易也发达起来了。①

清代，喀尔喀地区从康熙年间开始局部地区也出现了小块农耕之地。康熙五十四年(1715 年)，为防御准噶尔策旺阿喇布坦，祁里德率大军进入喀尔喀，为了解决军粮，在苏呼图、喀喇乌苏、明爱、察罕格尔、库尔奇呼、札布干、察罕瘦尔、布拉干、乌兰固木、额尔德尼召等十处，开荒耕种。康熙五十五年(1716 年)，傅尔丹从归化城土默特带领一千人，前往乌兰固木等处屯田。② 在阿尔滚故哲、西巴里鄂希、那马尔济虎、勒克查汉郭尔等处开渠引水，种植小麦、大麦、青稞等作物。乾隆以后，清朝从喀尔喀科布多等处撤出屯垦军，除科布多的乌兰固木等部分地区保留耕地外，其余耕地均被废弃。18 世纪初，随着大批清军驻屯科布多，部分商人和流民也到喀尔喀的伊邦、布日古勒岱、斡儿浑、色楞格、拜巴里克等处开垦种地。据史料记载，乾隆四十年(1775 年)，皇帝曾准许三百名内地汉民到喀尔喀从事农业。

新疆地区，巴图尔珲台吉时代已有农业，他将其统治下的维吾尔人以及内地掠来的汉人和俘虏的俄罗斯人、布哈拉人等种田。在策妄阿喇布坦和噶尔丹策零统治时期准噶尔汗国“且耕且牧”③。在伊犁河流域、额尔齐斯河流域和乌鲁木齐周围以及乌兰

① 《蒙古风俗鉴》，四十六经营农业史。

② 《清圣祖实录》，康熙五十五年二月乙丑条。

③ 松筠：《西陲总统事略》，卷一。

呼济尔、毛塔拉、色音塔拉、哈喇沙尔等地出现了大片耕地，生产大麦、小麦、青稞、黍、糜、高粱、小豆，而且也能生产稻米、瓜果、蔬菜等。[1]

乾隆年间，平定准噶尔后，清朝在天山以北地区实行旗屯和民屯。乾隆四十二年(1777年)到五十年(1785年)，在乌鲁木齐、奇台、济木萨、昌吉、玛纳斯落户认垦者有一千九百九十户。乾隆末年，北疆民屯已垦出土地三十五万一千亩，嘉庆中达到一百万余亩，由满洲八旗和绿营官兵耕种。又从甘肃省有计划地移民至新疆，落户认垦。

3. **仓储制度** 漠南蒙古农业发展后建立了仓储制度。“每年秋收后，各佐领下壮丁每丁输粮一斗存仓，以为歉收赈济之用。”[2]清初，蒙古地方无存粮，遇灾荒，要调用附近内地仓储给以赈济，常常动用宣府、大同、张家口、杀虎口、喜峰口、古北口、独石口、神木、榆林乃至宁夏、齐齐哈尔等地的仓米，路途遥远，运输不便。康熙朝后期，漠南蒙古部分地区已有余粮，尤其是卓索图盟和归化城土默特一带，“连岁收成颇丰”，“年来五谷丰登”，有些旗开始设仓储米，“以备水旱赈济之用”。据记载，至康熙五十七年(1718年)，除归化城与喀喇沁各旗已建立了仓储外，克什克腾察拜、巴林、湖滩河朔、热河、八沟、科尔沁各旗、昭乌达博尔额尔吉、布尔哈图等地建有仓廒，贮粮较多。雍正朝初，哲里木、昭乌达、卓索图三盟所属游牧旗，每旗各设一仓，仓储制度一直沿袭到清末。

(二)商业

1. **官方贸易** 蒙古以畜牧为生，畜牧业占经济主导地位，生产的单一性决定了他们对其他民族的其他各类物资需要的迫切性。蒙古民族内部进行贸易活动，多是以物易物。

---

① 傅恒:《西域图志》，卷43“土产”。

② 《凌源县志》，卷头3“纪略”。

蒙古和其他民族的贸易，主要以同中原内地汉民族的产品交换为主。这里既有同清朝政府的官方贸易，也有民间的互换有无。

官方贸易分“通贡”和“官市”两种形式进行，通贡贸易即蒙古各封建主在值年班、朝觐或其他事件来京时，向清朝政府“朝贡”，贡品有牲畜、猎物和各种手工制品。清朝政府通过“赏赐”，回报以各种丝织品、棉织品、农产品、佛经、佛器、银钱等。“通贡”所得的赏赐数量有限。因而，贡使一般都要随带人数众多的商队，携带大量的畜产品和土特产品，从事“官市”贸易。

“官市”贸易又分京师互市和边口互市。京师互市，清政府对内外蒙古和卫拉特蒙古的京师互市方式是有区别的。清初，规定蒙古台吉每年进贡一次，四时均可，由该旗札萨克将台吉职名等开载印文，进口时核查人数、贡物，亦用印文差绿旗步兵护送。其札萨克印文，交稽查馆务官详勘。雍正七年(1729 年)，四时进贡改为每年十月来京一次。乾隆十二年(1747 年)议准，每年冬季进贡的台吉，编排班次，轮流进贡。人数上也有一定的限制，多者二三百人，少者六十人。清政府在北京御河西岸的南部，设有“里馆”(内馆)，在安定门内外，设有“外馆”，专供来京贸易的蒙古台吉居住。京师互市的另一重要部分商队是来自漠西蒙古的卫拉特各部贡使和商队。卫拉特各部到北京贸易，有南北两条商道。南道由西宁经兰州、西安达北京，北道从青海横穿河西走廊经河套入京互市。

边口互市，清朝政府承袭历代中原王朝“马市”贸易的传统，颁令设立边口互市。蒙古各部把边口互市作为与内地贸易的主要场所。内外蒙古进行贸易的主要边口有张家口、古北口、杀虎口、八沟、塔子沟、三座塔、乌兰哈达、归化城、定边、花马池等地。蒙古商人以马、牛、羊、驼和皮张为大宗，此外还有皮毛、蘑菇、药材等，换取生活必需品。西蒙古各部同样以各种方式寻求与内地的贸易。他们除了驱赶大批牛、羊、马、驼外，还驮载着大量的毛皮、硇砂、葡萄干、羚羊角等货物，源源不断地到肃州、东科尔等地售卖。准噶尔部多次要求清廷开展边市贸易，但是清廷以种种借口故意刁难。乾隆五年(1740年)定，肃州贸易，四年一期，人数不能超过百人，凡贸易之年，须先以起程之日，与何日可至内地报知清廷驻边大臣转达部院，奏拨章京、笔帖式等照看料理。乾隆八年，肃州市场改为二年开放一次。乾隆十三年(1748年)，将贸易人数由一百名增加到二百名。

2. **民间互市**　蒙古地区的集镇和集市贸易在蒙民中影响很大。集镇贸易点如归化城、多伦诺尔、库伦、乌里雅苏台等后来都发展成为商业城市。

蒙古地区的另一种贸易形式是定期的集市，即以寺庙和兵营为中心，进行定期交易活动。每逢集市、庙会之期，牧民和商人驱赶牲畜、驮载货物不辞辛苦前来进行贸易。比较有名的集市、庙会有：甘珠尔庙(呼伦贝尔)、大板(巴林右旗)、经棚喇嘛庙(克什克腾旗)、贝子庙(锡林郭勒盟)、准噶尔召(鄂尔多斯)、百灵庙(乌兰察布盟)、南寺(阿拉善旗)、额尔德尼召(喀尔喀)、丹嘎尔寺(西宁口外)、王呼勒(喀尔喀)。

3. **旅蒙商**　内地商人去蒙古地区经商，蒙人称其为“买卖人”，内地则称之为“旅蒙商”。旅蒙商出现于17世纪末、18世纪初，是伴随清兵进军西北兴起的。

康熙中叶，清军进攻卫拉特蒙古，作为军需，内务府皇商及一些小商贩随军作营中贸易。在随军贸易过程中，商人们还与沿途所遇蒙古人进行交易。商贩们所售卖货物，以茶、布为主，返回时收购马匹及皮毛等。由于有利可图，旅蒙贸易开始发展起来。尔后，山西、河北等地的一些商人附贩而来与蒙古人做起生意。随着旅蒙商人资金的增多和规模的扩大，其贸易范围也日渐广阔。

康熙中叶以后，清朝对入蒙古地区的商人采取了鼓励和保护的政策，发给他们部票(龙票)，上面用满蒙汉三种文字写有保护商人生命财产的条文,同时还给部分商人封官授爵。[①] 另外,由于边口互市贸易的开展,许多城镇商贾云集,货物流通,蒙汉之间的贸易得到很大的发展。各地蒙古王府、寺庙附近的集市贸易也逐渐增多。这都极大地鼓舞了深入草原的内地商人。尤其是赴蒙经商所获取的高额利润对他们具有很强的吸引力。蒙古人纯朴好客,又不善于经商,对旅蒙商人带去的粮食、布帛、茶叶、铁锅等日用产品有很大的兴趣。因此,只要产品适用,销路自然好。由于蒙地交通闭塞、市场缺乏,旅蒙商利用地区差价,进行不等价交换,靠着以物易物的落后交换形式,得到相当丰厚的利润。在强烈发财欲望的驱使下,越来越多的商人相继来蒙古地区经商。

康熙末年至乾隆中叶,旅蒙商贸得到较大的发展。首先,由于贸易额的增大,资金的积累,旅蒙商逐渐改变了春入秋归的"雁行"贸易方式,不仅使归化城、张家口、多伦诺尔等城镇变为其贸易的根据地和货物的屯栈地,而且有许多行商小贩因资本扩大而在各地王府、寺庙附近居住下来,一面进行固定的交易活动,一面深入草原腹地流动经商。漠南、漠北、漠西蒙古乃至中俄边境线及乌梁海地区都有旅蒙商的足迹和设立的贸易点。据驻库伦大臣调查,乾隆二十四年(1759 年),在库伦经商的内地旅蒙商人已有一千多人,[②]并且还有零星的行商分散在库伦周围各旗从事贸易活动。

随着旅蒙商贸易的发展,清廷陆续制定了一系列条规,对旅蒙商的人数、时间、出入关口物品、居住地方等作了规定。

雍正五年(1727 年),清廷规定:喜峰口、古北口、独石口、张家口、归化城、杀虎口和西宁等地为出入蒙地经商贸易的孔道。凡赴内外蒙古和漠西卫拉特蒙古贸易的旅蒙商人,须经驻张家口的察哈尔都统、归化城将军、多伦诺尔同知衙门和西宁办事大臣的批

① 内蒙古商业厅编:《多伦旅蒙商》。

② 蒙古国科学院历史研究所藏清代蒙文档案,XH108。

准，颁发准入蒙地的部票，在指定的蒙旗境内经商贸易。

旅蒙商人在登记批取部票时，必须注明人数、姓名、货物品种和起程日期。在蒙地，须在当地旗札萨克衙门监督下进行贸易。旅蒙商人不准在蒙地建筑房屋，不准携眷定居，不准娶蒙古妇女为妻。

携入蒙地的商品种类，包括粮食、布帛、茶叶、烟酒、生活用品、佛器、铸铁锅等，但严禁将武器和铜铁等金属输入蒙地。

凡违反清廷规定者，分别处以罚金、没收货物、逐出蒙地并严禁再进入蒙地经商，严重者判处徒刑。

行商和坐商是旅蒙商在蒙古地区经营的两种方式。

行商有晋帮、京帮、河北帮、陕帮等商人，尤以晋帮居多。他们经营的物品十分丰富，从绸缎到五谷、茶、酒，凡蒙人日常生活品、消费品无所不备，无所不销。旅蒙商收购牛、羊、马、驼、各种毛皮、马尾、羊绒、蘑菇、盐、碱、甘草、鹿茸等。行商把派店员下蒙地叫做“出拨子”，出拨子的伙计也叫“外营”或“外路”。每到春季，出拨子用牛车或驼载运蒙民需要的商品，以三四人或十几人为一组，在王府或寺庙附近支帐挂牌，陈列货物招徕蒙民。初冬天寒以后，出拨子的商品卖完了，他们就把从蒙民手中购入的畜产品装在牛车上，或驮在牲畜背上，雇佣蒙民代他们赶送交换或收购的牛、羊、马、驼。到达贸易市场，把所购得的畜产品、皮毛卖给皮毛栈、皮店或店铺，牛、羊、马、驼卖给牲畜栈，或卖给收购牲畜的商人。

旅蒙商行走的路线，大致有以下几条；以张家口为出发点的，(1)张家口—库伦—恰克图或乌里雅苏台、科布多；(2)张家口—多伦—贝子庙—北部各旗；(3)张家口—四子王旗等；以归化城为出发点的，(1)归化城—库伦—恰克图；(2)归化城—乌里雅苏台—科布多—古城；(3)归化城—新疆。此外，还有赤峰—经棚和卜魁(齐齐哈尔)—海拉尔等路线。

坐商主要集中在张家口、归化、多伦等贸易中心。他们开设各式各样的货栈，有杂货行、陆陈行（粮食行）、皮毛栈、牲畜栈（牙行）、布栈、粮栈、茶栈等。在草原小镇、王府或寺庙附近，有土著的商铺、烧锅、粮栈、杂货栈。

张家口的旅蒙商经营范围十分广阔，内外蒙古、青海、天山北路、乌梁海等几乎整个蒙古地区都有他们的足迹。

归化城有旅蒙商商号最集中的中心城市之一，出现了有名的三大旅蒙商号：大盛魁、元盛德、天义德，稍小的有一善堂、三合永、庆中长、天裕德、大庆昌、永德魁、元升永等。

归化城有旅蒙商号中首屈一指的大盛魁。该商号年代久远，资本雄厚，到光绪年间，资本积累已达两千万两银以上。大盛魁的初期，总号设在外蒙古的乌里雅苏台，科布多和归化城都有它的重要分庄。从乾隆朝后期到嘉庆初年，大盛魁经营规模扩大，以乌里雅苏台为基地，为清朝军政人员服务，作军需供应，并以高利贷形式为去北京纳贡、值班、朝觐的蒙古王公提供所需的一切费用。大盛魁凭借着与清朝政府及外蒙古王公的密切关系，取得了代表清朝在外蒙古税收的业务。道光年间，又得到了征收驿站费用的业务。这样，大盛魁便成了既是经营蒙古商业贸易的商号，又是清朝政府在外蒙古地区的税收代理人，成为亦商亦官的双重身份的高利贷巨商。

4. **蒙俄贸易**　16 世纪末至 17 世纪初，俄国向西伯利亚地区扩张势力，推进到鄂毕河、额尔齐河和叶尼塞河上游之间的草原。17 世纪中叶以后，俄国又占领了贝加尔湖以东的蒙古草原，其势力又扩展到黑龙江口的远东地区。蒙俄接壤地区达数千公里，与此相随的蒙俄贸易，由北向南、由西向东循序推进、扩大。

早期的蒙俄贸易，大致是从明万历三十五年（1607 年）俄国第一次向蒙古地区派遣使团开始，至康熙二十八年（1689 年）订立中俄《尼布楚条约》为止。俄国人随着它在西伯利亚领土扩大，移民增加，急需役畜和菜畜，急切需要通过贸易方式，从托木斯克、托博尔斯克、塔拉、伊尔库茨克、色楞格斯克等西伯利亚城市，或蒙古游牧地，换取牛、马、羊和各种畜产品。同时，通过与蒙古保持经济联系，也可探明去北京的商路，同中国建立直接的贸易关系。

蒙古人和俄国的早期贸易，比较频繁的是俄国与卫拉特蒙古各部的贸易活动。双方都派出了大大小小的贸易使团。自天聪九年(1635 年)至顺治十年(1653 年)双方互派使团至少有 17 次。在准噶尔部称雄天山北路时期，双方仍保持着正常的贸易关系。

俄国与喀尔喀蒙古互相派遣使团贸易始于万历三十六年(1608 年)。最初是俄国向喀尔喀蒙古札萨克图汗部和托辉部派出贸易使团。1616 年以后，俄国先后派出的使团与喀尔喀蒙古诸部进行贸易活动。

蒙俄使团贸易初期，主要围绕使团商队开展交易活动。双方通过使团互赠“礼品”，换货贸易，另外商队也在对方辖地购销贸易。俄国使团向蒙古诸汗和台吉赠送呢料、红皮革、棉布、纸张、锡器和鞍具等礼物。蒙古方面也派人回赠紫貂皮、中国丝绸、马匹、茶叶等物。使节交换礼品后，商队开始在对方城堡或庭帐做生意。

除使团商队贸易外，双方边境贸易、民间贸易、集市贸易也是十分活跃。准噶尔北部地区的亚梅什湖是民间集市贸易的中心。在 17 世纪末，这里每年都要举行历时两至三周以上的大规模集市。卫拉特蒙古各部众、布哈拉人、鞑靼人、俄国商人从各地汇集而来，进行交易。卫拉特蒙古人是从肃州和西宁等内地集市贸易购置商品来这里进行交易。

17 世纪中叶，俄国殖民势力进入外贝加尔地区，开始接触喀尔喀蒙古车臣汗及土谢图汗部所属的布里雅特蒙古，蒙俄贸易逐渐东移，中俄两国也改由通过喀尔喀进行近距离接触。顺治十二年(1653 年)，俄国首次派遣以巴伊科夫为首的使团经喀尔喀前往中国，请求互市。

17 世纪 50 年代至 80 年代，蒙俄交往次数增多。但是进入 80

年代以后，俄国殖民势力东侵，到达精奇里江、黑龙江上游地区，对当地游牧民进行不择手段的搜刮掠夺。俄国殖民势力蚕食大片的喀尔喀领土，其侵略行为引起以土谢图汗为首的喀尔喀部众的不满。鉴于边境地区经常发生公开的武装冲突，并为了遏止俄国扩张势力对蒙古地区的侵略，清朝政府下令停止中俄边境贸易活动。

康熙二十八年(1689 年)，清政府与俄国政府签定了中俄《尼布楚条约》规定：中俄两国臣民凡持有通行证者，无论于何地之领内得以自由交通以营贸易。

中俄签定《尼布楚条约》，结束了两国较长时期的边界纠纷，确立了初步的贸易关系。俄国商队贸易的兴趣也由蒙俄边境贸易转向北京。康熙二十八至四十二年(1689～1703 年)俄国商队由尼布楚经额尔古纳堡来北京贸易者共计有七次。[①] 受清政府的干预和影响，蒙俄贸易相对削弱，贸易重点逐步向喀尔喀蒙古与东西伯利亚沿边地区转移。清朝任命图谢图汗总理对俄国贸易事宜之后，康熙五十九年(1720 年)又经理藩院议准在库伦设立中俄贸易市场，允许喀尔喀各部蒙古人与俄国人进行直接的商品交易。17世纪中叶，许多俄国商人为了取得中国商品，不顾俄国政府限制对华贸易的法规及国家垄断经营贵重毛皮、烟草和大黄的禁令，深入到喀尔喀各部和布里雅特部，同蒙古和内地汉商直接或间接交易。在鄂尔浑和土喇河汇流处，色楞格斯克逐渐形成贸易活动的中心。

雍正五年(1727 年)中俄两国政府签订了《恰克图条约》，划定了中俄在西伯利亚地区的边境线，并规定：准其两国通商，其人数仍照原定不得超过二百人，每三年进京一次；除两国通商外，有因在两国交界处所零星贸易者，在色楞额之恰克图、尼布潮之本地方，择好地建盖房屋，情愿前往贸易者，准其贸易，周围墙垣栅子酌量建造，亦毋庸取税。根据条约规定，中俄边关互市主要集中在两

① 曼考尔：《俄国与中国：1728 年以前的外交关系》，美国哈佛大学版，1971 年。

个地点：一个是额尔古纳河的库克多博——祖鲁海图，一是色楞格河东岸的恰克图。

恰克图原属喀尔喀蒙古土谢图汗的左翼末旗管辖，康熙初年逐成聚落，雍正年间规模稍具。《恰克图条约》缔结时，由于它地处适中，交通便利，被确定为双方互市之地。旧市街归入俄领地，中方商贾在其南另建新市街，形成一个跨处两国疆界的边境贸易区，中俄两国市圈隔界相望，统称恰克图市场。

《恰克图条约》签订以后，中俄两国商人蜂拥而至，在恰克图、色楞格斯克、伊尔库茨克和库伦等城市，建造永久性商店，从事贸易活动。

恰克图贸易兴起后，几乎全部变成内地汉商与俄国商人的交易，蒙俄贸易由此相对萎缩。

咸丰元年(1851 年)中俄签订《伊塔通商章程》，俄商获得在新疆合法贸易的权利，从而分割了恰克图的货物流量。同治元年(1862 年)，《中俄陆路通商章程》的缔结，使俄商得以自行赴中国内地采茶、运茶，严重影响了恰克图市场上的交易量。19 世纪 80 年代以后，俄国扩大了对华海路贸易，恰克图贸易每况愈下，逐渐走了下坡路。

(三)手工业

清代初期，蒙古社会虽仍保持着传统的家庭手工业，但其生产的范围非常有限。这种粗放游牧业与家庭小手工业结合的经济结构，是蒙古社会自给自足自然经济的基础。这种家庭型手工业小生产，只能够制造出一些简单的供游牧和狩猎所需的手工产品。如用畜牧产品为原料制造的毛毡、革囊、皮带、毛绳、皮绳、皮衣、皮帽、皮靴、奶酪等生活用品；用木材制造的蒙古包和帐篷的支架、木轮车、马鞍、弓箭等生产工具和金银首饰、器皿等各种小器具。这种家庭小手工业是和单一落后的游牧业自然经济性质相适应的。因为游牧业生产流动性大，人随畜迁，居无定处，不可能有更多的生活用品和复杂的生产工具，从而也就限制了手工业生产向多样化和精细方面的发展。另外，在一些大的寺庙有专门制作宗教用品的手工作坊。

17世纪末，蒙古地区内地汉族手工业生产者逐渐增加。他们有些是随同内地破产流民群涌入蒙地来谋生的；有些是清朝驻防蒙古各地军队和“八旗”官兵带去的“匠役”，主要是为制作军需品和修理兵器所需的铁匠、木匠、铜匠、箭匠等；还有一些是跟随清廷皇室公主、格格下嫁王公时来的各种匠役；也有一部分是应蒙古王公、贵族和喇嘛为建筑城堡、寺庙和王府、官邸雇佣而来的从事泥瓦工、雕塑、绘画和木器、金银器皿、佛象制造的各种工匠。这些手工业生产者中，除随军驻防和随公主下嫁而来的定居者外，其余大部分人都是春至秋归的“雁行”客户。

18世纪以后，随着蒙古地区的农业、商业贸易发展和城镇的出现，一批批来自山西、河北、山东、河南、陕西等地的破产手工业者，跟随先前应招而来的工匠们，陆续流入蒙古地区定居下来。他们利用蒙古地区充足的天然资源和畜牧产品资源为原料，开设了各种手工生产的作坊，从事手工业生产的专业工匠人数就自然逐渐增多起来，原先蒙古人家庭型手工业小生产受到排挤。

尽管如此，由内地汉族工匠为主的专业手工作坊制造的产品，还不能完全代替蒙古人家庭手工业产品。比如，察哈尔八旗蒙古牧民妇女用牛羊乳生产的黄油(酥油)、奶饼、奶皮、乳酪等奶制品，以精美可口、形色俱佳著称。他们制作乳食品不仅供日常家庭食用，而且成为在清宫帝后们日常膳食中必备的佳肴，颇受赞美，还成为京、津市场的畅销品。擀毡，是蒙古人传统的手工业生产，尤以察哈尔八旗蒙古牧民制作的毛毡最驰名。他们生产的毛毡不仅质地坚厚耐用，而且用料中精心选配各种不同颜色的牛、羊毛，擀制出各种形状与图案，富有民族特色，深受蒙民欢迎。就连蒙古王公、贵族和上层喇嘛，以及清廷帝后妆饰宫阁、府邸、蒙古包时都喜用此物。为此，有许多汉族制毡业的工匠，亦向蒙古牧民们学习他们精湛的擀毡技术。

在漠南东部蒙古地区，蒙古牧民利用大兴安岭丰富的天然森林资源，制作木轮大车(又称“勒勒车”)。这种家庭手工业制作大车可载货百余斤，对于游牧迁移颇为适用。

卓索图盟土默特左旗以发展养蚕、织绢绸而闻名。乾隆时“初由山东流民携蚕种来试养之，颇得利”。[①] 其后当地蒙民争相效法，从而使养蚕和手工织绢业得到发展。他们纺织的丝绢绸，不仅为本地区蒙汉民所欢迎，还畅销于内地一些城市。

金、银、铜器制造业，是蒙古地区需求量较大的手工业生产行业。多伦诺尔金银器作坊的蒙汉工匠们制造的铜佛、法器、金银器皿、首饰等驰名大漠南北的蒙古广大地区。他们以做工精致、细微，并富于民族色彩，而受到蒙古王公和牧民以及寺庙喇嘛们溢美赞扬。他们生产出的最大铜佛雕像，有高达三十三尺，体重达三十五吨以上。其“佛身青铜，以金镀之，灼烁夺目”。[②] 可见其手工业生产技术已有了相当高的水平。内蒙古各地和漠北喀尔喀蒙古各大喇嘛寺庙所供奉的铜佛和使用的法器，大多是在多伦诺尔购买和订制的。

蒙古地区各种手工业生产的加工作坊不断发展，专业手工业生产者的人口逐渐扩大。伴随着这种新经济形式和新的生产关系的发展，使手工业与游牧业相分离。一部分从事游牧兼家庭细小手工业生产的蒙古人，进一步掌握较为熟练的手工业生产技术以后，脱离了游牧业生产，转化为手工业生产的定居民。

到了清代中后期，随着城镇中以汉族工匠为主的专业手工作坊的蓬勃发展，蒙古族的手工业出现了停滞或倒退。其原因有二：

① 王宗英:《新译蒙古地志·制造》，据光绪二十八年刊本。

② 《新译蒙古地志·制造》。

加工工艺落后。由于蒙古族传统的手工业始终以满足自身需求为目的。因此，在工艺方面缺乏应变的紧迫性，其产品在式样、用料、耐用性等方面，无法与专业作坊的产品相匹敌；城镇手工业产品的冲击。各类专业作坊的产品，加工工艺较为先进，批量生产又降低了成本，有物美价廉的特点，再加上灵活的销售方式（如以原毛换毡制品），产品逐渐为牧民所接受。蒙古族牧民的消费方式已发生极大的变化，他们的生产、生活用品已大多依赖于市场，从马鞍、鞍垫、马镫、马鞭至饮食器皿、靴子、衣帽竟然都需要购买。如此的消费方式，必然造成蒙古民族手工业的退化。

（四）矿业

蒙古高原地域辽阔，矿产资源极为丰富。天然盐、碱和煤、铁、金、银、铅、铜等矿藏，遍布蒙古各地。

1. **金矿** 内蒙古金矿地域广，储量多，遍布于大兴安岭山脉、阴山山脉和贺兰山山脉各地。在长城以北的卓索图、昭乌达盟辖境内均有金矿。其中有敖汉旗境内的撰山子、金厂沟梁等处金矿；翁牛特旗境内的红花沟金矿；喀喇沁右旗东北部鸡冠山一带金矿；平泉州境内（后属1903年新设建平县境）霍家地、城子山、王家杖子及赤峰县属境柴火栏子，围场厅属境五台山、白山吐等六处金矿；阜新、朝阳境内的塔子沟、抬头沟、太平沟、新大堤沟等处金矿；呼伦贝尔北部的奇乾河、吉拉林等处金矿等。

2. **铜矿和银矿** 内蒙古地区的铜矿和银矿，主要集中在卓索图盟以及阿拉善等地。如喀喇沁右旗境内的偏（遍）山线、土槽子、锡蜡片银矿；喀喇沁中旗境内的长杭沟银矿；以及阿拉善旗境内的哈勒津、库察山银矿。①

咸丰二年（1852年），清廷开放矿禁，平泉州属铅铜子沟一带

① 《清史稿》，卷一二四《食货志·矿政》。参阅《清文宗实录》，第一三一、一三八、一五三、一六九、一七一、一七八、一八四等卷。

铜矿,即有官办招商开采。因为用土法开采,矿洞积水无法抽出,不久即停歇。光绪七年(1881 年),为了给天津北洋机器局制造军械提供原料,北洋大臣兼直隶总督李鸿章奏准清廷,成立平泉铜矿总局,委派招商局官员、直隶候补道朱其诏主持经营,招商股开采。一年以后,铜矿总局先后募集股金计 12 万银两,从“西洋”购进抽水、起重、吹风等新式机器,采铜炼铜生产日渐进展。十年,聘请德国矿师德璀琳主持经营,安设新式发动机投产采矿。十三年(1887 年),李鸿章又聘请美国著名矿师哲尔者前来平泉州铜矿等处查勘,并在他的监督下,开始用“最新方法开采提炼”。①

3. **盐碱矿** 内蒙古地区漠南诸湖泊和沙漠沼泽间,多有盐、碱产地。清代已开采的盐、碱矿著名的有乌珠穆沁草原的达布逊诺尔盐池,位于锡林郭勒盟乌珠穆沁右旗和浩济特左旗交界处,蒙古人称之为额吉淖尔,即母亲湖。湖泊周长 30 余里,涨水期可达五、六十里。湖面西北边较宽较深,东南较窄较浅,所以采盐主要在东南。湖水中的盐分主要靠日光热力曝晒结晶而成盐块、盐粒,盐块大者可达几尺见方。而且盐粒随采随出,可谓取之无尽,倘若终岁不捞,亦不见溢。谓之“盐色明洁,有若水晶,味之鲜美,远胜海盐”。② 本地区盐销往黑龙江、直隶、热河、山西大同、归化城等地。

阿拉善旗的吉兰泰盐池位于旗境东北部,距旗府所在地定远营 200 余里,东距黄河磴口约 240 里。为该旗第一大盐池,属札萨克亲王之产业。该池盐盖厚约一尺,约七八寸不等,盐层深约七尺至一丈。③

① 《中国近代工业史资料》第一辑下册。

② 姚锡光:《筹蒙刍议》“是覆东部内蒙古情形说贴”、“再上练兵处王大臣征笺,江绪三十三年丙午闰四月”,光绪戊申(1908)自刻本。

③ 马成浩:《宁夏阿拉善旗各盐池概况》,原载《边疆通讯》1943 年第一卷第八、九期,引自《阿拉善盟史志资料选编》第一辑,阿拉善盟地方志编委会,1986 年。

察汉布鲁克盐池，简称察汉盐池。位于旗境南部，东北距定远营200余里，南距宁夏中卫200余里，距甘肃一条山约300里。所产之盐，质佳味美、色微青，故名青盐，为阿拉善旗第二大盐池。

同湖盐池又作通湖，位于察汉布鲁克盐池以南，南距宁夏中卫约60里。池盐色白，故又称白盐。

和屯盐池位于定远营西北200余里。池盐色微红，故名红盐。该池产盐颇丰，盐质优美，为阿拉善旗第三大盐池。

雅布赖盐池位于阿拉善旗西南部，南距甘肃民勤200余里。该池所产青盐，质味具佳，产量亦甚丰富，且全年均可采捞，为阿拉善旗第四大盐池。

昭化寺盐池，所产盐色红，故又称红盐，为阿拉善旗第五大盐池。

伊克昭盟杭锦旗西北有哈拉蟒耐盐池，“周围约十余里，水深四五尺，色浑、冬不冰冻，投以百物，旋化为盐，……”盐在水中，结成颗粒，其质坚重，其色青白，其味苦咸，每斗约重二十三、四觔，谓之大盐”。①

内蒙古东北部有珠尔博特盐池 又作绰尔卜特达布苏泊，位于海拉尔西南300余里。盐湖周长约10里，形似三角。每年春夏之交，微雨初晴后，有风则盐现湖面。至旧历七月末降霜后，即不再见盐。

内蒙古碱的蕴藏量十分丰富，是“蒙古固有之利，处于内蒙古东西诸部”。内蒙古东部的郭尔罗斯前旗“公府西北三百里达普苏地方产碱最旺，碱泡宽广约周围三十余里，多年招户熬煮”。② 哲里木盟地质斥卤，除宾图王旗外，大半皆产碱之区。

西部蒙古的鄂尔多斯境内各碱湖出产的天然纯碱质量最优。

---

① 《神木县志》，卷二，《舆地志·盐碱》，道光二十一年刻本。

② 《郭尔罗斯前旗调查书》。

出碱的“诺尔”有三处，“东诺尔在札萨克台吉旗，地名鄂肯诺尔；西诺尔在札萨克台吉旗与五胜旗交界处，名阿古拉察汉诺尔；后诺尔在五胜旗西北，名额卡宋或通察汉诺尔”。①

4. **煤矿** 大青山一带的煤苗甚旺，比较有名的有：哈莫尔煤矿、阿利莫图煤矿、清水河煤矿、哈拉乌克尔图煤矿、万家沟煤矿、西沟煤矿、东沟煤矿、杨圪楞煤矿、巴图沟煤矿、小炭沟煤矿、水涧沟煤矿、五当沟煤矿、石拐沟煤矿、马王庙煤矿、柳林子沟煤矿、福来永村煤矿、沙嘴子沟、麻黄嘴沟沟煤矿，该地区煤矿煤层浅、煤质好。

呼伦贝尔地区的煤矿：扎赉诺尔煤矿位于中东铁路滨洲线扎赉诺尔东站以西。甘河煤矿位于嫩江支流甘河南岸，又称九峰山煤矿，即今鄂伦春自治旗东南部大杨树煤矿。察汉敖拉煤矿位于满洲里西南、察汉敖拉卡伦以东。

内蒙古中东部地区的煤矿：喀喇沁右旗境内的煤矿有最早开发的旗境东北部的五家煤矿、旗东北部的十大分煤矿、旗西北境还有小牛犀煤矿、喀喇沁左旗境内的冰沟煤矿、北岭窑煤矿、上湾子窑煤矿、下湾子窑煤矿、南台子窑煤矿。

土默特左旗境内的新邱煤田和孙家湾煤矿、土默特右旗境内的北票煤田。

卓索图、昭乌达盟地区最早开发的煤矿元宝山煤矿、东元宝山煤矿；位于土默特右旗境内，朝阳县城东南凤凰山麓的嘎岔煤矿；敖汉旗境内有小扎兰营子煤矿及其附近的青隆沟煤矿；翁牛特右旗西南部有柳条子沟、井子沟和黑山洼等煤矿。

① 乌云毕力格、成崇德等：《蒙古族通史》第四卷，内蒙古大学出版社，2002年版。

四、寺院经济

在清廷利用、扶植和鼓励下，蒙古地区的藏传佛教畸形发展到前所未有的规模。经过康熙、雍正、乾隆、嘉庆四朝，蒙古地区大小寺庙多达1,500座以上，喇嘛人数近20余万。其中，拥有呼图克图或活佛称号的内外蒙古大喇嘛就有二百九十二人。① 各大寺院的喇嘛和沙毕纳尔上千，甚至有的上几万，并拥有广阔的牧场或耕地，寺院所属牲畜更是数不胜数，规模较小的寺庙也有喇嘛二三十人，并有自己的固定资产。这样，寺院经济在蒙古地区社会经济中占有举足轻重的地位，大喇嘛及寺院所属沙毕纳尔成为蒙古社会阶层的重要组成部分。

寺院经济作为有清一代藏传佛教在蒙古地区畸形发展的重要表现和蒙古社会经济的重要组成部分，它有自己独特的经济结构、经营方式和收入来源。从其自然经济形态看，它由生产资料、劳动者以及佛事收入等构成。

（一）寺院土地

寺院土地是清代蒙古地区土地所有制形态的重要类型。寺院土地大体分为牧场、耕地和城镇寺院周围的地铺三种。

呼图克图或寺院名下拥有的牧场一般在寺庙建立初期由当地旗札萨克或官员从所辖游牧区域中划给呼图克图或寺院的。这种土地划归当初，一般由札萨克等官员出面，“出具甘结，照档注册，立明边界，造具详细图说”。② 清代内札萨克蒙古西部地区和外札萨克蒙古寺院土地多以牧场为主，并分布于寺院四周或离寺庙较远的游牧区。伊克昭盟各旗旗庙或规模较大的寺院在其四周拥有

① 蒙古国国立档案馆档案，7－37－7号。

② 妙舟：《蒙藏佛教史》，江苏广陵古籍刻印社，1993年，143页。

大片牧场，并称其为“浩日古勒噶扎尔”(禁地)，使寺院牧场成为清代伊克昭盟地区土地所有制的重要形式之一。五当召、席力图召牧场地处地广人稀的乌兰察布草原，其土地面积在清代内札萨克蒙古西部地区寺院牧场中，属地域最广，面积最大。五当召牧场南自吉丹达巴，北至茂明安旗，西自乌喇特后旗，东至茂明安、乌喇特后旗和土默特旗交界处，牧场面积东西约75公里，南北约40公里。位于呼和浩特的席力图召牧场地处大青山以北，“这些土地由克克伊尔根城(武川)向北伸展出去，在南边与此城郊区的耕地毗连；在西边同茂明安旗土地相连；在北边同喀尔喀达尔罕贝勒旗相连；在东边同四子王旗的土地相接。”[①]

分布于外札萨克喀尔喀地区的寺院和呼图克图所属牧场更为广阔。土谢图汗部各旗境内的水草最好的游牧地均属哲布尊丹巴呼图克图。[②] 另外，哲布尊丹巴呼图克图又把库布苏库勒湖一带的27,966平方公里的牧场拥为己有，当地的达尔呼特人随之沦为哲布尊丹巴呼图克图的沙毕纳尔。[③] 札萨克图汗部伊拉古克三呼图克图所属牧场地西至扎噶苏台音达巴，西北至纳林达巴和位于乌里雅苏台—精奇里克驿道上的乌布尔乌拉克沁驿站，北至洪都霍勒博诺尔，东至罕达音多罗里吉高地。[④] 位于喀尔喀北部的哲布尊丹巴呼图克图属庙阿穆尔巴雅斯呼朗图寺(庆宁寺)周围分布的高如噶地(同“浩日古勒噶扎尔”，寺院外部地界)，西至呼雅尔查干苏布尔嘎、诺木图河，东至西拉诺海图之根，南之古尔塔拉，北至

① 阿·马·波斯德涅耶夫：《蒙古及蒙古人》第二卷，刘汉明等汉译，内蒙古人民出版社，1983年，第81页。

② 舍·那楚克多尔济：《喀尔喀历史》，内蒙古教育出版社，1997年，第491页。

③ 舍·那楚克多尔济：《喀尔喀历史》，内蒙古教育出版社，1997年，第412～413页。

④ 阿·马·波斯德涅耶夫：《蒙古及蒙古人》第一卷，刘汉明等汉译，内蒙古人民出版社，1983年，第406页。

图克敖包。[1] 喀尔喀赛因诺彦部的额尔德尼班第达呼图克图拥有牧场 4,620 平方公里。[2]

清代卫拉特蒙古地区的寺院亦占有广阔的牧场。准噶尔汗国时期,扎雅班第达呼图克图所属伊克库里叶(大库伦)及其五集赛(吉萨)游牧境地尤为广阔,大体分布于自塔尔巴噶台至巴尔喀什湖之间,并内分为夏营地和冬营地。青海的塔尔寺,清末约有土地 90,400 余亩。[3]

有清一代,蒙古地区寺院对所属牧场的经营和保护十分严格。五当召栋阔尔呼图克图及管事喇嘛对所属牧场的保护方面制定了专门条例,严禁在牧场境内开垦种地、偷盗、打猎、伐木、开采、外地人户占居或过往差遣使者索取马匹、食物等行为。[4] 到了清末,随着蒙禁政策的松懈,尤其是实行“移民实边”以后,包括五当召在内的内蒙古西部地区大片寺院牧场开始被放垦,其自然环境受到严重破坏。

清代蒙古寺院土地的第二种就是耕地。有清一代,汉族农民移入较多,开垦较早的呼和浩特地区、内札萨克蒙古东部地区和其他适合农业区的寺院土地多以耕地为主,并零散分布于寺院四周或离寺庙较远地区。寺院耕地称为庙地、香火地或膳召地、养赡地。其形成主要有以下几种途径。

一、当地札萨克或官员划给蒙民户口地的同时,也给境内寺庙和喇嘛划出了香火地。这种划分必须经过当地旗札萨克或官员的特许。位于卓索图盟土默特左旗境内的瑞应寺于康熙初年开始兴

---

① 米格米尔、元丹苏荣:《阿穆尔巴雅斯呼朗图寺志》,乌兰巴托,1993 年,第 11 页。

② 车·那顺巴拉珠尔:《额尔德尼班第达呼图克图之沙毕》,科学院历史研究所学术论文集,乌兰巴托。

③ 张羽新:《清政府与喇嘛教》,西藏人民出版社,1988 年,第 180 页。

④ 《呼和浩特市蒙古文献资料》,第 2 辑,内蒙古文化出版社,1988 年,第 35 页。

建后，土默特左旗札萨克贝勒先后把寺院周围和其它邻近村落的约40,800亩土地划给该寺住持察罕迪延齐呼图克图。[①] 该寺施主供奉的土地还分布于奈曼、巴林、郭尔罗斯、扎赉特、科尔沁等旗境内。同治十年(1871年)左右，外札萨克喀尔喀的策札萨克和乌尔占札萨克分别把旗境内的伊俸河和布尔古勒台河一带的耕地交与阿穆尔巴雅斯呼朗图寺(庆宁寺)使用，以作为对寺院一项特殊的捐献。[②] 此类土地除当地札萨克或官员主动划给以外，也通过寺院一方请求而获得。如喀喇沁左旗特古斯阿穆古朗图寺所属图京塔、阿里木台、乌兰布依努克等处耕地4顷5亩是通过该旗札萨克公的准许而获得的。[③] 喀喇沁中旗札萨克诺颜把境内的36顷63亩耕地划给了该旗呼都克阿贵庙，并约定承种者每年秋季须交与寺庙190石8斗2升粮谷。[④] 这种"差地"归旗札萨克所有，出租给佃户耕种，所得租税交寺庙作为开销之用。

二、寺院上层喇嘛频频借佛教在所在区域内的权势私自招垦形成的。喀喇沁右旗灵悦寺，拥有这种土地一百多顷。[⑤] 青海的隆务寺将周围山岭草地括为寺产，以做香火之用。鄂尔多斯地区某些寺庙周围的部分耕地也是这样形成的。

三、闲散王公、台吉和富有的蒙古箭丁出于对佛教的虔诚而捐献的土地。如上述喀喇沁左旗特古斯阿穆古朗图寺所属耕地的一部分是该旗某些官员和富有之民捐献的。

四、上层没落的台吉、塔布囊和下层民众因贫穷所迫，把户口

① 《瑞应寺》，陶克通嘎等编，内蒙古文化出版社，1984年，第217页。

② 阿·马·波斯德涅耶夫：《蒙古及蒙古人》，第一卷，刘汉明等汉译，内蒙古人民出版社，1983年，第44页。

③ 内蒙古档案馆档案，全宗号503，目录号2，案卷号3079。

④ 内蒙古档案馆档案，全宗号504，目录号1，案卷号3456。

⑤ 乌云毕力格、成崇德、张永江：《蒙古民族通史》，第四卷，内蒙古大学出版社，1993年，第341页。

地典当或买给寺院。此类土地一般情况下，贫困蒙民通过把户口地一次性买给寺院吉萨而借到现银，或把户口地租银先典当给寺院而借出高利贷，后因借方在契约中限定的时间内无法还清连本带息，只好把土地折价给寺院而形成的。清代内蒙古地区多数寺院均拥有这种耕地，而此类土地一般零散分布，面积大小不一，又因管事喇嘛经营不善，日久天长，这些土地往往被租种的民人侵占。

寺院耕地的生产经营方式是主要通过佃租给民人或旗民耕种而获取地租—银粮。喀喇沁中旗和硕庙（旗庙）系该旗最大的寺庙，据道光十五年（1835 年）统计，该寺六大仓所属土地中，雅尔乃仓拥有永久收取租银地 44 顷 23 亩 1 分 8 厘，限定年限收取租银地 5 顷 36 亩，永久收取租粮地 15 顷 65 亩半，限定年限收取租粮地 15 顷 33 亩，巴噶钟自耕地 10 顷；玛尼仓拥有永久或限定年限收取租银、租粮地共 16 顷 81 亩 7 分 7 厘；丹珠尔仓拥有永久收取租银地 13 顷 57 亩 7 厘；却拉仓占有永久或限定年限收取租银、租粮地共 8 顷 54 亩。① 而承租这些耕地的多数佃户为汉族农民或本旗蒙民。从上述记载看，包括喀喇沁中旗在内的清代内蒙古东部地区寺院耕地可分为永久收取租银地、限定年限收取租银地、永久收取租粮地、限定年限收取租粮地和寺庙自耕地等五种，收取的地租一般是银钱或粮谷。

寺院喇嘛除了把耕地出租给民人收取地租以外，有时把庙地分给所属沙毕纳尔耕种。外喀尔喀庆宁寺把所属土地出租给汉人以外，又派本寺沙毕纳尔耕种。② 上述喀喇沁中旗和硕庙的自耕地就是由该庙沙毕纳尔耕种，非出租土地。瑞应寺所属土地中的

① 内蒙古档案馆档案，全宗号 504，目录号 1，案卷号 1380。

② 阿・马・波斯德涅耶夫：《蒙古及蒙古人》，第一卷，内蒙古人民出版社，1983 年，第 45～46 页。

13,800 亩由其沙毕纳尔耕种。呼和浩特五塔寺的大喇嘛等五十余人在塔宾格尔板升嘎查占有耕地,并与当地民人一起耕种。[①]另外,呼和浩特某些寺庙还以“白分耕地”(糊口地)的名义,把香火地分给沙毕纳尔耕种,并规定“每一石粮中提取三桶交与寺庙”。[②]沙毕纳尔可以耕种香火地,但不能擅自出租给民人或买给他人。清朝末年,内蒙古地区的寺院喇嘛们为了维持香火开支,宁愿典当地租而借高利贷,或把庙地买给他人。

清代蒙古寺院土地的第三种便是城内分布的寺庙所属地铺(或作地谱、地皮),以租赁为主要经营方式。位于呼和浩特、多伦诺尔、阿拉善和硕特旗定远营、外札萨克蒙古大库伦和内札萨克蒙古锡埒图库伦等地的多数寺庙在周围或城内其它街道占有不同面积的地铺,尤其是当时这些城镇的商贸繁华地段均分布在寺庙附近,因而各寺地铺租金收入相当可观。据嘉庆十四年(1809)至十五年呼和浩特席力图召收支帐本记载,该召每月从城内永兴穗纸铺、云泰店、天欣川、鞋铺、西库尔台之铁具铺、观阁楼、云华店、义兴店、讷黑之酒铺、福婵号、元富兴、肝铺、广誉店等店铺收取不同数量的租金。[③] 说明这些店铺的地铺属席力图召。内蒙古图书馆馆藏一份地铺契约中记有席力图召东仓在北茶坊天源巷占有一块房院地铺,其占地面积东和西至该召附近,北至永兴店小巷,向南过路至大街。[④] 如同席力图召,呼和浩特的大召(无量寺)、崇福寺、崇寿寺、宁祺寺等在本寺周围和其它邻街地方多处占有地铺。地处于呼和浩特郊外的庆缘寺、法禧寺也在城内拥有地铺,其经营方式仍以出租为主。

---

① 《呼和浩特市蒙古文献资料》,第 2 辑,内蒙古文化出版社,1988 年,第 98 页。

② 《呼和浩特市蒙古文献资料》,第 2 辑,内蒙古文化出版社,1988 年,第 98 页。

③ 席力图召喇嘛巴扎尔所藏嘉庆十四年至十五年席力图召收支帐本。

④ 内蒙古图书馆馆藏地铺契约;参见忒莫勒:《清末民国呼和浩特市部分召庙房地契约管窥》。

清代的多伦诺尔是以寺庙为核心形成的新兴城镇,宗教特色尤为浓厚。汇宗寺、善因寺位于该城中心,其周围大部分地方分属于两座寺庙的地铺。据清朝末年的统计,汇宗寺章嘉仓出租房7处,锡力图仓5处,阿吉雅仓4处,甘珠尔瓦仓5处,默尔根诺门汗仓5处,吉隆仓2处,诺颜却尔吉仓3处,大吉萨仓20处,桑对仓3处。[①] 阿拉善和硕特旗王府所在地定远营也是以寺庙为核心形成的小型城镇。该旗最大寺院延福寺位于定远营中心,其周围便是市区商业贸易最繁华地带。据同治八年(1869年)延福寺档案显示,回回人动乱以前,该寺在定远营占有四处铺面,租金二百千文。[②] 该庙所藏部分房地产契约显示,其朝克沁吉萨(大吉萨)名下的房屋有9处,共85间,并带马棚、后院、屯厂3处;俊结吉萨名下的房屋有2处,共19间;栋克尔吉萨名下的房屋有5处,共19间,并带后院2块。[③] 值得一提的是,以上房屋中不少是买来的。如大吉萨大南街一处三十间房屋,系道光二十一年(1841年)七月从俞甲木苓母子手中买来,其价八百千钱,外加羊三十只。[④]

(二)寺院畜群

牲畜是寺院经济中的重要生产资料,牲畜的自然繁殖收入一般通过放苏鲁克获取。其中,沙毕纳尔放牧的畜群自然繁殖及其附带的畜产品全部归寺院以外,寺院或管事喇嘛把各方供奉的牲畜以放苏鲁克的方式委托给当地的阿拉巴图牧户,收取其自然繁殖收入或提取的其他实物。乾隆二十九年(1764年),哲布尊丹巴呼图克图所属沙毕纳尔放牧的畜群中,有马102,013匹,驼11,117峰,牛203,201头,羊117,535只。其中还不包括呼图克图私

① 莲井一夫等:《多伦喇嘛庙とその生態》,载于《内陆アジア》第一辑。生活社版,昭和十六年。

② 阿拉善左旗档案馆所藏同治八年(1869)9月21日延福寺档案。

③ 《蒙古族社会历史调查》,内蒙古人民出版社,1986年,第179页。

④ 《蒙古族社会历史调查》,内蒙古人民出版社,1986年,第179页。

有牲畜。一百年后的同治三年(1864 年)有马 134,137 匹,驼 1,991 峰,牛 198,141 头,羊 555,972 只。[①] 道光二十二年(1842 年),大库伦所属达什却木丕勒扎仓从 62 户沙毕纳尔放牧的 6,456 只羊上提取 385 步毡子。[②] 五当召玛尼吉萨所属牲畜的一部分放牧于乌喇特中旗、达尔汉贝勒旗和茂明安旗境内。如道光九年(1829 年)的一份档案显示,玛尼吉萨管事尼尔巴喇嘛从委托茂明安旗诸牧户(阿拉巴图)放牧的大小 154 只羊、20 头牛上收取 25 只羊、1 头牛。[③]

(三)佛事收入

自藏传佛教成为蒙古全民族信奉的宗教以来,几乎以整个民族的财力来贡奉寺院和呼图克图、活佛,其贡奉数额之大,令人惊讶。所以,清代蒙古寺院各种收入中,数量最庞大的属蒙古各阶层的贡奉。这种贡奉在性质上非经济生产收入,而是属于佛事收入。总体上看,蒙古各阶层的贡奉包括银钱、牲畜、土地以及供役使的沙毕纳尔。

清中叶以前,尤其是寺院经济体系尚未完全形成之前,蒙古地区的寺院基本依靠信徒施舍维持。其中,名望越高的呼图克图、活佛得到的贡奉也就越多。咱雅班第达呼图克图是藏传佛教传入卫拉特蒙古和外喀尔喀蒙古地区的奠基人之一,也是卫拉特、外喀尔喀各部共同拥戴的大喇嘛。顺治四年(1647 年),和硕特部达尔汉额尔德尼浑台吉向咱雅班第达呼图克图捐献 6,000 只羊;顺治六年(1649 年),喀尔喀车臣汗向该呼图克图捐献价值 10,000 匹马的财物;顺治九年(1652 年),车臣汗又捐献 20,000 头牲畜、50 名

---

① 蒙古国科学院历史研究所藏手抄本。

② 蒙古国国立档案馆馆藏道光二十二年达什却木丕勒扎仓从苏鲁克征收毡子的档册。

③ 《呼和浩特市蒙古文献资料》,第 3 辑,内蒙古文化出版社,1988 年,第 215～216 页。

班第；十三年(1656 年)，卫拉特宰汉岱青捐 3,000 匹骟马；顺治十四年，杜尔伯特部捐 1,000 匹马。[1] 如此巨额捐献使咱雅班第达呼咱雅班第达呼图克图的佛仓很快富裕起来，其中仅白银达 110,000 两。[2] 内齐托音呼图克图是藏传佛教传入内蒙古东部地区的奠基者，也是科尔沁等部王公贵族共同贡奉的喇嘛。康熙三十三年(1694 年)前后，内齐托音二世回到科尔沁巴颜和硕寺，举行大型祈愿法会。届时蒙古王公纷纷前来奉献财物，其中土谢图亲王沙津 2,000 两白银，贝勒阿必达 1,000 两银子及各种宝玩、衣物；阿尔山王 1,000 两银子；博迪达台吉之母献一个价值 1,500 两银子的银曼荼罗、27 个元宝、一个金曼荼罗、价值 1,000 两银子的马鞍以及价值 500 两银的貂皮大衣；斡齐尔台吉夫人、儿子毕力衮达来捐价值 50 两银的银曼荼罗、300 两重大银碗及其它衣物；达尔汉亲王、公主布施大量金银器物及 2,000 两白银；郭尔罗斯部台吉乌尔图那苏图捐 300 两白银。总计此次出行内齐托音二世获贡奉银 50,000 两，获马、驼、牛 3,000 余头，获曼荼罗、哈达、黄金、珍珠、东珠、珊瑚等珍宝、绸缎、貂皮、衣物以及金银器物等不计其数。[3] 五当召是驻京八大呼图克图之一额尔德尼默尔根栋阔尔班第达呼图克图所建的清代内蒙古西部地区著名的学问寺，乾隆十八年(1753 年)起伊克昭盟准噶尔旗札萨克多罗贝子那木济勒多尔济每年向该召八个吉萨捐膳食银 150 两，一次性捐献羊 4,000 只、大畜 400 头。[4] 咸丰十年(1860 年)至同治四年(1865 年)施主向阿拉善和硕特旗广宗寺玛尼吉萨捐献的铜钱总计为 227,350，朝尔吉却丹一次性捐 128,000 铜钱，两种捐献在该吉萨各种收入

① 《咱雅班第达传》。

② 《咱雅班第达传》。

③ 《内齐托音二世传》，载《清代蒙古高僧传译辑》，第 185 页。

④ 《呼和浩特市蒙古文献资料》，第 6 辑，内蒙古文化出版社，1988 年，第 359 页。

中属数额最多。另外,该吉萨又获得了数目可观的施主所献五畜多头,其中变卖收入有145,500铜钱;同治九年(1870年)至十年施主捐给该寺诺颜拉卜楞吉萨的白银总计为425,85两,铜钱为383,900千文。[①] 清末哲布尊丹巴呼图克图的沙毕纳尔每年向该呼图克图捐献的丹书克(呈献贡奉)之物价值多达10,000~12,000两白银,喀尔喀四部王公贵族供养则值50,000~60,000两银子。另外,哲布尊丹巴呼图克图举行礼拜仪式时,参拜者须先向呼图克图财库缴纳50两银子。这样,"百姓在参拜时所献的贡奉以及主要是在节庆期间赠送给呼图克图的礼品大概就是维持呼图克图的宫殿及呼图克图本人生活的基本财源。"[②]

寺院举行的各种法会期间施主们所献的银钱是寺院佛事收入的重要来源之一。寺院举行的每年四季大小法会上蒙古社会各阶层均带来不同数量的银钱,布施寺院或喇嘛,并通过烧香拜佛,保佑人畜平安。而这种庙会布施收入在寺院各种收入中占很大比例。据至今保存的呼和浩特宁祺寺一份题为《主持每月法会施舍最多之施主名册》之档案,呼和浩特各寺庙喇嘛上层和土默特旗大小官员每月向该寺祈愿法会等布施本钱500~5000文,共计181,450文,8.5两银子。[③] 嘉庆十四年至十五年(1809~1810年)呼和浩特席力图召祈愿会、甘珠尔经会等各种法会上收到的布施总计为17,250千文。[④] 如同上引,同治九年至十年(1870~1871年)阿拉善和硕特旗广宗寺诺颜拉卜楞吉萨各种法会收入为352,950千文。清代喀喇沁中旗和硕庙每年举行大型甘珠尔经会两次。据嘉庆十年至十九年(1805~1814年)该寺收支帐本,两次甘珠尔经会

① 《蒙古族社会历史调查》,内蒙古人民出版社,1986年,第170~171页。

② 阿·马·波兹德涅耶夫:《蒙古及蒙古人》,第1卷,内蒙古人民出版社,1989年,第611~613页。

③ 内蒙古图书馆藏宁祺寺蒙古文档案,编号04940。

④ 席力图召喇嘛巴扎尔所藏嘉庆十四年至十五年席力图召收支帐本。

获得的布施收入分别为嘉庆十年(1805 年)1,028,442 千文;十一年 1,050,926 千文;十二年 1,016,150 千文;十三年 1,023,990 千文;十四年 1,177,472 千文;十五年 1,160,218 千文;十六年 1,264,856 千文;十七年 1,389,736 千文;十八年 1,546,222 千文。① 在没有呼图克图、活佛住持的蒙古地区规模较小的寺院来说,法会期间施主们所献的银钱可以说是最大一宗佛事收入。

值得一提的是,寺院向社会化缘也是寺院增加佛事收入的重要渠道。如阿拉善和硕特旗广宗寺格根仓三年期间的化缘总收入为 5,858,572 两银子,1,047,930 千文。② 呼和浩特大召之朝尔济喇嘛一次从察哈尔八旗化缘获得的银 12,000 多两。③ 化缘收入同样来源于社会各阶层的捐献,只不过这种收入是通过喇嘛们到牧区挨家挨户化缘而来。

(四)商业贸易收入

寺院所属沙毕纳尔在所属寺院的组织领导下,除从事畜牧业、农业外,还参与商业、交通运输。外喀尔喀扎雅班第达呼图克图的部分沙毕纳尔从事运输业,以骆驼将商品从库伦运到乌里雅苏台和恰克图,再由此运货至归化城和张家口。其中有的直接到归化城或张家口装货北运。去时带上自己的产品以便出售或者把汉商在蒙古收购的畜产品运上。④ 外喀尔喀呼亨呼图克图的沙毕纳尔则从事盐业运销,获取可观的收入。⑤ 如同上述,光绪末年,阿拉善和硕特旗延福寺沙毕纳尔从察汉布拉克驮盐到塔尔顺、平

---

① 内蒙古档案馆档案,全宗号 504,目录号 1,案卷号 957。

② 《蒙古族社会历史调查》,内蒙古人民出版社,1986 年,第 174 页。

③ 《呼和浩特市蒙古文献资料》,第 4 辑,内蒙古文化出版社,1988 年,第 384 页。

④ 阿·马·波兹德涅耶夫:《蒙古及蒙古人》,第 1 卷,内蒙古人民出版社,1983 年,第 447 页。

⑤ 阿·马·波兹德涅耶夫:《蒙古及蒙古人》,第 1 卷,内蒙古人民出版社,1983 年,第 563 页。

凉等地,四次驮盐得脚银为 71 两 8 钱 6 分。[1]

寺院财产的增值收入是清代蒙古寺院商业贸易收入中比重最大的一项,也是寺院经济发展的基础。寺院财产的增值收入一般包括牲畜的自然繁殖和利用牲畜从事运输业、盐运业等副业赚取的收入、出租土地或房地产收取的钱粮和地租、庙仓储蓄银钱的高利贷盘剥或投入商业所带来的经济效益等。

通过出租土地或房地产所收取的钱粮和地租是寺院财产增值收入的重要来源。道光十五年(1835 年),喀喇沁中旗和硕庙雅尔乃仓所属 90 顷 57 亩土地上每年收取租粮 188 石 2 升半,租银 100,085,694 千文;玛尼仓所属 16 顷 81 亩 7 分 7 厘土地上每年收取的租粮为 3 石 4 斗,租银为 224,712 千文;丹珠尔仓占有的 13 顷 57 亩 7 厘土地上每年收取的租银为 271,410 千文;却拉仓占有的 8 顷 54 亩土地上每年收取的租银为 35,800 千文,租粮为 24 石 8 斗半。[2] 清末该旗境内 103 座寺庙的大多数均有类此数量不等的地租收入。[3] 卓索图盟土默特左旗境内的瑞应寺所属土地的大部分由沙毕纳尔自己耕种以外,其出租的部分耕地上每年还收取粮食 730 余石。[4] 嘉庆十五年(1810 年)呼和浩特宁祺寺喇嘛从承租的 82 户民人收取地租 136,201 千文。[5] 清代呼和浩特地区各寺院把所属大部分香火地租给民人耕种,而寺院各种经济收入中,地租收入相当可观。道光以前,阿拉善和硕特旗延福寺各吉萨从所属 17 块土地每年征收地租 4,500 千文。[6]

寺院房地产一般分布在城镇之内,其收入可分为地铺租金和

---

① 《蒙古族社会历史调查》,内蒙古人民出版社,1986 年,第 180 页。

② 内蒙古档案馆档案,全宗号 504,目录号 1,案卷号 2291。

③ 内蒙古档案馆档案,全宗号 504,目录号 1,案卷号 1380。

④ 《瑞应寺》,陶克通嘎等编,内蒙古文化出版社,1984 年,第 217 页。

⑤ 内蒙古图书馆藏呼和浩特宁祺寺 04933 号档案。

⑥ 阿拉善左旗档案馆藏同治八年延福寺档案。

房屋租金。嘉庆十四年(1809 年)至十五年,呼和浩特席力图召从市内 18 处店铺收取租金 616,410 千文。[①] 大召前广场属清代归化城商贸最繁华的集市,乾隆四十二年(1777 年)腊月,大召格斯贵诺尔布斯棱以修复寺庙为由,从召前摊子上征收 7,000 千文。[②] 对于呼和浩特寺院房地产收入,俄人波兹德涅耶夫这样写道:“……根据地段的不同,每方丈读地的月租在三百文到二千文之间。空地的地租就便宜得多,约为七十五文到五百文,……这样各个召可以得到的租金有三千五百两到一万或一万五千两。”[③]多伦诺尔的汇宗寺、善因寺在城内占有为数较多的房地产,寺院管事喇嘛把城内房屋、地铺或分布于城郊的土地租给汉族商人和市民,而其收取的租金在两寺各种经济收入中占三分之一之多。[④] 阿拉善和硕特旗定远营的广宗寺、延福寺也拥有相当可观的房地产收入。一直到清朝末年,广宗寺格根仓土地和房屋租金多达 4,500 千两,515,500 千文。[⑤] 延福寺房地产虽不如广宗寺,但其煤窑收入是该寺重要的经济来源之一。清道光、同治年间,该寺伊克吉萨所属炭井有四处。同治七年(1868 年)伊克吉萨把沙塔尔干板炭山租与袁姓,租期三年,年租为 40,000 千文,并附加干板炭 2,500 千斤。[⑥] 类此土地的增值收入在五当召经济收入中亦有之。道光元年(1821 年)该召把所属木呼台之陶器土租与德盛制瓦厂,其每年租金为 10 万铜钱。[⑦]

---

① 席力图召喇嘛巴扎尔所藏嘉庆十四年至十五年席力图召收支帐本。

② 《呼和浩特市蒙古文献资料》,第 4 辑,内蒙古文化出版社,1988 年,第 355 页。

③ 阿·马·波兹德涅耶夫:《蒙古及蒙古人》,第 2 卷,内蒙古人民出版社,1983 年,第 90 页。

④ 莲井一夫等:《多伦喇嘛庙とその生態》,载于《内陆アジア》第一辑。生活社版,昭和十六年。

⑤ 《蒙古族社会历史调查》,内蒙古人民出版社,1986 年,第 174 页。

⑥ 《蒙古族社会历史调查》,内蒙古人民出版社,1986 年,第 180 页。

⑦ 五当召所藏档案。

庙仓利用银库里的现银、现钱向社会放高利贷所获取的利息可谓是寺院从事商业活动收入中又一大宗财产增值部分。有清一代，寺院和呼图克图、活佛做为蒙古民族向往的理想圣地和精神之托，蒙古社会各阶层对藏传佛教的崇拜比藏族有过之而无不及。这样，社会各种财富源源不断的流入寺院和呼图克图、活佛手中，使庙仓成为无形的银库或票号，而呼图克图、活佛成为比蒙古王公贵族还富有的特殊阶层。利用庙仓银库里的现银、现钱向社会发放高利贷活动对内外蒙古寺院来说已是普遍现象。清代发放高利贷活动的蒙古地区寺院更多的集中在商贸繁荣的各个城镇，其中，呼和浩特各大寺院和哲布尊丹巴呼图克图所属大库伦是内外蒙古寺院发放高利贷活动的典型。

呼和浩特地处内地与外札萨克蒙古，内地与西北边陲之间的交通要道，战略地位十分显著。经过康熙、雍正、乾隆年间的进一步发展，该地区“七大召、八小召、七十二个绵绵召”的局面最终形成，喇嘛及其所属黑徒人数达到空前规模，呼和浩特也从此便成为名副其实的“召城”。宗教地位的不断上升和商业贸易的高速繁荣，使呼和浩特“七大召、八小召”更加富有，庙仓财富滚滚而来，并一度控制了该地区经济、文化的发展趋势。呼和浩特宁祺寺庙仓中农乃会、祈愿会、长明灯会等都在放高利贷，利息最高达36%，最低亦10.1%。嘉庆年间的利息较高，平均为31.34%，道光年间的利息有所降低，平均为21.3%。有些借债人还本无望，用以支付利息的地租或地铺钱便永远归寺庙收取。也就是说，其土地所有权实际上已沦入寺庙之手。①

如同宁祺寺，呼和浩特其他寺庙发放高利贷的现象也很普遍。债主一般是庙仓，但也有的是大喇嘛私人发放。借债人尽为土默特旗蒙古人，其中，既有僧侣(包括黑徒)，又有官民。他们用以支

① 忒莫勒:《清代呼和浩特宁祺寺部分蒙文档案管窥》。

付利息的抵押物均为地租或地铺钱。[1] 借债年限有五年、八年、三十年不等。一般情况下，借债数额较大的年限较长，抵押的地租收入稳定而面额可观。但有的借债人因力不从心，清偿无望，竟把自己家园大门折价给庙仓。[2] 有的借债人，不仅原借本钱未能偿还，又从庙仓续借本钱，在清偿无望的情况下，只好把自己的户口地永久抵押给庙仓，从此彻底失去土地的所有权。[3] 但也有的借债人过了30年后连本带息还清，从此收回地租的亦有之。

喀喇沁三旗部分大寺庙各仓以施主捐献的本钱向社会发放高利贷成为寺院增加经济收入的重要途径。嘉庆十年(1805)春初月至十九年春初月之间，喀喇沁中旗和硕庙(旗庙)雅尔乃、却拉、玛尼、甘珠尔、大仓等五仓共接收札萨克、官员、僧侣等僧俗施主以"永久仓"名义捐献的现银15两2钱9分4厘，现钱9,009,900千文。[4] 其中该庙雅尔乃仓于嘉庆二十二年(1817年)新发放的高利贷本钱为21两1分3厘，收取2分利的利息银为4两5钱2厘，另发放的高利贷本钱为214,256千文，收取2分利的利息为42,850千文；二十三年(1818年)，雅尔乃仓新发放的高利贷本钱为296,050千文，收取2分利的利息为59,210千文，新发放的高利贷本钱为25两2钱1分5厘，收取2分利的利息银为5两4分3厘，其中，本钱和利息相加的30两2钱5分8厘上真正收取的有：支抵本钱银1两2钱9分9厘的现钱2,208千文，支低本钱7两9钱8厘的2头猪，支低本钱21两5分1厘4斛的限年自种地1顷、租佃地5顷、限年种地6顷75亩。[5] 该旗旗庙各仓发放的高利贷利率为20%，用以支付利息的抵押物为各类土地或地租，高利

① 《呼和浩特市蒙古文献资料》，第2辑，内蒙古文化出版社，1988年，第174页。
② 《呼和浩特市蒙古文献资料》，第2辑，内蒙古文化出版社，1988年，第269页。
③ 《呼和浩特市蒙古文献资料》，第2辑，内蒙古文化出版社，1988年，第266页。
④ 内蒙古档案馆档案，全宗号504，目录号1，案卷号954。
⑤ 内蒙古档案馆档案，全宗号504，目录号1，案卷号1123。

贷本钱为现银或现钱。

哲布尊丹巴呼图克图所属大库伦各吉萨的发放高利贷活动是随着汉商进入外蒙古腹地经商或从事高利贷业务而兴起的。自18世纪中叶起，大库伦各吉萨利用自己在集市中心的便利条件，在放高利贷方面开始与汉商竞争。从此，外蒙古其他寺院也开始参与高利贷活动。乾隆三十四年(1769年)，大库伦之阿木道爱马克吉萨投入38两银作为本钱发放高利贷时，1两银的利息每月为3分。[①] 乾隆六十年(1795年)至嘉庆十年(1805年)之间，大库伦之喇嘛爱马克吉萨共投入2,679两银作为本钱发放高利贷时，1两银的利息每月也是3分。[②] 乾隆六十年至嘉庆六年(1795～1801年)之间，大库伦之希图根爱马克吉萨分别把50、500、77.1,000、100两银子作为本钱发放高利贷时，1两银的利息每月为1分。其中，嘉庆五年(1800年)流通的本吉萨高利贷本钱为1,465两，砖茶12,063千块。[③] 考虑到寺院发放高利贷行为有损于佛教形象，嘉庆二年(1797年)，四世哲布尊丹巴呼图克图曾下令禁止这种活动。[④] 但是，直到清末大库伦的放高利贷活动有增无减，几乎所有爱马克或扎仓之吉萨经营和发放银、茶的高利贷生意。大库伦之朝古克爱马克诸吉萨在道光三年(1823年)投入的高利贷银为3,109两；道光四年偿还的本钱为1,849两，其利息为657两，新投入的本钱为1,800两；道光五年偿还的本钱为1,354两3钱，其利息为599两4钱，新投入的本钱为1,100两。[⑤] 从1两银的利息每月为1～3分的情况看，大库伦各吉萨的高利贷利率也达到15～36%。大库伦各吉萨的高利贷活动更加趋于规范化，各吉

① 蒙古国国立档案馆档案，库号Ф.М(满洲时期)22,XH(存号)38。

② 蒙古国国立档案馆档案，库号Ф.М(满洲时期)110,XH(存号)1。

③ 蒙古国国立档案馆档案，库号Ф.М(满洲时期)121,XH(存号)3。

④ 色·普鲁布扎布：《革命前的大库伦》，乌兰巴托，1961年，第86～87页。

⑤ 蒙古国国立档案馆档案，库号Ф.М(满洲时期)109,XH(存号)4。

萨与汉商商号一同成为发放高利贷的金融机构。[①] 光绪年间，大库伦各吉萨的高利贷利率从原来的15～36%提高到60%以上，除了大库伦各吉萨之外，喀尔喀地区的约有50～60座寺院均发放高利贷。如光绪二十九年(1903年)，赛因诺彦部额尔德尼班第达呼图克图之农乃、甘珠尔等吉萨投入27两银作为本钱发放高利贷时，1两银的每月利息为1分。[②]

蒙古各阶层向寺院仓、吉萨布施的各种钱财中，旨在增加庙仓收入的有一个施作“本钱”的专款，这种款项系施主向寺院捐献的专门为发放高利贷的本钱，寺院各仓、吉萨管事喇嘛把这笔本钱只用在从事高利贷活动。

庙仓利用现银、现钱从事商业活动所获得的经济收入也是寺院财产的增值收入之一。18世纪末19世纪初，随着汉商和俄国商人势力的渗透以及大库伦、科布多、乌里雅苏台为中心的外蒙古地区商业贸易的迅速发展，致使喇嘛们利用庙仓丰厚的财产和集市中心地带的有利条件，从事商业贸易活动。嘉庆十九年(1814年)，大库伦吉萨爱马克通过牲畜买卖，共收114,045块黄茶。道光二十七年(1847年)，大库伦朝古克爱马克之吉萨以85只羊换取11,979块黄茶，皮52张换取78块黄茶，108匹马(每匹按335块)共换取36,180块黄茶。光绪二十四年(1898年)，大库伦巴德玛尤古达场之吉萨以415只羊换取151,560块黄茶，646米毡子换取62,800块黄茶。[③] 这种商贸交易收入在当时寺院各种收入中几乎占29%。[④] 赛因诺彦部额尔德尼班第达呼图克图的某一达场从咸丰六年(1856年)至光绪八年(1882年)之间，先后把吉萨的

① 色·普鲁布扎布：《蒙古的黄教简史》，乌兰巴托，1978年，第165页。

② 蒙古国国立档案馆档案，库号Φ.M(满洲时期)137，XH(存号)4。

③ 蒙古国国立档案馆档案，库号Φ.M(满洲时期)98，XH(存号)1111。

④ 色·普鲁布扎布：《蒙古的黄教简史》，乌兰巴托，1978年，第172页。

1,272只羊、65匹马买给张家口、呼和浩特的商人,并且喇嘛们还到这些地方购买大布、米面等日常用品。[①] 如同外蒙古寺院,清代喀喇沁中旗和硕庙德木齐、尼尔巴等管事喇嘛们从乌兰哈达、八沟、塔子沟、北京等地贩买日常用品,增加庙仓经济收入。道光八年(1828)该寺德木齐喇嘛散丕勒经手的购买物品的本钱为12,099千文,其贩卖的盈利为14,390千文。[②] 阿拉善和硕特旗广宗寺诺颜拉布楞吉萨在同治九年(1870年)至十年之间的作买卖净收利润为222,84两,130,100千文。[③] 可见,喇嘛们从事的商业贸易收入在寺院各种经济收入中占有一定比例。

① 色·普鲁布扎布:《蒙古的黄教简史》,乌兰巴托,1978年,第172页。

② 内蒙古档案馆档案,全宗号504,目录号2,案卷号1288。

③ 《蒙古族社会历史调查》,内蒙古人民出版社,1986年,第171页。

第四章　文化教育

一、语言、文字

(一)蒙古语诸方言

蒙古语进入清代，产生了巨大的变化。随着漠南、漠北和卫拉特蒙古诸部逐一投附，明末形成的蒙古语方言布局也被彻底打破。清廷“众建以分其势”，大力推行盟旗制度，每旗形成一个独立的社会实体，互不统属，各行发展，最终形成清代蒙古语方言的新的布局。清代蒙古语可以分为四个方言：1. 内蒙古方言，包括察哈尔、巴林、鄂尔多斯、阿拉善额济纳、科尔沁、喀喇沁土默特等土语；2. 喀尔喀方言；3. 额鲁特方言，包括土尔扈特、额鲁特、和硕特等土语。4. 巴尔虎方言，包括陈巴尔虎、新巴尔虎等土语。各方言之间的区别主要表现在语音方面，但语法和词汇方面各个方言也有自己的特点。

内蒙古方言　内蒙古方言分布最广，操该方言的蒙古族人口也最多。由于清廷实行盟旗制，分隔治理的政策，使各部蒙古人之间的来往逐渐减少，语言之间产生了一些差别形成六个土语，即察哈尔、巴林、鄂尔多斯、阿拉善额济纳、科尔沁、喀喇沁土默特土语。

语音方面：内蒙古方言中有 a、ə(γ)、e、i、I、ɔ、ʊ、o(ɵ)、、u(ʉ)、y 等十一个短元音和与之相对应的十一个长元音。例如：əx～γx(母亲〈科尔沁土语〉)，xImd(便宜〈喀喇沁土默特土语〉)，øbøl(冬天)、kyn(人〈阿拉善额济纳土语〉)等。内蒙古方言中有 ɛ、æ、œ、y、ɣ 等五个前短元音和与之相对应的长元音。例如:ɛ:l(人家〈科尔沁土语〉),æ:l(人家〈阿拉善额济纳土语〉),xœn(羊〈乌拉特土语〉),gy:x(跑〈巴林土语〉),ɣn(椽子〈巴林土语〉)等。鄂尔多斯土语元音弱化现象较少,非词首短元音的发音比其他土语更清楚。例如:xalxʊ(热)等。科尔沁土语中把蒙古书面语的 č 辅音发作 ʃ。例如:ʃas(雪)等。察哈尔、乌珠穆沁等地把书面语的 š 辅音发作 j。例如:jɛt(梯子〈察哈尔〉),jit(梯子〈乌珠穆沁〉)等。科尔沁,喀喇沁土默特和巴林土语中把少数书面语词首 n 辅音发作 l、j。例如:lɛbʃ (叶子),ujə:(乳牛〈科尔沁土语〉)等。奈曼、喀喇沁土默特土语的一些地方把 x 辅音发作 ʃ 。例如:ʃɛrʊ:(霜)等。由于受到汉语的影响,扎赉特、喀喇沁土默特土语中出现了卷舌音 dʐ、tʂ ʂ 。例如:udʐəx (看)、tʂag(钟、表)、dʒiʂə:(例子)等。语音变异方面察哈尔、鄂尔多斯、苏尼特、克什克腾、翁牛特、敖汗、奈曼等地的词首 x ʧ t 辅音变为 g ʤ d 辅音。例如:xɔt→gɔt (城市)等。鄂尔多斯、苏尼特、乌拉特土语中以 r 结尾的词后加-rʊ:/-ru:附加成分时,辅音 r 变为辅音 l 。例如:ger+ ru:→gerlu:(向家的方向)等。在长元音、双元音及以 ŋ 结尾的词后面加以长元音开头的附加成分时,中间出现增辅音 g。例如:aŋ+i:n→aŋgi:n(狩猎的)等。语音倒装方面主要有 l 和 b,r 和 b,g 和 s 的倒装,例如:xal-baGa→xablag(勺子〈察哈尔、鄂尔多斯土语〉),dəbisger→dəbsreg(褥子〈科尔沁土语〉),dɔgʃin→dɔʃgɔn(暴烈〈鄂尔多斯、阿拉善额济纳土语〉)等。

语法方面:科尔沁土语中有形容词比较级附加成分-dxən 。例如:ɔsəri:n ʊrtədxən tɛb(把绳子放长点)等。喀喇沁土默特、科尔沁土语中有 i:mə:ldi:、mi:mə:ldi:、ti:mə:ldi:等指示代词。例如:mi:mə:ld i: nɔm i:(是这样的书吗?)等。有 bɛ:məg(常常)、bɛrin(立即)、dar(马上)、lɔ:(非常)、ʧarʊ:n(非常、极)、axʊ:(挺)、

gəŋ(更)、nəmsən(已经)等程度副词。有 aŋxəndʊ:r(起初)、aja:r～aʃa:r(待会儿)、ʤaggə:d ～ʤɔggə:d(待会儿)等时间副词。

词汇方面:有一些特殊的土语词汇。如:ʊ:rGai(地窖〈鄂尔多斯〉),a:wga:(姑姑〈巴林〉),aʤa:(哥哥〈科尔沁〉),a:dam(迅速〈喀喇沁土默特〉)等。

喀尔喀方言 喀尔喀方言是喀尔喀四部的基础方言。喀尔喀距离漠南地区较远,接受其他语言影响机会少,从而保持了原有语言的特点。喀尔喀方言与内蒙古方言相似,与额鲁特方言有一些差别。其主要特点如下:

语音方面:把书面语的č辅音发作 ʧ 、ʦ 。例如:nʊ:ʦa(秘密),ʧig(点)等。把书面语 ǰ 辅音发作 ʤ 、ʣ。例如:buʣar(脏),ʤil(年) 等。有 G 辅音,例如:baG(小)等。有时词首的 X t ʧ ʦ 辅音变为 g d ʤ ʣ 辅音。例如:gaʃir(老练),dɔs(油),ʣas(雪)等。语音倒装有 g—ʃ、l—r、b—g、l—d、l—r 等。例如:xawlaGa(碗),bawlax(砸),dewsreg(褥子) 等。有时把 i 元音前的 x 辅音读成 ʃ 辅音。例如:ʃil(边疆)、ʃirem(墙)等。

语法方面:有假定副动词特殊附加成分—ʊ:n/ —u:n。例如:jawʊ:n(走的话) ,iru:n(来的话)等 。

词汇方面:喀尔喀方言有自己的特殊词汇。如:am(口罩),bal(油笔) ,xagalga:n(手术), balu:s(大刀),atšimăg(牛皮做的袋子)等。有些词汇词义上与内蒙古方言不同,如:h?? reg(鼻烟壶), guhuur(撞酸奶桶),guur(桥)等。

该方言中还有一些较早进入的汉语借词。如: sāja(山药)、dzintū(枕头) 、dzoŋ(砖)、denlu(灯笼)等。

额鲁特方言 由于额鲁特蒙古所居地域与蒙古主体相距遥远,且与突厥语言部落为邻,其语言的发展较为独立,形成鲜明的方言特点。其元音系列由 8 个短元音和 8 个长元音构成,长短元音具有区别词义的作用。没有复元音,书面语中的复元音以相应的长短元音与之对应。元音和谐，没有圆唇元音和谐，这与东蒙古方言不同。辅音音位有24个。该方言保存着较多的中古蒙古语语音的特点，尤其与元音阴阳性范畴有关的辅音和谐现象。词的重音都在第一音节上，其后续音节元音消失，形成大量的复辅音。

卫拉特方言形态结构与东蒙古方言有不少不同地方。词汇上游牧生活词汇极为丰富，在整个词汇系统中占有重要地位。词汇中有大量的突厥语、藏语以及汉语词汇，说明在历史不同时期吸收外来语词汇的事实。

语音方面：额鲁特方言有前元音 e 、Ø、y。例如：em(雌)、ken(谁)，Øwsn(草)、Ødyr (白天)，yg(话)、ykyr(牛)等。和与之相对应的长元音 e:、Ø:、y:。例如：e:m(肩膀)、k e:r(原野)，Ø:r(别的)、zØ:len(柔软)，y:dyn(门)、sy:l(尾)等。

非词首短元音弱化现象比其他方言严重，甚至出现元音脱落现象。例如：ysn (头发)，gesn(肚子)。

额鲁特方言有元音和谐，但有自己的特点。卫拉特方言的 i:，æ，æ:元音趋于阴性元音，因此在接入阳性词时将连接在其后的元音引入阴性和谐中。例如：ineg(爱恋)，sæby:r (扇子)等。

辅音有清塞音 G。例如：Gar(手)、Gazar(地)。浊塞音 K。例如：ykyr(牛)、dɔka:(信号)等。擦音 z。例如：zam(路)、zʊ:n(百)等。塞擦音 ts。例如：tsaGa:n(白)、tsetseg(花)等。

额鲁特方言能将词尾 n、ŋ 两个辅音清晰辨别发音。例如：aŋ(猎)，ɔlɔn(多)等。有表示赞同或否定意义，及表示愧疚心理的特殊辅音叫做吸气辅音 x＜，dz＜。例如：ɔdɔbʧi:(去了吗?)，x ＜(是)。sʊrʊbʧi:(学了吗?)dz ＜(没有)。语音变化方面主要有语音同化、语音脱落、语音增加、语音倒装等变化，其中语音倒装以 r、l 为主。例如：algʊ:r→arGʊ:l(漫漫地)，ʃaril→ʃalir(遗体等。)

语法方面：额鲁特方言中有名词复数－mʊ:d / －my:d 和－lyr。例如：germy:d (房子＜多数＞)，Garmʊ:d(手)＜多数＞)。

－lyr 只能接在 ek(母亲)一词后面;例如:eklyr 母亲们等。名词在主格中仍然保留 n 辅音。例如:maxan idwæ:(吃肉了),zaka:n(信)等。合同格附加成份为－la:/－læ:,例如:axlæ:(与哥哥),kenlæ:(与谁等)等。有程度格,其附加成份是－tsæ:,例如:bys-ly:rtsæ:(齐腰的)等。反身领属的附加成分为－a:n/－æ:n,例如:dy:gæ:n(把弟弟),nɔmi:næ:n(把书)等。有表示形容词比较级的－tsar/－tser/－tsʊr/－tsyr 等特殊附加成分。例如:ʊla:ntsar(稍红的),iktser(稍大的)等。

数词方面有序数词附加成分－dagʧ/－degʧ/－dʊgʧ/－dygʧ。例如:tabdagʧ(第五名),negdegʧ(第一名)等。分配数词附加成分是－a:Ga:d/－æ:Gæ:d。例如:Gʊrba:Ga:d(三个三个地),dɔlɑ:Ga:d(七个七个地)等。

第一人称代词有 madan 的特殊附加成分。动词第一人称祈使式除－ja 以外还有－sæ:/－sʊ:/－sy:/－s 等附加成分。例如:gertæ:n xærisy:b。(我回家吧)等。动词第二人称祈使式有－i:ʧ/－i:t/－tn 等附加成分。例如:ʧi: jɔw:iʧ(你走吧)等。动词第三人称祈使式有－txɑ:/－txæ:/－tGa:/－tGæ:等附加成分。例如:ʊnta:d ab txæ:(您睡一会儿吧)等。动词谓语后面有人称代词附加成分。例如:ʧi: xamGa:

ɔdnæ:ʧi:(你去哪儿)等。

词汇方面:额鲁特方言词汇有自己的特点。1. 保留着古老的词汇。如:xa:lag(路),xɔr(衣兜)等。2. 语义上与蒙古书面语有差别的词。如:ara:t(狐狸),ælæ:(淫乱)等。3. 在该方言中形成的词.如:ʊla:n ʊsn(洪水),xara:ʧ(天窗)等。4. 读音上与蒙古书面语有区别的词。如:a:G(碗),ʊbʤ(奶嘴)等。5. 有外来词,尤其是突厥语借词较多。如:asxan(傍晚〈维吾儿语〉),terz(窗户〈哈萨克语〉),bazar(街市〈波斯语〉)等。

巴尔虎布里亚特方言　巴尔虎分旧巴尔虎和新巴尔虎,分别于康熙和雍正年间由外喀尔喀车臣汗部徙来，居住在呼伦贝尔地区，划入索伦八旗加以统辖。从此，巴尔虎部与其他蒙古部落的来往逐渐减少，其语言也有了独立的发展，形成了自己的特点。由于与操满洲—通古斯语言的部落相邻而居，其语言受到满洲—通古斯语言的强烈影响。

语音方面：巴尔虎方言中没有短元音 o。将蒙古书面语的短元音 ö 和内蒙古方言的 o 元音，用以下方法发音。在词首时用 u，其他情况下用 ə 发音。例如：undər（高）、uh～uhəŋ（头发）等。但有长元音 oː。例如：oːx（脂肪），oːr（其他的）等。巴尔虎布里亚特方言中没有前元音。蒙古书面语的 ʤ 辅音在陈巴尔虎土语和新巴尔虎土语中变为 ʤ，ʣ 音，在布里亚特土语中变为 z，ʐ。例如：gaʣar—Gazar（地），ʣʊʣaːŋ— zʊzaːŋ（厚）等。蒙古书面语的 č 辅音变为 ʧ、s、ʃ。例如：ʃarai（脸），sag（时间），əmʧ（医生）等。蒙古书面语的 s 辅音在新巴尔虎和布里亚特土语中发作 h，在陈巴尔虎方言中发作 x。例如：har（月亮〈新巴尔虎〉），har（月亮〈布里亚特〉），xar（月亮〈陈巴尔虎〉）等。把词尾辅音 s 发作 d。例如：bɔd（起来）。陈巴尔虎土语中有些情况下把辅音 s 发作 t。例如：ʊːtig（肺）。不分词尾 n、ŋ，均发作 ŋ。例如：ajaŋ（旅途），ɔlɔŋ 多等。在陈巴尔虎土语中及物动词 bɔl 与其它词连用时，b 辅音脱落。例如：namar ＋ bɔlɔː→namar ɔlɔː（到秋天了）等。以 ŋ 结尾的词后面加入以 n 为首的附加成分时 ŋ 变为 g。例如：aŋ＋na→agna（打猎）等。在陈巴尔虎土语中 r 或 m，r 或 ŋ 发生倒装。例如：xaraŋga→xaŋgarag（锣）、ʤʊram→ ʣʊmar 等。

语法方面：巴尔虎布里亚特方言中名词以主格变格时，名词仍保留着词尾的辅音 n。例如：Galʊːŋ（鹅），ʊːʃhaŋ（肺）等。属格附加成份是—iː、—iːŋ。例如：ajniː kuŋ（赶路的人、游客）、duːg iːŋ（弟弟的）等。与格除 d、t 附加成分外还有—saː/—səː/—sɔː。例如：gɔlsɔː zaGaːhʊː baina。（河里有鱼）等。在新巴尔虎和布里亚特土语中的从格形式为－ha：/－hə：/－hɔ：/－ho：，而在陈巴尔虎土语中以－a：/－ə：/－ɔ：/－o：形式出现。例如：Garha：（从手里，＜新巴尔虎土语、布里亚特土语〉）、Gara：（从手里，＜陈巴尔虎土语〉）等。程度格的形式为－sa：/－sə：/－sɔ：/－so：。例如：xuʤu：sə：ʊxʊ（没脖子深的水）等。表示动词过去时的附加成分是－a：/－ə：/－ɔ：/－o：。例如：bi：mədə：（我已经明白了）等。动词第三人称祈使式在新巴尔虎土语中有－hai/－həi。例如：dudə：ughəi（给你的弟弟吧）等。谓语后面有人称代词附加成分。例如：ʃi：jɔwənʃ（你走你）等。有 aidʊ：ti：、gəl 等特殊程度副词。例如：aidʊ：ti：xaixaŋ（非常漂亮），gəl ʊna：gui（差点掉了）等。有 uldə：、ʃibdə：、udi：等特殊语气词。例如：ʃi：turu：lə：ʃibdə：（是你拿了冠军）等。

词汇方面：巴尔虎布里亚特方言的词汇有自己的一些特点。1. 在该方言中形成的特有词。例如：ajʊ：ŋ（妯娌），gər xad（山洞）等。2. 在语义方面与蒙古书面语有差别的词。例如：alsGar（个子矮的），aja：r（远）。3. 有外来词，尤其是满通语族语言的借词较多。例如：əmbə：（祖母〈满语〉），bait（公文〈满语〉）等。4. 读音上与蒙古书面语有区别的词。例如：arʊ：（皮），xurax（姐夫）等。

（二）蒙古诸文字

1. **畏兀体蒙古文字** 蒙古人在成吉思汗时代创制了蒙古文字。蒙古文字字母源自畏兀文，所以也称作畏兀体蒙古文字。畏兀体蒙古文字不仅对蒙古族历史文化产生了积极贡献，也影响了北方各民族的历史文化。清太祖努尔哈赤于明万历二十七年（1599 年），命巴克什额尔德尼与噶盖，以蒙古字母记录女真语言，从而创造了满文字。

在蒙元时代，用畏兀体蒙古文字书写出《蒙古秘史》、译写出《甘珠尔经》等不朽著作。入清以后，畏兀体蒙古文字进一步完善、定型，成为清朝主要文字之一。康熙五十九年（1720 年），重新审定蒙古文《甘珠尔经》,并木刻出版。雍正年间,蒙古学者们奉命开始蒙译《丹珠尔经》,乾隆七年(1742年)率先出版《丹珠尔经》名词术语词典《贤者生成之源》。然后在章嘉呼图克图绕勒白多尔济的组织领导下,集合大量学者修订旧译稿,仅用了七年,于乾隆十四年全部译完《丹珠尔经》226卷。随着蒙古文应用的进展,蒙古文字研究著作也开始问世。雍正年间,乌珠穆沁学者丹津达克巴著《蒙文启蒙注释正字苍天如意珠》一书,系统地总结和继承了14世纪语言大师公哥坚藏和搠思吉斡节儿的研究成果,阐述了蒙古书面语的原理。作者归纳出123个蒙古文字头,分为元音、辅音和结尾辅音,并把原音字母分为阳性、中性和阴性,解释原因和辅音结合的规律,说明蒙古语静词的格及其意义,提出了蒙古文规范化的标准。此后不久,乌喇特部人毕力衮达赖撰写了《蒙文授业启示》,进一步阐述了蒙古文原理。乾隆四十五年(1780年),蒙古正黄旗卓特氏敬斋公编写《满蒙汉三合便览》辞典,为此还撰写了《蒙文指要》,由其子秀升富俊刊行。道光八年(1828年),阿拉善人阿克旺丹达尔喇兰巴写了一部名为《善说蒙文原理语饰》的语法书。归化城土默特人格拉桑的蒙古语法名著《蒙文全释》,于道光十五年(1835年)在北京嵩祝寺刊行。该书其内容广泛,解释准确,比《苍天如意珠》、《蒙文旨要》等前进了一大步。

清代,还纂修过大量辞书,这对蒙古语词汇的发展起到了积极的作用。康熙五十六年(1717年),喇喜、丹津、阿尔毕达虎等十几名语言学者经过近十年的时间编纂了第一部以蒙文解释蒙语词汇的辞典《二十一卷本辞典》。康熙五十七年,贡噶扎木措编写了蒙藏文辞典《清心之阳光》。乾隆二年(1737年),毕力衮达赖和衮布扎布合编了蒙藏对照的《藏语便学书》。乾隆六年(1741年),衮布扎布等著名学者编纂了藏蒙辞典《贤者生成之源》。乾隆四十五年,敬斋公刊行了满、蒙、汉对照《三合便览》。此外,清朝官修的满、蒙、托忒、汉、藏、维吉尔文《五体清文鉴》、满、蒙、汉、藏、维吾尔文《四体合璧清文鉴》、满、蒙、汉、藏《西域同文志》等大型辞书中，都有蒙古族语言学家的参与。这些辞典的出现，对蒙古语言文字的使用和规范化，起了重要作用。

2. **阿里嘎里字母** 明万历十五年(1587年)，喀喇沁蒙古僧人阿尤喜固什创制了阿里嘎里字母，为翻译藏文佛经时准确地记写梵藏文佛教名词术语开辟了捷径。阿里嘎里字母是一套标音系统，从字型完全依照蒙古文字母加以设计。阿里嘎里，梵语，义为“元音和辅音音标”。该音标由记写梵文和藏文的两套系统构成，弥补了畏兀体蒙古文限于字母数不能完全记写梵藏文佛经名词术语的问题。阿里嘎里字母有记录梵文的字母50个，其中16个元音字母，34个辅音字母；记录藏文字母34个，都有写形和写音的功能，拼写梵藏文音节也有一套规则。进入清代，随着佛经的大量翻译和出版，阿里嘎里字母得到广泛应用

3. **托忒蒙古文字** 额鲁特蒙古语是蒙古语的一大方言。具有独特的语音与词汇系统，与其他蒙古方言有较大的差别。随着藏传佛教的传入，记录额鲁特方言的文字托忒蒙古文字应用而生。顺治五年(1648年)，额鲁特高僧咱雅班第达那木海札木挫，创制了托忒蒙古文字。“托忒”，蒙古语，意为“明了”，表明这套文字使用起来方便、明了。它是在畏兀体蒙古文字母基础上，经过改型、增加附属符号等方法创造的拼音文字体系。有字母31个，由7个元音和24个辅音字母组成。托忒文可以准确地记录卫拉特方言，得到长久的应用。用这种文字编写了大量的卫拉特文学、史学作品，如《江格尔》、《格萨尔》、《唐三藏法师传》、《四卫拉特史》、《咱雅班第达传》等，还翻译了大量佛教经典。

4. **索永布文字** 康熙二十五年(1686年)，喀尔喀第一代哲布尊丹巴呼图克图咱纳巴乍尔根据梵文和藏文字母，创制了“索永布文字”。“索永布”者，梵语意为“自然出现”，表明利用这种文字可自然便捷地记录佛经语言。这种文字也属于一种音标系统，用以

转写翻译佛经时的蒙古语、梵语及藏语名词术语。字型为方体，行款从左往右横写，共有字母 90 个。这个文字具有记音准确、全面的优点，但由于过分繁琐，未能得到广泛推行，只在喀尔喀寺院中得到应用达 200 多年之久。

二、文学艺术

(一)民间文学

有清一代，蒙古族文学得到长足发展。在民间文学领域，口传文学仍然很发达。《格萨尔可汗传》、《江格尔传》、《汗—哈郎贵》和《吉祥天母传》都是清代广为流传的史诗。其中，《格斯尔可汗传》是蒙藏人民共同创造的文化遗产。它最早脱胎于藏族《格萨尔王传》，但是经过民间艺人和文人的改编、丰富和再创作，最后形成了一部为蒙古族人民所喜闻乐见的具有独特形式的民族史诗。《江格尔传》是卫拉特人民的杰出创造，是蒙古民族英雄诗史的代表，篇幅宏巨，结构独特，内容引人入胜。反映了以江格尔为首的宝木巴圣地的英雄们，战胜邪恶势力蟒古斯的曲折、离奇的故事。《江格尔传》中刻划的人物众多，内容丰富，既有波澜壮阔的战争搏斗场面，又有美丽动人的爱情故事情节；既有黑暗丑恶的蟒古斯世界的刻划，又有阳光灿烂、甘雨沛霖的宝木巴仙境的描写。《满都海彻辰哈屯的故事》是流传于民间，后来经文人笔录后保留至今的一则历史传说。这则传说比较真实地再现了满都海夫人在满都古勒汗病逝后，扶持达延汗登上蒙古汗位，统一蒙古各部的历史事实。《巴拉根仓的故事》是典型的昭乌达盟巴林旗蒙古民间故事。巴拉根仓的性格风趣幽默，诙谐滑稽，是蒙古人民根据自己的愿望虚构出来的理想人物。故事以夸大和虚构的艺术手法再现现实生活，用巴拉根仓的事迹表达人民对统治阶级的憎恨和蔑视。神话故事广为流传，其中有叙说神女麦德尔将人们从洪水灾难中拯救出来的《麦德尔姑娘开天辟地》;叙说专司人畜安全和兴旺的神灵《济雅齐》和《保牧勒》的故事。这种神话不仅仅是故事,同时还构成其他如祭祀、祭奠等文化形式的内在精神来源。民歌是口头文学的另一个形式。清代的叙事民歌非常发达,大都诉说劳苦大众的痛苦遭遇,悲歌当哭,对社会黑暗与邪恶势力进行无情抨击。《都仁扎那》、《丁科尔扎布》等作品唱出了由摔跤手和士兵的悲惨遭遇而产生的悲愤和控诉。歌颂忠贞的爱情,也是叙事民歌常见的主题。《金珠尔》、《达纳巴拉》等是其中的经典。叙事歌叙唱比较完整的故事,往往以历史人物和历史事件为主题。《套格套胡》是反映清末蒙古族人民反抗暴政、反抗开垦斗争的叙事民歌,流传广泛,影响极大。到清末,内蒙古地区叙事民歌发展较快,尤其在游牧生产方式向农耕生产方式转变的东部地区更为显著。这主要与该地区传统文化的转型与各种社会矛盾的激化不无关系。

蒙古族民间故事内容丰富、题材多样、寓意深远,是广大民众最喜闻乐见的艺术种类。其中最有代表性的是降服蟒古斯的故事。动物故事也是蒙古民间故事中最有特色的作品。其内容几乎覆盖了人类社会人际关系中的各种矛盾和现象,闪烁着深刻的哲理、美妙的隐喻和生动的语言光辉。

(二)文人文学

清代的文人文学题材越来越多。17 世纪形成了蒙古短篇小说体裁,出现了《色特尔扎布传》等较典型的短篇小说。清代的蒙古文人写下了大量的诗篇。《恩都噜勒汗的故事》是喇嘛文人阿旺札木措创作的叙事诗。随着印藏大德名著的大量翻译,蒙古训谕诗受到印度和西藏训谕箴言的影响,得到了进一步的发展。《明镜》、《取舍四行诗》、《鹦鹉之训》、《老幼众人的谈论话要》等都是很成功的训谕诗。乌喇特旗活佛梅力根格根、鄂尔多斯僧人伊西丹津旺济拉等都是杰出的诗人。

清代,以八旗蒙古子弟和驻京蒙古官僚后裔为代表的汉学派和以僧侣文人为主体的藏派逐渐形成和壮大。梦麟、博明、法式善、那逊兰保(女)等人是八旗汉学派的杰出代表,察哈尔人罗卜藏楚勒图木、鄂尔多斯人罗卜藏念都克、阿拉善人阿旺丹达尔喇兰巴则等是僧侣文人的代表,他们大大地丰富了蒙古文学宝库。

清代,《西游记》、《水浒传》、《三国演义》、《红楼梦》等汉文名著都被译成蒙古文。长期受到汉族文化深刻影响的卓索图盟土默特右旗人尹湛纳希创作了《青史演义》和《一层楼》、《泣红亭》三部小说。其前者在艺术上吸收了汉族演义体章回小说的营养,后二者则明显模仿了汉文名著《红楼梦》。这些作品,对蒙古族近代文学的发展起了相当大的影响。这个时期,还有大量印度和西藏文学著作被译成蒙古文。在18世纪中叶,著名的佛学经典《丹珠尔经》被译成蒙古文。

蒙古文学遗产中,文论(文学理论与批评)是不可忽视的一个组成部分。蒙古文论的产生和发展,是与印度诗论经典《诗镜论》的翻译、解释同步进行的。18世纪,格力格扎拉森把该经典译成蒙古文。此后罗卜藏楚勒图木、阿旺丹达尔、嘉木延噶尔布等喇嘛学者研究《诗镜论》,成绩显著,影响广泛。这些学者从作品的体裁、内涵和表现手法等三个方面入手,重点探讨作品的表现手法和诗体韵律风格,并在各自的创作中加以应用和发展《诗镜论》的文学理论。《诗镜论》的研究在当时蒙古文人中成为一门学问,其中修饰和形式研究占很大比重,得到精详的阐述。从而在当时的文学创作中,形成追求作品的形式美,崇尚华丽词藻风格的文风。到了清末,蒙古文论的发展主要受到汉族文学影响,与翻译和接受汉族经典作品同步进行。当时的代表是哈斯宝和尹湛纳希。前者在《新译红楼梦》里所写的序、回批中,通过对《红楼梦》人物性格和故事情节的具体分析,阐述了有关人物性格的刻画、情节与人物性格的关系等一些文学基本问题上的独到观点和见解。[①] 尹湛纳希写过不少文论和杂文，就文学和社会现实的关系及文学内部的规律问题，以及文学作品的审美作用和娱乐作用方面提出了独到见解。

（三）音乐舞蹈

蒙古民族能歌善舞，创造了极其丰富的音乐舞蹈作品。内蒙古各盟旗，直到苏木、巴嘎，都有各具特点的歌舞音乐。民间有民歌，王府有王府音乐。每当婚宴大喜，举行盛大筵宴，欢歌美酒，终夜不散。婚宴时，有专门的送亲、接亲歌，每举行婚宴的一个仪式和节目，就有专门的歌曲唱颂。民间歌曲旋律更是丰富多彩，欢快的、忧郁的、凄凉的、委婉的曲调，应有尽有，加上优美的歌词，美妙无比，使人产生强烈的美感和无比的舒适感。最有代表性的有鄂尔多斯的婚宴歌曲，锡林郭勒的长调歌曲，科尔沁的叙事歌曲等。

蒙古乐器除了传统的民族乐器马头琴、蒙古筝、四胡等以外，还新添了汉族的二胡、三弦，藏族的长号角，哈萨克族的冬不拉等。

蒙古民间舞蹈有了新的发展。集体舞“安代”在内蒙古东部各盟旗中普遍流行。藏传佛教影响到蒙古音乐舞蹈领域，西藏寺院在法会上表演的一种化装舞剧——“查玛”在蒙古地区的广为流行。在“查玛”的启发下，19 世纪 30 年代开始出现了蒙古歌舞剧的萌芽。在内蒙古东部区出现了新的说书风气。

说书，是蒙古民间艺人一边拉四胡，一边说唱“本子故事”。“本子故事”一般都是蒙译并经改编的汉族长篇小说，诸如《封神演义》、《隋唐故事》等。

（四）艺术图案与装饰

蒙古族图案与装饰艺术具有悠久的历史和广泛的群众基础。它与蒙古族人民日常生活的方方面面都有联系，在蒙古包、服装、

---

① 亦邻真《汉译<新译红楼梦回批>》，亦邻真蒙古学文集，内蒙古人民出版社，2001 年。

马具、荷包、褡裢、刀具、乐器、头饰以及饮食用品上，具有民族特色的民间美术图案和美化装饰无处不在。

蒙古族民间美术，有各种固定的美术图案形式，如五畜、花、鸟、草、木、狮、虎、云彩、日月及佛教八宝等，工艺方法也多种多样，刺绣、雕刻、绘制、镶嵌等都是常用的工艺手法。所用的材料根据用途而设，有木竹、金属（金银铜铁等）、皮革、泥土、布料、绸缎、毡呢、石料等。从其用途来看，有单纯的艺术或工艺品，有装饰性的生活用品，更有宗教用品。

民俗习惯和生活趣向是民间美术创作不竭的源泉。民间美术也为蒙古族民俗起着重要的作用。每逢新年、红白喜事、敖包祭祀、那达慕等重大节日，人们的服饰、用品的工艺装饰九成为表达特定场合气氛的重要因素。美术装饰的各种图案则是一种象征语言，如虎、狮、鹰等动物表示着英雄气概；云纹和八宝寓意吉祥和因果报应；花鸟代表幸福安宁。民间美术创作中常用的颜色也含有象征意义。蒙古人认为，蓝色（青色）象征永恒、坚贞和忠诚，是蒙古民族最为推崇的色彩；白色是纯洁、美好、善良的代表；红色是愉快的颜色，代表胜利和热情。黑色则庄严肃穆，代表着不幸与灾难。这一切反映着蒙古民族在长期的历史过程中所形成的独特的审美情趣和观念。

马鞍是马背民族的必需品。所以蒙古人出于爱马和欣赏马的心理，非常讲究马鞍的造型和外观，用珍贵的材料，用最美的工艺装饰自己的马鞍，使之成为一件艺术品。清代各旗都有各自独特的马鞍造型和装饰，雕花的、鲨鱼皮的、骨雕的、贝雕的、金银装饰的马鞍比比皆是，呈现出别样的气派和韵味。

（五）建筑与雕刻艺术

清代，蒙古族建筑艺术得到空前的发展。除传统的毡帐外，蒙古地区建造了数千座寺庙。其建筑风格有藏式的、汉式的、蒙藏混合式的和汉藏混合式的。期间出现了大批蒙古族建筑师，有不少寺庙是由他们设计和建造的，充分显示了他们的才华。呼和浩特著名的蒙古族工匠希库尔达尔汉和贝勒达尔汉设计建造了西乌苏图召。包头昆都仑召也是由该寺一世活佛嘉木苏容布自行设计修造的。伊克昭准噶尔召的设计也是出自蒙古族建筑师之手。

蒙古族善于雕刻，尤其木雕最甚。马头琴、胡琴、蒙古象棋等都是精美的雕刻作品。清代蒙古金属工艺与雕刻大有发展。蒙古金属工艺品一般用金、银、铜、铁等原料制作，包括桶、碗、壶、勺、酒器、头饰、马具、火镰、刀子等生活用品和佛像、查玛舞道具等宗教器皿。蒙古金银匠主要采用錾雕手艺，在金属制品上錾出精美的各式纹样和图案。佛教寺院供奉的佛像和所用法器都是精致的艺术品。比如，五当召雄踞殿内的十米高的黄铜弥勒佛像、额尔德尼召内的二十一度母像等等都很著名。

三、史学

（一）蒙古文著述

1.**《黄金史纲》**　全称为《诸汗源流黄金史纲》，作者佚名，成书于明万历三十二年至天启七年（1604～1627年）之间，与《蒙古秘史》、《蒙古源流》一道被称为蒙古文三大历史文献。作者首次提出蒙古族源自印藏之说，为以后的历史编纂学带来了深刻的影响。

全书可分为两部分。第一部分是从蒙古孛儿帖赤那到元顺帝妥欢帖木儿的历史，其中有大量相同于《蒙古秘史》的记载，也有不少不同于《蒙古秘史》记载，如成吉思汗的遗言等内容。第二部分生动地展现了元朝覆亡后蒙古高原错综复杂的政治形势，史料价值较高。该书的另一特点是系统叙述元亡后的蒙古历史时穿插了明朝永乐皇帝是元顺帝弘吉剌氏皇后的遗腹子等一些令人难以置信的故事。

该书在叙述历史事件时，用了传统的十二生肖纪年，为15至

16世纪蒙古诸汗在位时间提供了准确记录。

2.**《黄史》** 全名《古代蒙古汗统大黄史》，作者不详，成书于康熙元年(1662年)。该书以编年体体例，以成吉思汗成汗统为中心，黄教教义为指导，记述了宇宙形成到蒙古汗统消亡为止的历史。同时还记述了成吉思汗诸弟的系谱及其领地，西蒙古卫拉特部的源流和达延汗及其幼子格埒森札的子孙后裔。

本书最大特点是对外喀尔喀部历史的记录，从而为研究外喀尔喀社会制度、诸封建主及其系谱提供了非常重要的史料。作者详细记载格埒森扎及其后裔的情况来看，作者很可能出自外喀尔喀部。

3.**《蒙古源流》** 全称《诸汗源流宝史纲》。作者萨冈彻辰出身黄金家族，有“额尔克彻辰洪台吉”称号，其曾祖父是鄂尔多斯著名的忽图克台彻辰洪台吉。家族属达延汗第三子巴儿速孛罗惕的长子衮必里克济农一系。于康熙元年(1662年)完成《蒙古源流》这部巨著。

全书可分为七部分：宇宙生成及人类起源；印度王统史；西藏王统史；蒙古汗统史；孛儿帖赤那至巴儿速孛罗惕一系史；满洲皇统史；跋文；79节格言诗。该书第四部分蒙古汗统史是全书的中心内容，而元惠宗退回蒙古草原以后至清初的历史是全书的重点，尤其是巴儿速孛罗惕一系历史着墨最多。

该书史源包括本义必用经、十善福白史等十四种文献和大量家谱及《蒙古秘史》等史料。其史学价值在于提供了元末清初蒙古大汗的完整系谱；达延汗的统一事业、其诸子及属部之名；格鲁派佛教在蒙古地区的传播；明代蒙古的部落组织、阶级阶层、思想意识等。该书版本较多，其中蒙古文抄本和木刻本就有三十多种，还有满汉文“故宫精钞本”、武英殿“殿本”、殿本之“海外本”。

4.**《黄金史》** 全称为《概述古代诸汗所建立政道之著作黄金史》，也称作《罗·黄金史》。作者是罗布藏丹津，生活和创作于17

世纪下半叶至18世纪上半叶，康熙六十年(1721年)著有《五台山志》。

全书可分为两部分：自蒙古先祖至16世纪下半叶之古代蒙古史；16世纪下半叶至17世纪上半叶之蒙古史。其最大价值在于它移录了《蒙古秘史》282节中的共233节的全文。除此，还有佛教和西藏史料以及作者所掌握的各种史料。是一部内容丰富、史料翔实、叙述细致的蒙古文史学名著。

5.**《恒河之流》** 全称是《成吉思汗黄金家族史略恒河之流》，作者衮布扎布系乌珠穆沁部人，成吉思汗第二十三代直系后裔，该书于雍正三年(1725年)完成。

全书分为“首章”和“另章”两部分。“首章”叙述了乞颜部黄金家族族源；“另章”叙述了成吉思汗诸弟及后裔和继承者、著名的宰臣、蒙古行政设置概况。该书的特点是详细记载了成吉思汗到林丹汗的共35个蒙古皇帝的生卒和继位年代，以及蒙古史上的重大事件。它打破了自《黄金史纲》以来，蒙古族源自印、藏之说，认为成吉思汗的“黄金家族”是“奉天命而生”。该书对明代蒙古部落的构成提供了许多有价值的资料。

6.**《金轮千福》** 全称《黄金家族之系谱，黄金氏族之心娱，九章之篇金轮千福》，作者答哩麻·固什，亦称却札木苏，是清代昭乌达盟扎鲁特旗人，该书成于清乾隆四年(1739年)。

全书分六卷，第一卷为宇宙的形成及人类起源，印藏王统及蒙古黄金家族的起源；第二卷为成吉思汗的历史；第三卷为成吉思汗诸子及元朝诸帝简史、毕力格图汗至林丹汗的蒙古政教史；第四卷为达延汗及其诸子和成吉思汗九卿之一者勒篾后裔史；第五卷为成吉思汗诸弟后裔系谱、青海蒙古诸部起源及系谱；第六卷解释了“五色四夷国”、成吉思汗诸臣、卫拉特部起源、成吉思汗弟哈撒儿后裔等。

该书对明代蒙古部族的历史有较完备而详细的记述，对元亡后蒙古的“十万兀鲁思”作了解释；首次对漠南五鄂托克喀尔喀的组成作了准确的记载，为确定蒙古历史上的一些重要人物的名字提供了依据，还提供了早期蒙藏关系方面的有价值的材料。

7.**《黄金数珠》** 是《善说蒙古地区政教明慧青年之音净光黄金数珠》的通称。成书于嘉庆二十二年(1817 年)，作者是清代内蒙古锡林郭勒盟阿巴哈纳尔左翼旗自称“纳塔老翁”的人。

全书共分六章，第一章简述三皇五帝至秦朝统一六国史；第二章蒙古地区最早与佛教接触史；第三章成吉思汗先祖、成吉思汗及元朝诸帝史；第四章明朝皇帝、蒙古及大清国史；第五章藏传佛教传入蒙古地区史；第六章清朝诸帝与格鲁派高僧关系史。描述蒙、满、藏宗教关系为宗旨是该书最有价值的部分。还对匈奴人、突厥人的认识，对明朝历史的叙述，对元朝以来蒙古诸汗组织大量人力和财力进行译经、写经、刻经等史实的记载要详于其他史籍。

8.**《阿萨拉克齐史》** 全名作《被称作阿萨拉克齐的历史》，作者是清代喀尔喀部札萨克诺颜善巴(藏语善巴蒙译为阿萨拉克齐)。成书于康熙十六年(1677 年)。

全书可分为：前言，韵文；蒙古古代史；元朝诸帝及其所尊帝师、喇嘛史；元亡后的蒙古史；跋文。本书取材广泛，尤其对喀尔喀历史及其谱系记载详尽，对黄教传入喀尔喀地区史也有准确记载。该书文字古朴，保留了 17 世纪蒙古文书写规则和特点，对语言文字学研究也有价值。

9.**《珍珠数珠》** 是《被称作“珍珠数珠”的圣人瓦金怛喇·苏玛提·达尔玛·瓦提·希里·巴达拉之传记》的简称。本书是一世章嘉活佛阿噶旺罗布桑却勒丹的传记，由其僧徒西拉布却登遵照二世章嘉活佛之命于雍正七年(1729 年)撰成。

全书共分五部分，第一部分一世章嘉的前世拉格巴敖斯尔传记；第二部分一世章嘉的诞生、童年及步入僧界；第三部分为其宗教修养、功能及活动；第四部分是其圆寂及葬礼；第五部分二世章嘉活佛罗赖毕多尔济的转世，跋文。是研究 17 世纪至 18 世纪初清藏关系，清朝对喇嘛教、对蒙古政策的极为珍贵的资料。

10.**《蒙古博尔济吉忒氏族谱》**　成书于雍正十年至十三年(1732～1735 年)之间，作者是喀喇沁部主拜思哈尔赛音和托郭尔坤都伦代青汗的八世孙罗密，用满汉两种文字写成。

全书共分三卷，第一卷前言，印度王嘛哈撒玛谛之后裔，西藏王统，成吉思汗先祖及诸弟、继承者史；第二卷必力克图汗直到巴延孟克的兴起；第三卷达延汗及其诸子与明朝之间的战争，宝颜车臣汗后裔，林丹汗及其后裔，喀喇沁同满洲的关系，格埒森扎后裔，噶尔丹与喀尔喀、清朝的关系，跋文和蒙译说明。该书的清代部分史料价值很高，对黄金家族系谱也作了系统的、详尽的排列，是一部重要的蒙古史著作。

11. **其他蒙古文历史要籍**　(1)《梅日更葛根黄金史册》，成书于乾隆三十年(1765 年)，作者系乌喇特西公旗梅力更召活佛罗布桑丹碧札拉桑。全书分上下册，共 33 卷。上册 15 卷，主要叙述了宇宙形成至印藏王统及有关历史传说。下册共 18 卷，记述了成吉思汗祖先的历史以及成吉思汗到达延汗的谱系。第 27 至 32 卷详细记录了达延汗以后蒙古诸汗世系，尤其对哈萨尔系谱记载颇详是这部著作的特点及价值所在。

(2)《水晶鉴》，成书于道光二十六年至二十九年(1846～1849 年)间，作者为乌拉特中公旗极佑寺大喇嘛金巴道尔吉。书中有关蒙藏、蒙满、蒙古和准噶尔关系，蒙古投附清朝时的社会，卫拉特和青海诸台吉参与西藏事件等记载，都有很高的历史价值。书中所列参考书和引用书目是研究蒙古历史编纂学的重要资料。

(3)《水晶念珠》，作者为巴林右旗三等台吉拉西彭楚克，成书于乾隆三十九年至四十年(1774～1775 年)间。全书分五章，主要叙述了蒙古族，蒙古汗系，元朝及其后诸汗、贵族世系，成吉思汗诸子、诸弟后裔，蒙古诸台吉诺颜世系等。本书的特点是利用了《元史》、《续资治通鉴纲目》等汉文史籍，并对历史进行评论，功底深厚，见解独特。

(4)《内齐托音一世传》，作者为额尔德尼毕力衮达赖，成书于乾隆四年(1739年)。该传记是作者根据内齐托音一世弟子们的备忘录、笔记以及当时社会各界的口述而撰。全书分五章，主要叙述了内齐托音的身世，在西藏、土尔扈特、喀尔喀、呼和浩特、科尔沁等地的宗教生活经历，及其圆寂的历史。是研究喇嘛教在内蒙古地区转播的第一手资料，尤其如何战胜蒙古萨满教的记述更具价值。

(5)《内齐托音二世传》，由内齐托音二世的弟子达摩三谟陀罗，完成于乾隆二十一年至二十二年(1756～1757年)间。作者是根据当时的口碑资料及自己掌握的资料写成，是研究17世纪末漠南蒙古历史的重要资料。

(6)《宝贝念珠》，作者鄂尔多斯人益西巴勒丹，成书于道光十五年(1835年)。该书记述了蒙古汗传承，佛教在蒙古的传播和汉藏经典的蒙译、蒙古地区寺庙分布等情况。该书关于蒙古地区寺庙的记载具有很高的史料价值。

(7)《哲布尊丹巴传》，作者佚名，成书于咸丰九年(1859年)。该传详细记录了哲布尊丹巴一、二、三世的生平，并简略介绍了四、五、六、七世的事迹。对研究17世纪至19世纪喀尔喀蒙古历史、文化、宗教，尤其喀尔喀蒙古同清朝、西藏及卫拉特之关系，具有第一手资料的价值。

(8)《咱雅班第达传》，为《兰占巴咱雅班第达传—宛如月光一样明亮》的简称，作者为卫拉特蒙古喇嘛喇德纳巴德喇，约成书于康熙二十八年(1689年)，用托忒蒙古文写成。该传详细记载了咱雅班第达一生的政教活动，卫拉特蒙古当时的社会状况，政治变迁以及宗教文化活动。是研究17世纪卫拉特蒙古史的珍贵资料。

(二)汉藏文著述

清代八旗蒙古人的汉文著作有家谱、笔记、杂录、方志等多种体裁，内容也相当丰富。罗密著、博卿额续纂的《蒙古博尔济吉忒氏族谱》、松筠著《西招图略》、《西藏图说》、《西陲总统事略》和《新疆识略》、和英著《回疆通志》等都是有关边疆史地的著作。清代蒙古人的藏文著作很多，其中伊西巴勒珠尔的《青海史》、《如意宝树》和罗卜藏群丕勒的《圣教宝灯》负有盛名。

四、教育

(一)传统口承教育

清代，除了八旗蒙古人有可能进入清廷设立的各种官学和义学学习汉文化外，在蒙旗并没有真正意义上的学校。蒙古人从出生到啊额学语，直至懂事，都在家庭和周围的生产生活环境中接受知识，学习知识，传承知识。首先，祖父母或父母在日常生产生活的过程中，教授孩子们掌握各种生产和生活知识。家长通过教授语句、熟背十二生肖、认知方向、结识数字、认识植物、熟悉地理、相认牲畜，背诵和认读字母字头、教授蒙古象棋和各种智力游戏，以启迪孩子们的智力。在游牧生产的条件下，在家长和长辈的指导下，蒙古小孩从小学习骑乘、狩猎、放牧等本领，到适当的年龄，就能制作生产工具，牧羊牲畜。母亲教授女儿挤奶、针线、熬茶、做饭、作家务。通过家庭教育，要学会如何接人待物、礼貌问候，更要懂得各种风俗和禁忌。所有知识和品德的教育，基本上通过口承教育方式进行的。家长通过讲述故事、传说、神话，让孩子们得到民族历史、文化方面的教育。通过背诵谚语、箴言和诗篇，使其得到词汇和形象思维的能力。通过摔跤、赛马与射箭，以锻炼男儿体能和拚搏意识。尽管没有专门的学校，蒙古家庭聘请民间巴克什或在札萨克衙门执事的必扯赤们在家庭学校教习蒙古文字。有意者，带上羊和酒等礼品，去巴克什家磕头认师，学成后要答谢师父送白马和白色袍服。[1] 内札萨克东部盟旗，还请师教授满汉文，每年学费米一斗、柴200捆。外加钱2,500文。读书时间不定，有的三五年，有的则十年。[2] 有些蒙旗的寺庙中也开设蒙古文字课，供牧民子弟学习。

(二)八旗教育

八旗蒙古的教育入关前就已经开始，“崇德间于盛京建立学校，考取儒生。凡满洲、蒙古、汉军子弟皆入学”[3]。入关以后，八旗蒙古脱离了以往的游牧生活，进入了一个完全不同的文化圈—汉文化圈。在京和各驻防直省相继设立各级各类的学校。初级学校是为八旗蒙古弟子启蒙教育开设的学校。在集中了八旗蒙古人半数以上的京师，初级学校一般均称为官学和义学。其中几表重要的有如下一些学校。

1. **蒙古义学** 始设于康熙三十年(1691年)，根据清代规定，它设在八旗蒙古最基层的单位—佐领之内。每佐设一学，共约200余所。招收本佐领十岁以上幼童入学，学习满、蒙文和满、蒙语及步射、骑射技能。[4] 乾隆二十三年(1758年)清廷下令裁撤。

2. **八旗学堂(礼部义学)** 设于雍正二年(1724年)，系继义学之后，专为八旗贫寒子弟设立的以读汉书为主的学校，分满汉书学堂和汉书学堂两种。乾隆二十三年(1758年)裁撤。[5]

3. **蒙古清文学** 也称蒙古清文义学或甲喇学。设于雍正七年(1729年)，是以学满文(清文)为主的学校。八旗蒙古每甲喇

---

① 布仁特古斯主编:《蒙古族民俗百科全书·精神卷》，内蒙古科学技术出版社，1999年。

② 罗布桑却丹:《蒙古风俗鉴》，辽宁民族出版社，1988年。

③ 吴廷燮等纂:《奉天通志》，卷150，“教育二·清上”，光绪三十四年稿本。

④ 《八旗通志初集》，卷49“学校志四”。

⑤ 《八旗通志初集》，卷98“学校志五”。

(参领)设一所。学生在学习满蒙语言之外还要兼习伦理和骑射。[①]

4. **八旗教场官学**　这是专为居住在校场(演武练兵之地)的满蒙汉军子弟设立的学校。设于雍正元年(1723 年),共设八所,学习满语和骑射。

5. **八旗左右翼世职官学**　设于乾隆十七年(1752 年),是一种贵族子弟学校,共四所。学生均为被清廷授予世职身份的勋贵子弟。学习内容为满语和骑射,成绩优秀者可授侍卫等职。[②]

在各驻防地的旗营(满营)中也都设有学校,供驻防的满、蒙、汉八旗子弟就读。如,绥远城蒙古官学、盛京蒙古官学、热河蒙古官学、吉林蒙古官学等。课程为满、蒙语和骑射等。

与初级学校相对,八旗蒙古也设立中级学校,如八旗蒙古官学、国子监八旗官学蒙古官等,主要培养蒙古语文方面的人才。另外,还设立专门性学校,如咸安宫蒙古官学、唐古特学、托忒学等,学生主要学习藏文、托忒蒙古文等专门知识。

正规的学校教育之外,私塾教育成为八旗蒙古人教育的补充形式。

(三)寺院教育

有清一代藏传佛教在蒙古地区畸形发展的主要表现之一就是寺院成为蒙古地区最有影响力的文化教育的场所,喇嘛学习梵、藏、蒙古文,研习佛教经典,翻译佛经以及印度和西藏的医学、天文、历法、文学方面的著作。入清后,八旗蒙古和内属蒙古各旗虽然设有官学,但授其教育的范围极为有限。同样,札萨克旗蒙古王公贵族的私塾教育虽然有之,但其社会文化教育方面的影响与藏传佛教及其寺院文化教育相比微不足道。所以,清代蒙古地区的

① 《八旗通志初集》,卷 49“学校志四”。

② 《蒙古民族通史》,第四卷,第 444～446 页。

本民族语言文化教育，主要是通过寺院教育的形式延续和发展的。

寺院是喇嘛研习、探讨学问的最高学府，无论地位多高，学士如何深远的活佛，其少年时期都必须经过入居寺院修行经典之时期。这样的寺院称为学问寺。① 清代蒙古地区较大寺院都设有扎仓(僧学院或学部)，作为喇嘛学习、深造的场所。大扎仓共有五种，即却伊拉、卓特巴、洞阔尔、曼巴、拉麻哩木，此外还有阿克瓦扎仓(吉多尔学部)、千巴扎仓(跳神学部)、上下花园(艺术学部)等小学部。然而，地位高、规模大的寺院才设有五大学部，多数寺院只具备二三个学部或一个学部，少数小庙则不设学部。清代蒙古地区规模较大的寺院中，五大学部均具备的寺院主要有乌兰察布盟境内的五当召、广福寺(百灵庙)、锡林郭勒盟境内的班第达格根庙(贝子庙)、昭乌达盟境内的汗庙(戴恩寺)、察哈尔八旗境内的哈音吉尔瓦庙等；具备却伊拉等四学部的寺院主要有锡林郭勒盟境内的喇嘛库勒庙、察罕敖包庙、乌兰哈噶拉噶庙、桌索图盟境内的瑞应寺、哲里木盟境内的巴彦莫林庙、昭乌达盟境内的蒙楚克庙、达里冈崖牧厂境内的哈丹和硕庙、伊克昭盟境内的好陈召(万寿宫)等。

喇嘛们在各学部中毕业获得较高学位后，或归家乡寺院，或被外地寺院迎请担任住持。而多数喇嘛仍作为学僧，终生留在学问寺钻研佛教经典。因此在蒙古地区，学问寺既是寺院，又是学校；既是唪经朝拜的场所，又是研讨学术的组织，其中学位较高的喇嘛是学长，学位较低或无学位的班第(小喇嘛)则是学生。

1. **却伊拉学部**　蒙语称为萨尼特扎仓，汉译为显宗学部、教学部、法学部、相学部等。却伊拉学部系学习研究佛教基本经典之扎仓，以学习诸经论的哲学解释为目的，兼及其它伦理学、文法学、戒律学等等，即普通佛教学的基础，是进一步学习密教(宗)的预备

① 长尾雅人:《蒙古学问寺》，全国书房，1947年。

阶段。所以,清代蒙古地区大、中规模的寺院均设有却伊拉学部。该学部对学问寺或非学问寺来说都是最重要的,因而也是寺院各学部中规模最大、喇嘛班第人数最多(约占每个寺庙修行僧人的三分之二左右)的僧学院。却伊拉学部的喇嘛班第主要学习佛教“五部大论”,即量释论、现观庄严论、入中论、戒律本论、俱舍论。其中,俱舍论为小乘佛教的全部理论基础。①

该学部内分十三个僧热(或译桑岱、争扎,意为年级),总的学习期限约十五至二十一年左右,学部管理者分别称格斯贵、翁斯德、萨尼特。十三个僧热按程度高低又分为六个阶段。其中,堆拉僧热,学制四年,由四个僧热组成。堆拉之第一个僧热哈达格嘎尔玛尔主要启发喇嘛班第的思考能力,如色彩的区别和变化;堆拉之第二个僧热哈达格尔玛主要使喇嘛班第们了解事物的形成和因果关系;堆拉之第三个僧热堆木仁则使喇嘛班第们进一步认识宇宙间有无永恒之理;堆拉之第四个僧热堆勒主要培养喇嘛班第们的来世之思想,升入天堂之信念。

那木赍僧热,学制一年,主要使喇嘛班第们了解心的作用,确立心为第一义,物为第二义的观念。

帕尔勒僧热,学制四年,其四个僧热分别为匈苏尔轮格玛、匈苏尔公玛、嘎布当布、嘎布西巴,主要培养喇嘛班第们的识别“粘堆瓦”(入歧途者)、“让扎勒”(厌世者)、“特格勒”(舍己为人者)等三种人人生观之优劣,批判反众生利益的人生观,鼓励人们抛弃私欲,修练成佛。

欧木僧热,学制二年,其两个僧热分别是欧玛尼翁玛、欧玛公玛,主要培养喇嘛班第们的善心、善念,告诫他们怯除淫欲等问题。

索得僧热,学制四年,主要学习三十三腾格里(天)境界和如何克服人间的五大罪恶升入天堂的道理。

① 《中国大百科全书》,宗教,第220页。

嘎拉木僧热,无固定年限,可学到老,系却伊拉学部的研究院,主要巩固喇嘛班第们已掌握的最高教义,研习《杜乐布》、《凌布木》二经,学习喇嘛班第们必须遵守的253条戒律及其它法戒。

却伊拉学部在学过程中,每个僧热又可分若干组,每组各有师父,一般为半日授课。此外又定期举行却伊拉法会,共同进行辩论。学习方法以研讨为主,并定期考试。学习不合格者要被降级或处罚。

却伊拉学部对学习优异、造诣深厚之喇嘛可授相等的学位。其中,一般学生修业期满,熟谙经义、成绩优秀者,经学部主管喇嘛考试和审定,每年选出两名授予"兰占巴"学位。蒙古地区的大寺庙,如五当召、贝子庙、百灵庙、西拉木伦庙、巴彦莫林庙、瑞应寺等每年有资格授予"兰占巴"学位2～4名,其他中等寺庙只授予1～2名。"兰占巴"以上之学位,蒙古地区的学问寺一般没有资格授予。"哈兰巴"学位由拉萨的教学学部授予,是熟解经典通释教义的博学者。至少要学习二十年以上,在经过严格考试后,再由各大寺著名喇嘛云集一堂,当众质疑,通过九日驳难后才能授予,并且三年才有一次,每次只授予一二名。获得"哈兰巴"学位者返回蒙古后,有机会取得呼必勒罕(转世者)资格。"多兰巴"、"莫拉兰占巴"学位分别由甘肃拉卜楞寺和青海金塔寺授予。但是,具有"东方之拉萨"美誉的瑞应寺自道光三年(1823年)始,一年内学习优异的喇嘛授予"多兰巴"学位一名,每隔三年授予"莫拉兰占巴"学位一名。自道光十几年至二十世纪初,瑞应寺对却伊拉学造诣深厚之喇嘛共授予"莫拉兰占巴"学位三十多名。①

2. **卓特巴学部** 又称居巴扎仓、珠得扎仓或扎巴扎仓,汉译为密教学部、真言学部或密宗僧学院,系寺院里专门研究、修习佛教密宗的僧学院。西藏、青海、甘肃之大寺院内,分该学部为上密

---

① 《瑞应寺》,陶格通嘎等编,内蒙古文化出版社,1984年,第222页。

院(居堆)和下密院(居麦)。清代蒙古地区寺院内,只设一个扎仓。

卓特巴学部学习内容均为密教教理。其一主要是画符作法的各种法术,包括各种灌顶法、成就法。此种密学一般在庙内进行,外人不得观看。其经有《桑堆旺》(《密集金刚根本经》)、《德木楚格旺》(《胜乐金刚根本经》)、《吉格西德旺》、《却尔扎勒其襄桑旺》、《达木争旺》等以及作古日木(作法)的《那布尔宁斯德》(《毗卢遮那成佛经》、《雅门德嘎珠德》(《大威德金刚根本经》)、《多尔吉昭多布》(《金刚经》)等各种经;其二为学习念咒。如念《亚玛兰萨》、《西尔西》等。咒文均为梵文写成。

卓特巴学部学习年限一般在七年左右,学部每年要举行三次法会,法会之外还要举行咒会。参加该学部的学员一般是经过却伊拉学部研习之僧人或普通喇嘛。他们每年参加考试一次,三年一次会试。考试成绩优异者授予"俄仁巴"学位,但每次仅授一名。内蒙古五当召、贝子庙、瑞应寺等大型学问寺有资格授予该学位。

3. **洞阔尔学部** 也称洞阔尔(丁科尔)扎仓或珠尔海扎仓,汉译为时轮学部或时轮学院。它是佛教密宗的重要修法,是印度古代宗教学派同大乘佛教中观派的思想理论体系相结合的产物。该学部是专门学习研究佛教时轮学——天文、历法、占卜、数学、造曼陀罗法、文法等自然科学科目的学部,学习的主要经典有时轮学宗教思想体系、仪轨方面的经典和时轮学分类科目方面的经典。如数学、天文学方面有西经、萨布日经。此外还有洞阔尔经、萨尔珠得经、洞阔旺勒尔经、兰萨宇经等等。另外,学生还要学习作古日木,制作"萨其格杜勒生"(庙堂模型)。洞阔尔学部的学习方法是,学习经典著作、教师口传,有些科目的学习,主要是通过实践中获得。除平时上课外,学部还要举行法会,一般在每年的三月或六月。改学部学员一般人数不多,学制约为六、七年左右 ,每年考试一次。学位有两种,即"齐凌巴"、"绰尔齐"。学部每三年经考试授予一名。

4. **曼巴学部** 又称曼巴扎仓、额木齐扎仓或曼拉苏默,汉译为医学学部或医宗学院,是专门学习藏、蒙医理论、医术的僧学院。该学部有关经典繁多,有古代印度医学、藏传医学和蒙古医学,但学习的重点是《居悉》(四部医典)),即藏传医学。其内容包括普通医学和兽医,以草药、树皮、矿物等为主配制药剂。学员先学理论知识,即各种医药经典,然后进行实践,如采药、制药及临床诊治。作为教材的医药经典主要有《沙得珠得》、《玛得珠得》、《西玛珠得》以及由此派生出的《珠得西》(《根本密经》)、《散多布》、《马那格噶尔扎玛》(《密疗经》等。

曼巴学部的学制与却伊拉学部相同,大约需要十年左右举行结业考试,肄业者不定年限,不分僧热。相关考试由曼巴喇嘛师父或格斯贵等主持。合格者授予医学学位"曼兰巴"。清代蒙古地区学问寺中,内蒙古东部的瑞应寺在曼巴学方面很有声誉。该寺曼巴扎仓建有二百多年的历史,学习各种藏、蒙医学经典,在医学上有成就的额木齐喇嘛层出不穷,他们的足迹遍及清代东蒙古地区,对锡勒图库伦喇嘛旗、卓索图盟土默特左旗等地的蒙医、蒙药发展奠定了基础。

5. **拉麻哩木学部** 又称菩提道学部,译言次第,是修习、研究成佛之道,即以佛教显宗、密宗兼学之扎仓。清代内蒙古大型学问寺单设该学部,若无却伊拉、卓特巴扎仓的寺庙特设拉麻哩木学部,以便兼学却伊拉扎仓五部大论的基本要理和卓特巴扎仓密宗要理。主要修习研究的经典有显宗五部大论概要、密宗要理、修习宗喀巴的有关著作、修习贾曹杰、克主杰等人的五部大论和密宗经典的注释、评论等有关著作。[1]

拉麻哩木学部修习年限一般为10～15年,所授学位为"沙德仁巴"。

---

① 德勒格编著:《内蒙古喇嘛教史》,内蒙古人民出版社,1998年,第242页。

以上五大学部外，清代蒙古地区寺院扎仓中还设有阿克瓦扎仓(或称吉多尔扎仓)。内蒙古锡林郭勒盟贝子庙、桌索图盟瑞应寺均有该学部。学部具体研究内容不清，在学之喇嘛一般是未入却伊拉、卓特巴、洞阔尔、曼巴学部之前先入阿克瓦扎仓短期学习一二个月，其中也有长期学习者。至于是否授予学位，由各庙自定。西藏扎什伦布寺，学员毕业考试后授予安钦、嘎钦学位。①

寺院各学部的教育制度非常严格。参加扎仓的学经喇嘛首先要经过预科班的学习，并由低级逐年升级，但不许跳级，直到毕业。扎仓的学经制度安排得也很紧张，很严格。在一般情况下，在学喇嘛早晨四时起床，参加每早举行的诵经法会；上午在扎仓经堂内听师父讲课；下午在经堂内听从辅导师父学习经文；晚上在小组内背诵经文或自修；直到晚间十一时经辅导喇嘛检查后，方可回寝室休息。扎仓学习经典的方法除了讲课、辅导和自修外，辩论是特别提倡的最主要的学习方法。辩论的宗旨是佛教的教义、教理、世界观和人生观，同时也结合各扎仓学习的经典内容、科目进行辩论，达到明辨是非，统一认识。扎仓举行辩论的最常见的形式有两种，自由式答辩进行在经堂前广场上，众喇嘛围坐一个圆圈，参与辩论者在场中间，然后依程序辩论。众喇嘛可自由提问、发难，可以质问，也可以反问，若答辩者回答稍有不顺，喇嘛们可拍掌高呼，手拉答辩者衣角，用念珠、衣袖、帽子拍打，让众人取笑，甚至进行人身攻击，使其当中出丑，而答辩者必须保持高度镇静，集中精力回答问题，既不发火，又不能发生纠纷。正规式答辩进行在扎仓或僧热内，由扎仓经师主持，扎仓堪布、格斯贵、翁斯达等负责喇嘛出席监督，还邀请其它扎仓负责喇嘛和学员参加视察或旁听。这些场面严肃而紧张。②

---

① 《蒙古民族通史》，第四卷，内蒙古大学出版社，1993年，第414页。

② 德勒格编著：《内蒙古喇嘛教史》，内蒙古人民出版社，1998年，第245页。

寺院教育内容兼跨社会科学和自然科学领域，涉及到的科目很多，如语言、文学、哲学、宗教、艺术、伦理、医学、兽医学、建筑学、数学、天文、历法等等。虽然这些知识并不系统、准确，许多都带有神秘的宗教色彩，但它毕竟是古代科学文化遗产的一部分，就其内涵而言，已远远超出了宗教文化范畴本身。在清代蒙古，随着藏传佛教的进一步普及，各种文化知识走出寺院，流入民间。广大蒙民通过出家为僧之方式学到知识和技能使蒙古族古老的文化得以传承下来。可以说，有清一代整个蒙古地区的文化和教育主要就是在藏传佛教的旗帜下走过来的。①

（四）新式教育

新疆东路旧土尔扈特札萨克多罗毕锡埒勒图郡王帕勒塔认为，蒙古“致弱之由，非蒙古之无智也，实无以开其智也”。科尔沁左翼前旗札萨克棍楚克苏隆进一步认识到：各国“国富兵强，无一非教育普及之效”，“蒙民之愚陋，一误于迷信日深，再苦于学风不振”，所以应“极力诱导而鼓吹之”。到清末，部分蒙古王公已经认识到教育的重要性。

在北京，由清政府创办的一些专门学校，如陆军贵胄学堂、贵胄法政学堂、满蒙文高等学堂等，也曾招收不少蒙旗王公及各阶层子弟入学。陆军贵胄学堂还专门设有蒙旗世爵班，并曾以帕勒塔为该班“监学”。②

蒙古各盟旗中最早兴办新式教育的是卓索图盟喀喇沁右旗。光绪二十八年（1902年）十二月，该旗札萨克郡王贡桑诺尔布自捐俸银，在他王府西跨院创设了崇正学堂（初名养正学堂）。次年，又利用私产院落和王府戏院燕贻堂址先后创设了守正武备学堂和毓正女子学堂，分聘日本人伊藤柳太郎、吉田四郎、河原操子为教员，

① 《蒙古民族通史》，第四卷，内蒙古大学出版社，1993年，第414页。

② 《东方杂志》第七年第二期“交旨”；《清实录·附宣统政纪》第49卷。

开始招生授课。

喀喇沁右旗之后，蒙古其他地区也先后出现了一些新式学堂或私塾。但举办新式教育的大都是靠近内地、已从事定居农业或半农半牧的内蒙古东部和南部的蒙旗，如哲里木盟科尔沁左翼前旗、后旗、右翼前旗、中旗，昭乌达盟敖汉旗、库伦旗、黑龙江省辖下西布特哈八旗、呼伦贝尔八旗和绥远城将军辖下归化城土默特旗等。[①]

黑龙江省于光绪三十三年(1907 年)呼伦贝尔城(海拉尔)原有官学改建为初等小学，后来又扩建成两等小学堂，专收索伦、巴尔虎等各旗各族子弟。次年，又在省城齐齐哈尔创办满蒙师范学堂，并附设小学，专收八旗各族子弟和扎赉特、后郭尔罗斯、杜尔伯特三蒙旗子弟，以学习满蒙文及其互译为主，加授普通学校的其他各门课程。光绪三十二年(1906 年)，盛京将军(奉天省)也将原有奉天八旗蒙文官学改建为蒙文学堂，并于次年起招收省辖哲里木盟各旗蒙古子弟[②]。

清末在喀尔喀地区也建起几座新的学堂。光绪三十四年(1908 年)，在库伦创建"教养学堂"。开始从土谢图汗、车臣汗两部以及沙毕那尔那里招收 40 名学生入学。经费是从喀尔喀各处搜集过来。宣统二年(1910 年)，乌里雅苏台将军在乌里雅苏台城创立满、蒙、汉文学堂，从札萨克图汗、赛因诺颜汗两部招收 40 名学员入学。此外，后两部(盟)在其盟长所在处又创办各有 30 名学员的学堂。[③]

---

① 参考白拉都格其、金海、赛航:《蒙古民族通史》，第五卷，内蒙古大学出版社，2002 年，第 150～151 页;第 709～712 页。

② 张伯英等:《黑龙江志稿》，第 24 卷"学校志 · 学制";王树楠等:《奉天通志》第 150～151 卷"教育志"。

③ 《蒙古人民共和国史》，第二册(上)(蒙古文)，内蒙古人民出版社，1986 年，第 1404～1405 页。

清末废除科举，各地兴办学堂，清廷理藩院于宣统二年，催办青海蒙古两盟教育，西宁办事大臣庆恕奏准从丹噶尔厅盐税中拨银八百两作为学堂常年经费，觅定西宁南大街印心禅林（通称为印心寺）为校址，设立蒙古半日制学堂。①

五、科学技术

（一）天文历法与地图测绘

清代蒙古族中天文历算学的研究和传播是通过游牧地区与八旗蒙古两个系统进行的。就各自成就来看，得到清政府全力支持、扶植，吸收了传统的中国天文历算成果的八旗蒙古系统的科学家造诣更深，成绩也更为突出。

清代对八旗蒙古人极为重视，算学中专门设置了蒙古名额，保证一定数量的蒙古子弟研习天文历算学。同时，在钦天监中设有相当数量的蒙古官缺：如时宪科设有蒙古五官正 2 人、蒙古博士 2 人、蒙古天文生 4 人，负责编制蒙文时宪书，推算日食、月食出现的时间。天文科，蒙古五官灵台郎 1 人，负责观测天象；漏刻科，蒙古五官挈壶正 1 人，负责侯时、诹日、择地等事，蒙古笔帖式 4 人，负责翻译。② 这些优越的条件为八旗蒙古科学家的涌现打下了坚实的基础。在钦天监这一重要研究机构中，历朝都有一批蒙古族人材。著名的蒙古族科学家明安图、明新父子就是在这一环境中成长起来的。

明安图，生当康熙之季，逝于乾隆中叶。蒙古正白旗人，少年时为官学生，从康熙帝演习算学。他对天文历象学有很深造诣，在钦天监中工作了五十余年，历任五官正、监正等职。从康熙五十二

---

① 《青海历史纪要》，青海人民出版社，1987 年，第 256 页。

② 《大清会典》，卷 64.65。

年至乾隆十七年((1713～1752 年)他参加了多部清代官修之天文历象著作编修工作。

康熙末年,明安图首先参加了《律历渊源》一书的编修工作。《律历渊源》是一部集天文历象、算学、律吕知识大成的巨著。内包括《历象考成》、《律吕正义》、《数理精髓》三部分。明安图是担负这部巨著“考测”工作的人员之一,当时的职务是“食员外郎俸钦天监五官正”。[①] 乾隆二(1737 年)年清廷开始了为时五年的《历象考成后编》的编修工作。此时的明安图已是一位精通天文历算的专家,其水平较之当时钦天监内的西洋天文专家也毫不逊色,[②]始终作为《历象考成后编》的主要编修人员。这部书堪称明代以来中西天文历法成就的总汇,并成为此后御制《时宪书》的依据。《钦定仪象考成》是明安图参与编撰的又一部重要的天文学著作。该书历时八年始成,长达三十二卷。明安图及其弟子张肱、陈际新等同为该书“推算”付出了大量的劳动。

这些著作“是有清一代天算历象科学发展的里程碑”,[③]作为编撰者之一的蒙古族科学家明安图,显示了他在天文历算领域的深厚造诣。这同时也是蒙古民族对中国科学史的重要贡献。

为了当时蒙古地区生产和生活的方便,清廷定期颁行蒙文《时宪书》,编制、翻译蒙文《时宪书》的都是清廷培养的精通天文历算的专家。

在广阔的蒙古草原,研究天文历法有很悠久的历史。集天文、历法、星占、数学计算于一身的“朱尔海”方法去计算包括日和月在内的七曜和二十八宿的相对位置及其变化规律,进而编制日历。“朱尔海”家以六十年为一周期编制历书。著名的蒙古族“朱尔海”

① 《御制律历渊源》,《奏议》。

② 《御制历象考成后编》,《奏议》。

③ 史筠:《蒙古族科学家明安图》,《内蒙古大学学报》,1963 年第 1 期。

家、青海托里地区人松巴堪布·伊西巴勒珠尔(1704～1788年)即编制了第十六个六十年皇历。"朱尔海"家还可以通过大量复杂计算来推算日食、月食的时间。

在黄教寺院中,四大学部之一的"洞阔尔"学部(即时轮学部)占有重要地位。在这一学部里,天文、历法、星占学是主要的学问之一。由于比较重要的寺院里都设有时轮学部,就使这一机构本身及在这一机构中传授和学习时轮学的喇嘛成为蒙古地区研究和保存天文历算学的专门人材。前面述及的伊西巴勒珠尔不仅在寺院中主持过时轮学部,还于嘉庆四年(1799年)建立过专门研究"朱尔海"的机构"朱尔海"学塾"。[①] 他传世的著作中有两篇重要的历算方面的成果,一为《汉历概要》(乾隆二十一年(1756年)以藏文写成),二为《算学明鉴、随月计算新法》(也以藏文写成),均以手抄本形式流传于蒙古地区。[②]

在清政府蒙古族天文历算学家们的共同努力下,其它民族,如汉族历学中的精华逐渐被吸收、消化和介绍到蒙古地区来。这方面,蒙文版《康熙御制汉历大全》是代表性成果。该书又名《交食表》、《数理精仪丛书》和《天文原理》,大概是在蒙古地区流传过程中被冠以不同名称的。这部书是由蒙、藏、汉等民族学者共同完成的,刊刻于康熙五十一年(1712年)。此书所用文字为畏兀体蒙文,使用数码为蒙古"朱尔海"数码。该书还被转译为藏文。蒙文藏译的主持人是一世哲布尊丹巴(1635～1723年),九名汉、蒙、藏族学者参加了编译工作,康熙五十四年(1715年)刻版发行。蒙文

① 斯楞:《松巴·堪布·益西班觉(1704～1788)》,《内蒙古社会科学》(蒙文),1986年第5期。松巴·堪布·益西班觉即伊西巴勒珠尔。

② 斯楞:《松巴·堪布·益西班觉(1704～1788)》,《内蒙古社会科学》(蒙文),1986年第5期。

《康熙御制汉历大全》是汉历(时宪历)最早的蒙文版本,[1]对蒙古民族学习、研究和传播汉历起过重要作用。

另一件反映清代蒙古族天文学发展水平的实物是现存内蒙古呼和浩特市五塔寺的石刻蒙文天文图。五塔寺又名“金刚座舍利宝塔”,建造于雍正三年(1725 年),天文图即镶嵌在照壁上。这是迄今为止仅有的一幅蒙文标注的天文图。

天文图系以北极为中心呈放射状的盖天图,以阴文单线刻出黄道圈和黄赤刻度圈。图中度数为藏文数码,其他部分则以蒙文标注。这幅天文图主要是由三垣二十八宿,赤道、黄道与内外规组成,署名为“钦天监绘制天文图”。显然,这也是钦天监内蒙古族天文学家的杰作。

清代蒙古族中还涌现出了一些地图测绘方面的人材。

举世闻名的《雷纳特 1 号地图》是准噶尔汗国首领噶尔丹策凌在各方面的协助下亲自绘成的。噶尔丹车凌是一位经常用一百峰骆驼载书籍迁移营地的汗王,他下面还有包括本民族和俘获的(俄国、瑞典、清朝)富有素养和学问的人。这份地图是瑞典人雷纳特乾隆七年(1742 年)带回国后被保留了下来。它反映了当时卫拉特人的地图绘制水平。[2]

八旗蒙古人中出现了为数不少的优秀地图测绘人才。康乾时期,随着清王朝对全国统治的逐步稳定,清政府开始了全国范围的大规模国土勘测和地图绘制工作。这一时期的工作与以往有了相当的不同,西方的地理测绘知识和地图绘制方法已被介绍到中国,中国的地理绘图学已走到了近代科学的实测绘图阶段。

早在康熙四十三年(1704 年),在全国范围的国土测绘开始之

---

① 斯登等:《蒙文〈康熙御制汉历大全〉一书初探》,载《中国少数民族科技史研究》,第 3 辑,内蒙古人民出版社,1988 年。

② 《俄国·蒙古·中国》上卷第一部,第 316.323 页。

前就首先进行了黄河源头的探测工作，这一课题是由满族学者舒兰和蒙古族学者拉锡完成的，参加实际工作的还有蒙古贝勒色卜腾扎勒。此次考察历时两月余，查明黄河之源为星宿海，并考察了黄河自河源至兰州段的走向及地理环境，然后“绘图复命”。此次考察大体澄清了河源方位及黄河上流的走向，为后来测绘《皇舆全图》的黄河源部分奠定了基础。

乾隆二十年(1755 年)，随着清军对准噶尔的军事行动，明安图等参加了对新疆北路准噶尔地区的测绘工作。

乾隆二十四年(1759 年)清军彻底荡平新疆南北两路。明安图又主持了南疆的测绘工作。明安图正是由于这次测绘工作的圆满完成被提升为钦天监监正。①

正是由于明安图等人对新疆地区的精确测绘，《乾隆内府舆图》取得了超越前人的成就，“乾隆舆图之所以胜于康熙舆图者，其精彩全在准部、回部，即今之新疆省及其迤西小部是也”。② 国际学术界称此图“在制图方面又再一次走在了世界各国的前面”。③

(二)数学

清代蒙古族数学家的成就令人瞩目，其中最杰出的代表是明安图。他在钦天监长达五十余年的工作实践中，不仅系统掌握和消化了汉族传统的数学理论，而且吸收了西洋传入的数学理论成果，独立论证了割圆理论，做出了创造性的贡献。

明安图对割圆问题的研究大约始于雍正十三年(1735 年)左右。当时若干西洋研究割圆术的成果已陆续传入中国，但这些知识是很不系统的，就是说仅有原理而无证明。明安图立志解决这一问题，经过三十余年的努力，完成了《割圆密率捷法》大部分工

① 参见史筠：《蒙古族科学家明安图》。

② 朱希祖：《乾隆内府舆图序》。

③ 李约瑟：《中国科学技术史》，中译本，第 5 卷，第 1 分册。

作，并由其季子明新、弟子陈际新、张肱等最终完成。《割圆密律捷法》成书于乾隆三十九年(1774 年)，刊刻于道光十九年(1839 年)。该书“计其次第相求以至成书，约三十余年”，[①]凝聚了明安图父子及陈际新、张肱等两代人的心血。明安图的贡献在于在杜德美所传割圆三法的基础上又独创了六种割圆方法。“是书既补成弦矢求弧诸术，更为图说法解以明立术之原”，[②]从而创立了完整的割圆九术，极大丰富了割圆理论。

明安图对数学史的另一贡献是他培养了一批有造诣的割圆专家。如其子明新(字景臻)、弟子陈际新、张肱(字良亭)等，都是在他的指导下成长起来的。无庸置疑，明安图是中国古代最伟大的科学家之一。

在古老的草原深处，数学的传统分别在“朱尔海”和寺院的时轮学者中传承下去。草原上的“朱尔海”在计算数学中可谓一枝独秀。计算工具颇为简单，只有“朱尔海”黑板和“朱尔海”笔，可以进行四则运算。成书于乾隆七年(1742 年)的《智慧之鉴》一书，就记载了若干四则运算的计算方法。“朱尔海”家还总结了一些检验方法，用来核算计算过程中的可靠性，使之逐渐趋于科学。[③] 寺院中的时轮学部也同时传授数学知识。这里的数学与天文历学通常是合在一起的，其教材主要是西经和萨布日经。僧徒为了获得齐凌巴学位，必须把数学作为基础知识来学习。因为进一步修习的天文历法、制作庙堂模型都需要相当的数学知识。

(三)医学

清代的蒙古族医学在充分吸收藏医理论和临床技术的基础

---

① 罗士琳:《割圆密律捷法后跋》。

② 前引罗士琳文。

③ 斯登等:《蒙古族“朱尔海”中的数理内容》,《中国少数民族科技史研究》,第 1 辑。

上，在长期的实践中根据蒙古地区的疾病特点，结合传统的蒙医理论，形成了自己独具特色的医学体系，蒙医得到了新的发展和提高。清代蒙医主要是通过三个途径成长起来的。一是喇嘛教寺院的学部来培养。二是民间医生渊源或拜师学艺，获得医学知识。三是有志自己学习和摸索，通过行医实践得到提高。其中自然以寺院的医学教育为主，其他两种方式直接、间解都受到喇嘛医的影响。

寺院是蒙医人材成长的摇篮。蒙古地区较著名寺院都设有曼巴扎仓（医宗学部）。据不完全统计，清代蒙古地区拥有曼巴扎仓的寺院多达三十余处。[①] 在卓索图盟土默特左旗（今阜新）瑞应寺和鄂尔多斯的鄂托克旗希日召分别成为漠南蒙古东西部的蒙医中心。瑞应寺的曼巴扎仓设于乾隆五十年（1785 年），常年招收学生 81 名。据统计，仅该寺培养出的僧俗医生就多达千余人，其中著名的有 200 余人。[②] 曼巴扎仓的教学、实习具有严格、正规和系统的特点。在师资、教材、教学方法、学业考核和学位颁授方面均有严格制度。

寺院医宗学部一般以《沙得珠得》、《玛得珠得》、《西玛珠得》以及《珠得西》、《散托布》等医用经典作为基本教材，也有的采用藏医经典《四部经典》（宇妥·元丹贡布著）作为教材。僧徒入学后经五至十年的学习，经考核达到掌握医经理论，能够独立治病程度者，可授“曼仁巴”学位。再经十年左右的深造，精通医经并能掌握内明（佛学）、因明（哲学）、工巧明（数学、建筑、工艺）、医明（医学）、声明（语言文学）等五明学说者才能授予“道布齐”（高级医师）衔位。也就是说，没有二十年以上学习和实践是达不到高级医师水准的。

寺院中的医僧通过还俗或通过其他途径将医术传向民间，使

① 额日根巴图：《蒙古族医学史》，末刊稿，第 107～110 页。

② 额日根巴图：《蒙古族医学史》。

蒙医学更广泛地应用到蒙古民间，并在实践中得到发展和提高。清代的蒙医学界涌现出了一大批造诣精深的著名医家和蒙医学者。他们不仅使蒙医的诊断和临床治疗的水平大为提高，同时又编著了大批有价值的蒙医经典文献。

清初，蒙医传统的伤科、骨科和针刺针灸技术进一步得到发展。绰尔济墨尔根、伊桑阿、那仁阿柏、温布等都是享有盛誉的医家。

由于清代八旗满洲、蒙古、汉军三部分已纳入统一八旗系统，彼此间的文化得到融汇交流，蒙医技术也随之传入满族中。为此清朝政府专门设置了蒙古医士名额，隶上驷院。自八旗上三旗（正黄、镶黄、正白）满蒙汉族精通蒙医正骨术者之中选拔若干人作为蒙古医士。医术高超者授为蒙古医师长、副医师长。“凡禁廷执队有跌损者，命医治。限日报痊，逾期则惩罚之”。此外还要负责治疗皇室马驼疾病。[①] 蒙古医士曾成功地完成过脑颅复合术。[②]

18 世纪，蒙医理论得到进一步发展，更加系统和丰富。在这一过程中贡献最大的首推松巴堪布·伊西巴勒珠尔（或译益西班觉）。这位出身卫拉特贵族后裔的蒙古族大学问家在蒙医学方面更是卓然超群。他在深入研究藏医经典《四部医典》和印度医学《医经八支》的基础上，结合传统的蒙医学和临床实践，撰写了一系列重要的蒙医学著作——《四部甘露》和《认药白晶鉴》。

《四部甘露》包括四部医书：《甘露之泉》、《白露医法从新》、《甘露点滴》、《甘露之泉》，被认为是蒙医学基础理论的经典著作。著名的蒙医“六基症”理论，即发轫于此书。在其它的几部医著中这一理论又得到了进一步深化和完善。“六基症”认为“赫依”症、“希拉”症、“巴达干”症、白症、黄水症、虫菊症是临症各科的核心病症。

① 见《大清会典》，卷 78；《清史稿》，卷 502。

② 《清史稿》，卷 502。

在吸收藏医三邪（“赫依”、“希拉”、“巴达干”）的基础上增补了三因，并提出了六因辨证的学说。这一学说成为后世蒙医关于病因辨证的指导性理论原则。除蒙医理论外，他的著作还详细地论述了蒙医的临床、术疗、方剂、药物和泡制等各方面理论，对不同民族、不同地区的医学遗产的吸收和借鉴，也有力促进了蒙医学的发展。

鄂尔多斯的蒙古喇嘛伊西丹金旺济拉（1853～1906）曾致力于学习和研究俄罗斯医学、布里亚特医学、汉族医学和西藏医学的有关成果，著有《珊瑚验方》。该书以内、妇、儿、皮肤、五官、温病、时疫等多发病的治疗为主，汇集200余种药方，100余种治疗技术，几十种药物炮制法以及土茯苓、俄罗斯进口的芨蒺的使用方法等，成为在内外蒙古地区具有广泛影响的蒙医临床文献。

方剂学方面，有大批文献问世。较著名的有占巴拉所著《方海》（藏文本，又称《蒙医金匮》），收有1,700余单方，2,000余配方。官布扎布所著《各种重要药方》（蒙文本），所收验方分102个专题。高世格所著蒙文本《普济杂方》，成书于同治十一年（1872年），所收单方和验方均以蒙、汉、藏、满四种文字合璧对照写成。

诊断学方面，罗布僧苏勒和木著有《蒙医制剂和脉珍》（又称《脉珍概要》），重点论述了脉珍学原理。伊西巴勒珠尔对尿诊学也作了研究。[①] 此外还出现了方便实用的《脉诀》、《号脉便览》一类的著作。

药物学方面，除伊西巴勒珠尔的《认药白晶鉴》外罗布僧苏勒和木的藏文著作《本草分类》和占巴拉多尔济的《蒙药正典》也都较有影响。其中《蒙药正典》收入药物879种，附有插图576幅。蒙药的分类和著录也越来越详细，包括了药物的产地、特征、功能、采集、泡制、服用各方面。

---

① 见伊西巴勒珠尔：《白露医法从新》。

对蒙医中许多专门领域的研究取得了新进展。如矿泉浴药的研究方面，有罗布僧苏勒和木的藏文著作《甘露疗法笔录》，著于嘉庆十三年(1808 年)。该书系统记述额尔德尼独喜寺北山的“同拉噶乌力吉图阿尔山”(清澈益寿矿泉)，从功用、补力、治病范围等方面作了详细研究。他发现了察哈尔正白旗北道营的道沁阿尔山矿泉，并用于胃病治疗。罗布桑金普乐的《蒙医药选编》中，专门记述了矿泉产地、种类、功能及功用。伊西巴勒珠尔的《甘露点滴》中的“浸疗法”，更细分为“天然矿泉、五种入口温泉浸疗、蒸汽浸疗、包裹浸疗”等方法。其中的人工温泉浸疗即为药浴。伊西巴勒珠尔的《白露医法从新》首次记载旱獭为草原鼠疫的传染源。《甘露点滴》和《蒙医药选编》等书中都阐述了鼠疫的原因、症状及防疫方法。

(四)建筑技术

清代蒙古族的建筑技术也有了进一步的提高，表现在许多方面。

传统的蒙古包在结构上出现了变化。除以往的毡帐外，出现了木结构的蒙古包。适应某些特殊的需要，可以建造大型的蒙古包。如库伦的阿巴岱汗蒙古包可容纳三百人。[①]

在城建方面，蒙古族的工匠和设计者已能独立建筑城池。如归化城土默特的蒙族工匠们即曾对归化城进行扩建。归化城原为明万历年间由汉族工匠所修，仅有两个城门，城小人少。经过百余年的剥蚀，已“年久塌废”。至康熙中期，“生聚日繁、市廛拥挤”。土默特左右两翼和六召喇嘛及台吉所辖的三个苏木缙庶人等上书工部，请求自行集资重修。此次重修在旧城南增设外城，“包东西南三面筑墙。每面各增一门”。东曰“承恩”，西曰“柔远”，南曰“归化”，北曰“建威”(或作律武门)，俱建按其上，以旧南门为鼓楼，言

① 波兹德涅耶夫:《蒙古及蒙古人》第 1 卷，第 96、100 页。

曰"威因"。[①] 由此可见,当时蒙古族工匠已经完全吸收掌握了汉族的建筑技术。

喇嘛教的迅速传播,客观上也推动了蒙古地区建筑技术的发展。因为众多壮丽辉煌的寺院的建筑,需要引进藏族和汉族等其它民族的建筑工艺和技术,并将其与蒙古族传统的技术结合起来。为此,重要寺庙的洞阔尔学部(时轮学部)专门设有制作庙堂模型(萨其格勒生)的课程,教经喇嘛不仅在理论上传授,学生还要实际动手制作。在他们的指导下,寺院的建筑不仅呈现出藏式、蒙古式和汉式多种形式。相当多的寺院还将其融合起来,同一殿堂既有藏族特点,又有汉族风格。

恢宏的王府是封建时代凝聚了中国传统建筑精华的大型群体建筑,对结构、技术工艺和建筑质量要求极高。清廷对王公贵族府第的修建作了严格划一的规制,一律采用与满洲贵族府第相同的规格、形制。王公府第最初是由内地工匠修建,但到清代后期,漠北蒙古地区已经出现了专门从事王府建筑的蒙古族建筑师。比如漠北阿都沁旗就有这样一位建筑师,他精通营造各种不同爵位的王公所居府第的规格、结构、装饰、建筑材料等知识,具有出色的组织施工能力,一生中主持设计、建造了一百余座王公府第。[②]

---

① 《库克和屯记》(满文)碑,《蒙古及蒙古人》,第2卷,第107～108页。

② 波兹德涅耶夫:《蒙古及蒙古人》,第1卷,第685～686页。

第五章　宗教信仰与社会风俗

一、宗教信仰

（一）喇嘛教

1. 喇嘛教的传播与普及　喇嘛教又称“黄教”，或称“藏传佛教”。“喇嘛”藏语上师。16 世纪后半期，在土默特部俺答汗提倡的“政教二道”并行之策略下，以索南嘉措为首的西藏格鲁派试图得到蒙古各部封建主的庇护而积极努力，蒙古各部封建领主们极力模仿俺答汗的举措，纷纷与达赖喇嘛为首的西藏格鲁派和其他派别的高僧接触，并从他们那里获得各种封号，双方利益互动的过程中，藏传佛教再度传入蒙古族居住的所有地区。

明万历六年（1578 年）土默特部俺答汗与西藏格鲁派首领索南嘉措在青海湖边新落成的仰化寺（察卜齐雅勒庙）举行了历史性会面。俺答汗赠予索南嘉措“圣识一切瓦齐尔达喇（藏语执金刚）达赖喇嘛”尊号，索南嘉措也给俺答赠与了“咱克喇瓦尔第（藏语转轮王）彻辰汗”称号，相互承认对方为元代忽必烈和八思巴的转世，从而拉开了 16 世纪末 17 世纪初藏传佛教再度传入蒙古地区的序幕。

俺答汗统辖的蒙古右翼土默特、鄂尔多斯万户是格鲁派藏传佛教在蒙古地区传播的最早的根据地。万历八年（1580 年），俺答汗为了完成仰化寺会见时的许愿，在库库和屯（今呼和浩特）建造了蒙古地区的第一座藏传佛教寺庙，明朝赐名“弘慈寺”。[①] 寺中供奉银制释迦牟尼像，故当时亦称“银佛寺”，蒙古民间则叫“伊克召”（意为大召）。此时，十二土默特之108人成为班第（小喇嘛）、托音（和尚）。[②] 万历十三年（1585年）三世达赖喇嘛索南嘉措来蒙古右翼土默特、鄂尔多斯万户等地传法时，俺答汗之子僧格都棱汗在库库和屯又建造了锡勒图召，而此次陪同三世达赖喇嘛前来的希迪图噶布楚（17世纪蒙文献中以锡勒图固什绰尔济著称）后来成为该寺的住持活佛一世锡勒图呼图克图。此后的数十年间，在俺答汗子孙及其亲信们的资助下，在呼和浩特及其附近，美岱召、小召、乌素图召等相继建立，也正因为召庙林立，著名高僧涌现不断，当时呼和浩特又被称为“召城”，成为藏传佛教再度在整个蒙古地区传播的集散点。万历十六年（1588年）三世达赖喇嘛前往察哈尔部途中圆寂。格鲁派上层为巩固与蒙古贵族的关系，认定俺答汗孙松木台吉之子为达赖喇嘛的转世灵童，授戒，起法名云丹嘉措，即四世达赖喇嘛。万历三十一年（1603年），云丹嘉措进驻拉萨哲蚌寺，促进了喇嘛教在蒙古地区的进一步传播，使格鲁派在西藏的政治、宗教地位也得到空前的加强。

藏传佛教在蒙古右翼三万户地区开始转播的过程中，鄂尔多斯万户的呼图克台彻辰洪台吉是不能不提到的起重要作用的历史人物。作为俺答汗忠实的跟随者，他不仅主持筹办了仰化寺会见，并在大会上代表蒙古封建主宣读了元始祖忽必烈时期制定的“政教并行”的《十善福法规》。[③] 他宣读《十善福法规》的主要宗旨是，将佛教定为蒙古人的宗教，巩固其地位，并为此采取一些具体规定，如提出废除杀生祭祀和废除供奉萨满教“翁滚”之神；绰尔济、

---

① 《蒙古源流》，卷7。

② 《阿勒坦汗传》

③ 《蒙古源流》，卷6。

喇木扎木巴、噶卜楚、格隆、托音、齐巴噶恩察、乌巴什、乌巴三察等称号之僧人的人身权利和地位同蒙古世俗封建主洪台吉、台吉、塔布囊和一般官员例。这些法规的重新提出,对藏传佛教在蒙古地区的传播提供了可靠的历史性法规依据,并对消除蒙古大众意识形态中根身蒂固的萨满教"翁滚"之神的崇拜起了关键作用。另外,三世达赖喇嘛索南嘉措来到其故乡鄂尔多斯传法时,专门请求三世达赖喇嘛在其驻地诵经三个月,引全部鄂尔多斯人皈依藏传佛教。据文献记载,鄂尔多斯万户境内的准噶尔召、伊克召等寺庙均在17世纪初建立。藏传佛教在蒙古右翼三万户之一永谢布万户地区的传播也是这一时期。明万历十六年(1588年),三世达赖喇嘛自土默特向东地区传法,至永谢布万户所属喀喇沁部境内的吉噶苏台之地圆寂。[①] 其后,曾在俺答汗时期来到蒙古地区传法的青海阿木多地方的萨木鲁家族之阿兴喇嘛在其晚年来到喀喇沁等部境内传法,[②]后来成为清代锡勒图库伦札萨克喇嘛旗奠基人。

以察哈尔为中心的蒙古左翼各部早在图们汗时期开始与藏传佛教接触。万历四年(1576年),图门汗"往见盘结腰刀之噶尔玛喇嘛,遂授阐教"。[③] 万历十五年(1587年),图门汗曾派阿穆岱洪台吉前来邀请三世达赖喇嘛到察哈尔阐扬佛教。达赖喇嘛"是以传授阿穆岱洪台吉之灌顶陇灌居多"。[④] 第二年图们汗复遣使臣克什克腾部之图迈洪台吉带领千人邀请三世达赖喇嘛赴察哈尔传教,只是三世达赖于途中圆寂。布延彻辰汗在位,"以政治佛教致大国于太平"。明万历三十二年(1604年)林丹汗即位后,从达赖喇嘛驻蒙古的代表迈达里诺们汗那里"承受秘密精深之灌顶,扶持

① 《阿勒坦汗传》

② 《吉祥佛陀教法源流之传记》,库伦旗人民委员会办公室油印本,1960年。

③ 《蒙古源流》,卷6。

④ 《蒙古源流》,卷6。

经教”。[1] 不久，又从西藏萨迦派高僧沙尔巴呼图克图那里“复授秘密精深之灌顶，创修昭释迦牟尼庙以及各项庙宇，于一夏季趱赶建造，所有牌位神座俱已造成，照前整齐经教”。另外，林丹汗又组织精通藏、蒙文字的人员完成了藏文《甘珠尔》经的蒙文翻译工作，对藏传佛教在蒙古地区的进一步传播起了重要作用。

藏传佛教在蒙古左翼喀尔喀万户地区的传播不晚于蒙古右翼三万户和察哈尔等部的时间。万历九年(1581 年)，外喀尔喀贵族阿巴岱得悉土默特部从西藏迎接佛教法师的消息后，遂派遣阿拉克达尔汉等往土默特迎请西藏高僧来喀尔喀传法。因土默特部俺答汗与外喀尔喀部格列森扎家族之间有极其亲近的关系，俺答汗遣萨玛拉囊苏喇嘛随来使返回喀尔喀。从此，藏传佛教在外喀尔喀地区得以复兴。[2] 万历十四年(1586 年)，阿巴岱在原哈剌和林根基上建立起外喀尔喀地区的藏传佛教第一座寺庙额尔德尼召。[3] 其明年，三世达赖喇嘛抵土默特时，阿巴岱前来叩见，“呈献貂皮帐房并币帛牲畜皆以万计”，三世达赖喇嘛则赐以“大威仪瓦齐尔汗”号。[4] 这样，阿巴岱成为外喀尔喀部第一位拥有汗号的封建领主。其后，西藏觉囊派多罗那他前往外喀尔喀部传法二十年之久，被当地贵族和民众奉为“哲布尊丹巴”(藏语尊贵的圣人)。[5] 天聪八年(1634 年)多罗那它圆寂，其明年土谢图汗衮布多尔济生一子，外喀尔喀三部汗、台吉们认定此子即多罗那它转世，是为喀尔喀第一世哲布尊丹巴。至此，藏传佛教在外喀尔喀地区的传播如日中天。到了 17 世纪 30 年代，外喀尔喀地区的藏传佛教势力

---

① 《蒙古源流》，卷 6。

② 《阿萨拉格齐史》，乌兰巴托，1960 年。

③ 阿·马·波斯德涅耶夫：《蒙古及蒙古人》，第一卷，刘汉明等汉译，内蒙古人民出版社，1983 年，第 406 页。

④ 《蒙古源流》，卷 7。

⑤ 王森：《关于西藏佛教史的十篇资料》，中国科学院民族研究所，1965 年。

已经蔓延到贝加尔湖附近的豁里布里亚特人居住区域。[①]

藏传佛教在卫拉特四部的传播晚于蒙古右翼三万户和察哈尔、外喀尔喀等部几十年。大约在明万历三十八年(1610年),卫拉特四部联盟盟主和硕特部拜巴噶斯、土尔扈特部和鄂尔勒克等封建主在土尔扈特部墨尔根特穆讷的倡议下,决定皈依佛教,并遣使冒险穿越昆仑山,到西藏和四世达赖喇嘛云丹嘉措及四世班禅罗桑却吉坚赞联系。四世达赖喇嘛等派察罕诺们汗赴卫拉特传法。万历四十四年(1616年),拜巴噶斯和哈喇忽喇等卫拉特四部的诺颜们接受察罕诺们汗多次宣讲的佛法,一致皈依格鲁派,并同意各派一子去西藏出家为格鲁派僧人。[②] 这一批卫拉特贵族僧侣中,后来涌现了两位著名的传法者,即拜巴噶斯养子咱雅班第达那木海扎木苏和墨尔根特穆讷之子内齐托音阿比达。前者在卫拉特和外喀尔喀地区传法多年,宗教影响很大;后者作为四世班禅的弟子,几乎终身传教于东蒙古科尔沁等部,对藏传佛教在科尔沁等部的传播奠定了基础。

蒙古各部中,接受藏传佛教最晚的属东蒙古科尔沁等部。直到17世纪20年代,自科尔沁部王公贵族到广大民众则更为信仰"男女萨满,所有人都崇拜翁滚","所谓佛教信仰尚完全不为人所知"。[③] 从南部的翁牛特部一直到北部的嫩科尔沁部的东蒙古地区领土上占统治地位的仍是萨满教。天命六年(1621年),传教于科尔沁部的囊苏喇嘛因得不到科尔沁王公的信任,到爱新国主努尔哈赤那里避身。天命十年(1625年)又有叫唐古特喇嘛者因不

① 海西希:《蒙古宗教》,载《蒙古史研究参考资料》,新编第32.33辑。

② 噶旺沙喇布:《四卫拉特史》;巴图尔乌巴什图门:《四卫拉特史》。新疆人民出版社,1987年。

③ 《一世内齐托因传》,载《呼和浩特市蒙古文献资料》,第6辑,内蒙古文化出版社,1988年,第138页。

堪科尔沁蒙古诸贝勒的虐待，投附爱新国。[①] 科尔沁等部真正开始接受藏传佛教是在天聪四年（1630年）内齐托音从盛京到达科尔沁部以后的事情。由于内齐托音是四世班禅的高徒，本身又是土尔扈特蒙古人，在嫩科尔沁、郭尔罗斯、扎赉特、杜尔伯特、扎鲁特、翁牛特等部中传教时，他用最流利而易懂的蒙古语宣扬佛教思想，结果不仅很快得到了像土谢图汗奥巴、札萨克图都棱布达齐等有威望的科尔沁大诺颜们的崇拜，成为他们心目中的圣人。而且几乎所有的人都听从了他的教理，在内齐托因的一再劝说之下，自王公贵族到普通的阿拉巴图，把各自供奉的翁滚堆积成四个剪子架的蒙古包般高后，在内齐托因住宅面前纵火焚烧。[②] 至此，人口众多的科尔沁等东蒙古各部遗弃萨满教的翁滚，真正接受了内齐托因宣扬的格鲁派藏传佛教。

经过近半个世纪的广泛传播，北元蒙古右翼土默特、鄂尔多斯、喀喇沁和左翼察哈尔、喀尔喀以及四卫拉特、豁里布里亚特、东蒙古科尔沁等部先后皈依藏传佛教。在当时动荡的历史年代里，蒙古各部封建领主对藏传佛教的崇拜不仅达到了笃信程度，而且广大蒙古民众对萨满教的"翁滚"崇拜意识不断淡化，共敬佛教"三宝"（佛家以佛、法、僧为三宝）代替了萨满教的"翁滚"崇拜。从此，藏传佛教格鲁派很快风靡全蒙古地区，成为大部分蒙古人信奉的民族宗教。哲布尊丹巴、内齐托因、咱雅班第达、锡勒图等有显赫宗教地位的呼图克图、活佛系统和大召、小召、锡勒图召、准噶尔召、伊克召、额尔德尼召等蒙古地区著名的寺庙均在这一时期产生或建立，而且这些呼图克图、活佛和寺庙已经拥有众多的徒众和雄厚的财产。所以，16世纪末17世纪初藏传佛教格鲁派（黄教）在

① 《满文老档》，天命十年十一月初六日。

② 《一世内齐托因传》，载《呼和浩特市蒙古文献资料》，第6辑，内蒙古文化出版社，1988年，第138页。

蒙古各部的广泛传播和普及,对有清一代藏传佛教在蒙古地区的畸形发展创造了极为有利的社会和宗教环境。

2. **大活佛系统** 有清一代,藏传佛教在蒙古地区畸形发展的重要表现之一就是以哲布尊丹巴呼图克图和章嘉呼图克图为首的大呼图克图、活佛系统的形成。

藏传佛教活佛系统始于西藏,16 世纪后期在西藏藏传佛教格鲁派中首先形成了达赖和班禅系统。随着藏传佛教在蒙古地区的迅速传播,各地寺院林立,有影响的大呼图克图、活佛不断涌现,蒙古地区也有了自己的呼图克图、活佛转世系统。

哲布尊丹巴呼图克图和章嘉呼图克图是清代蒙古最有影响的两大活佛系统。16 世纪末 17 世纪初在外喀尔喀地区首先形成了哲布尊丹巴呼图克图系统。起初,西藏红教觉囊派僧人多罗那他前往外喀尔喀地区传教,被当地尊之为"哲布尊丹巴"。崇祯七年(1634 年)多罗那他圆寂,其明年土谢图汗衮布多尔济生有一子,被指认为多罗那他转世,是为蒙古哲布尊丹巴一世,法名罗卜藏旺布扎勒森。蒙古人又称之为"温都尔格根"。这样,土谢图汗家族几乎控制了外喀尔喀地区政教权利。顺治六年(1649 年)哲布尊丹巴一世赴藏学经,并迫于形势,改宗格鲁派。五世达赖正式授他"哲布尊丹巴呼图克图"名号,班禅亲自为之受戒。① 康熙二十七年(1688 年)准噶尔部噶尔丹率兵攻打喀尔喀,哲布尊丹巴一世极力说服喀尔喀各部王公贵族投附满清大汗。清朝清楚地看到哲布尊丹巴在喀尔喀政教事务中起的决定性作用,于是表彰他统帅诸部附清之功。康熙三十年(1691 年),"哲布尊丹巴呼图克图率诸汗晋谒,旨升第一世哲布尊丹巴呼图克图为大喇嘛,任以喀尔喀宗

① 《哲布尊丹巴传》,《清代蒙古高僧传辑》,成崇德译,全国图书馆文献缩微复制中心,第 224 页。

教事物管理之权，待以喀尔喀百官有司首班之礼”。[①] 至此，清廷正式承认了哲布尊丹巴在喀尔喀地区的宗教领袖地位。雍正元年(1723年)一世哲布尊丹巴呼图克图逝于京师，雍正谕“泽卜尊丹巴呼图克图，应照班陈(班禅)达赖喇嘛之例，给与封号，赐金印敕，授为启法泽卜尊丹巴喇嘛”。[②] 此后，二世哲布尊丹巴仍转世于土谢图汗家族中。

雍正和乾隆时期，清廷对哲布尊丹巴活佛系统实行扶植与抑制相结合的政策，并通过一系列措施将外蒙古政教权力由哲布尊丹巴移至蒙古大臣，再由蒙古大臣移至满蒙大臣，最后集中到满洲大臣之手。对活佛转世则由蒙古人改为藏族人，由达赖、班禅全权指认改为由清廷负责监督、控制其转世。[③] 乾隆颁布的“金瓶掣签法”规定，由清廷颁给二金奔巴瓶，“一置拉萨，凡达赖、班禅、哲布尊丹巴转世之呼毕勒罕，众所举数人，各书其名置瓶中，掣签以定”，[④]掣签时，达赖、班禅、驻藏大臣均到场监督。另一瓶置雍和宫，各札萨克蒙古呼图克图之呼毕勒罕，由章嘉呼图克图、理藩院大臣监督掣定。在对有关呼毕勒罕候选人的规定中强调，呼毕勒罕必须于“闲散台吉及或属下人等及唐古特之平民子嗣内指认”，“其达赖喇嘛、班禅额尔德尼及各蒙古汗王、贝勒、贝子、公札萨克台吉等子孙内均禁止指认呼毕勒罕”。[⑤] 这一方法的实行，意味着由蒙古僧俗封建主垄断哲布尊丹巴活佛为首的活佛转世时代的结束。有清一代，哲布尊丹巴活佛系统共转世八世。其中，一世、二世为喀尔喀蒙古人以外，其余均转世于西藏。

---

① 妙舟:《蒙藏佛教史》，第5篇。

② (乾隆)《理藩院则例》，《柔远清吏左司下》。

③ 乌云毕力格、成崇德、张永江:《蒙古民族通史》，第四卷，内蒙古大学出版社，1993年，第359页。

④ 妙舟:《蒙藏佛教史》，第5篇。

⑤ (道光)《理藩院则例》，卷58，《喇嘛事例三》。

章嘉呼图克图是清代内蒙古地区的藏传佛教领袖，其转世系统的宗教首领地位在内蒙古地区的确立，与清廷的扶植息息相关。西藏传说中的章嘉呼图克图祖师为西藏格鲁派创始人宗喀巴弟子转世，而章嘉呼图克图系统的统治地位始于十四世阿噶旺罗布桑却拉丹巴拉森波。顺治元年(1644 年)，十四世章嘉呼图克图迎入京师，被清廷封为国师。由五世达赖喇嘛授小戒、大戒。顺治十八年(1661 年)“赴藏晋谒第五世达赖喇嘛，尊为师父”。[①] 康熙二十六年(1687 年)，作为达赖喇嘛使者前往喀尔喀调解札萨克图汗和土谢图汗的冲突。清廷注意到了他的重要作用，有意扶持他，以分哲布尊丹巴呼图克图系统作为蒙古地区宗教领袖的地位。在朝廷的支持下，他多次到多伦诺尔以及长城各要塞，兴建寺院，宣扬佛法，倍受蒙古僧俗封建主的推崇，使其声誉大为提高，为清廷树立他为内蒙古地区藏传佛教领袖创造了有利的条件。康熙四十年(1701 年)，清廷命他为“多伦喇嘛庙总管喇嘛事务之札萨克喇嘛”，成为内蒙古藏传佛教中心的宗教首领。康熙四十六年(1707 年)，康熙赐他“普善广慈”名号，封“大国师”，授八十八两金印。[②] 从此他成为清代八大禅师呼图克图的首席，常住京师嵩祝寺和多伦诺尔善因寺，总管内蒙古各地藏传佛教，节制内蒙古等地呼图克图、呼毕勒罕、诺门汗及堪布、班第达等大喇嘛，并掌管盛京、五台山、多伦诺尔等地印务。[③] 康熙五十二年(1713 年)，康熙巡幸多伦诺尔时，宣布“黄教之事，由藏东向，均归尔(指章嘉)一人掌管”。[④] 这样，十四世章嘉呼图克图终于成为蒙古地区另一个与哲布尊丹巴活佛相媲美的活佛系统。到了雍、乾时期，哲布尊丹巴活佛系统

① 妙舟：《蒙藏佛教史》，第 5 篇。
② 《内蒙古黄教调查记》，第 9 页。
③ 《内蒙古黄教调查记》，第 9 页。
④ 妙舟：《蒙藏佛教史》，第 5 篇。

的境况不断被削弱，而章嘉呼图克图系统的地位则有加强之势。有清一代，章嘉活佛系统共转世六世，他们均转世于藏族。

除了哲布尊丹巴呼图克图和章嘉呼图克图转世系统以外，清代蒙古地区出现了诸多地方性呼图克图、活佛转世系统。这些呼图克图、活佛拥有雄厚的寺院财产，占有大量的土地和人数众多的沙毕纳尔，在各自的地方享有崇高的宗教威望。其中，被理藩院登记注册者转世时，在雍和宫实行“金瓶掣签法”，由章嘉呼图克图、理藩院大臣监督掣定。另外，清廷对这些被理藩院登记注册的内外蒙古呼图克图、活佛以及札萨克大喇嘛、副札萨克大喇嘛、札萨克喇嘛实行洞礼年班制度，分六个班次，每年轮流进京，为清朝皇帝“身心安康，万寿无疆”而诵经祝福。嘉庆十二年(1807 年)清廷规定，“允许内外蒙古札萨克级领地的呼图克图、呼毕勒罕、绰尔济喇嘛、达喇嘛，凡成年罹痘疾痊愈者，均可莅临京城朝圣。其中，经文最佳者，准予入洞礼年班。洞礼年班分班，每班将在每年十一月中旬来京。假如轮值本班有患者，报盟长查事报理藩院，准其次年补班。”[1]洞礼年班期间，清廷对他们给予优待，使他们进一步靠拢朝廷。另一方面，通过洞礼年班，清廷可以从侧面观察他们对朝廷的诚心程度，进而控制他们的行为准则。

清代拥有呼图克图或活佛称号的内外蒙古大喇嘛就有二百九十二人，其中，嘉庆年间被理藩院登记入册的蒙古地区呼图克图之转世者有 114 人，[2]光绪年间在理藩院登记注册的有 243 人。按地区划分，他们之中有影响的主要有以下：

呼和浩特地区：清代呼和浩特地区转世呼图克图、活佛系统共有 8 个，他们轮换担任总管呼和浩特喇嘛班第之喇嘛印务处掌印札萨克大喇嘛和副大喇嘛职务，与理藩院和历朝皇帝有着密切的

① 《大清会典事例》，卷 984。

② 《呼和浩特市蒙古文献资料》，第 1 辑，内蒙古文化出版社，1988 年，第 54 页。

联系。

锡勒图呼图克图住持呼和浩特锡勒图召，系呼和浩特地区最有势力和影响的活佛系统，曾多次担任总管呼和浩特喇嘛班第之喇嘛印务处的掌印札萨克大喇嘛和副大喇嘛，与理藩院和历朝皇帝有着密切的联系。有清一代，该呼图克图系统列入洞礼年班，其转世从起初的师徒继承变为经过理藩院金本巴瓶掣签认定。有清一代，共转十世，其中第二、五、六、七世为蒙古人，其余均为藏族出身。

内齐托因呼图克图住持呼和浩特小召（崇福寺），系呼和浩特地区最有势力和影响的活佛系统之一，曾三次担任总管呼和浩特喇嘛班第之喇嘛印务处的掌印札萨克大喇嘛和副大喇嘛，与理藩院和历朝皇帝有着密切的联系。有清一代，该呼图克图系统列入洞礼年班，其转世从起初的师徒继承变为经过理藩院金本巴瓶掣签认定。内齐托因呼图克图共转八世，转世者均为蒙古人，其中多数出身于科尔沁王公台吉家族。

吹斯噶巴迪彦齐呼图克图住持呼和浩特广化寺（西喇嘛洞），系呼和浩特地区最有势力和影响的活佛系统之一，曾多次担任总管呼和浩特喇嘛班第之喇嘛印务处的掌印札萨克大喇嘛和副大喇嘛。有清一代，该呼图克图系统列入洞礼年班，其转世从起初的师徒继承变为经过理藩院金本巴瓶掣签认定。吹斯噶巴迪彦齐呼图克图呼图克图共转八世，除了第三世为西藏人以外，转世者均为土默特、乌喇特等部蒙古人。

咱雅班第达呼图克图来自喀尔喀地区，住持呼和浩特尊胜寺，系呼和浩特地区最有势力和影响的活佛系统之一，曾多次担任总管呼和浩特喇嘛班第之喇嘛印务处的掌印札萨克大喇嘛和副大喇嘛。有清一代，该呼图克图系统列入洞礼年班，其转世从起初的师徒继承变为经过理藩院金本巴瓶掣签认定。咱雅班第达呼图克图共转六世，除了一世为西藏人以外，其余转世者均为土默特、乌喇特、外喀尔喀等部蒙古人。

察哈尔迪彦齐呼图克图住持呼和浩特庆缘寺，系呼和浩特地区最有势力和影响的活佛系统之一，曾多次担任总管呼和浩特喇嘛班第之喇嘛印务处的掌印札萨克大喇嘛和副大喇嘛。有清一代，该呼图克图系统列入洞礼年班，其转世从起初的师徒继承变为经过理藩院金本巴瓶掣签认定。察哈尔迪彦齐呼图克图共转六世，除了一世为西藏人以外，其余转世者均为土默特、乌喇特、茂明安、察哈尔、外喀尔喀等部蒙古人。

察罕迪彦齐呼图克图住持呼和浩特慈寿寺（什保齐召），系呼和浩特地区较有影响的活佛系统之一，曾一次担任总管呼和浩特喇嘛班第之喇嘛印务处的掌印札萨克大喇嘛。有清一代，该呼图克图系统列入洞礼年班，其转世从起初的师徒继承变为经过理藩院金本巴瓶掣签认定。察罕迪彦齐呼图克图共转七世，转世者均为邻近土默特、乌喇特、茂明安、四子部落等部蒙古人。

额尔德尼迪彦齐呼图克图住持呼和浩特崇禧寺（东喇嘛洞召），系呼和浩特地区较有影响的活佛系统之一。康熙年间，第四世额尔德尼迪彦齐呼图克图在呼和浩特附近兴建了四座寺院，时为呼和浩特大召所属呼必勒罕。有清一代，该呼图克图系统列入洞礼年班，其转世从起初的师徒继承变为经过理藩院金本巴瓶掣签认定。额尔德尼迪彦齐呼图克图共转六世，除了一世为西藏人以外，其余转世者均为邻近乌喇特、茂明安、喀尔喀等部蒙古人。

额尔德尼莫日根洞科尔班第达呼图克图住持广觉寺（五当召），系呼和浩特地区很有影响的活佛系统之一。一世额尔德尼莫日根洞科尔班第达呼图克图罗卜桑扎拉桑出身于喀尔喀部，为甘珠尔瓦诺们汗之徒弟，乾隆年间兴建广觉寺的同时，曾参加过《丹珠尔》经的蒙文翻译工作。七世达赖喇嘛赐封他为“洞科尔班第达”。[①] 有清一代,该呼图克图系统列入洞礼年班,其转世经过理藩院金本巴瓶掣签认定。额尔德尼莫日根洞科尔班第达呼图克图共转六世,其转世者多为邻近土默特、乌喇特、喀尔喀等部蒙古人。

内札萨克蒙古地区:理藩院登记注册的参加洞礼年班的清代内札萨克蒙古(包括锡勒图库伦札萨克喇嘛旗)地区呼图克图、活佛和大喇嘛系统共有34个,即锡勒图库伦2人、郭尔罗斯1人、乌珠穆沁6人、阿巴嘎1人、科尔沁3人、土默特6人、浩济特1人、阿巴哈纳尔5人、苏尼特2人、乌喇特5人、四子部落1人、鄂尔多斯1人。[②] 其中,有影响的呼图克图、活佛和大喇嘛系统主要有以下若干名。

锡勒图库伦札萨克喇嘛旗札萨克大喇嘛为一旗之长,总理全旗政教事务,由清廷任免。雍正七年(1729年),清廷规定:“锡勒图库伦掌印札萨克大喇嘛缺出,应将墨尔根绰尔济之孙补放,或于徒众内择其才堪胜任者保送到院补放。”[③]此墨尔根绰尔济为该喇嘛旗第二任札萨克大喇嘛。历任札萨克大喇嘛列入清朝制定的藏传佛教上层参加的洞礼年班之列。有清一代,锡勒图库伦札萨克大喇嘛共传22代次,历任札萨克大喇嘛多出身于青海萨木鲁家族。

卓索图盟土默特左旗额尔德尼察罕迪彦齐呼图克图住持土默特左旗境内的最大寺院瑞应寺,系清代内札萨克蒙古东部地区有影响的活佛系统之一。一世额尔德尼察罕迪彦齐呼图克图桑坦桑布为内齐托音弟子,康熙曾赐号为堪布喇嘛。康熙十五年(1676年),一世额尔德尼察罕迪彦齐呼图克图偕弟子温布等30人赴藏谒见达赖和班禅。翌年,五世达赖喇嘛授予他“额尔德尼察罕迪彦

① 《呼和浩特市蒙古文献资料》,第6辑,内蒙古文化出版社,1988年,第331页。
② 《大清会典事例》,卷974。
③ 《大清会典事例》,卷984。

齐呼图克图”称号，并授印信。[①] 道光三年(1823 年)，因四世额尔德尼察罕迪彦齐呼图克图名下徒弟已超过 3,000 人，所属阿拉巴图(黑徒)达 800 户，经申请，理藩院赐“土默特札萨克大喇嘛察罕迪彦齐呼图克图之印”。[②] 有清一代，该呼图克图系统列入洞礼年班，其转世起初经过达赖、班禅认定，后经理藩院金本巴瓶掣签认定。额尔德尼察罕迪彦齐呼图克图共转六世，其转世者多为土默特左旗蒙古人。

哲里木盟科尔沁左翼中旗达尔罕呼图克图住持科尔沁左翼中旗境内的最大寺院莫力庙(集宁寺，又称巴彦莫林庙)，系清代内札萨克蒙古东部地区有影响的活佛系统之一。一世达尔罕呼图克图为科尔沁左翼中旗贵族多尔济帕拉玛之子，系卓里克图亲王之子“阿巴嘎喇嘛”之呼毕勒罕。乾隆年间，达赖喇嘛授予他“班第达”称号，乾隆赐封为“额尔德尼车臣堪布呼图克图”。[③] 有清一代，该呼图克图系统列入洞礼年班，共转四世，其转世者多出身于该旗贵族家庭。

哲里木盟科尔沁右翼前旗诺颜呼图克图住持该旗境内的最大寺院葛根庙(梵通寺)，系清代内札萨克蒙古东部地区有影响的活佛系统之一。一世诺颜呼图克图阿格旺丹巴雅尔丕勒为科尔沁右翼前旗四等台吉西图根之子，也是葛根庙首任住持毕里衮达赖(内齐托因徒弟)之转世呼毕勒罕。乾隆年间曾参加过《丹珠尔》经的蒙文翻译工作，是蒙文诵经的奠基人之一。乾隆赐与他“科尔沁之诺颜呼图克图”称号，并赐匾给其住持的庙为“梵通寺”。[④] 该呼图

① 《额尔德尼察罕迪彦齐呼图克图传》，载《呼和浩特市蒙古文献资料》，第 6 辑，第 275～330 页；《瑞应寺》，陶克通嘎等编，内蒙古文化出版社，1984 年，第 26 页。

② 《瑞应寺》，陶克通嘎等编，内蒙古文化出版社，1984 年，第 26 页。

③ 德勒格：《内蒙古喇嘛教史》，内蒙古人民出版社，1998 年，第 377 页。

④ 斯・斯钦必力格：《科尔沁诺颜呼图克图阿格旺丹巴雅尔丕勒及其转世传略》，内蒙古社会科学(蒙文版)，1990 年第 5 期。

克图系统列入清朝洞礼年班，其转世起初经过班禅认定，后经过西藏迈达里格根认定。有清一代，共转六世，其转世者多为科尔沁左翼前旗、科尔沁左翼中旗蒙古人。

昭乌达盟阿鲁科尔沁旗察罕达尔汉呼图克图住持该旗境内的最大寺院汗庙（诚恩寺），系清代内札萨克蒙古东部地区有影响的活佛系统之一。据考证，察罕达尔汉呼图克图的前四世均为西藏人，其一世为皇太极手下之察罕喇嘛，顺治授予他“达尔汉绰尔济”封号，系驻京八大呼图克图之一。[①] 五至八世均转世于阿鲁科尔沁旗蒙古人，并驻锡汗庙。

锡林郭勒盟阿巴哈纳尔左旗“班第达呼图克图”[②]住持该旗旗庙——贝子庙（崇善寺），系清代内札萨克蒙古地区有影响的活佛系统之一。一世班第达呼图克图是西藏章隆地方的高僧，曾从七世达赖喇嘛获得“班第达”称号，故亦称其为“阿日雅章隆班第达”。[③] 其转世经达赖、班禅认定。有清一代，该呼图克图系统列入清朝洞礼年班，共转五世，除了一世为西藏人以外，其余系苏尼特、阿巴噶、浩齐特、阿巴哈纳尔部蒙古人。

乌兰察布盟乌喇特右旗莫尔根迪彦齐活佛住持该旗旗庙——莫尔根召（广法寺），系清代内札萨克蒙古西部地区有影响的活佛系统之一。一世莫尔根迪彦齐为内齐托因徒弟，是蒙文诵经的奠基人之一。三世莫尔根迪彦齐罗卜桑丹毕扎拉桑进一步发展了蒙文诵经制度，对蒙古语言文学的发展起了重要作用。有清一代，该活佛系统列入清朝洞礼年班，共转五世，除了一世为西藏人以外，其余系苏尼特、阿巴噶、浩齐特、阿巴哈纳尔部蒙古人。

外札萨克喀尔喀蒙古地区：理藩院登记注册的参加洞礼年班

---

① 《阿鲁科尔沁文史》第 7 辑，第 23 页。

② 妙舟：《蒙藏佛教史》，第 5 篇。

③ 内蒙古图书馆藏《法轮大殿崇善寺史》。

的清代外札萨克喀尔喀蒙古地区呼图克图、活佛和大喇嘛系统共有 9 个，而妙舟著《蒙藏佛教史》中所列喀尔喀(包括库伦)蒙古地区转世呼图克图、活佛和大喇嘛系统共有 32 个。① 其中，除上述哲布尊丹巴活佛系统以外，有影响的呼图克图、活佛和大喇嘛系统主要有以下几个。

扎雅班第达呼图克图系喀尔喀赛因诺彦部掌印呼图克图之一，其所辖区域也是清朝在蒙古地区设立的七个喇嘛旗之一。被追封的一世为赛因诺彦部创始人图蒙肯赛因诺彦(格列山扎第四子诺诺呼微征之子)，曾率兵进藏。天命二年(1617 年)，班禅授予他“诺颜呼图克图”称号。二世罗卜桑普仍来被哲布尊丹巴呼图克图认定为图蒙肯赛因诺彦之转世，并授“诺颜呼图克图”称号。康熙十七年(1678 年)，五世达赖喇嘛授予他“扎雅班第达”称号，并赐与印信。有清一代，该呼图克图系统列入清朝洞礼年班，在喀尔喀共转七世，转世者大多出身于赛因诺彦部贵族家庭。

额尔德尼班第达呼图克图系喀尔喀赛因诺彦部掌印呼图克图之一，其所辖区域也是清朝在蒙古地区设立的七个喇嘛旗之一。一世额尔德尼班第达呼图克图为图蒙肯赛因诺彦第三子，四世班禅认定其为班禅徒弟都布齐楞齐格衮德布之呼毕勒罕。顺治十二年(1655 年)，哲布尊丹巴呼图克图赐与他“额尔德尼班第达”封号。② 乾隆二年(1737 年)授“额尔德尼班第达呼图克图”封号，并赐掌所属沙毕纳尔之印。③ 有清一代，该呼图克图系统列入清朝洞礼年班，在喀尔喀共转七世，转世者大多出身于其徒弟。

青苏珠克图诺们汗呼图克图系喀尔喀赛因诺彦部掌印呼图克

---

① 妙舟：《蒙藏佛教史》，第 5 篇。

② 〔蒙古〕策・班扎拉克齐、伯・赛呼整理《蒙古寺院史》，乌兰巴托，2004 年，第 363 页。

③ 〔蒙古〕策・班扎拉克齐、伯・赛呼整理《蒙古寺院史》，乌兰巴托，2004 年，第 364 页。

图之一,其所辖区域也是清朝在蒙古地区设立的七个喇嘛旗之一。一世青苏珠克图诺们汗呼图克图罗布桑诺尔布锡喇布为赛因诺彦部札萨克伊勒都沁之子,乾隆二十年(1755年),授"青苏珠克图诺们汗"称号。[①] 有清一代,该呼图克图系统列入清朝洞礼年班,在喀尔喀共转五世。

那鲁班禅呼图克图系喀尔喀赛因诺彦部掌印呼图克图之一,其所辖区域也是清朝在蒙古地区设立的七个喇嘛旗之一。一世那鲁班禅呼图克图巴德玛多尔济为赛因诺彦部衮楚克旗的台吉古鲁扎布之子。至二世那鲁班禅呼图克图时,清廷授予银印,设尚卓德巴管理所辖沙毕纳尔。有清一代,该呼图克图系统列入清朝洞礼年班,在喀尔喀共转六世,转世者大多出身于其黑徒家庭。

西瓦锡勒图呼图克图系喀尔喀赛因诺彦部掌印呼图克图之一,又称为"堪布西瓦锡勒图呼图克图"。一世西瓦锡勒图呼图克图罗卜桑为赛因诺彦部亲王额驸车棱旗宰桑乌仁唐里克之子,受教于五世达赖喇嘛,对缓和喀尔喀与卫拉特冲突作出了积极的贡献。有清一代,该呼图克图系统列入清朝洞礼年班,在喀尔喀共转五世。

堪布呼图克图诺们汗系喀尔喀赛因诺彦部掌印呼图克图之一,其所属寺院建立于雍正八年(1730年)。有清一代,该呼图克图系统在喀尔喀共转二世。

那兰呼图克图系喀尔喀赛因诺彦部掌印呼图克图之一,其所属寺院建立于嘉庆五年(1800年)。有清一代,该呼图克图系统在喀尔喀共转二世。

诺颜呼图克图系喀尔喀赛因诺彦部掌印呼图克图之一,史书又称其为"额尔德尼莫尔根班第达诺们汗毕西勒图呼图克图"。有

① 〔蒙古〕策·班扎拉克齐、伯·赛呼整理《蒙古寺院史》,乌兰巴托,2004年,第362页。

清一代，该呼图克图系统在喀尔喀共转七世，转世者均出身于赛因诺彦部。

伊拉古克三呼图克图系喀尔喀札萨克图汗部掌印呼图克图之一，又称为“诺们汗莫尔根班第达伊拉古克三呼图克图”。一世伊拉古克三呼图克图土干丹毕尼玛被五世达赖喇嘛确认。有清一代，该呼图克图系统列入清朝洞礼年班，在喀尔喀共转五世。

呼吉尔堪布扎勒堪扎呼图克图系喀尔喀札萨克图汗部掌印呼图克图之一，道光三年（1823 年）清廷授予银印，设尚卓德巴管理所辖沙毕纳尔。有清一代，该呼图克图系统在喀尔喀共转七世。

诺们汗呼图克图系喀尔喀札萨克汗图部掌印呼图克图之一。一世诺们汗呼图克图罗卜桑格里克为藏族，乾隆十一年（1746 年），达赖和班禅授予他“诺们汗额尔德尼达尔汉锡勒图呼图克图”称号。有清一代，该呼图克图系统在喀尔喀共转五世。

车臣呼图克图系喀尔喀车臣汗部掌印呼图克图之一，史书又称其为“额尔德尼伊拉古克三呼图克图”。一世车臣呼图克图达什敦多布为藏族。有清一代，该呼图克图系统在喀尔喀共转七世。

额鲁特蒙古地区：清代额鲁特蒙古地区主要包括乌兰固木杜尔伯特赛因济雅哈图左右翼盟、新疆土尔扈特乌讷恩素珠克图东西南北四路（土尔扈特部四盟）和青色特启勒图盟（和硕特部）、青海和硕特、阿拉善和硕特、额济纳土尔扈特等部。妙舟《蒙藏佛教史》中所列上述额鲁特蒙古地区的转世呼图克图、活佛和大喇嘛系统共计 16 个。[①] 其中有影响的呼图克图、活佛和大喇嘛系统主要有以下几个。

乌讷恩素珠克图北路盟夏律瓦活佛住持该盟最大的寺庙拉布楞库热（寺院），妙舟《蒙藏佛教史》中曾提及其名。一世夏律瓦活佛布敦仁钦朱（1290～1364 年）系西藏夏律地方的高僧，其第十

① 妙舟：《蒙藏佛教史》，第 5 篇。

世、十一世曾先后到北路土尔扈特部弘法,第十二、十三世又转世于北路土尔扈特部。①

乌讷恩素珠克图南路盟森勤活佛住持该盟巴伦台黄庙(永安寺)。森勤活佛原为西藏重孜寺的住持,光绪十六年(1890 年),土尔扈特汗布彦绰克图的第四子被指认为第四世森勤活佛的转世灵童,法名多布东才仁全毕勒,成为第五世森勤活佛。② 光绪三十一年(1905 年),达赖喇嘛授予“森勤”法名,曾主持盟政,是一位很有影响的人物。

乌讷恩素珠克图南路盟安建大喇嘛住持该盟另一大庙安建库热,在土尔扈特部很有威望。安建大喇嘛共转 19 世。③

青海额鲁特部察汉诺们罕住持青海德千寺,其所辖区域是清朝在蒙古地区设立的七个喇嘛旗之一。一世察汉诺们罕措尼嘉措曾受三世达赖喇嘛之命赴青海蒙古地区传教,明神宗封他为阿噶白色转世活佛,并赐金印。④ 二世察汉诺们罕拉莫洛追嘉措系明末青海蒙古土默特部首领火落赤之子,曾奉五世达赖喇嘛之命,调解喀尔喀与卫拉特之间的冲突。三世察汉诺们罕拉莫阿旺罗桑丹贝坚赞是由五世达赖喇嘛认定为上一辈拉莫洛追嘉措的转世。康熙四十四年(1705 年),该喇嘛赴京,受封为“察汉诺们罕”,同时受封为札萨克喇嘛。至此,察汉诺们罕成为其影响区域内的政教统治者,拥有合法的土地和属民,而青海和硕特部各台吉均尊他为上师。康熙五十三年(1714 年),察汉诺们罕已是七世达赖喇嘛的受戒堪布和主要经师,后被封为“阿齐图诺们罕”。⑤ 雍正三年(1725 年),清廷将其土地和属民编入青海和硕特盟旗,并鉴于察汉诺们

---

① 《卫拉特蒙古简史》(下册),新疆人民出版社,1996 年,第 55 页。

② 房建昌:《清代蒙藏生钦呼图克图考》,清史研究,1993 年第 3 期。

③ 《卫拉特蒙古简史》(下册),新疆人民出版社,1996 年,第 50 页。

④ 《卫拉特蒙古简史》(下册),新疆人民出版社,1996 年,第 61 页。

⑤ 《安多政教史》,第 257～258 页。

罕札萨克喇嘛的特殊地位，将其属民编为4个佐领，立于青海和硕特29个札萨克旗之外特殊的喇嘛旗，即察汉诺们罕旗。有清一代，察汉诺们罕共转七世。

阿拉善和硕特部多卜藏呼图克图住持阿拉善额鲁特旗福因寺，系清代阿拉善和硕特部两大活佛系统之一。一世多卜藏呼图克图多卜仓夏仲为阿拉善和硕亲王罗卜藏多尔济之子。二世多卜藏呼图克图吉仲加木样被清廷册封为“多卜藏呼图克图”封号。[①]有清一代，该呼图克图系统列入清朝洞礼年班。

阿拉善和硕特部达克布呼图克图住持阿拉善额鲁特旗广宗寺，系清代阿拉善和硕特部两大活佛系统之一。追封的一世达克布呼图克图仓央嘉措为西藏人，当地信徒认为他就是六世达赖喇嘛。二世达克布呼图克图温都尔格根为阿拉善额鲁特旗镇国公贡其格之子，乾隆三十四年清廷授予他“达克布呼图克图”封号。[②]有清一代，该呼图克图系统列入清朝洞礼年班，共转6世。

3. **寺庙及僧侣** 清朝中期，内札萨克蒙古地区喇嘛教寺庙约有1,800多座，喇嘛人数约有15万人左右。[③] 到了19世纪，在内蒙古地区共有1,200多座寺庙，[④]喇嘛约10万之众。[⑤] 清代外札萨克喀尔喀地区有700余座寺院，[⑥]喇嘛人数已达105,557人，占男性人口总数的44.6%。[⑦] 嘉庆四年(1799年)，科布多参赞大臣

① 公署调查科：《宁夏定远营调查记》，载《西陲宣化使公署月刊》，1936年第1卷第三期。

② 贾拉森：《缘起广宗寺》，第10～22页。

③ 德勒格：《内蒙古喇嘛教史》，内蒙古人民出版社，1998年，第452页。。

④ 图齐、海西希：《西藏和蒙古的宗教》耿升译，天津古籍出版社，1989年，第353页。

⑤ 乌云毕力格、成崇德、张永江：《蒙古民族通史》，第四卷，内蒙古大学出版社，1993年，第334页。

⑥ 张羽新：《清政府与喇嘛教》，西藏人民出版社，1988年，第178页。

⑦ 《蒙古人民共和国通史》(上册)，科学出版社，1958年，第122页。

所属杜尔伯特等十八旗有喇嘛人口 2,003 人。[①] 乌讷恩素珠克图南路盟土尔扈特部在 18 世纪末有寺庙 32 座，喇嘛 2,000 余名。阿拉善和硕特旗境内寺院共计 30 余座，喇嘛人数达到 6,400 余名，[②]占全旗蒙古族人口的四分之一。以上数据仅仅表明清代蒙古地区藏传佛教寺院和喇嘛数量的大概情况，据清代喀喇沁中旗札萨克衙门蒙古文档案记载，宣统二年该旗境内仍有大小寺庙 103 座，喇嘛共计 1,605 人。[③] 而清代建立的鄂托克旗境内的寺庙也有 77 座。[④]

呼和浩特地区：包括清代绥远城、土默特左右翼旗的呼和浩特地区俗有"七大召、八小召、七十二个绵绵召"之说。其中，无量寺（大召）、延寿寺（锡勒图召）、崇福寺（小召）、灵觉寺、广化寺（西喇嘛洞召）、庆缘寺等六大寺，加上无量寺和庆缘寺的属庙藏康庙、察哈尔寺以及建筑年代更早的古佛寺、华严寺等最早建立于入清之前以外，其余寺庙均兴建于清朝顺治至乾隆年间。除了呼和浩特地区主要寺庙以外，顺治至康熙年间建立的该地区其它小庙有：广安寺、延禧寺、兴福寺、三官庙、福慧寺、隆福寺、佛寿寺、永寿寺、彰庆寺、长寿寺、增福寺、公和寺、广集寺、广法寺、永福寺、同经寺、广寿寺、永安寺、观音寺、广层寺、菩萨寺、藏康庙、福庙、红召、毕克齐召、吉特库召、圪速贵召、灵照寺、红山口召、全化寺等；雍正至乾隆年间建造的小庙有：普荟寺、塔尔梁寺、福慧寺、菩萨庙、药王寺、南山寺、菩提寺、广福寺、广宁寺、普祯寺、全庆寺、广觉寺、荟安寺、法禧寺、白庙、福庙、卡特利召、黑格林召、苏布尔盖召等。[⑤] 呼和浩

① 富俊：《科布多政务总册》。

② 《阿拉善左旗志》，第 240 页。

③ 内蒙古档案馆档案，全宗号 504，目录号 2，案卷号 2291。

④ 阿尔宾巴雅尔、曹纳木编：《鄂托克寺庙》，内蒙古文化出版社，1998 年，第 388～410 页。

⑤ 孙利中：《呼和浩特召庙补遗》，载《呼和浩特史料》，第八集，第 360 页。

特地区的大多数召庙建立于清朝顺治、康熙、雍正、乾隆四朝时期。

伊克昭盟地区：伊克昭盟地区是16世纪末藏传佛教再度传入蒙古地区的主要区域，也是清代内外蒙古地区中寺庙和喇嘛较多集中的地区之一。除了准噶尔召、广福寺、广慧寺、广佑寺等少数寺庙建立于明末以外，大多数建造于清代。其中，清朝历代皇帝赐匾的寺庙就有250多座，喇嘛9,000余名，而实际存在的大小寺庙和喇嘛数字远远超过此数。[①]

乌兰察布盟地区：清代的乌兰察布盟包括乌喇特左、右、中旗、茂明安旗、四子部落旗、喀尔喀右翼旗，地处乌兰察布高原，与藏传佛教发达的呼和浩特地区紧邻。据清末统计，该地区仍有118座寺庙，喇嘛人数达1,0460人。[②]

锡林郭勒盟和察哈尔地区：清代的锡林郭勒盟系内札萨克蒙古六盟之一，它包括乌珠穆沁左、右旗、浩齐特左、右旗、苏尼特左、右旗、阿巴噶左、右旗、阿巴哈纳尔左、右旗等十旗；察哈尔地区包括八旗察哈尔、多伦诺尔及其邻近驻牧的属于清皇室的太仆寺、商都等牧厂和马群。八旗察哈尔蒙古由原蒙古大汗直属部众构成，系内属蒙古，旗别属于总管旗，它包括正黄、镶黄、正白、镶白、正蓝、镶蓝、正红、镶红等八旗。有清一代，上述地区地处内蒙古中部，系纯牧区。清代该地区如同乌兰察布盟，藏传佛教寺院和喇嘛数量较多。解放前，锡林郭勒盟和察哈尔境内仍有273座寺庙，喇嘛人数为14,378人。[③]

昭乌达盟、卓索图盟地区：清代的昭乌达盟共有寺庙278座。

---

① 萨·那日松、特木尔巴特尔编著：《鄂尔多斯寺院》，内蒙古文化出版社，2000年

② 满都麦、莫德尔图主编：《乌兰察布寺院》，内蒙古文化出版社，1996年，第15页。

③ 德勒格：《内蒙古喇嘛教史》，内蒙古人民出版社，1998年，第485页。

喇嘛上万人。[①] 土默特左旗境内有195座寺庙；[②]宣统二年（1910年）喀喇沁中旗境内仍有大小寺庙103座，喇嘛共计1,605人。[③]昭乌达盟、卓索图盟地区的寺庙约有600余座。清朝末年，由于昭乌达盟、卓索图盟地区的开垦面积的不断扩大，内地汉族农民的大量涌入，所辖各蒙旗境内府、厅、州、县并存，使原有各旗所属部分寺庙划入汉族农民居住的各县境内，并随着时间的推移，那些寺庙逐渐荒废或被遗忘。

哲里木盟、锡勒图库伦喇嘛旗和呼伦贝尔地区：清末科尔沁右翼中、后、前旗和扎赉特旗共计寺庙31座，喇嘛2,614人；科尔沁左翼后旗61座，科尔沁左翼中旗76座；科尔沁左翼前旗地区有寺庙10余座；[④]杜尔伯特旗境内有寺庙12座，喇嘛共计740名；[⑤]郭尔罗斯后旗寺院有12座，计领度牒喇嘛325人。[⑥] 从以上数据综合，清代哲里木盟十旗境内共计寺庙200余座。

锡勒图库伦旗是清代内蒙古地区唯一实行政教合一制的喇嘛旗，旗境内共有寺院38座。[⑦] 清代的呼伦贝尔地区寺院主要包括呼伦贝尔副都统衙门管辖新巴尔虎八旗、索伦八旗（包括陈巴尔虎）、额鲁特旗等五翼总管旗境内的藏传佛教寺院，共有寺院42座，喇嘛2655人。其中，广慧寺、光远寺、延福寺、寿宁寺、德孚寺为最著名。

外札萨克喀尔喀蒙古地区：清代的外札萨克喀尔喀地区包括

---

① 嘎拉增、呼格吉勒图、巴图巴雅尔编：《昭乌达寺院》。内蒙古文化出版社，1994年。

② 阿拉坦嘎日迪等编著：《蒙古贞宗教》，内蒙古文化出版社，1994年，第178页。

③ 内蒙古档案馆档案，全宗号504，目录号2，案卷号2291。

④ 德勒格：《内蒙古喇嘛教史》，内蒙古人民出版社，1998年，第458页。

⑤ 波·少布、何日莫奇：《黑龙江蒙古部落史》，哈尔滨出版社，2001年，第263页。

⑥ 叶大匡：《调查郭尔罗斯后旗报告书》，宣统二年。

⑦ 呼日勒沙编：《哲里木寺院》，内蒙古文化出版社，1993年，第3～4页。

土谢图汗部、札萨克图汗部、车臣汗部、赛因诺彦部等4部86旗。据统计，清代外札萨克喀尔喀地区有700余座寺院，[①]喇嘛人数已达105,557人，占该地区男性人口总数的44.6%。[②] 大沙毕(大库伦)所属寺院16座，土谢图汗部境内寺院96座，车臣汗部境内寺院52座，赛因诺彦部境内寺院41座，札萨克图汗部境内寺院27座。[③]

额鲁特蒙古地区：清代额鲁特蒙古地区的寺院主要包括分布于乌兰固木杜尔伯特赛因济雅哈图左右翼盟、新疆土尔扈特乌讷恩素珠克图东西南北四路(土尔扈特部四盟)和青色特启勒图盟(和硕特部)、新疆额鲁特、察哈尔等八旗蒙古、青海和硕特、阿拉善和硕特、额济纳土尔扈特等部境内的大小寺庙。嘉庆四年(1799年)，科布多参赞大臣所属杜尔伯特等十八旗有喇嘛人口2,003人。[④] 据清末的统计，科布多境内仍有寺庙18座。[⑤] 乌讷恩素珠克图南路盟土尔扈特部在18世纪末就有寺庙32座，喇嘛2,000余名。阿拉善和硕特旗境内寺院共计30余座，喇嘛人数达到6,400余名，[⑥]占全旗蒙古族人口的四分之一。

蒙古地区的藏传佛教寺院多数建立于清康熙、雍正、乾隆、嘉庆年间，各庙喇嘛人数最多时期也是以上四朝年间，而晚清以来建造或修建的寺院很少，喇嘛人数也无法与清前期相比。另外，至今保留的相关文献资料中记载的清代蒙古地区藏传佛教寺院和喇嘛方面的信息主要体现在各地区著名寺院或呼图克图、活佛方面，而

① 张羽新：《清政府与喇嘛教》，西藏人民出版社，1988年，第178页。

② 《蒙古人民共和国通史》(上册)，科学出版社，1958年，第122页。

③ 〔蒙古〕策·班扎拉克齐、伯·赛呼整理《蒙古寺院史》，乌兰巴托，2004年。

④ 富俊：《科布多政务总册》。

⑤ 〔蒙古〕策·班扎拉克齐、伯·赛呼整理《蒙古寺院史》，乌兰巴托，2004年，第388～409页。

⑥ 《阿拉善左旗志》，第240页。

蒙旗更多的小型寺庙的名称和数量等几乎没有留下大概的记载。所以,我们只能从晚清或近代相关文献资料以及调查报告中大体反映出有清一代蒙古地区的藏传佛教寺院及其喇嘛人数。

(二)其他宗教

1. **萨满教**　蒙古萨满教产生于中国古代北方民族对祖先的崇拜和大自然的崇拜,保护人及其财产以对付疾病和灾难造成的所有危险和痛苦是萨满教的主要功能。萨满教承认宇宙间的任何事物都有生命和灵魂,认为,人的躯体是灵魂的外壳,人的生死取决于灵魂的留去,但灵魂是永生的。人死后,其灵魂到彼岸世界,与故去族人一起过着与人间无二的生活,亡者的灵魂既可保佑生者,亦可加害生者。从腾格里天神开始,经过翁衮、先祖的守护神、布麻尔、其他已故亲属的亡灵,一直到灾难的各种人格化形式。①

蒙古人最原始的信仰是"博额",即巫师,相当于满通古斯语族各民族中的萨满,故后人称其教为萨满教。蒙古人称萨满教的男性巫师为"博额",称女性巫师为"伊都干"(内蒙古东部称"乌得干")。"博额"是人与神灵之间的媒体,即传达神的意志、旨意的人。因此,"博额"主持祭祀神灵,请神驱鬼及占卜问卦避害趋利。"博额"有世袭非世袭之分,即有的世世代代父子相传,有的则是通过某种灵异现象之后,认为神灵附体,变成"博额"。"博额"平时生活、劳作与普通人没有什么区别,只是在举行各种萨满教仪式时由其主持。平时,被请到发生一些意想不到的灾祸或怪异疾病的人们家里作法事,举行请神、驱鬼、治病或占卜算卦等仪式。女性"博额"则除与男性"博额"一样,举行驱邪治病等仪式之外,还担当"接生婆"的角色。所以,在一些地区"伊都干"一词就有"接生婆"的含义。蒙古人供奉萨满教的"翁衮"(守护神),"翁衮"是用毡或丝绸制成的人形偶像,一般将其供奉于蒙古包内门两侧或北隅,有些

① 〔德〕海希西:《蒙古宗教》,蒙古史研究参考资料,第32～33辑,第12页。

供奉于专门的车内。

当藏传佛教再度传入蒙古时，在蒙古封建领主的支持下，萨满教无情地被镇压，而藏传佛教最终成为蒙古民族供奉的唯一的宗教。但是，萨满教对蒙古族意识的影响并没有因此而得到彻底消除。有清一代，在蒙古人中萨满教遗留较多的有鄂尔多斯部（伊克昭盟）、科尔沁部（哲里木盟）、巴尔虎部（呼伦贝尔）、布里雅特部（呼伦贝尔）、外喀尔喀地区的达尔呼特人以及锡勒图库伦喇嘛旗、喀尔喀左翼旗等。

蒙古人信奉的萨满教的内容大致有自然崇拜和祖先崇拜两种，自然崇拜包括对天、地、日、月、星、山、水、（河、湖、泉）、火、雷、电以及赋予神灵色彩的实物，如矛、纛、弓箭、马、以及树木、动物等的崇拜及其祭祀仪式；祖先崇拜除每个家庭对自己祖先的定期祭祀之外，还有对成吉思汗、哈撒儿、别里古台、月伦太后等民族杰出人物的定期祭祀及其仪式。

祭祀腾格里（天），是蒙古族萨满教的最隆重的祭祀活动之一。所祭之神，最初是祖先之神或翁衮等萨满教的神灵。其中，“长生天”是所有天神中的最高者。在萨满教祈祷文中长生天定居于天上，“上界是我的天父，下界是我的地母”，而后来这句话演变为“天父”和“地母”。在萨满们的咒歌中，另有九十九尊腾格里天神。17世纪成书的一部描述蒙古萨满教的布里雅特蒙古文献中曾阐述说：“……西方共有五十五尊最高腾格里天神，东方有四十四尊，共有九十九尊。在西方的五十五尊腾格里天神中，可能有五十尊应以祈祷而崇仰，而五尊则要用祭祀予以崇拜，……在东方的四十四尊腾格里天神中，有四十尊应以祈祷而崇仰，而四尊则要以祭祀来崇拜”。[①] 伊克昭盟乌审旗哈塔斤氏蒙古人有自己独特的祭祀十三尊“阿他”腾格里的仪式仪规。祭祀的场所建有桃状毡房，四周

① 〔德〕海希西：《蒙古宗教》，蒙古史研究参考资料，第32～33辑，第33页。

有用红柳条编成的篱笆园子，毡房内的祭台上供奉有天神的布幔以及弓箭、刀箭、长明灯、锣、鼓等祭祀用品。[①] 哈答斤氏的成员每年正月及春、夏、秋季规定日子举行专门的仪式。萨满教思想学说中这些腾格里天神都具有超自然之力的神化色彩，而它们的共同作用在于保护那些向它们祈祷的人。

祭祀鄂博，源出于萨满教重要的祭祀活动之一，是萨满教对天、地、山、川的祭祀仪式，被认为是各种神灵的汇集处，仪式由萨满主持，因而倍受蒙古民众的重视。在固定地点堆的石堆，即鄂博一般都位于高地、山口、交叉路口等处。它们是当地守护神和地神的神祠，可召请当地的守护神和地神。为了祭祀使用，人们便以建鄂博来装饰此地和石堆以艺术的形式排列。[②] 有清一代，蒙古地区不仅有旗鄂博、苏木鄂博、氏族鄂博、家庭鄂博（如某某台吉鄂博等），还有若干旗共同祭祀的鄂博。如哲里木盟十旗共同祭祀的会盟鄂博（位于科尔沁右翼中旗境内的哲里木河岸），呼伦贝尔诸旗共同祭祀的“安邦鄂博”（意即副都统鄂博，位于海拉尔城北山），锡林郭勒盟十旗共同祭祀的额尔德尼鄂博（贝子庙之北）等。蒙古人祭祀鄂博的主要目的在于祈求风调雨顺、五畜兴望、生活幸福。除了地方神和在鄂博中表现出来的神之外，蒙古人还崇拜了特殊的山河之神及其化身。在各地萨满教祈祷经文中，特别崇拜蒙古地区的一些名山，如阿尔泰山、杭爱山、肯特山、博格达山、巴颜祖日赫山、葱岭、阿拉善山、穆纳罕山。对于色楞格河、鄂嫩河、克鲁伦河、伊犁河、额尔齐斯河、哈通河（黄河）也赋予了同样的荣誉。[③] 清代青海和硕特蒙古人每年要举行“祭海”（青海湖）仪式。这也是

① 勒.胡日查巴特尔：《哈塔斤十三家神祭祀》，内蒙古文化出版社，1986 年，第 107～113 页。

② 罗卜藏尊丹：《蒙古风俗习惯史纲》，抄本第 64 页。

③ 〔德〕海希西：《蒙古宗教》，蒙古史研究参考资料，第 32～33 辑，第 83 页。

萨满教自然崇拜的一种表现。

祖先崇拜是蒙古人的萨满教信仰之一，祖先的亡灵都要受到崇拜。蒙古人不仅对自己的祖先定期举行祭奠仪式，而且也为本民族的帝王及有影响的人物建造独特的陵园或寺庙，定期举行祭祀。这方面具有代表性的是在鄂尔多斯保留的成吉思汗八白室。“八白室”是从元朝宫廷太庙祭祀活动延续下来的。明中叶，鄂尔多斯蒙古人入居黄河河套以后，“八白室”一直被供奉在伊克昭盟郡王旗境内，康熙时拨出500户“达尔哈特”人专司守护、祭祀事宜。“八白室”中除供奉成吉思汗的灵位之外，还有他的两位夫人和幼子拖雷及其妇人的灵位。“八白室”祭奠有年祭、季祭、月祭，都有一整套祭祀仪式、仪规。其中每年农历三月二十一日（成吉思汗生日）的祭奠最为隆重，除鄂尔多斯七旗官员及牧民之外，其他地区的蒙古人也不远千里前来参拜，以祈求祖先保佑平安。

此外，清代蒙古人的祭火、祭北斗星、七老翁星、祭苏勒得神等祭祀活动中，仍保留着萨满教的思想学说。

藏传佛教再度传入蒙古蒙古社会的过程中吸收了众多深受萨满教影响的传统文化因素，诸如祖先崇拜、火神崇拜、大自然崇拜等，而且其影响随着藏传佛教的传播和普及又得到了进一步的加强，使蒙古族文化具有了萨满教、藏传佛教双重影响的特色。

祭祀腾格里，最初是蒙古族萨满教的最隆重的祭天活动之一。所祭之神，最初是祖先之神或翁衮等萨满教的神灵，入清后又增加了藏传佛教的佛像。另外，祈祷经文中也出现了佛教化的增补内容。如古吉尔控噶尔腾格里原为萨满教九十九尊腾格里天神之一，藏传佛教传入后它以佛教的别名大神王而出现在布里亚特人中间，被称为“古吉尔腾格里铁匠大神王”，并说它是根据佛陀圣师之尊命，由霍尔穆斯达腾格里的祝福而诞生。[①]

① 〔德〕海希西：《蒙古宗教》，蒙古史研究参考资料，第32～33辑，第39页。

祭祀鄂博是蒙古族的传统祭祀，源出于萨满教重要的祭祀活动之一，被认为是各种神灵的汇集处，因而倍受蒙古民众的重视。仪式最早由萨满主持。藏传佛教再度传入后改由喇嘛主持，并由喇嘛进行祈祷和祝赞。同样，在祭祀敖包仪式和内容上，喇嘛教礼仪学家们或多或少对萨满教形象进行改造，并把地方神灵分为地神和龙神或地神龙神的八大等级。祈祷词中明显沾染了佛教色彩，如以神香向肯特山脉的山神奉献祭祀中有了类似的祈祷："……使暴雨、雷电和冰雹停止，使喇嘛及其初治地者运用驮兽和坐骑的障碍消失"。[①]

火神也是蒙古萨满教的主要神灵之一，这一风俗在藏传佛教再度传入后除了祭祀活动原有萨满主持变为由喇嘛主持，即由喇嘛进行祈祷和祝赞之外，火神的形象也发生了变化。如火神与佛教的成就法相似，神秘的密教音节"罗摩"变成了火神的起源，火王便叫作"米兰札"。"我的火王米兰札……你由莲花生上师所创，由强大的佛陀释迦牟尼以火镰而产生"。[②]

祖先崇拜是蒙古人信奉萨满教的重要内容。藏传佛教再度传入蒙古地区后，佛教僧侣们尽可能把蒙古传统的祖先崇拜纳入佛教体系中。在祭祀成吉思汗祷文中，丝毫不体现成吉思汗那种古老的狂风暴雨之神、战神和天神的特点，而完全变成了藏传佛教的保护神，已被看作是一尊神。一世章嘉呼图克图撰写的一部祭祀经文中，把成吉思汗当成"天之爱地的梵天神"，试图把佛教中的神僧伽婆罗与"成吉思汗的苏勒得腾格里"考证成一体。乾隆中叶用蒙古文撰写的一部有关成吉思汗祭祀祷文中把成吉思汗描写道："俯请降临到举行祝愿的地方，降临到用无价之珍珠制成的御座上，降临到用八朵芳艳的荷花制成的地毯上，非常和谐的守护神，

① 〔德〕海希西：《蒙古宗教》，蒙古史研究参考资料，第32～33辑，第84页。

② 〔德〕海希西：《蒙古宗教》，蒙古史研究参考资料，第32～33辑，第54页。

白色信事男”。①

藏传佛教与萨满教的长期冲突过程中，萨满教开始向藏传佛教形式过渡或异化。藏传佛教中的一种禅师喇嘛——古尔塔木是著名的巫师，他身着丝绸袍服，外套兰色棉布袍。袍服的上部饰有骷髅，标志着凶教煞神，衣领上挂一面铜镜，背部装饰有五色布条，是萨满与喇嘛的结合体。古尔塔木喇嘛居住在寺庙中，以其独特的仪式来代替萨满的功用。其仪式，古尔塔木着装执鞭持剑登场，众弟子诵读经文，此时守护神附身于古尔塔木。他手舞法鞭和镇魔刀，作法狂舞，全身颤动，用鞭和剑作殊死搏斗状，最后古尔塔木进入晕厥状态，直至苏醒，表示邪魔北镇压。②

在清代内蒙古东部地区，古尔塔木神师被称为“赖清”。“赖清”不属于任何宗教团体，而是世俗人。他们在驱邪期间身披贝壳甲和头戴一顶盔，以喇嘛寺院乐器中得到的锣来代替萨满们的鼓，并在驱邪期间口中念诵佛教祈祷经，而且正是借助于这种祈祷经才得以控制病魔。“赖清”有男亦有女，无寺庙，平时就是家庭一员而已。

2. **基督教** 13～14世纪以前有部分蒙古人信奉基督教(汉语称景教)，蒙古语称作“也里可温”。随着蒙元帝国的衰败，蒙古人中的基督信仰已基本绝迹，只是在鄂尔多斯部有一部分自称“厄尔呼特”(即“也里可温”的复数形式)的蒙古人。他们是中世纪蒙古基督教徒的后裔，其宗教信仰与喇嘛教和萨满教不同，虽然以秘密宗教的形式流传下来，而对过去信仰的基督教只留下一些模糊的记忆而已。③

① 〔德〕海希西：《蒙古宗教》，蒙古史研究参考资料，第32～33辑，第46页。

② 〔德〕海希西：《蒙古宗教》，蒙古史研究参考资料，第32～33辑，第46页。

③ [比]田清波：《厄尔呼特人—鄂尔多斯蒙古基督徒后裔》(1933年)，《鄂尔多斯研究文集》，第一辑，内蒙古自治区伊克昭盟档案馆编印，1984年，第20页。

到了清代，随着西方教会势力进入中国内地，基督教再次传入蒙古地区，并且有部分蒙古人信奉了基督教。

19世纪30年代，天主教法国“遣使会”在长城外察哈尔南部的西湾子村（今属河北省崇礼县）秘密传教。

道光二十二年（1842年），“遣使会”在梵蒂冈教廷的支持下，确定了向蒙古民族传教的方针，建立单独的“蒙古宗座代牧区”即蒙古教区，将西湾子教堂确定为蒙古教区总堂。但由于蒙古人信奉天主教的人极少，所以“遣使会”传教士就吸引内蒙古东部卓索图盟和昭乌达盟南部以及察哈尔右翼四旗境内的兴和、宁远（凉城）以及土默特旗、四子王旗等地的汉民入教，并建立了许多教民村和教堂。

同治三年（1864年）9月，梵蒂冈教廷指定蒙古地区为比利时“圣母圣心会”的传教范围。四年，比利时“圣母圣心会”从法国“遣使会”接管蒙古地区教务之后，仍“以蒙古归奉圣教为目的”。[①]

同治十一年（1872年），巴耆贤主教将蒙古教区划分为三个部分，即东区为赤峰一带，中区为西湾子周围地区，西区为南壕堑（今河北省尚义县）、岱海、归化城以及大青山以北地区。

同治十二年（1873年），伊克昭盟准格尔旗和阿拉善旗札萨克赴京年班归途中路过南壕堑，参观该地天主教堂后，当即请天主教传教士到他们的旗传教。十三年，天主教传教士到达鄂尔多斯和阿拉善，分别在准格尔旗的尔架马梁、鄂托克旗的城川以及阿拉善旗的三盛（圣）公（今巴彦淖尔市磴口县巴彦高勒镇）等地相继建立教堂，劝化当地居民信奉天主教。

光绪九年（1883年）12月，梵蒂冈教廷根据“蒙古教区”主教巴耆贤的建议，将蒙古教区划分为中蒙古教区（总堂设在西湾子）、东

---

① 常非：《绥远传教区传教简史》（抄本），转引自戴学稷《西方殖民者在鄂尔多斯等地的罪恶活动》，《历史研究》1964年，第5～6期。

蒙古教区(总堂设在松树嘴子)、西南蒙古教区(总堂设在三盛公)。其中西南蒙古教区范围不仅包括当时的伊克昭盟全境、归化城土默特旗以及阿拉善旗,还包括陕北三边及宁夏的部分地区。光绪二十六年(1900 年),西南蒙古教区的总堂从三盛公迁到二十四顷地(今属土默特右旗)。

法国"遣使会"和比利时"圣母圣心会"向内蒙古地区传教,起初主要目的是要让蒙古人改信天主教。传教士为了能劝说蒙古人改信天主教,积极学习蒙语,熟悉蒙古人的风俗人情,在衣食住行上也力求与蒙古人一样穿皮衣、吃奶食、住帐幕、骑走马等。

天主教传教士初到西湾子以后,曾劝化萨木丹尽巴等二名蒙古喇嘛入教,并向他们学习蒙古语。道光二十四年(1844 年),萨木丹尽巴作为向导,带领"蒙古教区"主教孟振生所派出的秦神父和古柏察神父二人,经察哈尔、归化城、鄂尔多斯、兰州、青海等地,最后到达西藏拉萨。

由于喇嘛教在蒙古人中的强大影响,改信天主教的蒙古人始终不多。信奉天主教的蒙古人主要集中在鄂尔多斯。"圣母圣心会"传教士在鄂尔多斯鄂托克旗南部城川建立教堂的同时,曾劝化当地"蒙籍教友数家,加入天主教"。[①] 此后,城川地区的蒙民信奉天主教的人数有所增加,该教堂被称之为"世界唯一"的"最繁荣的一个蒙古教友会堂"。[②] 此外,三盛公教堂周围的阿拉善旗、杭锦旗、鄂托克旗的极个别蒙古人也信奉天主教。

基督教新教(通称基督教或耶稣教)传入蒙古地区较晚。1900 年以前,只有耶稣教美国"协同会"和瑞典国"内地会"传教士在内

① [比]隆德里:《西湾圣教源流》,西京西库印字馆,(1939 年),转引自申万里《清末内蒙古地区的天主教会》(未刊稿),1999 年,第 81 页。

② 《鄂尔多斯传教史》,内蒙古天主教爱国会译稿,转引自戴为稷《西方殖民者在河套鄂尔多斯等地的罪恶活动》。

蒙古西部地区建立教堂传教。

光绪二十六年(1900 年)以前,耶稣教美国“协同会”传教士费安河牧师等在内蒙古伊克昭盟达拉特旗扒子补隆(今乌拉特前旗新安镇)建立教堂,向当地蒙古人传教,同时也向汉人传教。礼拜日聚会讲道时,牧师不仅用蒙古语讲道,还为前来听道的蒙古人提供饭菜,并每人发放现洋一元,以广招教徒。该教堂设有学校和医疗室,学校聘请蒙古教师,为蒙古人子弟教授蒙古语文。牧师们注意学习蒙古语言文字,有的就用蒙古语讲道。该教堂医疗室为附近的蒙古人和汉人治病。义和团运动中,美国传教士及地方少数信徒曾遭杀害。

光绪二十六年(1900 年)以前,瑞典国“内地会”传教士在内蒙古西部地区的丰镇、归绥、萨拉齐、沙尔沁、包头等地建立教堂传教,其传教对象主要是汉人。

光绪三十二年(1906 年)七月,瑞典“蒙古传道团”的耶稣教传教士埃德文·卡尔兰夫妇到察哈尔商都牧群塔本乌拉(今化德县土城子乡塔本乌拉村)建立传教点,开始向当地蒙古人传教。三十四年(1908 年)夏,他们又在该牧群哈伦乌苏(今化德县朝阳乡新围子村哈伦乌苏)建立传教所,并将该所作为向当地蒙古人传教中心,建立学校及医疗所、印刷所,使察哈尔左翼四旗四牧群的一小部分蒙古人信奉了耶稣教。

尽管蒙古人信奉天主教和耶稣教的人数很少,但是西方教会势力进入蒙古地区以后,与当地的政治、经济及文化等方面产生了密切的关系。

西方教会势力传入蒙古地区,受到中外各种不平等条约的保护,传教士均享有治外法权。他们在蒙古地区传教的过程中,通过各种方式,取得了大片土地,并以土地吸引汉族农民入教耕种。比如“庚子赔款”中,土默特、四子王、达拉特、准格尔、鄂托克、乌审、札萨克及阿拉善旗共计赔款 70.2 万两白银。这笔巨额赔款中,除少部分用现银和牲畜赔偿之外，大部分是以土地作抵。这样，在天主教教堂周围形成了大大小小的“教会庄园”。传教士在这些庄园内，不但行使教权之外，还行使行政、司法权，有的教堂还有自己的武装，形成一个个不受中国中央政府及地方政府管辖的“国中之国”。传教士还利用自己享受治外法权的身份，为各自教堂的利益，经常插手、干涉盟旗内部事务。

清代以来基督教在蒙古地区的传播，是西方殖民主义者以坚船利炮及不平等条约为后盾的侵略政策的产物。但与此同时，基督教的传入不仅传播了西方的宗教信仰及与其相应的近代西方科学文化，而且向西方世界介绍蒙古民族的语言、历史、文化方面也起到了相当的作用。另外，教会在蒙古地区创办学校、医院、育婴堂等社会公益事业，救济灾民，禁止教民吸食鸦片，提倡男女平等，兴修水利，发展新式农业，植树造林等在客观上都对当地社会文化的发展及人民生活的安定等方面起到了一定的积极作用。

3. **伊斯兰教**　蒙古民族信仰伊斯兰教的历史比较长，13 世纪时察合台汗国、伊儿汗国和钦察汗国的蒙古人大多信奉伊斯兰教。后来其中大部分蒙古人逐渐与当地的信仰伊斯兰教的各民族融合。藏传佛教传入蒙古地区后，蒙古族中信仰伊斯兰教的人数开始减少。在清代，只有在阿拉善旗、青海等地的少数蒙古人仍信仰伊斯兰教。

在阿拉善旗有一部分被人称作“蒙古回回”的蒙古人信奉伊斯兰教。他们散居在该旗北部吉兰太、磴口、沙金套海、巴音套海、哈腾套海、哈鲁乃、科布尔、红古尔玉林等地。

这部分蒙古穆斯林，是由阿拉善旗第二代札萨克阿宝于清康熙年间从青海、西宁等处带来的“缠头回回”的后代。而这批“缠头回回”究竟属于什么民族，已无从查考。他们初到阿拉善时只有

100多人，到光绪年间时已经发展到100多户。[①]

在清代，他们已被阿拉善旗衙门编入该旗丁口册内，和其他蒙古人一样服兵役、纳税、应差，有的还到旗衙门担任公职。这部分蒙古穆斯林，除宗教信仰与其他蒙古人不同之外，语言文字及生活习惯方面与其他蒙古人没有什么区别，都使用蒙文蒙语，从事畜牧业生产。

在青海及新疆和硕特巴图色启勒图盟（今博湖县一带）也有部分蒙古穆斯林。他们被称作"托茂"（又写作"驼毛"、"驮毛"）或"驼毛鞑子"、"托茂蒙古"、"托克木惕"等。青海的蒙古穆斯林自称"托茂"或"托茂家"，新疆的蒙古穆斯林则自称"托们能克"。[②]

青海的蒙古穆斯林原来居住在青海右翼盟南右翼后旗（俗称"托茂公旗"，在今湟源县西北一带），是顾实汗孙措纳木达什的属民。建旗初有四个苏木（佐），300多户，1000多人。[③] 后来由于战乱，流离失所，人口锐减，其中部分人迁徙到青海北部的祁连山一带。[④]

青海、新疆的蒙古穆斯林都使用蒙古语、穿蒙古服装，体形容貌及主要生活习俗与其他蒙古人并无二致，主要经营畜牧业。[⑤] 饮食习俗方面，则由于宗教信仰的原因，不吃猪肉，也不吃非穆斯林人宰杀的牛羊肉。婚姻方面，大多与回、撒拉等穆斯林民族通婚，并逐渐融合到这些民族当中。[⑥]

① 章秀文、马怀诚：《伊斯兰教在阿拉善旗传播发展概况》，载《阿拉善盟文史》第四辑，第184～185页，政协阿拉善盟委员会编印，1988年。

② 噶尔迪：《我国西北地区操蒙古语的穆斯林来源考略》，《甘肃民族研究》1993年第1～2期。

③ 萨仁格日勒：《上蒙古风俗志》（蒙文），内蒙古人民出版社，1992年，第84页。

④ 萨仁格日勒：《上蒙古风俗志》（蒙文），第85页。

⑤ 刘维新主编：《西北民族词典》，新疆人民出版社，1998年，第680页。

⑥ 萨仁格日勒：《上蒙古风俗志》（蒙文），第85页。

二、风俗习惯

(一)祭祀习俗

蒙古族的祭祀活动有许多种,主要是对自然界诸神、民族神和祖先神的祭祀。这些活动源于远古的原始崇拜,多数又与古老的萨满教密切相关。

1. **祭天** 祭腾格里(天)是各种祭祀活动中最重要的一种,在山丘等高处立木头或石堆等标记,以此代表"腾格里"。在每年春秋两季进行祭祀。立标的山丘被视作禁地,禁止利用那里的树木和草场。① 这是蒙古人中最普遍的祭天形式。

此外,在个别地方还祭祀天的偶像。例如,在郭尔罗斯、科尔沁等地祭祀白翁神(主管牲畜的天)。每年秋天,请一位未出嫁的少女到家里,在毡子或绒布上绣出一老翁和九个小孩子像,用白布做套子后订在三尺宽的四方白布上。老翁像悬挂在西墙上方。九个小孩子像供在东墙上方。在萨满教巫师"博额"的主持下,对这些偶像设供祭祀。在鄂尔多斯的乌审旗,合答斤氏定期祭祀十三个"阿塔腾格里"的画像。② 祭天分红祭与白祭。红祭用整羊或羊的心脏。随着黄教的广泛传播,红祭逐渐被废除,改为白祭。白祭主要指的是以奶制品来祭祀。祭天时,指定一只羊为"供品",但不得把它宰杀,给戴上"色特尔"(表示神圣的记号)后放走。戴"色特尔"的羊是神圣的,是腾格里的财产,任何人不得冒犯。因此,白祭是和"红祭"比较而言的,具有不杀生祭祀的含义。

八旗蒙古人的祭法和牧区蒙古人有所不同。他们"祭天还愿,许则祭,不许则不祭"。他们一般不杀羊血祭,"惟羊头、蹄不退毛,

① 罗卜桑悫丹:《蒙古风俗鉴》(蒙文),内蒙古人民出版社,1981年,第122页。

② 散布拉诺日布:《蒙古风俗》(蒙文),辽宁民族出版社,1990年,第1~10页。

不煮熟。祭后连羊骨放于池内，劈柴架起，一并焚化。""池子用新砖九十六块，八层摆好。内用炉火垫匀，插哈达于东南角"。"哈达一分(份)，用秫秸以红布缠好，将哈达拴于顶上。"①

2. **祭地**　祭地也是自然崇拜的一种。蒙古人有"天父地母"之说，认为大地上有名的山川和奇特的草木都有自己的主神。蒙古人把鲜奶和奶茶的"得济"(首份、上份)每天酹向所在地方的山巅，表示致祭。正月初一，喝早茶以前把节日的茶、肉、奶食等的"得济"献给大地，并到家附近的敖包、土台子磕头。

蒙古人崇拜大地的习俗还表现在对山泉、树木的祭祀上。蒙古人非常崇敬具有奇特形状和颜色的山崖、丘陵以及温泉，认为那里都有神灵居住，因此祭祀他们的同时，又禁止人们在那里砍柴，杀生和动土。

喀尔喀蒙古人的习俗，游牧的人群每经过有名的大山岭时，必定会集起来进行祭祀仪式。②

卫拉特蒙古人的祀地仪式很有特色。在卫拉特地区，祭地一般在两种情况下进行。一是每年秋天各部落都要集中在固定地方举行祭地大会。二是部落移牧远方，远离故土之际也要举行隆重的祭地大会。祭地仪式由德高望重的喇嘛主持，领颂祭文。每念到一处地名、山名或河名时，全体部民便高高举起酒杯，向山河所在方向酹酒致祭，表示对山河神灵的虔诚崇敬。乾隆二十二年(1757年)，卫拉特达什达瓦部内附清朝，离开伊犁故土时曾举行过一次祭地大会。祭文写道"我们在上供祭祀：请当代佛教师祖释迦牟尼和十方一切佛爷及执行佛法的黄教祖师宗喀巴父子，一切菩萨护法神驾临我处。……我们在上供祭祀，请守护河流、清泉、

① 崇彝：《道咸以来朝野杂记》，中华书局标点本，第55页。

② 《蒙古人民共和国部族记(一)》(蒙文)，内蒙古人民出版社，1990年，第794页。

高山、峻岭的所有守护神，象阿尔泰山、额尔齐斯河、大和布克赛尔、博格达峰……这些地方和这些地方有关的河流、清泉、高山、峻岭的守护神，驾临我处。……”①

3. **祭鄂博** 祭鄂博(又作祭敖包)是蒙古民间最普遍的一种祭祀活动。鄂博是草原上习见的供人祭祀的石堆。它是山神、地神及游牧民族保护神的化身。所谓“蒙古不建祠庙，山川神祗著灵应者，累石象山冢。悬帛以致祷报，赛则植木为表，谓之鄂博，过者无敢犯”。路过鄂博的人，必须下马下车，并在鄂博堆上添加石头，将所带食物的“得济”献给鄂博。

鄂博有许多种类。以它的功用和祭祀规模可以分成以下几类：(1)阿拉坦鄂博。这是一个部落、一个盟或一个旗共同祭祀的大鄂博，一般立在当地最秀丽、最高大的山顶上。每年定期祭祀，祭祀仪式由当地德高望重的台吉主持，该地方的有名活佛和大喇嘛前来参加并纪念。(2)路边鄂博。在沿路的山岭、渡口、密林一带设立鄂博，作辨别方向和引起警惕的路标。(3)清泉鄂博。在河溪源头的水泉旁边立鄂博，供放牧人祭祀。这种祭祀具有感激和祈祷的双重含义。(4)阿尔山鄂博。蒙古地方有不少能治病的凉泉和温泉，蒙语称之为阿尔山。阿尔山鄂博是供病人祭祀的。病愈的人离开阿尔山时，往往在鄂博上留一件病时旧物。他们认为，阿尔山泉的神灵在此压服病魔。(5)边界鄂博。各部落和各旗之间设立鄂博，以作边界线。(6)纪念鄂博。在召开过盛大集会的地方、汗王或大活佛下榻过的地方、古战场或名人坟墓等地设立鄂博，以示纪念。②

立鄂博的办法各地基本一致。首先选好地方，在地中央挖一

① 原文为托忒文，现藏中国历史博物馆。汉译文见郭蕴华《清代额鲁特蒙古的一份“祭地书”》，《新疆社会科学》，1986年第6期。

② 参见《蒙古风俗》，第28～43页。

洞，盛有金银宝物和五谷种子的宝瓶放入，在上面垒起圆型石台子，台子上面再垒起又高又尖的石堆。石堆中央立苏鲁德（黑纛，带缨子的神矛），其周围摆放树枝。在鄂博的东、西、北三方立三根树杆，用绳子同苏鲁德连结起来，上挂哈达。在阿勒坦鄂博周围还要设几个小鄂博，称之为“沙毕鄂博”。

祭祀时间一般在农历五月十三日，也有在七月十五日。祭祀仪式从天亮时分开始。人们要从西南方向爬上鄂博所在的山头，按照顺时针的方向绕鄂博三圈。到南边后，向鄂博磕头，并向鄂博添加石头、插柳枝等。祭祀仪式一般由札萨克喇嘛、王公贵族主持，喇嘛要焚香诵经。祭鄂博一般用酒祭和火祭，酒祭祀中最主要的祭品是马奶酒，此外还有奶油、奶酪等奶食品。火祭则是在鄂博前燃火致祭。祭祀仪式结束后还要举行大规模的赛马、摔跤、射箭等活动。

4. **祭火** 祭火是蒙古人古老的祭典之一。祭火一般在农历腊月二十三或二十四日。祭火日，从清早开始焚香“净化”房屋和祭祀用的器皿。祭火用的木柴到偏僻地方取来，一般用榆树枝或柳条，祭品中最主要的是羊的胸叉骨，忌讳用有印记、带伤痕或有疾病的羊。此外，还用几块羊的特定部位的肉，拌奶、油和枣的大米稠粥，蓝、白、黄、绿、红五色“扎勒玛”（布条）等。祭火仪式开始时，家长亲自点燃灶火，家庭主妇向火里洒少许鲜奶、黄油和酒。这时家长（有时请喇嘛）诵读祭火祝词。家庭成员全部身穿节日盛装，面向灶火跪下，一定时候用双手向火里献上祭品，并齐呼：“呼唻！呼唻！福份来吧！”当诵祝词的人问大家：“呼唻！福份来了吗？”时，大家齐声回答：“福份来了！”于是把祭品全部放入燃烧的火灶中，祭祀仪式结束。

5. **祭祖** 牧区一般在除夕举行祭祖仪式，设祭台，上面点燃篝火，烧肉、酒和奶食品。富有人家还有延请喇嘛诵经。有些地方的蒙古人，当老人去世时嘴上放一块布或棉花团，“留下”最后一气，然后对此物设供点香长期祭祀。[①] 清代，内蒙古东部农牧区的蒙古人中产生了清明节去祖坟上供的习俗。驻京八旗蒙古与游牧地区在祭祀习惯上有一定差异。如时间上，“祭祖先择定吉日吉时”。祭祀分生祭、熟祭。祭品有香烛、白酒、黄酒、黄米、牛乳、黄油、雄羊等。祭时焚香、杀羊、上供、行礼，“然后将供撤下，请神安位，礼成。安位后点香三日，将供安放照旧。”[②]

6. **成吉思汗陵祭典** “伊克昭境内有青[成]吉思汗园寝，承办祭祀之达尔哈特五百户”。[③] 成陵座落在伊克昭盟伊金霍洛巴音昌霍克河西，传说在这里安放成吉思汗及其夫人的棺椁，由八座白色宫帐组成，一般称为“八白室”。成吉思汗灵柩白宫的祭典是蒙古民族最重要的民族神祭祀。

成吉思汗灵柩白宫祭典，大体上可以分为三类，即平日的奉祭，每月固定的月祭和季祭。奉祭，是在有固定日期进行的月祭、季祭等主要祭奠以外，平时选择吉日良辰进行的一种祭典，大则一头小畜，小则一尊（七斤）黄油、圣酒或以哈达代替的全羊。月祭所用的全羊、圣酒以及祭典仪式等，都按专门书籍中规定的章程进行。月祭从正月开始，到十二月每月都有固定的日期。这些日期是：正月初一、初三；二月初一；三月初一、初三；四月初一、初三、初八（每三年一次）；五月初一、初三；六月初一、初三；七月初一、初三、二十七（台吉们叩头日）；八月初一、初三、二十三（祭火日）。季祭包括：春天的马奶祭（三月二十一日）、夏天的淖尔祭（五月十五日）、秋天的禁奶祭（八月十二日）、冬季的皮条祭（十月初三日）。

季祭规模都很大，其中三月二十一日的马奶祭规模最大，是纪念成吉思汗的最大祭典“查干苏鲁克”大祭的主祭日。传说，成吉

① 《蒙古风俗》，第51～52页。

② 《道咸以来朝野杂记》，第54～55页。

③ 《理藩部则例》，卷31。

思汗五十岁那年，碰上罕见的荒年旱月。成吉思汗认为春三月主凶，必须使之逢凶化吉，于是“系母马九十九匹，洒圣乳而祭天”。结果逢凶化吉，“查干苏鲁克”（吉祥的畜群）来投。从此“查干苏鲁克”祭便成定制。“查干苏鲁克”大祭自三月初十便开始准备，到二十四日方结束。二十一日是主祭日。这天共有三祭：酹祭九九八十一匹白母马之乳，是为小祭；成吉思汗金殿之祭为大祭；晚上的招福祭为夜间的小祭。“查干苏鲁克”大祭之时，各地牧民纷纷从四面八方云集成陵。参加者中不仅有漠南诸旗蒙古人，还有贝加尔湖布里雅特、阿尔泰卫拉特、漠北喀尔喀、青海和硕特蒙古人等。

（二）生产习俗

1. **畜牧习俗**　牲畜的辨别：作为游牧民族，在畜牧业生产实践中，积累了丰富的经验，形成了独特的畜牧生产习俗。蒙古人主要牧养驼、牛、马、绵羊、山羊，俗称“五畜”。一群牲畜往往成百上千，辨别牲畜成为首要条件。辨别牲畜，首先需要辨别毛色，蒙古语称“济孙”。蒙古人将牲畜，尤其马的毛色分为萨日喇（灰白）、呼袿（栗色）、花（淡黄）、夏日嘎（草黄）、哈留温（海骝）、乌兰（红）、包日（褐色）、哈勒塔日（粉嘴黑毛）、哲日德（枣红）、阿拉嘎（斑驳）、察毕德日（银鬃）、和日（枣骝）等十几种。在以上济孙的基础上，根据毛色的浓淡、生理特征、部落产地以及其他特征，前边加上其他修饰语，可以使牲畜毛色种类达到上百种。马驼的济孙称呼多些，牛羊则少。辨别牲畜的另一个办法是在大牲畜的大腿外侧施以烙印。烙印种类繁多，每个部落、家族都有各自不同的烙印。小牲畜，如羊，则用剪耳的办法作记号。牧民对自家的牲畜异常熟悉，即使混到别的畜群中，也可以一眼辨认出来。

牲畜的性别和岁数的称呼：对牲畜的性别，根据畜种和岁数，都有独特的名称。三岁以下的马，直接用“公”、“母”分称。三岁骟马叫“乌日野”，三岁骒马称“拜达苏”；四岁以上的骟马称“阿克塔”，骒马叫“固”，公马称“阿济日嘎”。二岁牛，不分性别，称“别如”，三岁阉割过的牛叫“固纳”，四岁的称“都讷”，三岁母牛称“衮济”，四岁的叫“顿济”；四岁以上的阉割过的牛叫“沙日”，四岁以上的母牛叫“乌讷”，公牛叫“布哈”。三、四岁的骆驼之称呼如同牛。五岁公驼叫“台鲁克”，五岁骟驼叫“阿塔”，五岁以上的母驼叫“英格”，五岁以上的公驼称“波日”。三岁的母绵羊叫“珠萨格”，成年的羯羊称“伊日格”，三岁以上的母羊叫“额么和尼”，三岁以上的公绵羊称“呼察”。三四岁母山羊的称呼与绵羊同，成年的羯羊叫“色日格”，母山羊称“额么牙玛”，公山羊叫“乌哈那”或“德格”。

蒙古人区别牲畜的岁数，不用数字，而有专门记录牲畜岁数的专有名词。如马之一岁“乌纳嘎”，二岁“达嘎”，三岁“西都楞”，四岁“希扎朗”，五岁“素雅朗”；牛之一岁“图固拉”，二岁“毕如”，三岁“西都楞”，四岁“希扎朗”，五岁“素雅朗”；驼之一岁“包陶高”，二岁“陶鲁木”，三岁“苏尔嘎”，四岁“苏尔盖阿哈”，六岁“台鲁克”；绵羊之一岁“呼日嘎”，二岁“西都楞”，三岁“希扎朗”，四岁“素雅朗”，五岁“伊日格”；山羊之羔“乌讷格”，一岁“伊西格”，二岁“西都楞”，三岁“希扎朗”，四岁“素雅朗”，五岁“包尔和”。

感化母畜：有些母畜将刚生下的子畜不认而遗弃。如果不及时采取措施，就会使子畜夭折，或者需要人工哺育。此时，牧民不打骂，而是加以感化。如果是母羊，就将羊羔置于母羊乳下，将牧羊抓住，强迫让它哺乳。同时用委婉哀伤而动听的旋律，吟唱“托依格歌”。歌词根据情况随时编唱，变化多端。对山羊、骆驼都采取用歌来感化的手段，让母畜认自己的幼仔，果能奏奇效。

阉割公畜：经过精心选择，留下种畜后，其余的则须阉割。春季天暖后，择吉日举行。牧主将牲畜赶到毡帐附近，在外面草地上铺上毡子，请习于阉割之术的人主刀施行。置一桶，盛睾丸用。里搁小米，桶口结白色哈达，表示吉祥顺利；米则表示畜群孳生如米粒一样多。阉割羔羊、牛犊，用小刀取出睾丸，用手捏合伤口，涂上黄油即可。阉割马驹，则用烧红的铁片将伤口烙烫，以止血消炎。

阉割完毕，举行仪式庆贺顺利，并举家宴，款待主刀人和其他帮忙者。

宰杀牲畜：屠宰羊时，将羊放倒，四脚朝上，在羊胸脯下方肚皮上切开一小口，将刀子刃朝外咬住，腾出右手 伸进羊胸腔，循着脊椎找到大动脉，用手指构断。认为，羊会在临死时能够见到蓝天，其灵魂随之可以进入天堂。这种宰杀方法，可以迅速让羊死亡，减少其痛苦，同时可以不外溅血腥。剥皮，取出内脏，舀出积血，血里搀和面粉、加盐、油脂和沙葱等，灌在洗净的肠胃里，煮熟后食用。将骨头按部位逐一卸下，不准乱剁乱砍。从杀羊到完成卸肉，经需一刻钟。宰牛如同宰羊。宰马，先要其奔跑出汗，喘气急速时，用毡子堵住鼻孔，使其窒息而死，或者切断脑后脊髓，或者用锤子击打脑部，使其晕绝后切断脑后脊髓。清时，蒙古人已很少食用马肉，唯喀尔喀等地尚能则宰食马匹。

挤奶：蒙古人敬重马乳，认为味道美、养分好，即可饮用，又可用于祭祀。挤马奶季节，把子马栓在者勒绳上，让母马在近处吃草。在子马的催动下，每隔一个时辰挤一次，每次仅得少许马乳而已。然而一天挤十多次，积少成多。挤好的马乳注入皮囊或乳缸中，多次捣撞，发酵后饮用。草原最好的季节，家家挤捣马乳，处处举行马乳宴。马乳，经发酵后成为酸甜适口的上等饮料，多喝则能醉。挤牛奶，早晚两次，羊奶，早晨挤一次。挤驼奶，站着从右侧挤取。挤得牛羊乳，除去日饮奶茶之需，一部分要煮沸，获取奶皮；一部分倒入酸奶桶发酵，经过捣撞，提取奶油。余下的脱脂酸奶，或者饮用，或者酿造乳酒。奶渣则作成奶酪。

2. **狩猎习俗**　狩猎是蒙古人传统的生产生活方式，具有独特的狩猎习俗。打猎时祭祀天地山神。临行前还要点两堆旺火，猎手手执猎器，牵马引狗从火间通过，以洁净自身、猎器、马和猎狗。打围时，在首领的带领下吟诵《猎物招抚颂》，举行洒马乳仪式。猎前，猎头宣布纪律，以保证人马狗的安全；忌讳报出打猎日期，要用羊粪蛋来表示;禁止吵架、争论、说粗鲁话;禁说“没有”、“空”、“不见”等话;表示所猎动物,不能直呼其名,而用隐喻绰号来代替,如野猪叫“黑墩子”、狼称“那个了不起的东西”、狐狸叫“帽子”、“巧尾巴”;鹿称“大家伙”、马鹿叫“扁角”等。

围猎是大规模的集体狩猎活动。由盟旗札萨克或苏木章京组织,规模有大有小。一年举行一次,都在晚秋举行。围猎时,选定一个猎物丰富的区域,然后从四面八方把猎物往一处驱赶。猎围向中心区收缩的过程中,不准放跑或打死任何猎物。等到完全把猎物包围起来,围猎总管下令捕杀,猎人们才可以动手射杀。猎杀过程中,禁杀幼子和有孕动物。围猎结束,分配猎物。捕杀猎物者,获得猎物的毛皮和内脏,其他人分享其肉。以内脏祭祀天地,以感谢天地所赐猎物。猎人忌讳独吞猎物,所得猎物必须与大家和左邻右舍分享之。

每地的围猎日期各有不同。巴林地方,每年正月十七和四月十七日,在陶勒图查干华围猎野兔,札萨克王亲临猎场,于高处观赏。每年五月初一、十三、二十五日,在塔玛干台地方围猎黄羊,这时有邻近几个旗的猎手都前来参加。喀喇沁三旗选出60名旗丁,训练虎枪手,成立虎枪营,配合皇帝木兰秋猕,围猎老虎。

(三)生活习俗

1.服饰 清代蒙古族服饰较之明代有了明显的变化。官服是满洲式的,民服则是传统的,且各部落札萨克之间亦有区别。官服承袭满制,以品级定其服饰。官员有朝服、便服、朝服分冬夏,冠带则有冬朝冠、夏朝冠、吉服冠、并配宝石、饰东珠。此外座褥也有详细规定。

民服主要有皮袍、棉袍、布(绸、缎)袍等。男袍朴实、宽松,女袍华丽、秀气,蒙古妇女袍式众多,且因地而各异。鄂尔多斯妇女袍子上套坎肩,布里雅特妇女的袍子腰部细,乌珠穆沁妇女之袍子宽松多边,喀尔喀妇女的袍子垫肩。科尔沁、喀喇沁和阿拉善妇女的袍子多像满袍。卫拉特妇女的袍子有秀龙贵族袍，长边长袖，开襟传统袍等。一般都要扎腰带，腰带或以布为之，或以整匹绸为之，男子喜用金黄色和橙黄色，女子爱扎紫色和绿色的腰带。已婚女子不扎腰带，老年妇女也扎腰带。

蒙古人的帽冠样式多钟。冬帽有风雪帽、皮帽、圆帽、羊绒帽等多种。夏帽有尖顶圆帽、毡帽等。妇女特有的帽子还有耳朵套、凉圆帽等。冬帽以畜皮和兽皮为之，用绸缎布料作外套，外套绣花。蒙古靴子有革制、毡制和布制之分。最常见的是香牛皮靴子，卫拉特人喜用红香牛皮靴。漠南蒙古喜穿布做得马海靴，绣以云纹、锤子纹等传统花纹，女靴彩绣花草、山水、鸟兽等图案。

男子装饰，腰佩蒙古刀、火镰和鼻烟壶。蒙古刀把用牛角或木头为之，镶以金银，刀鞘里插象牙筷子，刀和火镰挂在左侧。鼻烟壶有白玉、玛瑙、翡翠、玻璃、瓷等质地的，装在华丽的荷叶包内，带在右侧。蒙古妇女头饰种类繁多，各部落和地区都有区别。察哈尔、鄂尔多斯、乌喇特、茂明安、四子部之妇女头饰华丽名贵，多以珊瑚、金银为之，价值千万。

2. **饮食**　蒙古族生活在茫茫的草原上，逐水草而迁徙，不事耕稼，以牲畜肉和奶为其主要食物，并以猎物加以补充。蒙古人将牛、羊，甚至马以及猎物肉或者烤食，或者煮用，甚或风干食用。

清代蒙古人的饮食结构既继承了传统，又有了新的内容，变得非常丰富多彩。但其中最有特点的部分，还是传统的饮食部分。归纳起来，可以分为肉食和奶食两大类。

蒙古人将肉食称作乌兰伊得根，意为“红食”。蒙古族以畜牧为主业，主食羊、牛肉，兼食马、驼肉，野味也占一定的比例。由于羊肉鲜嫩味美，营养丰富，至今还是蒙古人的主要肉食来源。牛肉次之，驼肉较少，马肉更少食用。蒙古草原水草丰美，可供牲畜食用的草种繁多，使牛羊肉味道鲜美，少有膻味。越是干旱草原的牛羊肉，越是味美可口，营养丰富。著名的苏尼特绵羊肉，专供北京

“东来顺”涮羊肉餐馆。苏尼特草原属典型的干旱草原,但其植被经过严酷的自然筛选,具有极强的生命力。草呈干硬状,羊食后,容易坐膘,尤其草原上特有的野葱、野韭等植物,给羊的胴体注入天然香料,即使不放任何佐料和食盐,肉味也鲜美无比。

肉食的料理多种多样。初冬,蒙古人宰杀牲畜,以备冬春两季肉食之需。将一部分牛羊肉以自然冷冻的方法加以保存,以供冬季食用外,将一部分肉风干后供春季食用。风干的肉,可以生食,也可以捣碎或切成小块作汤食用。干肉可以长期保存,是理想的干粮。为此目的,通常将干肉捣碎使之成为肉苏,再装入牛羊的干膀胱内驮运。一个牛的膀胱,可以装入整头牛的肉苏。食用时,一小撮肉苏就可以作出一大碗肉汤。一头牛的鲜肉,也可以装入其牛胃中加以冷冻,可以保持肉的新鲜。夏天,除了特殊的需要,蒙古人很少宰杀牛羊,主要以奶食品充饥。为了补充老人的体力,或为其他目的宰杀牲畜,蒙古人称其为“汤羊”,说明蒙古人讲究食用羊肉汤,以滋补身体。蒙古传统医药也非常重视羊汤补身,也用羊汤作药引子。

蒙古人食肉,特别讲究物尽其用,绝不浪费。羊的宰杀,基本用胸腔断脉法,使血液全部流入胸腔内,最后用作灌血肠。羊的内脏全部加工后食用:肠子作血肠,肝脏可生食以明目,肾脏撒上盐,同油脂一起烧烤。心脏、肺、胃等都可以制成菜肴食用。肉,可以烧烤,也可以煮食。传统的“手把肉”,将整羊或其某块肉煮熟后,用手持刀切割食用。在大块吃肉的同时,须将带肉骨头啃尽剐干,不允许随便浪费扔弃。当有重大的节庆和祭祀活动时,用烤全羊来招待来宾。其制作方法是:将宰杀后的整只羊褪其毛,去其内脏,在胸腔中置入盐、葱等佐料后封好,然后在特制的石炉里烘烤至熟,或以沙中埋入和泥封后烘烤等多种形式加以烤制。牛的宰杀,任用胸腔动脉切断法。这种方法,可以使牛在最短的时间内死亡,同时可以避免大量流血。其食用方法基本同于羊肉。驼肉可做馅饼、包子，味道独特。驼峰富含脂肪，具有很高的热量。驼掌可同熊掌媲美。马肉很少食用，只有在个别地区屠宰马匹。马肉味美，热量高，以至于冬天不容易冷冻。

蒙古人将奶食称作查干伊得根，即“白食”。蒙古奶食在蒙古人的饮食文化中占有重要的地位。奶食以蒙古人的“传统五畜”的奶汁为原料，制成多种食品和饮料，以满足自己的需要。1. 奶油及其提取：将新鲜的牛、羊及驼奶置于干净的容器中，在适度的温热环境里静放十多个小时，然后将上层形成的奶油收集起来。秋天的奶汁可以产生更多的奶油。用这样的奶油，蒙古人拌食炒米，或做汤用。蒙古人常以奶油招待尊贵的客人。2. 黄油：传统的黄油制作方法有二。一为将收集好的奶油放在锅里加热，在温火的作用下，使油脂和水分以及奶渣分离，然后将上边浮上来的黄色的油脂收集起来，便成为纯度很高的黄油。剩下的部分，蒙古人称作“白油”；另为将发酵的酸奶通过捣撞、搅拌的方法将奶油分离出来。捣酸奶需要耐力，因为每次捣撞2000～3000次以上才能使油脂和水分得到充分的脱离。然后再用加温的方法将黄油分离出来。黄油纯度很高，可以长期保存。蒙古人一般将黄油盛入羊胃、牛胃或膀胱中，冷却保存。黄油属奶食之上品，蒙古人非常珍视它，不仅食用，也当药用。3. 奶皮子：将新鲜奶汁在大锅中慢火熬煮，当奶汁沸腾时，用勺子不断扬动，造成丰富的泡沫，然后熄火使奶冷却。这时在上层表面形成一层奶皮子，表面布满麻点。将这种奶皮子取出晾干，便成为味美的奶皮子，即可放入茶中饮用，又可拌食炒米等食物。4. 奶酪：发酵好的奶汁，将其与乳清分离，再经加热处理后，便获得奶酪。蒙古人将这种奶酪搁入各种模子成型后晾干。蒙古奶酪可以长期保存，又便于携带，是蒙古人必不可少的食物。5. 生奶酪：提取奶皮后剩下的熟奶中加入一定比例的酸奶，使之凝固，再通过加温与乳清分离。最后将获得的奶糊压榨出水分，使之成型。这种奶酪味道酸甜适中，口感良好。6. 酸奶酪:将充分发酵了的酸奶通过捣撞取出奶油,然后将脱脂酸奶蒸馏后提取乳酒,最后将剩下的酸奶加热脱水,压制成型。此物能够长久保存,通常用热茶泡软食用。

蒙古人通过蒸馏酸奶而获得乳酒,剩下的酸奶叫查嘎。这种酸奶可以兑入肉汤,可以使汤味道更加鲜美。其最大的功用在于助消化,清热解毒。食物中毒,用此物可以立解。

蒙古人非常注意培养奶曲。在新鲜的奶汁中兑入一定比例的奶曲,可以很快得到酸度适中,味道很好的酸奶。蒙古人基本不喝生奶,也不喝煮熟了的鲜奶。在夏天,大量饮用酸奶,既可止渴,又可以充饥。

蒙古人善于利用酸奶制作奶酒享用。其制作方法是:将发酵的酸奶在锅中煮沸,锅上套上冷却装置,中央吊上小坛子。蒸汽经过冷却后形成带有酒精的液体流入坛中,成为奶酒。这种奶酒可以再行蒸馏,变成度数很高的蒙古奶酒。

蒙古人大量地饮茶,从早到晚无时不饮。通常喜饮砖茶,熬好后加牛奶和盐。盐分可以使人体保持水分,牛奶可以使茶滑润可口,又提高其营养价值。在内蒙古东部区,主要饮用红茶,或兑奶,或原汁饮用。饮茶可以提神,解除疲劳,又可消化油腻食物,补充维生素。

酸马奶在蒙古人的饮食中占有重要的地位,在茶叶尚未进入蒙古人的生活中时,马奶就是蒙古人的主要饮料。酸马奶营养丰富,在盛夏,蒙古人大量饮用,既止渴又抑饥。尽管整天不食其他食物,也可以保持体力不减。常饮酸马奶,可以使人精神焕发,身体轻爽,体力倍增,解除疲劳,使身心得到休养。随着喝茶习俗在蒙古高原的盛行,酸马奶的地位让位给茶叶。进入近现代,在内蒙古酸马奶更多地用于疗养目的。

酸马奶,就是通过发酵而获得的饮料。传统的制作方法是将新鲜马奶注入皮桶或木桶里,再加上特制的乳曲后不停地加以搅拌和捣撞。颜色呈蓝白色,发酵后冒出大量的气泡,伴有发泡声,发出芬芳的气味。饮用时微酸、微涩而稍有甜味,能够像汽水一样刺激嘴唇和舌头,打嗝时像啤酒一样呛鼻子。制作上等的马奶,乳曲是关键。蒙古人通常使用已经培养成功的乳曲,每次用后留下一些,重新培养,保证成曲不断档。制作乳曲时主要以酸奶酪作引子培养出乳曲,或者以蒙古糜米为原料,加上等粮食白酒来制作乳曲。乳曲中的乳酸菌可以使乳糖分解而生成乳酸,乳曲与乳糖发生反应,生成酒精。

3. **居住** 清代蒙古族住居仍以传统的毡帐为主。牧民每年都要辗转于冬夏营地之间,逐水草迁徙,毡帐既易于营造,又便于搬迁。毡帐,蒙古语作“格日”,亦称“蒙古包”,是满语谐音,意即“蒙古之屋”。其结构比较简单,以木为支架(哈纳),覆以毛毡,开有入口和天窗。大毡帐富人居之,有八个哈纳结构,小毡帐有四个哈纳结构,贫者住之。毡帐内地铺毛毡,毡上铺毡毯。正中或入口右侧安置锅灶,称“图拉嘎”。沿哈纳安置木箱,内藏诸物。西北角为佛龛,供放佛像和经书。毡帐外为畜圈,还有堆放燃料牛粪之。移营所备车杖,也环绕其屋而立。每户都有猛狗,以防野狼以及不速之客。

4. **出行** 蒙古人出行,靠骑马、骑骆驼,或赶牛车上路。外出放牧、探亲访友都离不开马。移营迁徙,多用牛车或骆驼驮运。在山区以及沙漠地带也有乘骑驴骡的现象。官方驿运,则有驿马和驾杆车。驾杆车又有马车、牛车、驼车之分,漫漫路途,缓缓前行,是当时草原驿路上的写照。

(四)婚嫁习俗

1. **收继婚** 清代蒙古地区继承了许多前代的婚姻旧俗,如收继婚(兄长死后弟弟可以和嫂子续婚)、入赘婚(男到女家落户)、早婚(女十四岁即可结婚)等,但最主要的仍盛行聘婚制。由于各地区、各阶层的社会地位不同、生活习惯各异,表现在婚姻习惯也有相当大的差异。

贵族阶层虽多一夫多妻制，但以正妻为主，其余以妾视之，出身显赫的王公贵族多与清室或其他满洲贵族联姻，互相嫁娶。平民则实行一夫一妻制，婚事由父母作主，先经媒约撮合。即由男方请媒人到女家提亲，征得女家同意后，送聘礼定亲。“蒙古诺彦不从同一个部族内结亲。若同一个血统的部族结亲，也要十代以外结。也不能是同一个盟。”[①]

2. **婚聘**　内蒙古东部的喀喇沁地区，一般姑娘出嫁的年龄为十七岁到二十一岁，男儿娶媳妇得年龄为十八岁到二十五岁。在联姻结亲之事中当媒人或中间人的，必须是“全人”。“全人”指结婚后父母、夫妻全在，而且是有儿有女的人。[②]

卫拉特地区婚俗，凡婚姻嫁娶，富家以牛、羊、马、酒为聘礼，先期送到女家，成婚之日，婿先至门，女家请喇嘛念经，婿至，女出，共持一羊胛骨，拜天地日月，婿向女方父母尊长行见面礼，婿及女交结其发，后在女家布置的蒙古包中成婚。婚后也有一系列活动有关婚礼。[③]

清中叶开始，许多蒙古蒙古地区婚俗有新的变化。例如哲里木盟扎赉特、郭尔罗斯、杜尔伯特等旗：“成婚重媒约，聘用牛马，多寡不等，首饰必备，分两期纳之。吉礼有大娶小娶之别。殷富者，馈牛马四头，行迎娶礼，曰大娶。娶时，婿身披红布，曰哈喳布，佩腰刀，示尚武。先赴女家，宿留兼旬，曰吃筵。迨新妇车轿出门后，请喇嘛沿途颂经，新妇入洞房，婿解佩刀悬房门外。是日，邀亲族邻里相宴饮。小娶者，贫不能具礼赘女家，女仍垂髻，不妇装，异时

① 参考罗布桑却丹：《蒙古风俗鉴》（赵景阳翻译，辽宁民族出版社，1988年），第24页。

② 《蒙古风俗鉴》，第27～28页。

③ 《西域图志》，卷39。

婿积资稍裕,可补行大娶礼。往往子女成行,随母入门,而翁姑受拜,仍以新妇称之”。[①]

婚礼日期,请喇嘛选定。新郎迎亲时,骑白马,戴弓箭,以示威武。新娘以布遮面,哭别父母。新娘到婆家门口后,须踏着白毡走进屋里。婆婆将新娘的“姑娘辫子”打开,用新郎刀鞘里的筷子把头从正中间分成两半,然后放入新郎的几根头发,给梳两个辫子,换穿西服新装,始踏婆家的地面。之后,一对新人手捧羊梡骨,拜天地日月,进洞房后拜火灶。最后,向双方父母尊长行叩头礼。新婚夫妻首先吃羊颈肉,示婚姻美满、牢固。[②] 喀喇沁地区,“蒙古人娶媳妇,要办三次酒宴才能娶到家。第一次叫喝喜酒;第二次商定娶亲用品;第三次迎亲。”[③]

(五)丧葬习俗

清代内蒙古地区的丧葬习俗深受喇嘛教的影响。人死后请喇嘛诵经超度亡灵,已相当普遍。葬式有天葬、土葬、火葬等形式。

1. **天葬** 天葬即野葬,也称风葬。多用于贫苦牧民或下级喇嘛、沙毕阶层。将死者置于车、马之上,使之任意前行,直至尸体落地。三日后寻找,如被禽兽所食而分解,则庆贺其已达天堂。若未分化,须请喇嘛唪经赎罪。

2. **土葬** 多适用于王公贵族和汉民。一般蒙民被掩埋土葬,多见于人烟稠密的农业区或半农半牧区。王公贵族葬仪隆重,使用棺材装殓死者,葬于墓中,并有陵寝。一般平民土葬,使用简单的卧棺或坐棺。

3. **火葬** 多适用于上层喇嘛或一般平民的不正常死亡者。火葬在野外进行,其骨灰装入罐中再作安葬。清代内蒙古高层喇

① 《龙城旧闻》,卷3。

② 《蒙古民族通史》,第四卷,第505页。

③ 《蒙古风俗鉴》,第29～30页。

嘛的骨灰，往往送往五台山或塔尔寺安葬。

4. **服丧** 各地都有服丧习俗，父母亡，守孝七七四十九天，并诵经四十九天。其家不杀生，其子不理发。忌日致祭，延请喇嘛诵经。

（六）象征与禁忌

忌讳火里放脏物，严禁往火里吐痰，小便。不能从火上迈过去，也不能踩踏。蒙古人祭火，严禁外族人和不相识的人参加，外甥是别部人，因而也禁止参加。

蒙古人特别崇敬水。水源及河里不能洗澡，不能洗脏东西，不能倒垃圾，更不能大小便。不能迈过井口，忌讳将井水倒回井内。

不能依门框而立，更不允许踩踏门槛；不能发出空剪铰声。鳏寡孤独、喇嘛尼姑不准做媒人；选配偶忌讳生辰属相相克；婚礼、喜庆活动要避讳“红喜鹊日”。

孕妇禁吃骆驼和兔子肉，怕生出兔唇的孩子；禁吃鸟蛋，怕生雀斑和麻点孩子；为了不使孩子夭折，不给新生儿起好名字。

忌讳死者脸露在外面，要用白、兰色哈达蒙住；不许猪、狗、，猫接近死者；送葬时不许哭喊；禁止将死者从门口抬出去；送葬返回时不准走同路，进门前须用火洁身。

（七）生活礼节

1. **室内的坐卧习俗** 蒙古人住蒙古包，蒙古包门朝日出方向（蒙古人谓之南方）。蒙古包内以正中央所置“图拉嘎”（火灶）为中心，分左、右、里、外四个位置。右边放置家当以及家长、孩子的衣服，左边布置家长的行李和家庭主妇的箱子。在行李的前方放置女主人的财物，近靠着的是炊具、碗柜等。与包门正对着的位置称“辉木日”（上方），是蒙古包中最敬重的地方。在这里除供佛外，还挂马头琴、弓箭和枪支等珍宝物品。

蒙古包内，每个人的座位都是固定的。座位的分配情况是：家庭男主人在左上方，女主人是左方（炊具柜的后上方），男童在右下方、客人坐在右上方的辉木日。如果客人和家庭主人是同辈人，客人坐在右边；如果是晚辈人，则坐在右下方。

蒙古包里的坐式也有严格的规定。年长者、贵族、喇嘛和家庭主人要盘腿而坐；坐右边的其他人要左膝着地蹲坐；坐左边的其他人则要右膝着地蹲坐。

2. **接待客人的习俗** 客人到蒙古包门前，无论这家人有没有养狗，首先叫一声“诺海浩日”（请看好狗）。这与敲门一样，表示有客人到，请示能否进屋。主人听到叫声后，戴好帽子，系好扣子，出门迎接。客人这才下马进屋。如果来者是这家女主人的公公或大伯子，她必须去接过马缨，扶客人下马，然后亲自开门请客人进去。

客人进屋前，整好衣冠，把刀子从腰带里放下来，双手抚摸门楣，表示敬重，然后才进门。客人坐在右边，向家里的人一一问好，并与主人交换鼻烟壶。双方接过对方的鼻烟壶后，嗅下再还回。问候话因四季而异，具有游牧生活的特点。春季问“春天里好？畜群安然过冬了吗？子畜健壮、畜群繁殖了吧？”夏季问“夏天里好？牲畜吃肥了吗？水草好？”秋季问“秋天日子丰腴？畜群肥壮了吗？”冬天问“冬营地好吗？没有灾害吧？”等等。同时问候人和畜的习惯，在蒙古各地完全相同。

向客人敬茶，右手拿碗，左手指尖从碗底轻托。客人双手接碗。上茶时，要摆奶食品和其他食物。客人先尝奶食，以示对奶食的敬重。茶后，煮羊肉招待客人。煮哪个部位的肉，根据来客的身份、年龄、性别以及同主人的关系而定。对尊贵的客人上“乌叉”（羊背子）。对老年人上乌叉或肩胛、胫等。给年轻人煮脊椎、肋，给女人则一般煮胸、肋等。

3. **养育孩子的习俗** 孕妇临产时，在靠门的地方（时左时右）准备专门的产床，或搭临时帐篷。临产前喝黄油，产后喝温牛奶、凉咸水或开水。生产时请有经验的接生婆，产妇休息三天。处理胎盘仪式由接生婆主持。在婴儿“落地”时烧柏叶子，把胎盘就地

“安置”，然后择吉日，选方向，往外“请”。

婴儿出生的第三天，要举行“洗礼”仪式(“米里雅兀特之宴”)。仪式在家里进行，不邀请外人参加。但是，接生婆作为孩子的最尊贵的客人，被邀赴宴，并主持洗礼仪式。接生者先给婴儿用黑茶洗澡，然后用为仪式准备的“首露”(肉汤)洗澡。洗完澡后，接生者或孩子的父母给婴儿起名。起名的人先把想好的名字悄悄告诉母亲，母亲再将它低声告诉婴儿耳(男右女左)边，然后公布于众。清代蒙古人的名字，除了传统的蒙古名字外，还有梵文名、藏文名和满文名。洗礼结束后，大家吃宴。洗礼宴上要吃羊背子、羊右后肢的胫、第六至九肋。

孩子稍大后，要举行“理胎发”仪式。男孩在3.5岁上，女孩则2.4.6岁上。理发那天，准备酒席，邀请亲戚朋友。请一位手巧、与孩子的生年属相不相克的人给孩子理发。剪下来的头发包在哈达里。赴宴的人根据各自的情况，给孩子赠送马、羊等礼物。男孩长到10～12岁，女孩长到18～19岁时，再举行“留发”仪式。这是孩子已长大成人的标志。①

收养孩子的习惯也很特殊。夫妻俩选定吉日拜访孩子的双亲，赠送一些礼物作为哺育的报答。养母向孩子的生母献哈达，请求赐予她孩子。孩子的舅舅或外祖父将孩子交给他的养母。养父养母将孩子接到家后，先按照日转方向绕蒙古包一周，然后进门进行以下仪式：男孩要绕火灶一周，然后摸书本、马鞭等，并向佛像叩头。女孩要绕火灶一周后，到蒙古包的左下方，抚摸炊具。这表示孩子已成为该家的正式成员

4. **分“斡木齐”的习俗**　一家之长在世的时候，把家里的财产分配给自己的儿女，这叫分“斡木齐”。成家的子女得到分“斡木齐”的通知后，携带酒肉之类回到双方的父母家，接受该得的份儿。

① 《蒙古人民共和国部族学》(一)。

“斡木齐”主要是五畜，此外头饰、衣物、车辆也在分配之列。如父亲在世时没有分“斡木齐”，长子有权分配。如膝下无子女，家产归女主人所有。“斡木齐”的分配原则，一般来说长子多分，幼子继承以火灶、佛龛为象征的家产，其他儿子平分，女儿则少分。

(八)节日娱乐

1. **察干萨日** 蒙古族称正月为“察干萨日”(白月)。这是蒙古人的盛大节日。正月初一是蒙古历的新年第一天，也是蒙古人又长一岁的欢喜日子。新年初一，蒙古人穿最好的衣服，骑最好的马，吃最香的饭。自初一起，走家串户，一一请安。喜庆延至正月三十。

2. **迈达哩节** 迈达哩就是弥勒佛。它是佛教所宣扬的三世佛之一未来世慈氏怙主，受到蒙古人特别的崇拜。阴历正月十五是迈达哩佛降福的吉祥日子，因而要举行隆重的节日庆祝活动。节日那天，人们穿着节日盛装，骑上快马纷纷来到寺庙参加节日活动，喇嘛们也吹起法号，做法事，节日气愤异常浓厚。来者纷纷给迈达哩佛像供香朝拜，捐献钱物，供奉燃点盏、酥油灯。有时在节日期间还要赛马、摔跤、射箭比赛。这是清代蒙古的一个重要宗教节日。

3. **生产节日** 蒙古族从事畜牧业，整天和家畜打交道，因此他们的生产劳动具有“活”的趣味性。一些劳动日成了蒙古人的喜庆之日。生产节日最大特点时，只有明确季节而没有确切日子。生产节日包括新房宴、制毡宴、剪马鬃宴、打场宴等。打场宴主要在半农半牧区和农区进行。

4. **传统体育活动** 蒙古民族在长期的生产生活过程中，创造了具有游牧民族特色的体育文化，其中射箭、摔跤、赛马、马术等是最具群众性和娱乐性的传统体育活动。因此射箭、摔跤和赛马被称为男儿三艺或男子汉三项竞技。每当祭鄂博、庆丰收时都要举行那达慕，开展男儿三项竞技。“那达慕”，意为“娱乐”，一般在五月十三日、七月十五日举行。此外,遇有活佛座床、王公寿辰等庆典也要举行。大会以摔交、赛马、射箭比赛为主要内容,胜者可获得丰厚奖品。射箭源于狩猎和军事活动,随着社会安定,成为民族体育的竞赛项目,每逢重大节日和活动,不分男女,都愿意引弓劲射,一争高低。射箭比赛可分立射、骑射,射程不等,有二十五步、五十步、一百步之分。比赛规则为三轮九箭,每人每轮只射三箭,三轮中以中的多少决定胜负名次。摔跤,蒙古语称"搏克",备受蒙古人民的喜爱。每逢重大节日和祭祀活动,都要举行摔跤比赛,成为蒙古草原的惯例。参加比赛的摔跤手数量不等,但都以 2 的若干次乘方数,如 8、16、32、64、128、256、512、1,024 等。一般分为大中小三中比赛形式,大赛参加人数很多,一般达到 512 或 1,024 个摔跤手。摔跤手有特制的摔跤服和摔跤靴。乌珠穆沁搏克、巴儿虎搏克,盛装腾舞,如狮如鹰,极富观赏性。摔跤比赛采取单淘汰制,无时间限制,直到摔倒对方为止。摔跤手以力量、技巧和智慧战胜队方,常常引起人们的长时间赞颂。产生一位冠军,将会被民众当作英雄对待,备受尊重。根据胜负以及取得的名次,摔跤手被冠以阿尔萨兰(狮子)、詹(大象)、巴日(老虎)、纳沁(鹰)、双和日(鹘)等称号。

赛马是蒙古民族的一项长久不衰的体育娱乐活动。有赛走马、跑马、颠马等多种形式。走马,要马的前后腿交错迈动,以比赛马的速度、稳健和美观,同时展示马主人调教坐骑的本事。跑马,主要赛马的速度和耐力。颠马则是比赛马用一种独特的步伐飞速奔跑的运动,极具挑战性。跑马距离遥远,有 20 里、30 里、50 里不等,一般以 8～12 岁的儿童作为骑手。随着赛马运动,进一步产生了马球运动,不过其普及程度不高。

人名索引

地名索引

部族名索引

重要事件索引

官署名索引

书名、条约及律例索引

后 记

《清代蒙古志》一书是内蒙古大学蒙古学研究中心主任齐木德道尔吉教授主持的《清史·民族志·蒙古族篇》的阶段性成果。2005 年,齐木德道尔吉教授主持承担该项目时约我和内蒙古师范大学胡日查教授组成一个课题组。后来,蒙古学研究中心哈斯巴根博士也参加了课题组。经过两年多的紧张工作,于 2007 年底完成了全部书稿。后又进行了几次修订,最后由齐木德道尔吉教授对全部书稿进行认真的通读和修改、定稿。

内蒙古党委宣传部乌兰部长得知我们已经完成这部书稿,便亲自过问,解决了出版经费问题。这样,这部书稿才得以顺利出版。

在本书付梓出版之际,首先谨向乌兰部长致以衷心的谢忱。本书所用图片由内蒙古博物院提供,蒙旗地图由德国国家图书馆提供,特表谢意。

内蒙古大学蒙古学研究中心的硕士研究生特木尔巴根和青松在书稿修订及出版过程中付出了辛勤的劳动。对他们的无私帮助表示感谢。

内蒙古人民出版社领导以及责任编辑贵荣、出版部和平先生也为本书的出版付出了心血,对他们也一并表示谢意。

金 海

2009.11.22